公共阐释对话集

概念

中国社会科学出版社重大项目出版中心 编

中国社会科学出版社

图书在版编目（CIP）数据

公共阐释对话集．1－4卷／中国社会科学出版社重大项目出版中心编．
—北京：中国社会科学出版社，2024.1
ISBN 978－7－5227－2676－2

Ⅰ.①公…　Ⅱ.①中…　Ⅲ.①阐释学—文集　Ⅳ.①B089.2－53

中国国家版本馆 CIP 数据核字（2023）第 200504 号

出 版 人	赵剑英	
责任编辑	张　潜	
责任校对	王丽媛	孙延青
责任印制	王　超	

出　　版	中国社会科学出版社
社　　址	北京鼓楼西大街甲 158 号
邮　　编	100720
网　　址	http://www.csspw.cn
发 行 部	010－84083685
门 市 部	010－84029450
经　　销	新华书店及其他书店

印刷装订	北京明恒达印务有限公司
版　　次	2024 年 1 月第 1 版
印　　次	2024 年 1 月第 1 次印刷

开　　本	710×1000　1/16
印　　张	111
字　　数	1706 千字
定　　价	568.00 元（全四卷）

凡购买中国社会科学出版社图书，如有质量问题请与本社营销中心联系调换
电话：010－84083683

编　委　会

《公共阐释对话集》
编选说明

    阐释作为一种公共行为，其生成与存在均基于人类相互理解和交流的需要。人类理性的公共性决定了阐释的公共性。阐释的公共性需要在人类基本认知的规范下，保证阐释的确定性，最终人们在彼此倾听和对话后，得到清晰和有说服力的解释与说明，至少使部分公共阐释既具有确定性，同时亦具有真理性。

    但是，自20世纪30年代起，由海德格尔、伽达默尔等人所开创和引导的西方阐释学却逐步建构起一套以反理性、反基础、反逻各斯中心主义为基调，以非理性、非实证、非确定性为目标的理论话语，最终导致阐释走上了相对主义和虚无主义的道路。尤其是当这一阐释理论传入中国后，一方面，诸多学人立意先行，征用文学场外理论，并将其移植到文论场域之内，逐步背离文本话语，消解文学特征。另一方面，伴随着以本体论为基础的哲学阐释学理论日渐式微，阐释学亟待澄明、修正和发展。

    鉴此，中国社会科学院张江教授基于对前者的深刻反思，于2014年11月发表了《强制阐释论》（《文学评论》2014年第6期）一文，"强制阐释"很快成为中国当代文艺理论领域最具影响力的标识性概念之一，其凌厉锐气和锋芒直指当代西方文论的症结与弊端，显示出强烈的批判性和"补偏纠弊"的现实关切，引发了文艺理论界对当代西方文论的深度反思与批评讨论。应当指出的是，"强制阐释论"并非只是"破"，只是"解构"，而忽视了"立"和"建构"的任务。实际上，在"强制阐释论"提出伊始乃至接续展开过程中，

"破"与"立"、"解构"与"建构"是同时进行的。也就是说,在"破"和"解构"之外,张江教授也在同步思考如何"立"和"建构"的问题。2017年,张江教授发表《公共阐释论纲》(《学术研究》2017年第6期),系统地提炼和建构了"公共阐释"这一同样具有标识性意义的基本概念,旨在拒斥强制阐释,确保公共交往和沟通的合理性、契约性,并在公共理性的基础上,形成基本认知规范。

"公共阐释"主要是指,阐释者以普遍的历史前提为基点,以文本为意义对象,以公共理性生产有边界约束,且可公度的有效阐释。其中,"普遍的历史前提"是指,阐释的规范先于阐释而养成,阐释的起点由传统和认知的前见所决定;"以文本为意义对象"是指,承认文本的自在意义,文本及其意义是阐释的确定标的;"公共理性"是指,人类共同的理性规范及基本逻辑程序;"有边界约束"是指,文本阐释意义为确当阈域内的有限多元;"可公度"是指,阐释结果可能生产具有广泛共识的公共理解;"有效阐释"是指,具有相对确定意义,且为理解共同体所认可和接受,为深度反思和构建开拓广阔空间的确当阐释。

所谓"公共阐释",理应包括至少六个基本特征:其一,理性阐释。阐释的生成、接受、流传均以理性为主导,并经理性逻辑的选择、提纯、建构和表达后成为可能。理性是一切阐释之所以可能的前提和必备条件。其二,澄明性阐释。着力将公众难以理解和接受的晦涩文本加以观照、解释、说明以向公众敞开,渐次释放文本的自在性。其三,公度性阐释。在民族共同体或其他阐释共同体所凝聚的公共视域内,在阐释与对象、对象与接受、接受与接受之间实现可共通性。阐释的公度性是有效阐释的前提,是一种阐释活动之所以成为公共阐释的关键。其四,建构性阐释。阐释者对公众理解及视域展开修正、统合与引申的阐释,最终超越并升华个体理解,扩大公共视域。其五,超越性阐释。在公共理性和公共视域的规约中,通过对自身的扬弃和超越,将个体阐释最大限度地融合于公共理性和公共视域中,最终升华为公共阐释。其六,反思性阐释。公共阐释并不是纯粹的自我伸张,而是着力在个体交流对话中,不断省思、校准和增补自身,求证文本意义,在实现个体阐释的公共性转化的同时,生成新的公共阐释。

"公共阐释"这一复合概念之前虽未见于纸端，但马克思关于"人的本质"的理论、海德格尔"存在与时间"、伽达默尔"世界和言说"等理论都为之提供了丰厚的思想滋养。如马克思所言，"人的本质不是单个人所固有的抽象物，在其现实性上，它是一切社会关系的总和"。有创造性意义的个体阐释作为公共阐释的原生动力，终归受制于阐释的公共性和社会性。最终，在经反思、丰富和修正后，"此在之独在也是在世界中共在"，融汇于公共阐释开放多元共存的公共场域和空间中。

"公共阐释"自身具有深厚的理论基础和广阔的讨论空间，一经提出，即在文艺理论界、历史学和哲学等多个学科领域引发持续关注和热烈讨论。2018 年 1 月 14 日，由中国社会科学院文学研究所与马克思主义文艺与文化批评研究中心联合主办的"公共阐释与当代文论话语体系建构"学术研讨会在北京召开。来自中国社会科学院、中共中央党校、北京大学、清华大学、南京师范大学、首都师范大学、湖南师范大学等高校和科研院所的中青年专家以及《创作与评论》《学习与探索》等学术期刊代表共 30 余人参加研讨会。与会学者分别从儒学、马克思主义美学、诠释学、发生学等视角，深入探讨公共阐释论概念的生成、特征及学理品格，并就公共阐释的公共性、可公度性以及与文学审美的关系进行学理分析。值得注意的是，一些与会代表开始自觉运用公共阐释理论进行文论和文本个案分析，彰显了理论内在的张力及其实用性。

2019 年 4 月 13 日，由中国社会科学杂志社、复旦大学哲学学院主办，《学术月刊》协办的"阐释的公共性本质学术研讨会"在复旦大学召开，同样吸引了来自国内知名高校和中国社会科学院的知名专家学者参加。与此同时，诸多科研院所相继组织和召开以"公共阐释"为主题的研讨会。如中国社会科学院大学阐释学高等研究院就举办了"公共理性与公共阐释""阐释学的公共性向度"等相关会议。一些学术期刊诸如《学术研究》《中外文化与文论》《学习与探索》和《探索与争鸣》等开辟了相关专栏，进一步聚焦于如何实现传统阐释学的现代转型，如何在构建当代中国阐释学方面走向学术自觉等问题。张江教授则围绕"公共阐释""社会阐释"等基础性概念及其矛盾性等问题，先后同哈贝马斯、吉登斯、约翰·汤普森等国际知名学者展开对话，力图进一步发掘"公共阐释"的内在理路。

随着越来越多的学者积极参与到"公共阐释"主题讨论中来，共同推动了当代中国阐释学的新发展。据统计，截至2023年8月，知网已收录"强制阐释""公共阐释"主题论文900余篇。这些讨论使得"阐释学"成为我国文艺理论界乃至整个哲学社会科学界的研究热点，带动了整个中国文论话语体系的重构。

当下，正值中国学术话语体系和中国自主知识体系构建的关键时期。为深入研究和讨论有关阐释学的基本概念和范畴，推动当代中国阐释学的构建与发展，我们在完成《强制阐释争鸣集》（全六卷）的编纂之后，决定进一步收集和整理"公共阐释"相关文章并付梓。我们希冀通过编纂出版《公共阐释对话集》，打开阐释学论域的多维面相，寻求阐释学研究的学理共识，为中国自主知识体系的建构贡献一己之力。

《公共阐释对话集》全书共分为四卷，收录中外学者具有代表性的"公共阐释"学术论文120余篇。第一卷为《概念》，主题包括四个部分："公共阐释的概念""阐释的公共性""公共阐释与公共理性""阐释的有限与无限"。第二卷为《价值》，包括三个部分："从强制阐释到公共阐释""公共阐释的理论内涵""公共阐释的理论意义"。第三卷为《方法》，包括三个部分，"文学阐释的公共性""历史学阐释的公共性""公共阐释视野下的社会科学"。第四卷为《视野》，尝试打通中国传统、外国思想、当代文化思潮三者与阐释学之间的联系。主要包括三个部分，"中国传统下的公共阐释""外国思想中的公共阐释""公共阐释与当代文化思潮"。以上论文虽然观点各异，但均从不同维度共同丰富着阐释学图景，完善着阐释学话语体系建构。这一要旨不仅与中国道路的发展逻辑相一致，而且也是对社会转型过程中文化转型问题的合理解决。事实上，正如张江教授所言，"'强制阐释'和'公共阐释'，有独特的中国话语的基础，有独特的和西方不同的新的方向和空间"。阐释的公共性问题作为理解阐释学的关键，具有相当广阔的探讨空间，值得中外学界继续关注。

本书在编选过程中，得到了中国社会科学杂志社、中国社会科学院大学阐释学高等研究院、中国文学批评研究会的大力协助，以及各论文原发表学术期刊和作者的热心支持，在此一并表示由衷的感谢。

《公共阐释对话集》编委会

2023 年 9 月

目　　录

第三编　公共阐释与公共理性

第四编　阐释的有限与无限

第一编

公共阐释的概念

公共阐释论纲^{***}

张 江^{***}

20 世纪 30 年代以来，由海德格尔、伽达默尔，以至德里达、罗蒂等重要学者所开创和发展的当代阐释学理论，深度继承和张扬了叔本华、尼采、柏格森等人生命与意志哲学的遗产，且以狄尔泰、布拉德雷的精神体验、情感意志说为根据，引导 20 世纪西方主流阐释学，构建起以反理性、反基础、反逻各斯中心主义为总基调，以非理性、非实证、非确定性为总目标的理论话语，使作为精神和人文科学基本呈现方式的阐释及其研究，走上一条极端相对主义和虚无主义的道路。同时，我们也看到，在半个多世纪的淘洗与磨砺中，长期流行并占据前沿地位的哲学及本体论阐释学，其基础日渐瓦解，漏洞与裂痕百出。诸多有关阐释的元理论问题，亟需予以澄明、修正和发展。本文提起的讨论是：从阐释发生及效果的意义上说，阐释本身是公共行为还是私人行为；对一切文本，包括对历史及实践文本在内的阐释，是否可为任意阐释而无须公共认证；公共阐释的定义与内涵如何界定，其历史谱系与理论依据何在；无公共效果的私人阐释是否可能。讨论的目的是：建立当代中国的"公共阐释"理论。

---

* "公共阐释"是一个新的概念，是在反思和批判强制阐释过程中提炼和标识的。提出这一命题，旨在为建构当代中国阐释学基本框架确立一个核心范畴。强制阐释概念提出以后，学界进行了广泛讨论，提出许多好的意见和建议，对本文作者深入思考当代中国阐释学元问题具有重要的启发意义。公共阐释论就是对这些问题的进一步延伸，期望学界以此为题继续讨论和批评，在阐释学领域做出中国表达。

** 本文原刊于《学术研究》2017 年第 6 期。

*** 作者单位：中国社会科学院。

一　阐释的公共性

阐释本身是一种公共行为。阐释的生成和存在，是人类相互理解与交流的需要。阐释是在文本和话语不能被理解和交流时而居间说话的。阐释意义上的"理解"是指，通过解释和说明，构建以他人为对象而展开的理性活动；阐释意义上的"交流"是指，通过对话和倾听，在自我与他人之间开辟可共享的精神场域，阐释由此而实现价值。准此，当人们面对充满疏异性文本企图获得理解时，确当的阐释能够给予清晰且有说服力的解释和说明，文本意义得到正确判断和理解，阐释获取合法身份。在理解和交流过程中，理解的主体、被理解的对象，以及阐释者的存在，构成一个相互融合的多方共同体，多元丰富的公共理性活动由此而展开，阐释成为中心和枢纽。

在阐释学意义上，公共理性的基本蕴涵是：

第一，公共理性呈现人类理性的主体要素，是个体理性的共识重叠与规范集合，是阐释及接受群体展开理解和表达的基本场域。在理性的主导下，主体间的理解与对话成为可能，阐释因此而发生作用，承载并实现理解和对话的公共职能。离开公共理性的约束与规范，全部理解和阐释都将失去可能。阐释的公共性决定于人类理性的公共性。

第二，公共理性的目标，是认知的真理性与阐释的确定性。理性的本来目的是于不确定性中追索和把握确定性。公共理性的构成及放大必须以确定性认知为核心。公共理性判断不保证真理，但可在理性与实践的框架下修正和推进认知的确定性。在公共理性的共同体之中及相同语境下，体现公共理性规则的阐释，可视为确定性阐释，并可最大限度地为多种话语共同体所理解和接受。

第三，公共理性的运行范式，由人类基本认知规范给定。由同一语言组合而成的共同体，遵照基本语言规范运行思维并实现表达。公共理性认证确定语境下多元语义的确定性，宽容同一语义的多元理解。公共理性规范的阐释，符合基本逻辑要义，其推理和判断与普遍理性规则一致。

第四，公共理性的同一理解，符合随机过程的大数定律，是可重复并被检验的。阐释的公共性体现为共享性。此共享性不仅是共时的，即为同语境下的阐释与接受者所共有，并且是历时的，即为不同语境下的阐释与接受者所共有。符合公共理性要义的阐释，可以为多数人所接受并反复经验，同时可以为历时系统下多数人所共识。对包括历史和实践对象在内的文本，生产和存疑的非确定性理解与阐释，终究要为随机过程的大数定律及以公共理性为基础的公共阐释所确证和检验。

二 公共阐释的定义与特征

公共阐释的内涵是，阐释者以普遍的历史前提为基点，以文本为意义对象，以公共理性生产有边界约束，且可公度的有效阐释。这里的"普遍的历史前提"是指，阐释的规范先于阐释而养成，阐释的起点由传统和认知的前见所决定；"以文本为意义对象"是指，承认文本的自在意义，文本及其意义是阐释的确定标的；"公共理性"是指，人类共同的理性规范及基本逻辑程序；"有边界约束"是指，文本阐释意义为确当阈域内的有限多元；"可公度的"是指，阐释结果可能生产具有广泛共识的公共理解；"有效阐释"是指，具有相对确定意义，且为理解共同体所认可和接受，为深度反思和构建开拓广阔空间的确当阐释。

从以上定义看，公共阐释具有以下六个特征。

第一，公共阐释是理性阐释。阐释是理性行为。无论何种阐释均以理性为根据。阐释的生成、接受、流传，均以理性为主导。非理性精神行为可以参与阐释过程，精神性体验与情感意志是阐释生成的必要因素，但必须经由理性逻辑的选择、提纯、建构、表达而进入阐释。这是一切阐释之所以可能的必备前提和实现要件。公共阐释无论出自何人，无论以何人为代表，其生成、接受和流传，均为理性行为，是人类共通性认知的逻辑呈现。

第二，公共阐释是澄明性阐释。公共阐释将公众难以理解和接受的晦暗文本，尤其是区别于文学的历史文本，加以观照、解释、说明，使文本向公众敞开，渐次释放文本的自在性，即作者形诸文本、使文本得以存在的基本意图及其可能的意义。阐释的澄明是澄明阐释的前提。意在澄明的阐释，是置入公共意义领域，为公众所理解的阐释。

第三，公共阐释是公度性阐释。阐释的公度性是指，阐释与对象、对象与接受、接受与接受之间，是可共通的。阐释的公度性立足于公共理性建构的公共视域。认证公共视域的存在，及其对阐释传播的作用和意义，是阐释得以公度的基础。公共视域是民族共同体基于历史传统和存在诉求的基本共识，是公共意见的协同与提升。阐释的公度性是有效阐释的前提。

第四，公共阐释是建构性阐释。公共阐释是阐释者对公众理解及视域展开修正、统合与引申的阐释。其要义不仅在寻求阐释的最大公度，而且重在于最大公度中提升公共理性，扩大公共视域。公共阐释超越并升华个体理解与视域，申明和构建公共理解，界定和扩大公共视域。这是公共阐释的教化与实践意义。

第五，公共阐释是超越性阐释。公共阐释超越于个体阐释。个体阐释是公共阐释的原生态和原动力。个体阐释最大限度地融合于公共理性和公共视域，在公共理性和公共视域的规约中，实现对自身的扬弃和超越，升华为公共阐释。未被接受的个体阐释的效果历史有两个方向：因为公共理解与视域的扩大提升，未被理解的个体阐释被理解和接受，并因此而上升为公共阐释；个体阐释终究未被公共理性和视域所接受，最终沦为私人阐释而被淘汰。

第六，公共阐释是反思性阐释。公共阐释与文本对话交流，在交流中求证文本意义，达成理解与融合。公共阐释不是纯粹的自我伸张，不强制对象以己意，而是在交流中不断省思和修正自身，构成新的阐释共同体。公共阐释与个体阐释对话交流，在个体阐释的质询中反思自身，校准和增补自身，实现个体阐释的公共性转换，生成新的公共阐释。

三　文献准备与批判

公共阐释是一个新的复合概念。在目前的历史视野内，尚未发现有关"公共阐释"概念的自觉建构。但是，经过系统总结和梳理，马克思关于人的本质的理论，海德格尔关于存在与时间的学说，伽达默尔关于世界和言说的观点，费什关于阐释群体的设计，等等，从正反两个方面为公共阐释的形成与贯彻提供了文献参考与准备。公共阐释是一个自备广阔理论空间的基础性概念。

人是社会的人。人的本质在于其社会关系的公共性。这是马克思对人的本质的透彻理解与定义。"人的本质不是单个人所固有的抽象物，在其现实性上，它是一切社会关系的总和。"① 由此可以论证，任何理解与阐释，最终归约、受制于人的公共性与社会性。"不管个人在主观上怎样超脱各种关系，他在社会意义上总是这些关系的产物。"② 由此可以论证，阐释的意义与价值，无论阐释者的企图如何任意与神秘，其真理性标准最终由客观的社会关系所决定。阐释的公共性由此而具有基础意义。海德格尔将传统的认识论阐释学改造为本体论阐释学，但其存在论本质无可避免地规定了阐释的公共存在。"此在的存在是共同存在"，③ "此在之独在也是在世界中共在"，④ "即使它以为无需乎他人，或者当真离群索居，它也是以共在的方式存在"。⑤ 由此，对此在的"自我识知"只能"以源始地有所领会的共在为基础"。在这种领会中"已经有对他人的领会"，证明了理解和阐释不可消解的公共性。此在的理解和阐释的出发点及落脚点都是公共性的共在。"每一言说都是向他人和同他人的言说"，因而在他，"言说在本质上就是共享（Mitteilung）"，⑥ 这明确无误地表达了海德

---

① ［德］马克思：《关于费尔巴哈的提纲》，《马克思恩格斯文集》第 1 卷，人民出版社 2009 年版，第 501 页。

② ［德］马克思：《资本论》第 1 卷第 1 版序言，《马克思恩格斯文集》第 5 卷，人民出版社 2009 年版，第 10 页。

③ ［德］海德格尔：《存在与时间》（中文修订第二版），陈嘉映译，商务印书馆 2016 年版，第 178 页。

④ ［德］海德格尔：《存在与时间》（中文修订第二版），陈嘉映译，商务印书馆 2016 年版，第 174 页。

⑤ ［德］海德格尔：《存在与时间》（中文修订第二版），陈嘉映译，商务印书馆 2016 年版，第 177 页。

⑥ ［德］海德格尔：《时间概念史导论》，欧东明译，商务印书馆 2014 年版，第 410 页。

格尔对言说的公共性意义的分析和判断。伽达默尔的"世界"观表达了与海德格尔相同的"共享"意向。"世界这样就构成一块公共的基地，谁也未曾踏上过它，但谁都认可它，这种公共基地把所有相互说话的人都联结在一起。"① 所谓这个"世界"，作为"公共的基地"，伽达默尔也称其为"共同体"。在这个共同体中言说或对话，只要是成功的，其"谈话伙伴都处于事物的真理之下，从而彼此结合成为一个新的共同体（Gemeinsamkeit）"。② 对话的各方，遵循着语言以及围绕着语言所带出的存在，一起进入这一共同体，并在这个共同体中，成为不再固执己见的新人。此类思想和言论，对伽达默尔本人所倡导和坚持的无定解阐释而言，无疑是一种自我反省与批判。接受美学坚决拒斥共同阐释的可能性，主张读者面对文本可以给出无限不同且相互抵触的解读。文本中没有确定性，文本中的一切都依靠读者的任意构建。费什就是此学派的核心人物。但费什却同时主张："我们所能进行的思维行为是由我们已经牢固养成的规范和习惯所制约的"，"只有置身于它们之中，我们方能觅到一条路径，以便获得由它们所确立起来的为公众普遍认可的而且合乎习惯的意义"，"解释策略的根源并不在我们本身，而是存在于一个适合于公众的理解系统中"。③ 阐释活动的主体不是单独的人，而是"集体意义上的人"，是一个深深植入公共理解系统的"阐释群体"，这个群体而不是个人制约着文本意义的生成。接受美学在理论逻辑上的自相矛盾，由此可见一斑。

四　个体阐释的公共约束

私人性的个体阐释是能在的。其基本含义是，以直接体验的本己感悟，生成仅留于个体想象之内，且不为他人理解和接受的阐释。此类阐释的结果无非两种：为语言共同体和更广大公众所理解和接受，

---

① ［德］伽达默尔：《真理与方法》I，洪汉鼎译，商务印书馆2010年版，第628页。
② ［德］伽达默尔：《真理与方法》I，洪汉鼎译，商务印书馆2010年版，第534页。
③ ［美］费什：《这堂课有没有文本？》，《读者反应批评：理论与实践》，文楚安译，中国社会科学出版社1998年版，第57页。

个体阐释上升为公共阐释；反之，则流落于私人阐释，最终被淹没和淘汰。可以确定，阐释的公共性本身，隐含了公共场域中各类阐释的多元共存。在公共阐释被承认及流行以前，有创造性意义的个体阐释是公共阐释的原生动力。但是，个体阐释绝非私人的。个体阐释的理解与接受为公共理性所约束，且此约束为刚性约束。作为理解的个体，当然可以对文本作个性理解，亦可以作个性阐释，但其结果不为他人理解并接受，尤其不能为个体当下所在的阐释共同体理解和接受，所谓个性理解只能沦为私人理解。以此为基础所建立的私人阐释也失去可能，毫无公共留存意义。无社会和群体阐释责任的任意个体，可以生成本己的个体阐释，不刻画任何公共痕迹。但是，有公共性责任的阐释者必须作为于公共阐释，并以其公共效果进入历史。

个体阐释的公共约束表述如下。

第一，人类的共在决定个体阐释的公共基础。人类共在于世界而存在。私人的此在相对于共在、依存于共在，离开共在，此在不在。由此在构成的共在，不仅建立于确定的物质和经济关系基础之上，而且集合于确定的心理、文化与精神关系之上。任何私人的存在，都将被共在所约束。任何私人的体认与诉求，都将被纳入共在的识知系统，经过无穷的排列组合，成就甚至与缔造者原初创意完全不同的公共话语。此在的共在基础，无论看起来如何遥远，归根到底决定着思想的创造和理解。个体阐释并非仅仅生成于完全私人的阐释。

第二，集体经验构造个体阐释的原初形态。公共经验与记忆，是阐释的必要准备。各民族为生存和繁衍而奋斗的历程，决定其文化心理与态度，在民族意识的形成与发展中，发挥不为意识所把握的起始性作用，决定阐释的原初形态与基调。非自觉的、无意识的前见，即阐释者识知框架中的文化、历史与多种社会规范的集合，并非私人构造，以此为起点的阐释期待，集中展出个体阐释的公共基础。

第三，语言的公共性确立个体阐释的开放意义。语言是公共思维活动的存在方式。生活共同体就是语言共同体。语言的规则必须统一，为语言共同体所遵守。没有规则的语言不成其为语言。语言是交流的。不能交流的音响和符号不是语言。以交流为目的的语言，必须为常人所理解。只有"公共语言"，没有"私人语言"。所谓"私人语言"，已经被历史和实践所否证。阐释是语言的阐释。有效的理解和阐释，以公共语言为载体和内容。阐释的合法性，以词语和规则的确定性为前提。文本的确定语境规定了阐释的确定维度，为语言共同体所接受。

第四，阐释生成的确定语境要求个体阐释是可共享的阐释。阐释的目的是交流。交流的前提是理解，尤其是交流主体间的共享理解。在确定语境下，阐释不是任意的。无论对象词语包含多少衍生意义，确定语境规制语义的有限性。共同语境下的历史主体，理解的历史性，不能脱离自在话语的本来意义。同一主体的不同理解，是不同语境下的不同，如此理解不被共享，则应归属私人理解而失去阐释意义。

关于公共阐释的对话[*]

张　江　　［德］尤尔根·哈贝马斯^{**}

张江：哈贝马斯先生，您的社会批判理论和公共领域理论在中国有着广泛的影响。我记得，2001 年 4 月，应中国社会科学院和德国歌德学院北京分院邀请，您曾到中国进行学术访问。那是一次非常成功的学术访问。您在中国社会科学院以及北京和上海的高等院校共发表了 7 次演讲，也可以说与中国学者进行了 7 次对话。通过这些演讲和对话，中国学术界对您的理论和思想有了更深入、更全面的了解。

哈贝马斯：是的，16 年前对中国的那次访问，是我学术生涯中一次令人难忘的经历，我和我夫人对那 14 天的中国之行至今仍然记忆犹新。

张江：作为中国社会科学院的一名学者，我这次应邀到慕尼黑来，主要是想就公共阐释或阐释的公共性等阐释学的基本理论问题，与哈贝马斯先生进行讨论和交流。实行改革开放 40 年来，当代西方各种各样的哲学社会科学理论在中国被引入和介绍得很多，但是，在消化、理解或者说准确把握这些理论方面，我们认为还有很大的距离。以阐释学为例，在我们的课堂上或教材里，基本上还是西方理论尤其是德国的阐释学理论占主导地位。也就是说，西方的阐释学理论在中国学术界的影响仍然非常大。

---

*　本文原刊于《学术月刊》2018 年第 5 期。

**　张江，中国社会科学院教授；尤尔根·哈贝马斯（jürgen Habermas），德国当代最具影响的哲学家、思想家、社会理论家之一，西方马克思主义法兰克福学派第二代的旗手。2017 年 11 月 6 日，张江教授应邀到慕尼黑哈贝马斯家中，就公共阐释的有关基本问题与哈贝马斯进行了长达三个多小时的对话和讨论。这里刊出的是对话的部分内容。

中国学者包括我本人在内，期待从中国古代文化资源特别是阐释学资源中汲取智慧，在吸收和借鉴西方阐释学优秀理论成果的基础上，构建中国自己的当代阐释学理论。从这个愿望出发，基于多年来对西方阐释学理论的研究，以及对中国古代阐释学理论和阐释学传统的考察，我撰写了《公共阐释论纲》一文，提出了"公共阐释"这样一个新的理论概念或新的学术命题。关于阐释的公共性的思想，在中国古代文化、古代文学和经学传统中，有着深厚的历史渊源和确当的历史根据。

哈贝马斯：我早就拜读了您的《公共阐释论纲》。在您来到之前，也就是今天上午，我又从头到尾认真阅读了一遍。我认为，您提出的"公共阐释"这一命题是非常有意义的，而且在许多问题上我和您的观点相当一致。其中我最认同的，首先是您对阐释的公共性的强调；其次是您提出，为达成共识必须构建公共言论基础。您的论文还对海德格尔和伽达默尔的某些论点进行了分析与批判，对此我也是非常认同的。关于您文章第二部分的主要论点，我有一点还不太肯定：通过公共的、阐释学的努力而达成的共识，是否应该受限于一个特定民族的传统呢？

在阅读您的文章的过程中，我一直在思考这样一个问题，即什么是放之四海而皆准的理性，其意图是什么？我的意思是说，如果要通过理性的改变获得对某一个特定文本的公众理解，那么问题在于，公众理解的范围是否可以超越国家传统？或者说首要的问题在于，理性或思想是不是延续着一种传统，一种特定的传统，一种国家和民族的传统，譬如说大陆的传统还是什么其他的传统？

张江：我想从中国文化传统的意义上，谈一谈公共阐释与公众阐释以及国家与社会的关系，同时对您提出的问题作出回答。

德语中的"hermeneutik"或英文中的"hermeneutics"，中国学者有的翻译为"阐释学"，有的翻译成"诠释学"，也有的翻译为"释义学"或"解释学"。我本人主张翻译为"阐释学"，因为这更符合"hermeneutik"或"hermeneutics"的本意。在中国古代文化中，也可以说，自我们祖先创字之初，"阐"（闡）字的本意是"开"（開）（《说文·门部》："阐，开也。"），且为"开门"的"开"。那么，这个"开"又是什么意思呢?"开"就是"张"。"张"又意指什么呢?就是拉开弓箭的意思。正如中国清代学者段玉裁所说:"张者,施弓弦也。门之开如弓之张。"

我们首先来看这个"开"(開)字。这是中国古代的文字,小篆体,象形字。直观看来,"门"(門)里有个横杠,也就是我们中国人所说的门栓。在门栓之下,是两只手,双手对举,打开门栓,意在开门。中国东汉时期著名学者许慎编著的《说文解字》,是中国第一部系统分析汉字字形和考究字源的字书,也是世界上最早的字典之一。其中列举的与"阐"同为"开"义的,还有"闓""開""闢"(閜)"闔"(闔)等字。"闓",本义为开门。"開",是"大开"的意思。"闢"是双手上举,意欲开门;不仅是开一门,而且要开四门,即东西南北都要开门,目的在于"明四目,达四聪",用今天的话说,就是广致众贤、博览兼听,把四面八方意见相同或相异的人都请来,坐在一起进行对话和交流,或者共同协商处理与大家普遍相关的事情和问题。至于"闔",同样是"闢門"或开门的意思。

从刚才我在 PPT 上所作的演示,您也许已经看到,"闓""闢""開""闔""闔"几个字,都以"门"(門)为字根。那么,"门"(門)是什么意思呢?"闻也",听的意思,就是门里面的人听门外的人说话,或者说门里的人与门外的人对话。"门"还有一个意思,就是"问",是这个人向那个人问。所以,阐释的"阐"从字根上讲就包含着"开""听""闻""问"的意思。我们再来看这个"阐"(闡)字。《说文解字》:"阐","从門,單聲。《易》曰:'闡幽'"。也就是说,正因为"门"里面的这个"单","阐"字才念 chǎn。那么,"单"在中国古文字中是什么意思呢?是"大"的意思。以"单"为部首偏旁的"僤""繟""禪""嘽"等字,多表有"厚""广""众""宽""大"的意思。

虽然中国古汉语理解起来有一定的困难,但大意是明确的。西文中的"hermeneutik"或"hermeneutics",在中文中就可以用"阐"这一个字来表意。那么,这个字包含了什么意思呢?如上所言,就是我要打开门和你对话,我要和众多的人进行对话。革除障碍,进行开放的、通畅的、启发的、交流的、协商的、共享的对话，意思都在这一个字里面。而且，在中国古代典籍中也有"阐释"这个词，它出自中国东晋时期葛洪的《抱朴子·嘉遁》："幽赞太极，阐释元本。"因此，我想从中国文化传统出发，对您提出的"公共"和"公众"的关系作出解读。

"阐"之本义为"开"，而"开"之本义为双手开门，开门之手即是阐者之手，乃"我"之手开门，或者说阐释者就是开门的主体，阐释乃主体之阐释。从这个意义上说，"我"即阐释的主体不会把自己的意思封闭起来，而是要去除障碍与隔阂，把自己的意思说给他人听，与他人对话和交流，与他人就某个问题、某个现象或某一段历史进行平等协商，分享各自的观点，以求得和增进彼此间尽可能广泛的共识。所以我们说，今天人们所熟知的"公共"一词的含义，与中国古代阐释学传统中乃至中国古人创造"阐"字时的设想是完全一致的。因此可以说，中国阐释学的传统是非常悠久的。我们关于阐释的公共性的理解，并不是依赖于西方的文化传统，而是植根于中国的文化传统而生成的。

针对"公共"和"公众"的含义，您似乎曾经作出过这样的判断："公众舆论，没有统一而真实的基础，它沦为众人的主观意见。"

哈贝马斯：首先感谢您刚才所作的精彩的演讲。您的演讲形象生动，听了确实很受启发。您演讲中贯穿的中国科学和中国文化要素，使我们这些使用语音文字的西方人为之感叹。我从您的演讲中认识到，中国文化是如此古老而伟大，已经传承和延续了数千年，而且蕴含着如此丰富的阐释学思想，非常令人赞叹。传统或多或少沟通了思维，是一种回应阐释的交流。我的意思是，阐释学是对传统进行反思的中介。像中国有如此源远流长的文化传统，一定会有某些固有之物，甚至可以更直接地说，包含着某些现代阐释学的概念。按照张江教授的说法，这些概念来自中国文化本身。

我似乎听懂了，张江教授好像是在给阐释学重新命名吧？我想，如果伽达默尔今天在场或听到您的演讲的话，应该会对您的题目很感兴趣的。我很了解他，他会将您的演讲视为一个传统文化如何颠覆文本的例证，尤其是当该传统通过理性这一媒介或途径最终变得具有反思性。

阐释学概念是某个传统的部分延续。我想借此阐释"公共阐释"这个概念。公共阐释是由两个来自不同传统的不同派别共同合作的意图所发展延伸出来的。这两个派别在骨子里就有所不同，它们之间的冲突如此激烈，必须在它们之间划出一条界限，也就是不同传统之间的界限。也就是说，这两派之间既有很多相互理解，也有很多相互误解。如果您说的是这种情况的话，那么这种类型的阐释就是通过倾听实现的。我还记得您一开始所说的"阐"是开门及倾听的意思。其实，阐释需要相互之间的倾听，即便是在缺乏理解的场合。我所说的就是这种相互的关系。

我从伏尔泰的著作中读到，中国在 18 世纪的时候曾经有这样一种或多或少双向交流的格局：西方的传教士到中国的宫廷，中国的使节也到西方来。到了 19 世纪，中国人出于对帝国主义的恐惧，关闭了这种双向沟通的渠道，之后使得中国陷入了一种封闭状态之中——当然，您比我更了解这段历史。如果我所谓的公共阐释和公共沟通主要是从双向沟通的图景出发，那么这与伽达默尔整合传统的理念是截然不同的。

我想说的是，我读了《公共阐释论纲》，感觉张江教授所说的公共讨论指的是对话双方的开诚布公，也许是对同一文本、同一问题的公开探讨。

张江：是这个意思。我们认为，立足中国文化传统，实现公共阐释是需要相互倾听的，而不是一方占据强势地位，在统治和规制别人的前提下去讲话和阐释。关于这个意思，在中国文字中另外有一个字，如果有机会，我再讲给您听。但是，就"阐释"的这个"阐"字而言，指的是双方应该平等地进行交流，甚至可以改变或修正对方的意见，而不是某一方固执地站在自己的立场上去改变或修正别人的观点和意见。也就是说，中文中的"阐"字，蕴含着彼此协商、相互借鉴、共同提高、达成共识的意思。

哈贝马斯：我认为，欧洲阐释学至少是与公共争论和开放的概念相联系的。进入现代，我们的哲学逐渐独立于宗教阐释学之外。也就是说，在欧洲，哲学阐释学是发源于宗教阐释学的。后来，宗教阐释学这个概念最终世俗化了。我们认为，包容和互通拓展了公共性的概念，即听取争论以及了解他人的阐释视角。

张江：前面我就说过，无论是德语中的"hermeneutik"还是英文中的"hermeneutics"，在中文里应该翻译成"阐释学"，而不是"诠释学"或"解释学"，因为"阐""诠""解"三个字（词）在中国汉语中的含义是有很大甚至深刻区别的。

关于"阐"之彼此协商义或经由平等对话和交流达成共识义，我可以举一个政党建设或社会建设方面的例子。不久前召开的中国共产党十九大再次强调，中国的民主是协商民主。那么，这里所说的"协商民主"是什么意思呢？中国共产党作为中国的执政党，对于国家的建设、发展、改革、治理等，有自己一整套的理论和想法，包括创新性的理论和想法。在这些理论和想法成为具体举措或付诸实践之前，中国共产党除了在党内广泛征求意见外，还会通过各种渠道和途径，如举行党外人士座谈会和民主协商会，与其他党派或无党派人士进行讨论和协商，并征求社会公众和普通百姓的意见。大家协商一致、达成共识的，或者说大家都赞成的，我们就办，就付诸实施。如果有不同的意见，只要大家提出的意见有道理，那么中国共产党就会积极采纳并及时作出调整或修正。总之，无论是哪个方面的政策或举措，只有争取到最大多数的赞同和最大可能的一致，中国共产党才会在治国理政的过程中去付诸实施。所以说，在中国，治国理政方面形成的共识、达成的一致，是执政党与其他参政党和社会公众协商出来的，而不是互相争吵、争斗出来的，更不是靠暴力和强制压迫出来的。所以，"协商民主"这个概念，深刻而全面地表达了中国古代阐释学"阐"字的本来意义。

我再讲一个中国古代的故事。中国清朝雍正年间，文字狱比较盛行。雍正八年，翰林院学士徐骏因自己诗集里有"清风不识字，何必乱翻书"两句诗，被以诽谤朝廷的罪名处斩。此两句诗本是作为文人的徐骏随口而吟的应景之作，描写的是一阵微风吹来，将他正在阅读的书翻过几页这样一个日常生活中再普通不过的场面，并无其他特别含义。但是，雍正皇帝及其朝廷却认为，所谓"清风"指的就是清朝统治者，就是被视为"蛮夷之人"的满族人，作者是在嘲讽清朝统治者没有文化，不识字，没有资格入主已经有几千年文明史的中原，坐不了汉族人的江山，因此传播的是典型的反清思想。其实，作为清王朝统治者，雍正皇帝明明知道作者不是这个意思，但是他认为作者就是这个意思，而且一定就是这个意思。作为最高统治者，其言语和意旨是不容争辩和置疑的，我说你是什么意思就是什么意思，即使你作再多申明和举证也无济于事。因为，我就是要做给胆敢轻视满人和满人统治者的汉族知识分子看，得到杀一儆百的效果。

这里提出了一个问题，就是在阐释的过程中，当双方或多方意见不一致的时候，应该采取什么样的态度？是开诚布公地协商、对话和交流，逐步达成共识和一致，还是立于一个制高点，固守一个立场，居高临下地把自己的意思强加给他人，或者让自己的观点主张得到强制性的同意？

针对这一问题，几年前我曾经提出"强制阐释"这样一个概念。① 毫无疑问，强制阐释与公共阐释是有着本质区别的。如上所述，公共阐释是对等的、协商的，而强制阐释则是以前置立场和模式，对文本作符合阐释者主观意图和结论的阐释。要改变的不是阐释者自己的意图、立场和结论，而是其他人的意图、立场和结论，是文本、事实和历史，并借此证明阐释者意图、立场和结论的正确性或确当性。实际上，在阐释学的历史上，这种强制阐释的方式是很常见的现象。

哈贝马斯：是的。我认为张江教授的观点非常正确。我没想到在中国文化中有如此深厚的阐释学传统，也没想到张江教授如此完美地将这些传统发展成为中国的阐释学理论。下面，我想向您介绍一下我和伽达默尔之间的一些争论。

我认为，问题的关键在于，理性在阐释学中到底扮演着怎样的角色？也就是说，我们到底应该赋予理性怎样的作用和功能。为了更好地理解一个文本，我认为，我们不仅要理解其文意，理解其词汇和语法，而且还要将每一个句子都放在前后文之中去解读。为了理解一句话的意义，我们必须探寻文本背后的理性，即为何一个作者或一个人

① 张江：《强制阐释论》，《文学评论》2014 年第 6 期；张江主编：《阐释的张力——强制阐释论的"对话"》，中国社会科学出版社 2017 年版。

会选择某个被说出的句子。当他发表一个言论或声明时，我们为了理解这个句子，必须要理解这个作者或这个人想到这个句子的原因和在这之后作出的判断。

所以，我从这一观察中得出结论。我认为，所谓理解，就是理解一个作家的理性，即为何一个文本的作家接受了他所说的内容背后的理由？理解一个文本，就是理解写作背后的理性，因为这使得阐释者能够作出他或她自己的判断。无论是涉及科学文本还是宗教文本，这个理性缘由是否对作者和阐释者都同样有效？我读马丁·路德的文本时，并没有将他视为一个新教的改革者。路德相信他的《九十五条论纲》和上帝，而不是相信什么圣灵。在我看来，路德提出的理由是有些莫名其妙的：当某一文本存在疑点的时候，他指着那些所谓基督耶稣的话寻找佐证，以证明某一文本的不恰当，并将这些话流传下去。对我这样一个无神论者来说，这样的佐证方式是无效的。我想说，从阐释者的角度来说，阐释学不可避免地包含了一种批判的态度，即便作者自己提出了支持文本的理由。

在这个问题上，伽达默尔强调阐释者对文本的态度。我的论点的关键在于，评估读者是不是能够接受作者的理性，也就是说作者所声称的那些关于前后文的理由，是对的还是错的。

伽达默尔的立场是，那些需要阐释的文本或多或少是享有权威的文本。西方阐释学来源于宗教传统和法学文本。实际上，每一个文化传统中都有需要阐释的权威文本。公元前4到前2世纪，中国这样一个以智慧著称的民族就建立了儒教这样一个传统。这就是伽达默尔的观点，他认为阐释学基本上就是通过文本试图了解一个作家是怎么想的以及他为什么这么想，即从阐释者的角度得出他或她自己对权威文本的阐释。

张江：我认为，在阐释学领域，无论中国还是西方，一直存在两条不同的阐释路线。例如，在古代中国，两条阐释路线从来都是有着深刻差异的。一条由孔孟始，重训诂之"诠"；一条由老庄始，重意旨之"阐"。在西方，施莱尔马赫强调和重视文本本来的意思、作者本来的意思、作者和文本生成的那个时代的历史背景，以及历史规律、历史现象对于作者和文本的影响。按照阐释学的传统，就是要解决文本说了什么，作者说了什么，是什么历史背景、历史传统让作者这样说的问题。不知我理解得对不对。阐释学是这样理解的吗？

哈贝马斯：我有着与施莱尔马赫相似的论断。施莱尔马赫用辩证法补充阐释学。辩证法就是一场阐释者与作者之间的对话。当我们探讨阐释学时，我们眼前浮现出的是文本以及它背后的阐释者。一旦一个阐释者抱着批判的态度告诉自己或他人作者的意图以及这为何对我来说是有道理的，他就在暗示一种辩证关系。关于施莱尔马赫的这个讨论，有两个重要原则：一是阐释学，二是辩证法，两者密不可分。当我读到您论文中关于公共理性的论断时，我觉得，其核心就是阐释学与辩证法的永久联系。我认为，这一联系与您的讨论是契合的。

张江：如果从阐释学的传统说起，那话可能就要扯得很远了。在我看来，施莱尔马赫对文本本来意思的理解，对生成文本的那个历史背景和历史经验的追求，是阐释由以出发的一个根本的依据。但是，伽达默尔、海德格尔实际上否定了对阐释的本来面目、本来意义的追求。到了当代，撰写《哲学与自然之镜》的理查德·罗蒂就彻底放弃了对文本确定性的探究。用西方的话语来说，罗蒂等人主张有一千个读者，就有一千个哈姆雷特，而这一千个读者和一千个哈姆雷特是没有共识的。在我看来，这是违背阐释学基本原理，也是违背阐释学规律的。退一步讲，如果对文学文本作这样的阐释还是可以理解的话——因为文学本身是虚构的，万千人可以从个人的冲动、个人的体验和感受出发去解读文学文本，当然也就可能有各不相同的看法——那么，至少对于历史，是不应该作这样的阐释的。

比如，有一段非常著名的历史故事，说的是海德格尔在第二次世界大战期间参与了希特勒纳粹思想体系的构建，甚至还参与了某些具体活动，而海德格尔本人在战后却对这段历史保持沉默。哈贝马斯先生对于海德格尔的这种沉默感到失望并给予尖锐的批评。我对海德格尔当年参与纳粹的个人动机和历史背景不作评论，但我赞成哈贝马斯先生的意见，就是海德格尔必须正视这段历史，必须承认这段历史，而不能站在另外的立场上试图掩饰这段历史，甚至篡改这段历史。还有，第二次世界大战期间，中国人民遭受了日本法西斯主义长达 14 年的野蛮侵略和残酷奴役，是不容否认的历史事实。如果今天的日本人特别是日本政客否定这段历史，不仅整个中华民族绝对不答应，世界上一切有良知的国家和民族也是不会答应的。

哈贝马斯：德国历史上，无论是早期的宗教势力还是后来的纳粹政府，都只要一种文化占统治地位，因此毒害了国家的政治文化。这里说的其实是健康政治文化与自我认知之间的关系问题。但是，我并不想深究这个问题，因为它更多是政治道德方面的问题，而非学术话题。该怎么说呢？这个问题或许与阐释学和辩证法的关系不大，但至少从集体否认重要事实可能毒化政治文化的角度上来说，这个问题是非常值得重视和关注的。

张江：关于公共阐释的反思性问题，我在《公共阐释论纲》一文中作了简要论述。我在文中说，公共理性本身就是反思性的，公共阐释就是反思性阐释。公共阐释与文本对话交流，在交流中求证文本的意义，达成理解与融合。公共阐释不是纯粹的自我伸张，不强制对象以己意，而是在交流中不断省思和修正自身，构成新的阐释共同体。

为什么这样说呢？在伽达默尔那里，公共理性和公众意见是有很大区别的。公众意见是分散的、多人意见的总和，而公共理性则是一种逻辑的、思辨的、规律性的、反思性的或者说审视性的共识的结果。所以，我认为，公共理性梳理、检视了公众散滥的意见，形成了能够为更大范围的人们所承认和接受的意见。这种意见的形成本身就是反思，是一个听取意见、交换意见并在此过程中修正各自意见的过程，而这个过程本身是辩证的。但是，必须指出，经由公共理性所得出的公共阐释的结果，未必就是真理。随着历史、文化及人类认识的不断进步，阐释的标准、阐释的结果或形成的共识是不断变化、不断进步的，它们不可能固定在一个时代或一个历史阶段，变成一种声音，永远地传递下去。当然，那些不可被证伪或未被证伪的公共阐释的结果，可以进入人类知识系统，传及后人。但是，这种知识总是伴随着历史的进步而不断得到修正的。所以，个人阐释提升为公共阐释的过程，公共阐释生成和发展的过程，就是一个为争取承认而斗争的过程。

哈贝马斯：我完全同意您的这一说法。我和您一样，认为理性是根据科学、逻辑或是阐释学的方法而被定义的。这是我所接受的讨论模式，就是要辨析清楚，哪些论断对实验性的、规范的以及伦理学的观点是重要的、有价值的。

理性标准的变化深受历史的影响。纵观历史，我们可以看到理性的标准确实会变化，而且从我们（阐释者）的角度来看，这些变化出于正当的理由。那么理性的标准和阐释学的关系究竟如何？我认为，它们之间的关系不是那么明晰。我们所说的理性标准，就是在每一个单个场景中我们认为理性的东西。我们不能回到理性之前的状态，也不能改变理性，除非我们能够找到更好的理性来取代它们。这是理性的变化，尤其是形而上哲学理性的明显变化。处在这种传统理性影响下的欧洲，人们通常有一种关于现象和本质的观念，并试图用所谓的本质解释一系列的现象。我想，在中国文化中或许同样有这样一种形而上的理性观点。今天，我们已经不再接受这种形而上的理性观点。我们接受在科学领域的逻辑争论，赞同或不赞同某种伦理争论。但是，自认为理性的那些所谓理性标准并非是绝对的。

理性的标准总是在语境中被接受，是不能被相对化的。也就是说，一旦我们认为是理性的，我们就不能相对化它们。面对不同的观点，我们将坚持某一理性的概念，直到我们被告知我们的观点是错误的，并且有更好的观点供我们选择。当然，我们必须以更加开放的态度应对这些言论。我们之所以接受这些言论，正是因为它们符合我们所谓通用的理性标准。从历史的角度看，这一标准就是我们可以接受的标准，甚至超出某一特定的语境，但这一语境也是我们的语境。只有来自不同国家的人们质疑我们的理性，并最终以他们的理性说服我们时，我们的理性标准才能被相对化。我所坚持的理性，只是我此时此刻提出论断的生命力。如果说理性是相对的，那么究竟它对什么来说才是相对的？这也许要把我们带入一个过于复杂的讨论领域了。

张江：我同意您的意见。至于经由公共理性检视和梳理的公共阐释的结果究竟是不是真理，不同的民族、不同的语言、不同的语境，其理解是不同的。

哈贝马斯：何为理性，是由我们的标准决定的，而我们的标准又来自我们的语境。这里有一个关键词——"我们的"。但是，如果总是说理性是"我们的"话，那它就不能被称为正确的东西。因此，必须有人从其他不同的地方过来，与你进行交流、协商甚至提出质疑，如此才能逐步确定下来，否则总是"我们的"观点，其正确性是令人怀疑的。

张江：我同意您刚才提出的观点和看法。我们还是回到相对简明一些的问题。我在《公共阐释论纲》中曾经强调，阐释的生成和存在，是人类相互理解与交流的需要。阐释是在文本和话语不能被理解和交流时而居间说话的。在理解和交流的过程中，理解的主体、被理解的对象，以及阐释者的存在，构成一个相互融合的多方共同体。也就是说，从阐释发生及效果的意义上说，尤其是从中国阐释学的传统说，阐释本身是一种公共行为。哈贝马斯先生，您是否赞成我的观点？

哈贝马斯：我当然赞同您的观点。我在一开始就说了，在您到来之前，我又读了一遍您的《公共阐释论纲》，确实找不到什么我不赞同的内容。

张江：有一个问题让我感到难以理解，因此想请教一下哈贝马斯先生。在我看来，伽达默尔以后，特别是到 20 世纪，以罗蒂为代表的后现代主义观点，否认阐释是一种公共行为。尤其是伽达默尔，他把理解和阐释当成一回事，因此就把阐释的公共性消解或抹杀掉了。对他们的观点，我是非常不赞成的。我认为，从逻辑演进过程讲，理解是理解，阐释是阐释，两者不是一回事。当然，在阐释过程中，有加深理解的意思，但它们绝对是两个过程，是两个时间段的任务。理解是自己的理解，是一种私人行为，而阐释一定是把自己的理解告诉别人，所以阐释是一种公共行为。我在《公共阐释论纲》中讲阐释的生成和存在时，曾经对"理解"和"交流"两个概念作出界定：阐释意义上的"理解"，是指通过解释和说明，构建以他人为对象而展开的理性活动；阐释意义上的"交流"，是指通过对话和倾听，在自我与他人之间开辟可共享的精神场域，阐释由此而实现价值。理解是展开阐释的前提，但只有把自己的理解告诉他人时，理解才上升为阐释。

哈贝马斯：说实话，这也是您论文中我还不太理解的一个观点。阐释当然是一个具有公共性的过程。

我所理解的阐释，是在与同行或他人（取决于公共性的范围）公开讨论的过程中对文本进行阐释并坚持自己的观点。但是，私人性是什么意思呢？我想就此向您提一个问题：存在私人的理解吗？或者说您怎样理解这个问题？

张江：这是一个非常重要的问题。我刚才已经说了，阐释是把我所理解的东西告诉他人，或就我们理解的东西进行沟通和交流。对此，伽达默尔先生也会表示赞同。但是，理解又是怎样一种情况呢？我可以关起门来，自己去研读一个文本，然后我自己会思考，这个文本在说什么，我对这个文本有什么想法。也就是说，理解可以在一个相对自我封闭的状态中完成，所以说它是私人的。但是，这有一个前提，这种所谓私人性，只是就理解过程而言的，也就是说，是在你完成了自己的理解但没有把你自己的理解告诉别人这个意义上，或者仅仅在这个意义上，我们说理解是一种私人行为。

但是，我们也清楚地知道，理解本身首先要依靠语言，其次要受传统文化的影响，而且文本本身的历史背景也会对理解产生一定的牵引作用。从这个意义上讲，如维特根斯坦所说："没有私人语言，也没有私人理解。"

哈贝马斯：是的，您说的是正确的。

张江：我的《公共阐释论纲》发表后，有不少学者总是给我提出这样一个问题，说有公共阐释，那有没有个人阐释，或者说个人阐释是干什么的呢？其实，关于这个问题，我的文本还是说得很清楚的。我从来都认为，阐释的起源或阐释的起点是个人的，把个人的理解表达给别人听，在交流沟通过程中得到更多人的承认，个人的理解慢慢地上升为公共理解和公共阐释。也就是说，任何公共理解、公共阐释都是从个人理解和个人阐释逐步生成的。比如说尼采，在他还活着的时候，他的那套学说和思想未曾得到承认。后来，他的妹妹对他的著作进行了整理并公之于世，尼采慢慢地得到了人们的承认，甚至得到很多人的承认，他的学说和思想也由个人阐释变成了一种公共阐释。

哈贝马斯：我同意您的说法。

张江：但是，我想，对于我的这个观点，罗蒂先生可能不会赞成。罗蒂先生有一个著名的说法，就是由不同的个体作出的这样一些个人的阐释，其阐释时间是不可公度的。罗蒂先生的意思是，个人的阐释是不可公度的。既然个人阐释是不可公度的，那么就只有个人阐释，不存在什么公共阐释，而且个人阐释之间不可能取得一致的意见。

我所说的公共阐释有两个意思：第一，我们的阐释要构成一个公共体，或者说要形成一个阐释的共同体；第二，在这个公共体的讨论中，个人阐释成为公共阐释后，就像伽达默尔先生所说，这个公共性可以解释和消除个人的"偏见、私见、狭见"。他的这句话非常重要。这也是我本人要表达的核心意思。

哈贝马斯：我想，我们都不会同意罗蒂的。我不反对您的意见。

张江：公共阐释的基本蕴含在于，一是阐释的公共性，二是阐释的结果。经过公共理性的过滤和淘汰，人们会在一些知识点上，或者在一些关键点上，取得大体一致的理性能够通约的结果。这些结果建构了、积淀了人类的知识系统。如果没有这种一致性，就没有这种积淀，而没有这种积淀，就没有人类的知识系统，人类的文明和文化也就走不到今天。

哈贝马斯：这正是我要表示赞同的观点。我想再次表达的是，读过您的文章，我非常赞同您提出的一系列精妙的观点。在公共阐释学的构建方面，您堪称"导师"。但是，从阐释学的角度说，我还不太理解您尝试构建公共阐释学到底出于何种缘由。如果可以的话，我想请您谈谈您坚持这样做的动机是什么。我很想理解，在当代中国的语境下，您构建公共阐释学有着什么样的追求。

张江：近代以来，即 1840 年以后，曾经在经济、政治、科技、文化等方面领先世界的中国，在西方列强的侵略和践踏之下，逐步沦为殖民地半殖民地国家，陷入内忧外患的黑暗境地。国力的衰微和入侵者的强大，在很大程度上导致了国人文化上的自惭形秽。换句话说，与近代中国的衰落相伴随的，是国人文化自觉与文化自信的逐渐丧失。有的国人包括一些国学功底深厚的知识分子，对自己的传统文化产生了怀疑，丧失了原本抱持的自信心，陷入严重的文化失落、文化焦虑、文化迷茫之中，甚至提出中华民族要强大起来则要"全盘西化"的主张。"五四"以后，大量西方文化被引入中国。特别是 20

世纪80年代以来，西方国家的学术著作被大量翻译和介绍到中国，在中国的学术舞台上，在哲学社会科学的各个学科领域，占主流地位的是西方的理论和话语，重要的学术议题、重要的学术概念，基本上是从西方来的。一些人习惯照搬或套用西方理论丈量中国实践，解决中国问题。经过改革开放40年理论和实践的双重探索，我们走出了中国道路，创造了中国经验，贡献了中国智慧。但是，从总体上说，我们在学术上还没有真正确立起与悠久深厚的文化传统和举足轻重的国际地位相称的中国理论、中国话语、中国学派、中国观点、中国概念、中国议题、中国声音。

应该讲，深入了解和批判借鉴西方理论，对于推动中国的思想解放，对于我们更清醒地认识自己的文化传统和文化背景，对于我们大踏步赶上世界进步的潮流，是非常必要的。但是，我们也越来越深刻地感觉到，因为国情不同，历史文化传统各异，思维方式和价值观念上也存在差别，西方的理论并不能从根本上解决中国的问题。在中国传统文化中，有许多值得重新认识和挖掘的学术资源，比如我刚才讲的阐释的"阐"这个象形字，其本意就表达了西方20世纪阐释学的几乎全部的思想。但是，传统文化资源必须现代化、当代化，否则它们也不过是资源而已，不可能为我们解决当下问题发挥积极作用。正是基于对改革开放40年中国学术历程的深刻反思，我们这一代中国学者非常希望立足中国传统、中国实践、中国经验，直面当下我们所面临的重大问题，吸收借鉴西方优秀理论成果，构建当代中国阐释学，或者说创建当代阐释学的中国学派。但是，我们不是民族主义者，我们将更加坚定不移地坚持改革开放，更加坚定不移地面向世界、面向未来、面向现代化，以更加宽广的视野和更加博大的胸怀，不断增进与世界各国在文化领域的对话和交流，建设和发展具有我们自己特色的文化，包括作为民族文化重要组成部分的学术文化。

哈贝马斯：对我来说，理解阐释学在一个发展的视角下成为一个主题和一个研究领域是非常有意思的事情——我不仅相信这种发展，而且认为它是非常重要的。请允许我作一个小小的评论：我认为，在当今全球共同发展的世界里，只存在现代社会。之所以说当今社会是"现代的"，首先是因为它们都向资本主义世界经济体系开放——这个体系虽然并不完善，但当今所有社会都以全球市场为导向，这是事实。其次是因为基础设施建设，无论您到非洲、美国还是中国，您都能看见几乎同样面貌和规模的大城市，这些城市具有相似的卫生体系、交通体系、教育体系等（欧洲在这方面也许是个例外）。这是一种现代基础设施，有些国家是从外部引入的，但很多国家是在过去两百年间同步发展出来的。在这个全球社会的框架中，中国等国家带来了新气象。这些国家有悠久而强大的文化（它们比欧洲所有现存的文化都要久远），能够在现代化进程中充分借鉴自己的文化资源。正因如此，我们今天才能有幸拥有一个多元文化的世界社会。然而，令人遗憾的是，由于欧洲帝国主义和殖民化，很多国家无法再借助自己的文化力量完成现代化进程。中国无论如何是一个特例：由于 20 世纪中国对马克思主义的接受，中国的现代化在加速进行。我去过中国，我得说我对中国的发展极度钦佩，对当今中国的发展也是如此。另一方面，中国了解西方的渴望要强于西方了解中国的渴望——每个读过黑格尔的人都知道，更强大的一方在某种程度上具有一定的优越性或优越感。现在，我应该了解了您的意图，就是将阐释学作为一种掌握在自己手中的传统力量来强调，并将其发展为一个重要的主题。

张江：还有一个重要方面。在中国传统文化中，阐释学的理论资源是非常丰富的。我们有条件在中国传统文化的基础上，在中国的历史经验、实践经验、文学经验的基础上，构建中国特色、中国风格的阐释学理论。这是我们这一代中国学者所秉持的学术追求。但是，当代中国阐释学的构建，离不开中国学者与世界各国学者的交流与合作。所以，我非常希望与哈贝马斯先生共同发起，成立一个国际阐释学研究会或国际阐释学学会，把中国、德国、英国、法国、意大利、美国等东西方的学者们联合在一起。通过这样一个国际性学术组织，世界各国阐释学研究者能够在对话、交流中取长补短，推动形成更科学、更可持续、更有历史意义的新的阐释学理论。

哈贝马斯：您的这个主意非常好，我非常乐意加入这个研究会或学会，成为其中的一员。只是我年纪大了，不能指望我投入太多的精力。但是，我一定会积极参与，我们也可以保持通信联系。今天我们的讨论非常尽兴，很抱歉照顾不周。

张江：您年事已高，能和我们谈这么长时间，我们非常感动。我非常珍惜今天与您的谈话，有机会再来向您请教。

公共阐释还是社会阐释[*]

——张江与约翰·汤普森的对话

张　江　　［英］约翰·汤普森[**]

　　汤普森：在我们这次会面之前，我先拜读了您的《公共阐释论纲》[①] 一文。这篇论文写得很好，我非常喜欢。对于您在文中提出的核心观点，我很赞同。我认为，您的观点与伽达默尔的某些观点有异曲同工之处。例如，认为个人总是处在一定的社会背景和共同体之中，所以阐释总是会融合社会和共同体不同方面的因素，阐释是社会的、公共的阐释。我认为，您的观点是正确的。在西方阐释学背景下，也有某些人持有与您类似的看法，在伽达默尔之后尤为如此。

　　我认为，您的论文似乎还可进一步强调，阐释不仅是公共的，也是冲突性的。阐释是多样性的，而且它们彼此之间存在冲突、冲撞。您写过关于强制阐释的论文，那么我想您一定会对此表示赞同，因为"强制阐释"总是会包含"反面阐释"和"冲突性阐释"的意思。保罗·利科（Paul Ricoeur，1913—2005）是我很喜欢的一位阐释学家、哲学家，我也曾经与他共事过。他曾著有《阐释的冲突》[②] 一书。这本书很有名，也很重要，它凸显出阐释学对于理解现代世界的重要

　　* 本文原刊于《学术研究》2017 年第 11 期。

　　** 张江，中国社会科学院教授；约翰·汤普森（John Thompson），著名社会学家，英国剑桥大学社会学系教授。

　　① 张江：《公共阐释论纲》，《学术研究》2017 年第 6 期。

　　② Paul Ricoeur, *LE CONFLIT DES INTERPRETATIONS*, Paris（Seuil）1969；Paul Ricoeur, The Conflict of Interpretations：Essays in Hermeneutics, translated by Bernard Dauenhauer, Northwestern University Press, 2007. 参见 ［法］保罗·利科《解释的冲突：解释学文集》，莫伟民译，商务印书馆 2008 年版。

性。阐释总是互相冲撞的，阐释与资源、权力、利益相关联，因此也就有了冲突的空间。

如果我是您的话，我会再写一篇论文，以展现阐释中的这种动态，展现阐释中存在的竞争或斗争。或者扩展现有的文章，从已有的观点出发，向前再迈进一步。您在文章中已经表明，阐释是公共的、社会的。而我认为，阐释与社会生活相交织，阐释也是冲突的、彼此冲撞的。建议您朝着这个方向思考，更多地从社会学的视角观察问题，把阐释学带入到社会生活与政治生活中来。阐释不仅是哲学家所从事的工作，而且是我们这个社会中每一个人都要做的事情。人们对周围和世界上发生的事件作出不同的阐释，目的在于理解他们所处的社会，理解他们所面对的世界。阐释和阐释学是社会生活及政治生活的一个组成部分，因此，它们总是与权力、利益及冲突等纠缠或捆绑在一起。我想，这也正是阐释学不断被注入活力的原因所在。

我认为您的论文的确很棒，我也完全赞同您的观点，而我的思想可能更激进一些。所以，我认为，主张阐释是公共的、社会的阐释当然是正确的，但阐释还与社会生活有关，而社会生活充满冲突、权力、利益，因此还需要向前再进一步。

张江：很高兴您给予的鼓励。这次到英国来，就是希望得到您对我这篇文章的批评和指教。

汤普森：我的学术生涯一开始就是研究阐释学，在大约35年前写了《批判阐释学》（*Critical Hermeneutics*）一书。我与伽达默尔、利科、哈贝马斯以及其他很多研究阐释学的人都曾一起共事过。不过，阐释学已经不是我现在主要的研究领域了。在过去三、四十年，我更多地关注社会生活，做社会学研究，没有专门就哲学有所著述。但是，我想说的是，阐释学不仅是哲学，它更是日常生活实践。这也正是伽达默尔和海德格尔所主张的。海德格尔说过，阐释有关于社会生活，有关于人类生存的现代性，我也追随他的这一观点，而且专注于社会生活中混乱现象的研究。在这个世界里，似乎每个人都试图将自己对世界的看法强加于人，希望别人与自己的看法一致。探讨阐释如何成为日常生活的一部分，是社会阐释学研究的重要内容。如上所述，阐释不仅是社会的、公共的，还与冲突、利益等相交织。这就是为什么我很喜欢您的论文，但是我更希望能够更进一步。

张江：您刚才这番话，启发我想到一个很重要的问题，就是公共阐释首先应该立足于日常的公共生活。我之所以研究公共阐释问题并撰写这篇文章，就是因为我深刻认识到阐释不仅仅是一个哲学问题或理解问题，而是应该延展和深入到现实生活之中。按照海德格尔的说法，它是一种社会存在，是一种此在的表现方式。所以，我希望与您这样的社会理论家、文化理论家对话和交流。这个观点是从什么地方来的呢？开始我认识到的是，阐释是一种权力，阐释是一种力量。

汤普森：没错，这是重点所在。

张江：阐释作为一种权力或一种力量，在20世纪表现得非常独特，它不是直接以一种国家形式即武装力量的专政形式来实现的，而是一些理论家通过自己既有的理论强制阐释生活，把自己的观点强加给生活，强加给文本，让文本和生活成为证明其理论正确性的佐料或下脚料，从而使得阐释脱离了文本、脱离了生活，成为理论家自己手里的武器。

汤普森：事情总是如此。我是这么理解的：权力有四种形式，分别是经济权力、军事权力、政治权力及象征性权力。阐释学是权力象征之空间。在古代，政治领袖及其他人通过象征性权力为自己的政治权力赢得合法性，而且一直以来都是如此。到了19、20世纪，由于政治权力与象征性权力之间的关系发生了变化，情况开始有所改变。

张江：我赞成您的观点。任何一种政治力量，乃至任何一种社会力量，想要达到自己的目的，实现自己的目标，就必须夺取和掌握阐释的权力。

汤普森：正是如此。在西方社会，想要获得政治权力，就必须掌握好象征性权力，这绝对是很关键的一环。如果不能很好地掌握和运用象征性权力，也就不能获得政治权力。人们如何使用象征性权力，以及人们如何理解象征性权力，这些问题都与阐释学有关。英国刚刚举行的大选就是一个很好的案例。特蕾莎·梅提出举行大选，希望自己能够在公共空间里好好运用象征性权力，而选民则不断地理解她和其他人的做法。所以，这是象征性权力的空间，人们对相关人士进行解读，这里有冲突、有斗争。但是，特蕾莎·梅在斗争中失利了，因为很多人都觉得她能力不足，很多选民对她进行批判，或者说对她有负面的看法。而这些都是基于现实世界中阐释的冲突。阐释学就是跟这些问题有关，所以阐释学非常重要。

张江：我赞成您说的这些话。但是，其中的要害在于，特蕾莎·梅要把自己的观点阐释好，要让公众接受其观点，如果公众不接受，她把自己的观点阐释得再好也没有意义。所以，无论哪个领域，只有把个人阐释变成一种公共阐释，才能实现和达到目的。那么，如何实现公共阐释？就要努力了解公共阐释有些什么特征，公共阐释的本质是什么，掌握了公共阐释的本质和特征，才能使个人想要阐释的东西为别人所接受。如果不被别人所接受，只不过是自说自话，那么就不能获得什么权力。我想，这就是公共阐释的锋芒所在。

汤普森：然而，这一空间一直都有强烈的冲突。而且，并不只是特蕾莎·梅一个人将自己的观点强加于人，或者试图让别人接受自己的观点。在这个空间里，还有很多其他的人提供不同的阐释。比如，工党的科尔宾一直在批判特蕾莎·梅，还有一些报纸也很具有批判性。所谓公共阐释的空间存在冲突，不仅是说某个领袖人物让别人接受自己的观点，而是说充满激烈的冲突。这就是当代社会的空间，它是一个多重阐释相互冲突的空间，其中有的阐释是由一些很有权力的人提供的，他们处在强有力的位置来推介自己的阐释，但是却不能强加于人，因为别人可以挑战他们，与他们产生冲突。这也就是我们今天所生活的空间，是阐释相互冲突的真实生活空间。

我所谈论的是英国、美国等西方社会的公共领域。由于这个空间是由不同形式的权力所塑造的，所以是结构化的。因此，相比"公共阐释学"这个术语，我可能更倾向于"社会阐释学"的提法。从社会阐释学的观点来看，我们有阐释相互冲突的空间，而这个空间里没人能够确切知道冲突会怎么展开。我们继续以最近英国举行的大选为例。当特蕾莎·梅在三四月份提出提前举行大选时，保守党的民调支持率遥遥领先，几乎所有的人都以为她会取得压倒性胜利。然而，随着竞选活动的展开，互相冲突的阐释从我们所处的这个空间中涌现出来。由于她在竞选活动中对某些事情处理不当，致使她在此过程中逐渐失去支持。而科尔宾却在冲突中不断提供自己的阐释包括反面的阐释，出人意料地赢得很多选民的支持。

在我看来，这也正是为什么阐释学以及阐释的冲突对于理解现代社会及现代政治而言为何如此重要的原因。自上世纪 80 年代初撰写和发表关于阐释学的著述以来的 30 年间，我聚焦于理解阐释的冲突之社会动态，而且尤其关注多重媒体的崛起，因为它们非常重要，阐释的冲突正是通过这一机制得以展开的。我有一本书叫《政治丑闻》。① 政治丑闻的重要性在于，它们是研究阐释冲突的绝佳案例。象征性权力及公众人物突然遭到削弱，这在我看来依然属于社会阐释学的空间。

张江：我赞同您的看法。阐释空间中有各种各样的矛盾、各种各样阐释，它们之间的冲突是必定存在的，或者说存在冲突是一种普遍现象。但是，任何一种阐释终归想要得到公众或公共的承认。特蕾莎·梅之所以失败，就是因为她没有将她的阐释更好地为广大公众，特别是公共理性、公共认知所接受。需要强调的是，任何冲突的阐释、对立的阐释，总是要寻求一个最终的结果，即形成一个公共阐释，或者说为公众所接受，这样你的阐释就会脱颖而出。如果其他的阐释退出了舞台、退出了空间，要想再成为公共阐释，就要重新做很多工作。所以，我认为，公共阐释与社会阐释的区别就在于，社会阐释是非常复杂混乱的，而公共阐释则是理性的、澄明的，或者说是经过淘洗过滤的。一个政治家想要自己的阐释被别人所接受，必须明确这个目标，否则在阐释上就会失败。而阐释上的失败，往往就意味着政治上的失败。

汤普森：我的观点有所不同的地方在于，我认为所有的阐释都有一定的接受度，问题是接受度有多高。特蕾莎·梅说服了一些人，但是说服的人不够多。科尔宾及工党说服的人比人们想象中要多。所以说存在阐释的冲突，而人从来不是凭一己之力取胜。不仅特蕾莎·梅，所有政治领袖都一直面对着冲突的阐释。我们甚至可以说，几乎

---

① John B. Thompson, *Political Scandal*: *Power and Visabilityinthe Media Age*, Polity Press, 2000.

所有的人都是如此。我们对于世界的阐释必然会受到别人的挑战，所以总是会有多重阐释的空间，这些阐释彼此处于紧张、冲突等关系之中。由于选举系统的特点，渴望被选上的政治领袖就必须说服足够多的人。特蕾莎·梅并非什么支持也没有，她获得了一些支持，只是不够多而已。

张江：我认为，问题的关键在于：如何能够获得更多的、足够的支持？在阐释的冲突中，理性在起什么作用？有没有公共理性在作出选择？

汤普森：我想，这个问题恐怕没有简单的答案。如果能够有一个简单的答案，那么将会有某个人一直执政，因为他深谙其中的奥妙，当然可以反复运用。我们都是聪明的阐释者，我们可以看透一些事物。但是，现实存在的是一个不同的阐释、利益等相互冲突的空间，所以没有一个简单的答案。优秀政治家的聪明之处就在于，他们能够看到别人所看不到的东西。我们还是以英国大选为例。从社会阐释学的观点来看，这是很有意思的一个案例。特蕾莎·梅以为她可以展现出自己作为一个更加强有力的政治领袖的形象，可以在英国"脱欧"谈判中为英国争取到更好的结果，从而赢得人们的支持。她本人和她的顾问们都以为会是这样。然而，她没有意识到的是——特蕾莎·梅并不了解现实社会中人们的想法和感受——科尔宾和工党采取了完全不同的策略，不去谈论"脱欧"，而是谈论紧缩政策，提出了反对紧缩政策的大胆倡议，使英国政府受到很大震惊。工党的政策主张在感情上与很多人产生了共鸣，所以特蕾莎·梅在阐释冲突之中处于下风。这就像是一场战争，确切地说是思想战场上的战争。

张江：我认为，这一过程非常深刻而生动地说明，如果说特蕾莎·梅在选举过程中犯了什么错误的话，那就是她在阐释的过程中，在阐释自己的政策和立场的时候，放弃了阐释的反思和构建。她没有真正认识到，在和公众交流的过程中要不断地反省自己政策、理想和目标的不足。不去确切地了解英国公众到底关注什么，不去深入了解别人的所思所想，及时纠正自己在阐释的目标和方式上存在的失误或错误，是导致她失败的原因所在。而且，她自己的阐释不是一种建构性的阐释，总是损害或破坏公众形成的共识，失去了共享的基础。而她的对立面工党恰恰抓住了这一点。工党更了解公众的想法，以公众的利益为基础构建出自己的一套竞选政策，从而打败了特蕾莎·梅。因此，公共阐释一定是反思性的、建构性的——这是公共阐释的核心问题、要害问题。

汤普森：对，可以这么说。不过，我认为还应该再明确一点，就是您使用的是"公众"这个词。我最喜欢的一位社会学家曾经说过，"公众"是不存在的，存在的是"公众们"，即复数形式的、多元化的"公众"。公众有很多种，我们不能认定只有一个单一形式的公众。真正存在的是多元化的公众、多元化的社区、多元化的社会空间。特蕾莎·梅只是对其中一部分产生吸引力。

张江：我赞成您的观点。如果以为有一个总体的"大众"或"公众"在那里是错误的。实际上，在现实社会生活中，因政治、经济、文化背景不同，特别是利益诉求不同，组成了各不相同的共同体。无论特蕾莎·梅也好，还是工党也好，竭力争取的是与自己有着共同利益的群体的支持。如果有人说要让自己的阐释得到全球大众的赞同，那似乎是过于盲目和夸张的。关键是要使拥护自己的群体越来越大，或者说尽可能地最大化。当年马丁·路德的宗教改革是这样，近现代以来许多革命领袖也是如此，就是首先号召他们所代表的某个群体的觉醒，赢得他们的支持，然后逐步扩大拥护和支持自己的群体。因此，我们要在构建共同体、扩大共同体这个立脚点上谈论阐释和公共阐释问题。

汤普森：没错，我完全赞同您的观点。应当指出的是，在过去二、三十年里，随着西方社会政治生活的发展，政治需求和社会生活出现脱节，或者说政治需求越来越脱离社会生活，以至政治家们难以理解一些公众社区到底有什么样的顾虑。特蕾莎·梅就是一个很好的例子。她是英国议会中的一位职业政客，而相对于整个英国社会来说，英国议会只是一个很小的世界。特蕾莎·梅没有能够很好地感觉到英国社会比如英格兰北部的工人阶层真正的顾虑所在。也就是说，她的政策主张与英国社会一些民众或群体的利益诉求脱节，没有真正理解他们到底关心什么。

在过去几个月的竞选活动中，她没有与那些社区进行互动，没有试图去理解他们，这是她的一大缺陷。她与这些社区相隔绝，不能理解这些社区民众的关注点，当然也就不能形成可以与之共鸣的思想。您讲得很正确，按照您的说法，她的阐释确实是缺乏反思的。然而，科尔宾提出的阐释却能够与一些社区民众的顾虑产生共鸣，所以得到惊人的支持。

张江：我再举前面提及的马丁·路德的例子。当年，马丁·路德搞宗教改革，其目的首先是争夺阐释权，即对基督教、对圣经的阐释权。原来的阐释权在教皇手里，在少数人手里，教皇按照自己的意愿和利益来阐释圣经，提出了很多奇怪的要求，让普罗大众离基督、离《圣经》越来越远。但是，如果马丁·路德只是拿到阐释权还是没有多大用处的，他还必须使大多数人跟着他走，赞成他的阐释。所以他说，关于基督、《圣经》的阐释，不能由教皇一个人说了算，也不能是几个教职人员说了算；每个人都可以从自己的生活体验、生活目标，从自己的政治、经济、文化诉求出发，来表达对上帝的崇敬、热爱与信仰。于是，阐释权出现了分离。表面看来，关于基督和《圣经》的阐释权出现了分离和冲突，甚至可以说碎片化了，但是总的来说，形成了一个新的更为强大、更为广泛的共同体，这个共同体与教皇和少数圣经阐释者形成了对立。马丁·路德的成功之处就在于，他把阐释权交给了普通百姓，建构了自己的共同体，最终实现了宗教改革，推出了新教。于是，有了新教伦理，有了资本主义精神，也有了英国今天这个样子。

由以上叙述，可以得出如下结论：第一，阐释首先是一种权力，谁要掌握这个世界、掌握共同体、掌握群众，就必须拥有这个权力。第二，有了这个权力还不等于实现了这个权力，而是必须让越来越多的人接受自己的阐释，而且要在这个过程中认真听取共同体的意见，在相互对话交流中不断修正自己的阐释，让自己的个体阐释变成公共阐释，即一种有理性、有倾向、目标大致一致的阐释，如此才能够实现自己的政治目的。从这个意义上讲，公共阐释的反思性、建构性以及阐释过程中的交流与对话是至关重要的。

汤普森：对，我同意您上面所说的。阐释已经成为一种对话，成为一种互动过程，经过不断完善之后得以成形。我认为，广而言之，如果阐释者参与到社会运动中来，就可能提供了一种对世界的特别阐释。比如关于气候变化，或者是任何你想要使别人接受的观点，都是如此。这是一个持续不断的过程。这是一种社会运动，一种集体性的过程，涉及到说服别人、使其接受这样一种看待世界的合理方式问题。

张江：我想请您谈谈，从社会学理论的角度来讲，"公共"和"公众"有没有区别，区别何在？

汤普森：我要强调的一点是，有人会倾向于重新定义何为"公众"，认为"公众"是一种共享的集体性。但是，公共空间当中有很多分歧和差异。实际上，公众、集团及集体等是以多元化的形式存在的，而且它们以不同的方式被分隔。如果只是用单数形式来概括"公众"，确实过于简单化。单数形式的"公众"，实际指代的是非常复杂的空间中互相冲突的观点、想法和视角，而且在整个当代社会都是这样一种情形。不存在一个什么整体的公众，真正存在的是多元化的民众。这就是我想说的，意思就是不能将复杂混乱的现实过于简单化。

张江：关于"公共"和"公众"两个概念的理解，我想再说几句话。我赞同您的观点，"公众"是多元的，"公众"的意见则更加多元。"公众"的意见是由多个群体甚至是无限群体构成的，而且群体的利益和意见是冲突的、斗争的。但是，在许多问题上，特别是有共同利益的问题上，多个公众群体终归会形成大抵一致的意见。在这个过程中，公共理性过滤、排除、简化了各个公共体的利益冲突，将其大致构成一个公共的利益。公共利益一定是存在的。还是以此次英国选举为例，如果公共利益不存在，那么就既选不出工党，也选不出保守党。工党努力将保守党的反对力量团结起来，最终脱颖而出，成为众多社会群体利益的代表。

毛泽东当年论述中国革命的时候，与马克思、恩格斯、列宁的原典和共产国际的思想是不同的。革命初期，他的思想在中国共产党内是不被承认的，或者说至少属于少数派。但是，毛泽东的高明之处就在于，从中国的实际出发，从中国工人、特别是占人口绝大多数的中国农民的实际利益出发，总结出一套中国革命的理论，逐步说服和团结了党内大多数人，由少数派变成了多数派，最后成为中国共产党的领袖。正是有了毛泽东思想，中国新民主主义革命才能胜利。

如果没有大多数人或占人口大多数的公共集团所认可的利益一致性的话，那么社会就不可能存在，就会永远处在分裂状态。但是，社会不可能永远分裂下去，否则选举就选不出什么人，就没有什么意义了。能够把大多数人拢聚起来从而在大选中胜出的总是共同利益，被选下台的总是代表少数人的利益，至少在一段时间以内代表的是少数人的利益。

公众是矛盾的、冲突的，也常常是非理性的，而公共却是经由过滤和公共理性选择的。所以，有一个公共的空间、公共的场域，我们在这个公共空间、公共场域中达成大体上的一致。如此，社会才能生存，才会有自己的结构，才能不断向前发展。

也许有人认为，您和我对阐释的理解可能有所不同，即您强调的是"社会阐释"，而我强调的是"公共阐释"。我们能否这样来理解，即社会阐释和公共阐释有着密切的联系，但它们分别是两种领域的存在，是两种领域各自对阐释的理解。用您的话来说，社会阐释的基础是"公众"，而我理解的"公众"就是民众，而不是"公共"的意思。民众之间的话语、观点、诉求、利益和阐释是多元的、冲突的、无序的，相对于整体社会结构而言，它并不代表公共性。或者说，它包含公共性，但并非更高层面的总体的公共性。那么，这两种阐释之间的桥梁是什么呢？我认为，所有的阐释都可能走这样一条道路，即从多元的、碎片化的、矛盾的、冲突的、无序的阐释，逐渐形成或上升为相对统一的、相对稳定的、可分享的、可达成共识哪怕是妥协性共识的那种社会整体的阐释，如此，阐释才具有了公共性。所以说，从无序到有序，从社会阐释到公共阐释，这既是一个逻辑过程，也是一个现实路径。

汤普森：我看待这些问题的方式可能略有不同。我把"私人"和"公共"区分开进行分析。所谓"私人"，意指它是隐蔽的、秘密的；而"公共"则意味着它是共享的，因此公共阐释在本质上是社会的。它在其他人之间共享，所以我不区分公共阐释和社会阐释，因为如果它是公共的，它就是社会的；如果它是社会的，它就是公共的。它们是二位一体的。所以，我不对"公共阐释"和"社会阐释"做出区分。

我认为，我们在关于共识概念的理解上或许有某些不同，这似乎也是我们主要的分歧所在。我认为这是一个非常复杂的问题。我要说的可能是西方的一个观点，而您不一定会表示赞同。我认为，社会空间是由不同程度的共识和分歧组成的。而且，我也会对不同程度的信条作出区分。我同意，某些信条可能有广泛共享的基础。例如，在英国等西方社会，人口中有相当大比例的人相信，通过自由民主的机制运行政治体制是一个明智的做法。但是，也有不赞同甚至拒绝这一信条的人。也就是说，这不是一个完全的共识。在选举中，没有人争论这一点，大家争论的是政府应当优先考虑什么，例如，对于英国"脱欧"应采取什么样的立场，或者对紧缩政策要采取什么样的立场，是否应该给公务员加薪，以及其他类似的涉及政治斗争本质的问题。实际上，不存在什么真正的共识。有不同的意见，有不同程度的分歧，这是客观事实。但是，要赢得选举不必赢得所有人的支持。在英国，要赢得选举，不一定必须获得多数选票，往往得到相当数量的少数选票就可以。它被称为"简单多数选举制"。譬如说，如果赢得了40%或45%的选票，就可以组成一个比较强大的多数派政府。也就是说，不必达成共识，不必让每个人都同意你的观点，只要赢得足够的选票即可。如果没有赢得足够的支持，就可以建立一个联合政府。大多数西方国的政府都是联合政府，持有不同意见的政党同意在一起工作。所以，他们在分歧的基础上达成了一致。

共识的问题非常复杂。谁也不能保证每个人都同意你的观点，但只需要有足够多的人支持你想要做的事情，你就能获得权力。如前所述，英国的选举制度允许你在得到少数选票的情况下获得权力，赢了45%的选票就会有一个非常强大的政府。因为这意味着你可能在每一个选区都有一位议员。所以说，情况是非常复杂的，这取决于选举制度的设计。

但是，这些选举制度并不依赖于共识。有时，共识是让我感到不安的一个术语。我们经常假定每个人都同意，但事实上，很多人都不同意。有时候即便他们表面上同意，但实际上并不同意。因此，我们生活在一个分歧非常普遍的世界，我们必须学会接受分歧。我们不应该总认为我们要做到让每个人都同意，因为这是不可能的。所以，我对于"共识"这个概念颇为紧张。优秀的管理艺术在于如何处理分歧，如何管理人们有分歧而又不得不与之相适应的事情。处理分歧通常与需要共识一样重要。我并不是完全拒绝共识。我也认同，必须说服人们接受你的观点，需要使他们认为你的观点是正确的。但是，不需要说服每个人，只需要说服足够多的人就可以了。这在辩论中很重要。应当说，我们讨论的问题，比如怎样界定一些术语、概念等等，是非常复杂的。

我要明确的一点是，我并非不同意您的观点，我认为强调公共阐释是非常必要的，我只是想把您的论点推进到日常生活的空间里。我是这样理解阐释学的，它有点像社会和政治生活中的微风，因为我们都通过对世界的阐释生活在社会政治生活之中。我们通过阐释来生活，我们通过阐释来理解世界，而其他人通过提供他们的观点来塑造我们的理解，我们倾听，我们适应。阐释学是关于理解世界的日常空间的学问，这就是我的立足点。这就是为什么我强调权力和冲突的阐释等问题，因为这是我们所生活的世界的现实。

张江：我赞同您关于"社会阐释"的提法。我认为，从个体阐释到公共阐释之间有一个中介，那就是社会阐释。社会阐释是多元的、碎片的、对立的、冲突的，但是社会阐释绝对不是更高水平的阐释。更高水平的阐释是公共阐释，即经过过滤的、理性的、有序的阐释。利用今天这个机会，我想讲讲中国协商民主与西方投票民主的区别，或许有助于我们对有关阐释问题的理解。

在西方民主框架中，比如说英国工党和保守党之间有冲突，谁上升谁下降完全靠公民投票说了算。在投票过程中，首先，存在一个利益的选择；其次，非理性在这个过程当中起到了非常重要的作用。哪怕是在即将投票的那天的早晨，某个选民本来是赞成某一党派的，结果可能因为某个偶然的原因他不太高兴，于是就改投其他党派。诸如此类的非理性的影响因素有很多。所以，在社会阐释中，非理性因素不仅是存在的，而且是相当强大的一种力量。

我们实行的是协商民主，就是一个党执政，但有多个党派分别代表不同群体的利益，与执政党一起协商国家的治理和建设问题。比如，九三学社代表知识分子这个群体的意见。你有想法来跟我说，我有想法也跟你说。通过你去说服你代表的群体，广泛征求你所代表的群体的意见，一次不行两次，两次不行三次，民主党派、无党派人士与执政党一起协商国家大事。这个协商的过程是一个理性的过程，而不是非理性的过程。作为一个党派的代表或领袖，你要代表你的群体跟执政党讨论国家大事，非理性地提出意见和建议是不可以的。所以，我们是在理性的协商过程中达到基本的一致。这种阐释，已经是执政党对于各民主党派、对于公众的一种公共的阐释。而那些民主党派分别代表自己所在社会群体的利益诉求，这种阐释也是一种群体阐释。我们进行充分协商的目的，就是要在这种群体阐释之中，努力找到最大的共享点。

于是，中国的协商民主保持了最大可能的一致性，保持了社会的稳定和团结。所以，我赞成您今天的提法，在个体阐释当中有一种社会阐释，社会阐释以后有一种公共阐释。如果社会是开放的，公共阐释落实到社会阐释，社会阐释变成公共阐释，经由这样一种循环往复的交流沟通，社会才可能达成一致，否则就会陷入分裂和瓦解。您今天关于社会阐释的提法给了我很大启发，我因此更深切地认识到社会阐释中非理性的作用和公共阐释中理性的作用。

汤普森：我想，我们之间还是有些不同意见。您在讨论中强调理性，指出了什么是理性的、什么是非理性的，而在我看来，我们是从不同的体系来进行阐释的。我以为，最好不说二者哪一个更为理性，它们只是运行的方式不同，采取不同的方式解决冲突而已。在西方，包括在英国，选举过程是表达不同观点的方式。它并不完美，用丘吉尔的话说，它是最不糟糕的选择。

张江：我一开始做阐释学研究的时候，把侧重点放在文学和历史问题上。今天的讨论从文学、历史领域转向社会政治生活，是一个非常大的启发。经过讨论，我更深切地感觉到，阐释是与整个社会生活乃至人类生存密切联系在一起的。我更加坚定地认为，由个人阐释变为社会阐释，由社会阐释上升为公共阐释，是一个不可超越的过程。

我觉得，我与您有很多一致的地方，也有很多不一致的地方。不一致的地方主要体现在对如下问题的理解和回答上：公共阐释与社会阐释是一回事吗？它们有什么区别吗？如果有区别，区别在哪里？等等。我非常希望今后就社会阐释、公共阐释这个专题继续与您进行深入的沟通和交流，进行开诚布公的辩论和争鸣，也期待有更多的专家学者参与到我们的讨论中来。我认为，这对当代阐释学的建设和发展是非常有意义的。

汤普森：好，我们会继续进行对话。目前至少可以明确以下两点：第一，您认为社会阐释学与公共阐释学有区别，而且是重要的区别，而我并不认为是这样的。对我而言，公共阐释学就是社会阐释学，社会阐释学就是公共阐释学，二者没有区别。第二，如果我理解准确的话，您认为有某些因素使阐释变得更加理性，或者说有更为理性的阐释，但我对此持怀疑态度。我认为，阐释学不是用来将权力或者权力结构合法化的，而是要更为激进，向权力提出挑战。

张江：您似乎将我的公共阐释论理解为一种政党阐释、权力阐释。其实，我完全不是这个意思。公共阐释是从个体阐释上升起来的，任何阐释都是从个体阐释开始的，然后由个体阐释上升为社会阐释，再由社会阐释上升为公共阐释。关于这个问题，我们以后可以继续讨论，可以进行长期的辩论。

汤普森：目前我们有您这篇篇幅不长但颇为有趣的论文，还有今天我们的对话。如果可以继续完善的话，建议您对个人阐释、社会阐释、公共阐释三者的区别进行论述，而我会作出积极的回应，形成值得学界同仁分享的关于阐释学的学术对话，甚至可以考虑作为著作出版。我想请问张江教授，您是否准备就公共阐释论写更多的文章？

张江：那是肯定的。我想，既可以把现在这篇论文进一步扩充，对其中的某些论点作进一步展开，也可以围绕这篇论文中提出的若干基本问题撰写更多文章，或者将《论纲》中的每一段文字予以展开并补充新的内容，使之成为一部内容较为丰富、遵循理论逻辑的专门著作。

汤普森：您的想法很棒，我很期待。

"阐""诠"辨[*]

——阐释的公共性讨论之一

张　江[**]

《公共阐释论纲》（以下简称《论纲》）发表后，引起各方关注。作为纲要性论述，仅能对核心要义作集中表达，其内涵及意旨尚待阐扬。由本文始，以《论纲》中所涉概念为主干，就相关问题依次展开讨论。

20 世纪中叶以来，所谓"阐释"或"诠释"，已成为西方哲学、文学、历史学及其他诸多学科之核心话题，对阐释的研究早已独立成学，发展为当代学术之基础性学科。特别是经由胡塞尔、海德格尔、伽达默尔、保罗·利科等人的精心研究和深入阐述，阐释学确已成为几乎无处不议、无处不用之"显学"。20 世纪 80 年代后，经由中国学者奋力开拓，西方阐释学的译介与研究也已广泛传播，同样成为中国学术界各方介入甚深乃至难以绕开的核心话题。毫无疑问，这是重要的学术进步，应该给予充分肯定。没有这个过程，我们无法以现代眼光认知和检视中国传统阐释学理论，也因此无法建立我们自己即当代中国的阐释学。但是，仅有西方研究是不够的。由于思维方式上的巨大差异，以西方理论和话语为中心，研究和建立本民族的阐释理论，无异沙上建塔。中国阐释学何以构建，起点与路径在哪里，方向与目标是什么，功能与价值如何实

---

* 本文原刊于《哲学研究》2017 年第 12 期。
** 作者单位：中国社会科学院。

现，是我们必须面对和解决的迫切问题。我们必须坚持以中国话语为主干，以古典阐释学为资源，以当代西方阐释学为借鉴，假以对照、选择、确义，由概念起，而范畴、而命题、而图式，以至体系，最终实现传统阐释学观点、学说之现代转义，建立彰显中国概念、中国思维、中国理论的当代中国阐释学。

无论何种阐释，包括阐释对象和阐释本身，其根本载体和方式，均为语言或言语。对象为文本，自不待言，文本由文字而成，阐释由语或言而实现；对象为事物，一旦作为阐释之目标，首先要予对象以语或言表述之，再以语言解之、释之，然后完成阐释。无言无语，非阐释也。汉语言文字起源之初，勠力于象形。一字一词皆为整体图形，形即义，义即形，视之读之，其形其义共时共在于此。尤以公众共见之象为标志而明义，非隔、非臆、非折转，其公共性、共同性大开。此造字之法，从根本上影响汉语言民族之思维方式，使其呈现出重直观、重开放、重共享之特点。《论纲》谓阐释之公共性，乃阐释的本质特征，此为重要根据之一。

理解并承认阐释的公共性，是构建当代中国阐释学的重要起点。此其公共性，并非人之主观意愿所决定，而是阐释生成及存在之基本要素。阐释的公共性，由阐释主体及其间性而定位；由阐释之目的和标准而使然；由阐释行为的实际展开及衍生过程而主导。阐释之所以为阐释，就是因为它是公共的。任何放弃公共性的言说，不可谓阐释，最多可称私人理解，或未及实现的阐释。汉字"阐"（"闡"）及"诠"（"詮"）清晰蕴含此义。研究及立论于阐释之学，应重"阐"及"诠"之训诂。由此，我们从考据入手，追溯单音词"阐"与"诠"之本义及引申，汲取"阐"与"诠"之优长，坚持以"诠"为根据，以"阐"为目的，创建当代中国阐释学基本原理。兹论如下。

一 "阐""诠"义考

《说文解字》为历代所尊奉，许慎对"阐"和"诠"，以及诸多与此联属之字，都有精到的说明和解注。我们先辨"阐（闡）"。

《说文·门部》：

> 阐，开也。从门（門），单声。《易》曰："阐幽。"

此为原文。兹遵许说，从义、从形、从声，依次展开讨论。

先说本义。"阐"为"开（開）"。"开"为何意？《说文·门部》："开，张也。""张"为何意？段玉裁注："张者，施弓弦也。门之开如弓之张。"① 许氏更直接的表达是："開，古文。"段氏注："一者，象门闭。从廾者，象手开门。"② 这就是说，作为会意字的"开（開）"，是双手对举打开门闩，意在开门。《史记·赵世家》："主父开之。"司马贞《索隐》："开，谓开门而纳之。"③ 由此可以确证，从许氏说，"阐"的本义为开，且为"开门"之"开"。《说文》中与"阐"同为"开"义者，还有"闓（闓）""閜（閜）""辟（闢）""闀（闀）"。其中，《说文·门部》："闓，开也。"段氏注："本义为开门。"④《说文·门部》："閜，大开也。" "辟"又谓"开"，且为"多开"。许氏云："《虞书》曰：辟四门。"即《尚书·尧典》："月正元日，舜格于文祖，询于四岳，辟四门，明四目，达四聪。"此处所谓"辟"不仅是开一门，且要开四门。孔传认为"辟四门"是要"开辟四方之门未开者，广致众贤"，"广视听于四方，使天下无雍塞"。⑤《汉书·梅福传》亦云："博览兼听，谋及疏贱，令深者不隐，远者不塞。所谓'辟四门，明四目'也。"⑥ 至于"闀"，《说文·门部》："闀，辟门也。"更有意味的是，《说文》注明，"辟（闢）"的古形"闢"，同样是双手上举，意欲开门，更形象也更直观地表达了"开"之本义为洞开，为吸纳，

---

① 段玉裁：《说文解字注》，上海古籍出版社1981年版，第603页。
② 段玉裁：《说文解字注》，上海古籍出版社1981年版，第588页。此处"闭"字，原就为"閉"，为会意字，在小篆中为两扇门中加上两条门闩，插上门闩为闭，拉开门闩为开。到楷书中门闩讹变为"才"，而"才"与"闭"毫无关系。（参见左民安《细说汉字》，九州出版社2005年版，第203页）
③ 《史记》，中华书局1959年版，第1815页。
④ 段玉裁：《说文解字注》，上海古籍出版社1981年版，第588页。
⑤ 《尚书正义》，见《十三经注疏》，中华书局1980年版，第130页。
⑥ 《汉书》，中华书局1975年版，第2922页。

为通达，为彰明。

其次说形。"阐"，"从门（門）"。这里的"从门（門）"是于部首之属说形。部首作为表意符码，具有鲜明的语义学旨归。遵照六书体系，将诸多同意符字纳于同一部首，其语义选择与定位显明。"阐"谓"开"，"开"从"门（門）"，根据何在？我们理解，在相对简单的古代生活中，对人而言，最直观、最直接、最普遍的"开"，则首推开门。也就是说，只有对门而言，才有所谓的"开"。此由诸多与"开"字有关的古文字原形可证。接踵而来的问题是，古文字之"门（門）"又谓何意？据考证，共二义：其一为"闻"；其二为"问"。兹证如下。

关于"闻"，《说文·门部》："门（門），闻也。从二户，象形。"段氏注："闻者，谓外可闻于内，内可闻于外也。"① 所谓"闻"，《说文·耳部》："闻，知声也。"《大戴礼记·曾子疾病》："君子尊其所闻。"王聘珍《解诂》引《说文》云："闻，知闻也。"②《汉书·贾山传》"令闻不忘"，颜师古注："闻，谓之声闻也。"③ 关于"问"，《广韵》释："门，问也。""闻"又与"问"通。曹植《与吴季重书》"往来数相闻"，吕向注："闻，问也。"④《诗·葛藟》"亦莫我闻"，陈奂《传疏》："闻、问古通用。"⑤ 由上可见，首义为"开"的"阐"，因部首归门，从而可引申为"闻"与"问"，且为开门之"闻"与"问"。

再次说声。《说文》"阐"，"单声"。"单"者，《说文》："大也。"与"阐"同义。《玉篇·门部》和《广韵·狝韵》均释："阐，大也。"《慧琳音义》："阐，亦大开也。"同时，可以证明，与"单"声相关的，多字表有"厚""广""众"意。譬如："僤"，有厚重

① 段玉裁：《说文解字注》，上海古籍出版社 1981 年版，第 602 页。
② 王聘珍：《大戴礼记解诂》，中华书局 1983 年版，第 97 页。
③ 《汉书》，中华书局 1975 年版，第 2334 页。
④ 《六臣注文选》，萧统编，李善、吕延济、刘良、张铣、吕向、李周翰注，中华书局 1987 年版，第 792 页。
⑤ 马瑞辰：《毛诗传笺通释》，中华书局 1989 年版，第 242 页。

意。《诗·桑柔》："逢天僤怒。"《毛传》："僤，厚也。"① "繟"，有宽绰意。《老子》七十三章："繟然而善谋。"河上公注："繟，宽也。"② "禅"，有广大意。《史记·秦始皇本纪》"禅梁父"，裴骃《集解》引服虔注："禅，阐广土地也。"③ "嘽"，有众多意。《诗·崧高》："徒御嘽嘽。"朱熹《集传》："嘽嘽，众盛也。"④ 音近义通，因声求义。由此可断，"阐"取单声，意在贯注阐之"大""广""众"诸义。

现在可以言及"阐"的引申义。除去"开"之本义，"阐"还有诸多可从语源上证明其公共性之义项。《说文》释"阐"引《易》曰："阐幽。"这里用的正是与"开（開）"有关的引申义。归而纳之，大致有以下几项：其一，"明"。《玉篇》：阐，"明也"，源自《易·系辞下》："夫《易》彰往而察来，而微显阐幽。"这是对"开"的引申，意明也。王弼《周易注》"丰之为义，阐弘微细"⑤，刘勰《文心雕龙·神思》"至精而后阐其妙"⑥，都可解为"明"意。其二，"启"。《广韵》："启也。"《广韵·昔韵》释"辟（闢）"（同开）："启也。"其三，"通"。《逸周书·程典》"德开"，孔晁注："开，通也。"⑦ 其四，"扬"。《慧琳音义》卷八十七"咸扬"注引韩康伯注《周易》。《希麟音义》卷三"开扬"注引《玉篇》均为："阐，扬也。"由"阐"而构成的双音词也多表达其"开""明""扬""弘"意。"阐明"，《北齐书·杜弼传》："窃惟《道》《德》二经，阐明幽极。"⑧ "阐弘"，《后汉书·谢夷吾传》："阐弘道奥，同史苏、京房之伦。"⑨ "阐发"，胡应麟《少室山房笔丛·九流绪论

① 《毛诗正义》，见《十三经注疏》，中华书局1980年版，第559页。
② 见陈鼓应注译《老子今注今译》，商务印书馆2003年版，第335页。
③ 《史记》，中华书局1959年版，第242页。
④ 《诗集传》，中华书局1958年版，第213页。
⑤ 《周易正义》，见《十三经注疏》，中华书局1980年版，第67页。
⑥ 刘勰：《文心雕龙》下篇《神思》，黄叔琳注，上海古籍出版社2015年版，第174页。
⑦ 黄怀信、张懋镕、田旭东：《逸周书汇校集注》，上海古籍出版社1995年版，第180页。
⑧ 《北齐书》，中华书局1972年版，第782页。
⑨ 《后汉书》，中华书局1973年版，第4494页。

下》："更互阐发，以竟一篇之义。"① "阐扬"，《晋书·孙楚传》："制礼作乐，阐扬道化。"② 此外，我们应该特别注意"阐教"与"阐化"的用意。如，谢灵运《宋武帝诔》："制规作训，阐教修经。"③ 潘岳《为贾谧作赠陆机诗》："粤有生民，伏羲始君，结绳阐化，八象成文。"④ 任昉《齐竟陵文宣王行状》："辟玄闱以阐化。"⑤ 等等。

次辨"诠（詮）"。

《说文·言部》：

　　　诠（詮），具也。从言，全声。

此亦原文。兹遵许说，从义、从形、从声，依次展开讨论。

先从义说。诠为"具"，"具"又何谓？《说文·部》："具，共置也。"本义为具备、具有。"具"的甲骨文为双手捧鼎（），以示具备。更多的是准备意，尤指准备饭菜，如《汉书·灌夫传》："请语魏其具，将军旦日蚤临。"⑥ "具"有"足"义，如张衡《东京赋》："礼举仪具。"薛综注："具，足也。"⑦ "具"有开列义，如《宋史·梁克家传》："上欣纳，因命条具风俗之弊。"⑧ "具"有详悉义，如《书·伊训》"具训于蒙士"，蔡沈《集传》："具，详悉也。"⑨ "具"通"俱"，如《诗·行苇》："莫远具尔。"郑玄笺："具犹俱也。"⑩ "具"亦通"皆"，如《诗·四月》："百卉具腓。"郑玄笺："具犹皆也。"⑪ 就"诠"的释义而言，《集韵·仙韵》："诠，解喻也。"《慧

①　胡应麟：《少室山房笔丛》，上海书店出版社 2001 年版，第 281 页。
②　《晋书》，中华书局 1974 年版，第 4243 页。
③　梅鼎祚编：《宋文纪》，见景印文渊阁《四库全书》第 1398 册，台湾商务印书馆 1986 年版，第 14 页。
④　《文选》，萧统编，中华书局 1977 年版，第 249 页。
⑤　《文选》，萧统编，中华书局 1977 年版，第 828 页。
⑥　《汉书》，中华书局 1975 年版，第 2385 页。
⑦　《文选》，萧统编，中华书局 1977 年版，第 56 页。
⑧　《宋史》，中华书局 1977 年版，第 11812 页。
⑨　《书集传》，蔡沈注，钱宗武、钱弼整理，凤凰出版社 2010 年版，第 85 页。
⑩　《毛诗正义》，见《十三经注疏》，中华书局 1980 年版，第 534 页。
⑪　《毛诗正义》，见《十三经注疏》，中华书局 1980 年版，第 462 页。

琳音义》卷二："诠，明也。"同书卷五十："释言曰诠。"《广雅·释诂四》："诠词者，承上文所发端，诠而绎之也。"《慧琳音义》卷二"所诠"注引《字书》："诠，证也。"同书卷三十"诠穷"注引《考声》："诠，证也。"同书卷二："诠，衡也。"钟嵘《诗品》："一品之中，略以世代为先后，不以优劣为诠次。"①

再从形说。诠（詮），"从言"。"言"有多意。一曰发言。《说文·言部》："言，直言曰言，论难曰语。"《周礼·大司乐》注："发端曰言，答述曰语。"②二曰发问。《周礼·春官·冢人》"及葬，言鸾车象人"，孙诒让《正义》引《广雅释诂》："言，问也。"③《礼记·曾子问》"召公言于周公"，孔颖达疏："言，犹问也。"④三曰训诂。《大戴礼记·小辨》"士学顺辨言以遂志"，王聘珍《解诂》："言，诂训言也。"⑤《释名》："言，宣也。宣彼此之意也。"上述文献，表达了"诠"从"言"的意义，即有言，有问，有训，有宣且互宣之意，体现了"诠"之基本特性。但是，必须注意，"诠"之"言"与"问"亦有特别寓意，从诠释的意义上，必须明示。

一是，"言"为自言。《康熙字典》注"言"引《论语》"寝不言"句，释为："自言曰言。"王力说："在古代汉语里，'言'是自动地跟人说话，'语'则是指回答别人的问话，或是和人谈论一件事情，两者区别很清楚。"王力举证：《左传》僖公三十年"佚之狐言于郑伯曰"，为佚之狐主动向郑伯进言；宣公二年"叹而言曰"，是自动慨叹。王力断言："在先秦，'语'字的'告诉'这一意义，是'言'字所不具备的。"⑥

二是，"言"为命令。《战国策·齐策四》："制言者王也。"鲍彪

---

① 钟嵘：《诗品注释》，向长清注，齐鲁书社1986年版，第16页。
② 《周礼注疏》，见《十三经注疏》，中华书局1980年版，第787页。
③ 孙诒让：《周礼正义》，中华书局2015年版，第2051页。
④ 《礼记正义》，见《十三经注疏》，中华书局1980年版，第1401页。
⑤ 王聘珍：《大戴礼记解诂》，中华书局1983年版，第205页。
⑥ 王力：《古代汉语》，中华书局2016年版，第42页。按《论语·阳货》载阳货谓孔子曰："来！予与尔言。"意即我与你言。以下三个"曰"，皆为阳货自问自答，无须孔子回应。言为"自言"明矣。

注："言，谓命令。"① 《诗·彤弓》"受言藏之"，郑玄笺："言者，谓王策命也。"②

三是，"言"为教令。《诗·抑》"慎尔出话"，毛传："话，善言也。"郑玄笺："言，谓教令也。"③ 这种上下之别、教受之别，亦体现于"问"。王引之《经义述闻·尔雅中·讯言也》引其父："'言非言语之言，乃言问之言。'言，即问也。……《哀公问》曰：'寡人愿有言，然冕而亲迎，不已重乎?''愿有言'，愿有问也。昭二十五年《左传》曰：叔孙氏之司马鬷戾，言于其众曰：'若之何?''言于其众'，问于其众也。"④ 《读书杂志·汉书第九·贾谊传》："臣闻圣主言问其臣。"⑤ 《礼记·曲礼上》："已受命君言。"

最后说声。诠，"全声。"《说文·入部》："全，完也。"段氏注："从工者如巧者之制造，必完好也。"⑥ 《战国策·秦策二》："楚国不尚全乎?"高诱注："全，空也。"⑦ 此释为"诠"定位。"言""全"为诠，诠有完善、完好之追求。《说文·入部》："纯玉曰全。"此释为喻，可有三解。一为纯。《周礼·考工记·玉人》："天子用全。"郑玄注引郑司农："全，纯色也。"⑧ 《墨子·明鬼下》："牺牲之不全肥。"孙诒让《间诂》引毕云："全，谓纯色，与'牷'同。"⑨ 二为无瑕。《周礼·考工记·弓人》："得此六材之全。"郑玄注："全，无瑕病，良善也。"⑩ 三为备。《列子·天瑞》："天地无全功。"张湛注："全，犹备也。"⑪ 即完备、完全意。更突出的是，"全"与"诠"同有"具"意。《玉篇·入部》《广韵·仙韵》同注："全，具也。"《荀

---

① 见诸祖耿编撰《战国策集注汇考》，凤凰出版社 2008 年版，第 609、615 页。
② 《毛诗正义》，见《十三经注疏》，中华书局 1980 年版，第 421 页。
③ 《毛诗正义》，见《十三经注疏》，中华书局 1980 年版，第 555 页。
④ 王引之：《经义述闻》，马涛校点，上海古籍出版社 2016 年版，第 1645—1646 页。
⑤ 王念孙：《读书杂志》第五册，中国书店 1985 年版，第 71 页。
⑥ 段玉裁：《说文解字注》，上海古籍出版社 1981 年版，第 239 页。
⑦ 见诸祖耿编撰《战国策集注汇考》，凤凰出版社 2008 年版，第 207、215 页。
⑧ 《周礼注疏》，见《十三经注疏》，中华书局 1980 年版，第 922 页。
⑨ 孙诒让：《墨子间诂》，中华书局 2001 年版，第 231 页。
⑩ 《周礼注疏》，见《十三经注疏》，中华书局 1980 年版，第 935 页。
⑪ 张湛：《列子注》，见《诸子集成》第 3 册，中华书局 1954 年版，第 2 页。

子·正名》："性之具也。"杨倞注："具，全也。"① 由此，"诠""全"同义，诠，言全而已。"诠"取"全"声，还有一个重要根据。《说文·欠部》"欨"字下，段氏认为："诠詟者，凡诠解以为詟。"② 何谓"詟"？《说文·司部》段氏注云："意者，文字之义也；言者，文字之声也；詟者，文字形声之合也。"③ 所谓诠，要对词作义、形、声的释，要全诠、全释。"诠"的引申义，与"具"及诠释、解释有关的引申，首先，相符。《说文·言部》"诠"，段氏注："诠，就也。就万物之指以言其徵。事之所谓，道之所依也。"《广韵》释："就，成也，迎也，即也。"更加集中地体现了所谓"诠"的核心追求。虽然段氏指为"皆引申义"，但其"成也""迎也""即也"，确与"诠"之本义以及方式、目标、追求相近。"迎"为顺迎意，"即"为相符意，突出对象对诠释的约束，诠释与对象所属意义之粘合关系彰显无疑。

其次，说明事理、真理。《淮南子·要略》："《诠言》者，所以譬类人事之指，解喻治乱之体也，差择微言之眇，诠以至理之文。"④ 道明诠释事物本质、规律之本心。同书《兵略训》："发必中诠，言必合数。"⑤ 《晋书·武陔传》："文帝甚亲重之，数与诠论时人。"《音义》："谓具说事理也。"⑥ 表达了完全一致的取向。

再次，由"诠"而结构的双音词，也多有强调其真、其正、其择序义。如"诠正"，为评定意。《晋书·卞壸传》："亏损世教，不可以居人伦诠正之任。"⑦ 《说文》："正，是也。从一。"《周礼·天官·宰夫》："岁终，则令群吏正岁会。"郑玄注："正，犹定也。"⑧

---

① 王先谦：《荀子集解》，中华书局 1988 年版，第 428—429 页。
② 段玉裁：《说文解字注》，上海古籍出版社 1981 年版，第 413 页。
③ 段玉裁：《说文解字注》，上海古籍出版社 1981 年版，第 430 页。
④ 刘文典：《淮南鸿烈集解》，中华书局 1989 年版，第 704 页。
⑤ 刘文典：《淮南鸿烈集解》，中华书局 1989 年版，第 515 页。
⑥ 见徐时仪校注《一切经音义三种校本合刊》，上海古籍出版社 2008 年版，第 1043 页；参见《康熙字典》，中华书局 1958 年版，第 1158 页。
⑦ 《晋书》，中华书局 1974 年版，第 1869 页。
⑧ 《周礼注疏》，见《十三经注疏》，中华书局 1980 年版，第 656 页。

《诗·文王有声》："维龟正之。"朱熹《集传》："正，决也。"① 又如"诠注"，王禹偁《谢赐御制逍遥咏秘藏诠表》："念释老之多歧，于是诠注微言，咏歌至道。"② 关于"注"，《说文》释："注，灌也。"《周礼·天官冢宰》贾公彦疏："注者，于经之下自注己意，使经义可申，故云注也。"③

二　主体观辨

主体及主体间性之存在，乃阐释生成之基点。从"阐"与"诠"的考辨看，阐释总是由某个确定主体生成和发出的。阐释乃主体之阐释，更为主体间之互阐互释。中国古代阐释学之主体观念，乃清晰而牢固地立足于此，阐释之公共性亦因此成为可能。以下分别述之。

第一，阐释主体。何谓主体？根据康德的提法，主体谓自我，即能够按照自己的自由意志独立自主地作出决定并付诸行动的人。尽管中国古代并无与西学中"客体"相对应之"主体"（subject）术语④，但中国古代的"我"，主要是指有自觉意识，并依自我意识行动的"我"，应该有与康德所谓"主体"概念大致相同的意义。《说文·我部》："我，施身自谓也。""我"原本为象形字，标示为锯齿状的锋利兵器（𢦏）。第一人称意义上的"我"，乃为其引申义。徐锴曰："（我）所以从戈者，取戈自持也。"⑤ 由此证明了一条由象形兵器而游移流变为抽象主体概念的语义轨迹。

自中国古代起，"我"作为主体，即以自知和自省为标志，早可

① 《诗集传》，中华书局1958年版，第189页。
② 王禹偁：《小畜集》，商务印书馆1937年版，第294页。
③ 《周礼注疏》，见《十三经注疏》，中华书局1980年版，第639页。
④ 《汉书》卷六十五《东方朔传》："（接舆、箕子）使遇纣王圣主……图画安危，揆度得失，上以安主体，下以便万民，则五帝三王之道可几而见也。"（《汉书》，中华书局1975年版，第2871页）此句中"主体"意指"君主的统治地位"。至近代，章炳麟《驳康有为论革命书》："今日广西会党，则知己为主体，而西人为客体矣。"（章炳麟：《驳康有为论革命书》，孙正容注，浙江师范学院政史系，1979年，第27页）其中"客体"意指"次要的人或事物"。（参见《汉语大词典》第三卷，上海辞书出版社2011年版，第1451页）
⑤ 徐锴：《说文解字系传》，中华书局1987年版，第248页。

见于《礼记·礼器》："我战则克。"郑玄注："我，我知礼者也。"孔颖达疏："我谓知礼者也。"① 对此，孔子和孟子给予明确辨析，从年龄、意识、自省三个维度厘清主体与非主体之界线。其一，年龄。《礼记·曲礼》："人生……二十曰弱冠。"意即年满二十、行过冠礼并被取"字"方为成年。《礼记·祭义》："成人之道也。"郑玄注："成人，既冠者。"②

其二，意识。主体的意识存在，是主体之为主体的根本。唯有识成人才可谓我，即主体。《尔雅·释诂》云："身，我也。"《说文·我部》："我，施身自谓也。"焦循《孟子正义》疏曰："成人已往，男子年二十已上也。是时知识已开，故备知天下万事。我本自称之名，此我既指人之身，即指天下人人之身，故云普谓人。人有一身即人有一我。未冠或童昏不知，既冠则万事皆知矣。既知则有所行，故云常有所行矣。"③ 也就是说，"我"作为主体本义，是有意识、有知识的成人。昏昧无知之童，不可为主体。孟子还有更突出自觉意识和主体自知的提法，明言非自觉意识者不可谓主体。《孟子·尽心》："行之而不著焉，习矣而不察焉，终身由之而不知其道者，众也。"也就是说，哪怕是已冠成人，如果没有自觉的意识，没有对己身行为意义之了解、之省察，也不可称"我"。这就从意识自觉、行为自觉的意义上定义了主体。

其三，自省。《孟子·尽心》："万物皆备于我矣，反身而诚，乐莫大焉。"东汉赵岐注："物，事也。我，身也。普谓人为成人已往，皆备知天下万物，常有所行矣。诚者，实也。反自思其身所施行，能皆实而无虚，则乐莫大焉。"④ 由此可见，主体在，主体反思亦在，且以反思规定其行，现代主体概念之要义备矣。

我们再回到"阐"。"阐"为"开"，"开"之本义为双手开门，开门之手是阐者之手，乃"我"之手开门。开者或阐者感知并确定己身

---

① 《礼记正义》，见《十三经注疏》，中华书局 1980 年版，第 1434 页。

② 《礼记正义》，见《十三经注疏》，中华书局 1980 年版，第 1594 页。

③ 焦循：《孟子正义》，中华书局 1987 年版，第 883 页。

④ 焦循：《孟子正义》，中华书局 1987 年版，第 882—883 页。

之存在，并以其理性支配的客观动作实现存在。双手开门，亦体现主体之精神追求，蕴含了客观动作与精神索求的一致性。阐之何以可能?首先是主体自在。没有主体之自在就没有阐释。正是主体之确切存在，提供了阐之初始可能。阐之所以展开，亦在于认识的主动性。此主动性，不仅是指主体对事物，包括对他在主体的主动认知，而且还指认识对认识自身的主动检省，也就是所谓反思。阐是认知后的输出，先有认知与理解，而后才有阐释。对主体已有的理解给予阐释，反思之义已蕴含其中。认识的主动性体现了认识的主体性，或者主体性认识，是一切阐释行为的基础。

“诠”亦如此。“诠”之本义为具、准备意，此为确切的主体动作。从“具”的原形分析，双手捧鼎之主体已在。从“言”之本义分析，无论言何，俱为人言。由段氏注所谓“诠词也”之“欥”看，“欥”由“曰”与“欠”相结合。关于“曰（曰）”，皇侃《论语义疏》引：“开口吐舌谓之曰。”关于“欠（欠）”，《说文·欠部》许慎释：“象气所从人上出之形。”而“曰”者，《说文·曰部》：“词也。”段氏注：“词者，意内而言外也。有是意而有是言。”① 其义，其形，实为吐舌之人曰人言，诠之主体自在。由此可以判断，在主体的确定性上，“阐”“诠”之间无差别，主体意识强烈、明晰，且同为自觉主体。然，在主体之间的比较上，两者差别明显。“阐”之主体为普遍指向，任何人都有阐释的权力，阐释与阐释、阐者与阐者之间平等，无高低上下之分。“诠”之主体则有特别指向，言有上对下言，告有上对下告，且有命令意、教令意、强制意。所谓“制言者王也”，“臣闻圣主言问其臣”是也。在平等对话与交流的取向上，“阐”明显长于“诠”。

第二，主体间性。主体之存在，不仅因为客体的存在而在，同时，抑或更重要的，是因为他在主体的存在而在。中国古代亦无“主体间性”之术语，但春秋时期就有群已关系的讨论。许多人承认，“我”与“你”、“我”与“他”、“我”与广大人群相对，“我”才为“我”，

---

① 段玉裁：《说文解字注》，上海古籍出版社1981年版，第202页。

"我"才具有意义，主体间性意识清晰。先秦典籍中，此类观点甚为常见。《论语·微子》孔子谓："鸟兽不可与同群，吾非斯人之徒与而谁与。"《荀子·王制》曰："君者，善群也"，"人生不能无群"。"能群"是人类维持生存之要件。古汉语中"我"与"吾"之区别亦为明证。《说文》"吾，我自称也"，简单化矣。在语言使用中，"我"与"吾"之区别可谓广大，其意深远。①《庄子》的"吾丧我"就是典型。追索庄子思想的基本线索，"吾丧我"的"吾"，乃就己而言，为单性个体之吾，即主体间性之外的本身。我，乃谓因人而言，是与他人共在之我，即主体间性之中的本身。吾本体的忘己忘物，超然自得，是且仅是吾本体弃我、忘我的结果。庄子如此主张彻底地忘我，更加深刻地证明，人世间的我是一种共在，共在之我不可摆脱。宋末元初赵惪《四书笺义》释《孟子》"养吾浩然之气"曰："吾我二字，学者多以为一义，殊不知就己而言则曰吾，因人而言则曰我。……盖言我者，不可以言吾；言吾者，不可以言我。……吾我互言，乃人己对待之称。"② 类似表达如《楚辞·渔父》："举世皆浊我独清，众人皆醉我独醒。"虽是悲怨之词，自恋之词，独我之词，然我与众人共存、共在之现实却无可回避。正因为有此共在，且在这共在中为其孤独，才有我，我才在。特别是段氏对"我，施身自谓也"的阐释："不但云自谓而云施身自谓者，取施与我古为叠韵。施读施舍之施，谓用己厕于众中，而自称则为我也。"③ 如此，以"我"为标举，自觉于东汉主体间性意识，几可作语义学上的最后结论。中国古代重要典籍中的许多思想，也都以主体间性为逻辑起点而立。譬如"仁"。《说文·人部》："仁，亲也。从人，从二。"造字之初就立足于协调人际关系，彰显儒家仁学出发于主体间性的立场。孔子曰"己欲立而立人，己欲达而达人"，主体间性之意蕴似近极致。墨子"兼相爱，交相利"，"爱人若己"，乃以主体间性为现实起点。

---

① 参见《胡适文集》，欧阳哲生编，北京大学出版社 2013 年版，第 162—165 页；参见严修《批判高本汉和胡适对吾我、尔汝的错误论点》，载《人文杂志》1959 年第 2 期。

② 赵惪：《四书笺义·补遗》，见丛书集成初编本，中华书局 1985 年版，第 366 页。

③ 段玉裁：《说文解字注》，上海古籍出版社 1981 年版，第 632 页。

由此，我们回到"阐"，大致应有以下几层意义：其一，"阐"之本义为开，从"门"，且为未开之门。此可意味，阐之自身及其过程，从初始就是有障碍的。无论是主体之间的相互阐释，还是主体对文本及其他对象的阐释，皆有隔障。唯打开隔障，相互开放，构建合理之主体间性，阐释方为可能。

其二，"开"字原形已明示，阐释者是从内向外而开。此"开"，乃主动之开，自觉之开，表征阐之本身开放欲求。此动作暗示，阐释者清楚，个体阐释必须求之于公共承认，在争取公共承认之过程中确证自己。对此，《庄子·齐物论》"虽我亦成也"，成玄英疏："我，众人也。"① 就是极好证明。

其三，开门本为祛暗、祛晦，将己意明予对方，坦诚主体自身之识见，实现阐之向明、向显的公共追求。打开隔障而面对他人，将阐释之意义和价值置于主体间性中互质，充分证明"阐"之非个体、非自守、非独断意义。

其四，门既可为隔障，也可为通道。② 为阻为通，唯在相关主体之价值选择。陶渊明《归去来兮辞》"门虽设而常关"是一种选择，意在息交绝游，自言自赏。《尚书·尧典》舜"辟四门"亦是一种选择，意在直面各方，明目达聪。毫无疑问，在阐之选项上，有古代先贤抉择于开放与开明，且奋力开门，祛隔去障，使阐成为可能，使阐面向公共。推门之主动内含忧虑，《论语·学而》孔子曰："不患人之不己知，患不知人也。"此忧虑恰为构建主体间性之动力也。诠则不同。"诠"从"言"，但有自言意。"言"有问意，从"口"，"门"声。但问为门内发问。"问"的甲骨文为"䀠"，乃门中之口，隔门相问。"问"与"闻"通，隔门相问相闻，无推门意，无祛障意。由此似可申明，诠之本义不在开放，不在间性，更重自守与封闭。在此意义上，我们择"阐"不择"诠"。

第三，在阐释学意义上，须认真对待主体性与主观性之关系。主

---

① 王先谦：《庄子集解》，中华书局 1987 年版，第 18 页。

② 《左传》襄公九年："门，守也。"《白虎通义》卷二《五祀》："门，以闭藏自固也。"（陈立：《白虎通疏证》，中华书局 1994 年版，第 80 页）

观性是主体存在的核心因素。主体之存在，以生命与生理的物质存在为基础，但这不意味着有了生命，主体就当然存在。主观性在，更确切地说，人的主观能动性在，主体乃确在。对主观能动性的正确定位，有两个障碍。

其一，定势之影响。人之认识是有起点的。认识之发生非启于"白板"，不同出身与教养，即所谓全部认知背景，开启了认识，同时结构着认识定势。认识主体性也正是由不同的定势及其作用所表达。定势是大量常规性、重复性认知长期积淀，并通过集体无意识而遗传形成。无定势，则无认识。但也恰是此种定势，极可能导致认识上的极端主观化。以个体定势为准，以一己私意强制阐释对象，让对象服从主观意愿，此乃阐释之大忌，① 所谓"六经注我"是也。对此，朱子有言，一些貌似阐释儒家经典之人，"本要自说他一样道理，又恐不见信于人，偶然窥见圣人说处与己意合，便从头如此解将去"②，且"直以己意强置其中"③，"只借圣人言语做起头，便自把己意接说将去"④。

其二，主体性、主观性，尤认识之创造性，并非无约束之主观任意。面对事物之我，客观存在之物，不依我之主观意志而存在，不可"心外无物"⑤；施身于众人之中的我，不可以视众人若无，独我、专我。于前者，阐或诠之对象，独立于人的主观意志而客观存在。对阐释而言，文本的客观性自在，为书写者意图之载体，面对文本，承认和考证其本义是首要。⑥ 不可将己心强制于文本，以私意取代文本之

---

① 张江：《强制阐释论》，载《文学评论》2014 年第 6 期。

② 《朱子语类》，中华书局 1986 年版，第 3258 页。

③ 《晦庵先生朱文公文集》，见《四部丛刊初编·集部》第 180 册，上海书店 1989 年版，第 13 页。

④ 《朱子语类》，中华书局 1986 年版，第 2811 页。

⑤ 王阳明谓："你未看此花时，此花与汝心同归于寂。你来看此花时，则此花颜色一时明白起来。便知此花不在你的心外。"（《王阳明全集》，第 108 页）这是否认花之客观存在。然而，我们认为，你看不看它，颜色照在。你关注它，你的主观意识升起；你不关注它，关于花的主观意识不在。阳明先生颠矣。文本如花。你不看它，它在，只是你不认识它。你看它，它自展开自己，诉说于你本义之义。像有一物，人从未用过，这物只是无用而已，却不能说它没有，不在，只可于价值论上言其意义而已。

⑥ 张江：《"意图"在不在场》，载《社会科学战线》2016 年第 9 期。

义。于后者，文本书写者恒在于文本，对话，协商，相互理解，当是阐或诠之基本态度。对本义之发挥或借本义而重建，不可无拘无束，当有根据，且应明示如此扩张或歪曲，是阐者之意。如此方为正当，乃合阐释之伦理要求。《论语·子罕》："子绝四——毋意，毋必，毋固，毋我。"此四毋，朱子训："意，私意也。必，期必也。固，执滞也。我，私己也。"[①] 文本中没有的，不可臆度；不可以己期必于本义；莫固守成规而约束创意；不可专以私己度矣。所谓阐释意义上的主体性与主观性，其进退当如此。至于阐和诠，在其具体实践中，各显其长短。大致而论，阐更重创，更重疑，更重主观能动性之广阔冲量。诠则更重实，更重守，更重客观验证之扎实可靠。经今古文学派之争就是两种阐释观之争。魏晋玄学、宋明理学标举于"阐"，两汉经学、清代汉学以"诠"为长。就汉学内部而言，皖派近阐，吴派近诠。当然，界线不是绝对的，但消息走漏，亦线索可辨。中国阐释史上持诠立阐、持阐守诠之大师、名说多矣，乃当今构建公共阐释说的导引与典范。

三　目的观辨

所谓目的观，指阐释之目的与标准。这里包含阐或诠立足何处，以何种方式展开自己，阐释之目的何在，以何标准检测目的之实现等诸多元阐释问题。对这些问题的正确选择与回答，确为构建和实现阐释公共性之必需。限于篇幅，仅讨论以下两个核心话题：面对共在主体，阐释是对话还是独断；面对客观事物，阐释之标的——目的与标准，阐与诠何者为先。

第一，对话还是独断。所谓对话，即主体间之平等交流与协商。正当之阐释，应以建构平等对话为目的，通过对话，实现交流，完成阐

---

① 朱熹：《四书章句集注》，中华书局1983年版，第109—110页。杨树达按："意字与《先进》《卫灵公》二篇億字义同，皆为意度。毋意正《少仪》篇所谓毋测未也。朱子训为私意，古训未之闻，殆未是也。"（杨树达：《论语疏证》，上海古籍出版社1986年版，第213页）由是，我们取臆度义。文中未至之义，不可臆度也。

释。开放之立场与态度，承认与尊重共在主体之此在，使对话成为可能。正当的阐释目的，决定了对话与协商是阐释的基础和主要方式。中国古代诸多经典以对话方式或文体平和展开，与读者构成理解与阐释的共同体。譬如，儒家第一部语录体经典《论语》即是。古汉语中，"对"本身就是对话义。《说文·丵部》："对，应无方也。"《广韵·队韵》："对，答也。应也。"《诗·大雅·桑柔》："听言则对。"郑玄笺："对，答也。"据称，"对话"一词最早见于唐刘长卿《题冤句宋少府厅留别》："对话堪息机，披文欲忘味。"① 宋胡仔撰《苕溪渔隐丛话后集》卷二十二《邵康节》："自言：若至重疾，自不能支。其有小疾，有客对话，不自觉疾之去体也。"② 朱子更是清晰，言读书与理解"如与古人对面说话，彼此对答，无一言一字不相肯可"③。

　　所谓独断，即主体对客体的专断，包括主体视其他主体为客体，并以一己之意强制他人。单音字"独"，本身就有独断意。《庄子·人间世》："回闻卫君，其年壮，其行独。"郭象注："不与民同欲也。"④ 陆德明《释文》引崔譔云："自专也。"⑤《荀子·臣道》："故明主好同，而暗主好独。"杨倞注："独谓自任其智。"⑥ "独断"一词，最早见于题名周尸佼著《尸子》："是则有赏，非则有罚，人君之所独断也。"《韩非子·孤愤》："今大臣执柄独断，而上弗知收，是人主不明也。"晋干宝《晋纪总论》："（高祖宣皇帝）神略独断，征伐四克，维御群后，大权在己。"⑦

　　从此线索，我们辨识"阐"与"诠"各自所含之意蕴。"阐"从"开"讲，有启义，有通义，有广大义，有吸纳义。"开"同"辟"，所谓"辟四门"，如前所引《汉书·梅福传》："博览兼听，谋及疏贱，令深者不隐，远者不塞。""开"有启义，杨树达谓"启"："发

---

① 《刘随州集》，见丛书集成初编本，商务印书馆 1938 年版，第 76 页。
② 胡仔：《苕溪渔隐丛话后集》，廖德明校点，人民文学出版社 1962 年版，第 160 页。
③ 《晦庵先生朱文公文集》，见《四部丛刊初编·集部》第 180 册，上海书店 1989 年版，第 15 页。
④ 郭庆藩：《庄子集释》，中华书局 1961 年版，第 132 页。
⑤ 陆德明：《经典释文》，中华书局 1983 年版，第 365 页。
⑥ 王先谦：《荀子集解》，中华书局 1988 年版，第 251 页。
⑦ 《文选》，萧统编，中华书局 1977 年版，第 688 页。

人之蒙，开人之智，与启户事相类。"①《论语·述而》："不愤不启，不悱不发。"何晏注引郑玄曰："孔子与人言，必待其人心愤愤、口悱悱，乃后启发为说之。"② 启发之本义即有对话、协商、引导意，而非强制、独断、一统意。阐有集聚人才意。所谓开，开门而纳之。通辟（闢），汉简有门中之双手并举，亦有门内之双人并立，对话、交流、构建共享群体意凸显。③ "阐"从"门"，"门"为"闻"。对阐释主体而言，有"闻"而后言，即以对方之言为对象，先闻其言，解而后阐，本是正当。"闻（闅）"字可作旁证。《说文·门部》："闅，辟门也。《国语》曰：'闅门而与之言。'"准此，阐之为阐，非自言，非独言，而重在交流、协商，闻后共言，其公共性倾向鲜明。

"诠"之本义不在此。"诠"从"言"，言有独言义。所谓"直言为言"，"发端为言"是也。此类言无需回答，且不期待回答，甚或以自言为诠。《论语》中此类用法颇多，诸多"子曰"有言而无对，且不需要对。"言"有命令义，如前引《战国策·齐策四》："制言者王也。"鲍彪注："言，谓命令。""言"有问义，但此问非彼问，言问有上问下、君问臣之义，所谓"臣闻圣主言问其臣"是也。从"阐"与"诠"的词语组合上看，某些"诠"之组合凸显了"诠"本身的强制和评定意。最突出者为"诠正"。《晋书·卞壶传》："亏损世教，不可以居人伦诠正之任。"④ 此言本义评定人才等级，似乎与诠释之本意甚远。但如此使用后，有明清几代学者将此用为诠释意义上的"正"。明程敏政撰《新安文献志》卷七十《程山长传》注："盖多未定之见，固有已觉其非而未暇诠正者，幸先生察其所以而终教之。"⑤ 清吴肃公撰《街南文集》卷十九《跋书事》之《大观帖

---

① 杨树达：《积微居小学述林》，中华书局1983年版，第87页。

② 《论语注疏》，见《十三经注疏》，中华书局1980年版，第2482页。

③ 有学者称，汉简中此字为错字。我们认为，从"闢"之本义认证，"闢"有招贤纳士意，所谓"宾于四门，四门穆穆"是也。汉简为门下二人，形象表达此意。而相背之人，我们理解，一可意有造字之美学诉求；二可理解为招贤纳士，不求贤者立场一致，可容相背相左之人，所谓"开辟四方之门未开者，广致众贤"，足见"闢"之弘大。

④ 《晋书》，中华书局1974年版，第1869页。

⑤ 程敏政：《新安文献志》，黄山书社2004年版，第1726页。

跋》（二）："王著之谬，予尝摘出，而兹亦已诠正之。"① 清查慎行《补注东坡编年诗》卷二十五："施氏原注编入五月以后，似失次第，今诠正。"② 以上三例可证，阐释或诠释意义上使用该词是确当的。如此，所谓"正"又为何意？《说文·正部》："正，是也。从一以止。"徐锴："守一以止也。"③《周礼·天官·宰夫》："岁终，则令群吏正岁会。"郑玄注："正，犹定也。"④《诗·文王有声》："维龟正之。"朱熹《集传》："正，决也。"⑤ 如此从一、守一意，定也、决也意，充分表达了"诠"之阐释观，即以一己之意正定他者，无对等、无讨论、无协商，定于一尊之独断立场与意志明矣。然，"阐"无此搭配，无"阐正"一词。目前亦未见到"诠正"意义下的"阐正"组合的用法。⑥ 由此，从阐释观上说，我们取"阐"对话、协商意，不取"诠"独断、强制意。

第二，目的与标准。所谓目的，乃诠或阐之行为所要达到或期望达到之目的；所谓标准，是衡定目的实现程度的相关度量。先从诠说起。前引《说文·言部》"诠"，段氏注："诠，就也。就万物之指以言其征。事之所谓，道之所依也。"此言集中体现了诠的核心目的：以所诠之事物为根本，言征象，谓大道。所谓就者，《广韵》："迎也，即也。"何谓迎？《说文·辵部》："迎，逢也。"面向，正对意。《孙膑兵法·地葆》："绝水、迎陵、逆流。"唐李华《河南府参军厅壁记》："如川决防，如竹迎刃。"⑦《孔子家语·入

_____

①　《清代诗文集汇编》，上海古籍出版社 2010 年版，第 115 页。

②　查慎行补注：《苏诗补注》，见景印文渊阁《四库全书》第 1111 册，台湾商务印书馆 1986 年版，第 499 页。

③　徐锴：《说文解字系传》，中华书局 1987 年版，第 33 页。

④　《周礼注疏》，见《十三经注疏》，中华书局 1980 年版，第 656 页。

⑤　《诗集传》，中华书局 1958 年版，第 189 页。

⑥　上海辞书出版社《汉语大词典》无"阐正"一词。唐代李庾《西都赋》："横阁三重，阐正铅黄。"（姚铉编：《唐文粹》，上海书店 1989 年版，第 2 页）铅与黄，皆为古人点勘书籍、涂改字迹所用颜料，以铅黄比喻校勘文字的事。此处"阐正"非"诠释"意。《经籍考》有"祛疑阐正之难"（嵇璜、曹仁虎等《钦定续文献通考》，见景印文渊阁《四库全书》第 630 册，台湾商务印书馆 1986 年版，第 61 页）由词法辨，此处"祛疑""阐正"皆为动宾结构，为祛除疑问、阐释正学意，非定意、决意。

⑦　《全唐文》，中华书局 1983 年版，第 3209 页。

官》："不因其情，则民严而不迎。"诠之于事物，以事物自身为对象，面向其事，正对其事，言其征，谓其道，非背逆于此，悬解妙物而言它。就文本诠释说，诠是文本之诠，诠以文本为据，诠解约束于所诠之文本，非弃文本而流言。承认并依据文本之客观性乃迎之要义。"即也"，可训"从"义。《易·屯》六三爻辞："即鹿无虞。"焦循《章句》："即，从也。"① 可训"遂"义。《经传释词》卷八："即，犹遂也。"② 可训"是"义。《战国策·魏策四》："即王有万乘之国。"鲍彪注："即，犹是。"③ 由此，诠须符合对象之本征，从文本而言，依文本而释，为文本之是也，不可无约束而谬言。唯如此，为就、为成。"诠""全"声，纯色、完备意。因声求义而知之，诠释之"诠"，有以文本或本文为中心，纯之又纯、全之又全地训诂和提炼文本意义之追索之义。所谓纯，通诂明道，确证本义也。《论语·子路》孔子曰："必也正名乎"；《孟子·万章上》："以意逆志"；戴震："故训明则古经明，古经明则贤人圣人之理义明，而我心之所同然者乃因之而明。"④ 钱大昕："笃志古学，研覃经训，由文字声音训诂而得义理之真。"⑤ 此类向往与追崇，中国古代诠释学纯之求也。完备者，可由戴震"十分之见"释之："所谓十分之见，必征之古而靡不条贯，合诸道而不留余议，巨细毕究，本末兼察。"由此而"差择微言之眇，诠以至理之文"⑥。所谓理者，《说文·玉部》："理，治玉也。"段氏注："凡天下一事一物必推其情至于无憾而后即安，是之谓天理，是之谓善治。"⑦ 由此，一条线索隐约可见：诠——全——纯（玉）——理——道，诠之本义与目的为是。一言以蔽之，解事物之本质，释人事之规律，阐幽而显微，言道，明道，为诠之目的。目的决定标

---

① 见高亨《周易古经今注》，中华书局 1984 年版，第 171 页。

② 王引之：《经传释词》，岳麓书社 1984 年版，第 186 页。

③ 见诸祖耿编撰《战国策集注汇考》，凤凰出版社 2008 年版，第 1300、1303 页。

④ 《戴东原集》，上海书店 1989 年版，第 9—10 页。

⑤ 《潜研堂文集》，见陈文和主编《嘉定钱大昕全集》，江苏古籍出版社 1997 年版，第 375 页。

⑥ 《淮南子·要略》。

⑦ 段玉裁：《说文解字注》，上海古籍出版社 1981 年版，第 15 页。

准。诠之标准，大的方向讲，就是无歧义、可验证的确定性。

从汉代今古文学派各自的主张和方法看，前者更倾向于阐，后者更倾向于诠。古文学派意在全力申说和释证经典之原初意义，重训故，溯源流，释词解句，落实经典文意之确定性。尤乾嘉学派之治学主张，更是苦心追求诠必达到的确定性标准，不取开放、多元性阐释。针对"自晋代尚空虚，宋贤喜顿悟，笑问学为支离，弃注疏为糟粕，谈经之家，师心自用，乃以俚俗之言诠说经典"① 之弊端，乾嘉学派主张返经汲古，穷经为上。穷经又以训诂为重，诠释经典字字必有考据，字字必须确凿，因为哪怕"有一字非其的解，则于所言之意必差，而道从此失"。② 诠，要出本义，出圣心，出大道，"发必中诠，言必合数"，且全且准，定于一尊，无歧义之疑的确定性，不可动摇。

阐则不然。阐当然是有目标的。阐如开，开如张，张谓弓弦之张，箭在弦上不得不发。但是，阐之目标，体也，意也，用也。其开放、包容之气象，使其目的及标准，与诠之差别大矣哉。《四库全书总目》中有涉及两者区别的重要提法，精准概括了此问题上阐与诠的基本差异：

> 其首先曰"讲"者，注释文句也；次曰"意"者，推阐大旨也。③
> 是编大旨，不主于训诂名物，而主于推求"诗意"。其推求"诗意"，又主于涵泳文句，得其美刺之志而止……然光地邃于经术，见理终深。其诠释，多能得"兴观群怨"之旨。④

由此释入，诠重诂，阐重意。前者微也，本也；后者弘也，开也。此说可视作对阐与诠的深刻辨析。从中国古代阐释学的源流看，

---

① 《潜研堂文集》，见陈文和主编《嘉定钱大昕全集》，江苏古籍出版社1997年版，第377页。
② 《戴东原集》，上海书店1989年版，第11页。
③ 《易经儿说》［提要］，见《钦定四库全书总目》，中华书局1997年版，第90页。
④ 《诗所》［提要］，见《钦定四库全书总目》，中华书局1997年版，第207页。

老子"道常无名"，业已为阐开启气象。阐道、释道，皆因道常无名，而有百家争鸣。郭象注《庄子》，"寄言出意"①；王弼注《周易》，辨名析理。不作知识性训诂，不囿于字词解释，而尽力发扬思辨之精神，推阐文本整体隐含之形而上大旨，开创了一条不同于诠，即以训词诂字为归旨的阐释路线，在构建中国阐释学格局中独立一面。尤其是宋代文人的阐释观念，以理性批判为旗帜，对各类经典及正义之神圣与威权提出质疑，深刻影响中国阐释观念之构建。程颐曰："学者要先会疑。"② 陆九渊曰："为学患无疑，疑则有进。"③ 欧阳修《策问十二首》更以疑经为主，其锋芒直指汉唐陋儒的知识主义，以勇决批判精神，构建具有鲜明方法论意义的阐释方式。然，凡事过犹不及，过则谬。怀疑批判当然重要，若脱离文本，颠倒文本与阐释之关系，以至以一己之意消解、替代文本，阐就走向反面。这恰恰是中国古代阐释学以诠为本，阐之不兴的重要原因。诚然，清代学者对魏晋、宋明阐释学之反动，所谓朴学大盛，是有其历史根据的。历史的经验应当汲取。从阐释的目的看，阐释为晦暗之文本祛蔽，为不明本意之人显幽，应以训诂为本，后有义理之辨，再为言道之说。如此阐诠之分，当代阐诠之抉，优先取诠，后复取阐。

作为旁证，辨析一个以阐为中心的双音词："阐悟"。所谓"宋贤喜顿悟"之悟。此为"阐"之特有搭配，而"诠"则无。《说文·心部》："悟，觉也。"同书《见部》："觉，寤也。"同书《部》："寤，寐觉而有言曰寤。"由此，以今言直喻之，悟，梦言或对梦的痴阐而已。正因为如此，人可借寤屡成大事，乃至成帝。④ 苏轼阐诗，竟也抬出作者托梦："仆常梦见一人，曰杜子美，谓仆'世多误解予诗'。"⑤ 借此抛出自己活参诗意之阐。然，阐释乃寐觉之言，任阐者臆想，是否仍可为阐？阐，居间说话也，要以意逆志，

---

① 汤一介：《辨名析理：郭象注〈庄子〉的方法》，《中国社会科学》1998 年第 1 期。

② 《二程集》，王孝鱼点校，中华书局 1981 年版，第 413 页。

③ 《陆九渊集》，中华书局 1980 年版，第 472 页。

④ 《左传》哀公二十六年："得梦启，北首而寝卢门之外，已为鸟而集于其上。咮加于南门，尾加于桐门。曰：'余梦美，必立'。"

⑤ 《记子美八阵图诗》，《苏轼全集》，王文诰注，时代文艺出版社 2001 年版，第 5007 页。

要争取公共承认，要辅以经典化人，靠寐觉，终失公信。诠，无此搭配，可观两种阐释观之差异。①

结　论

综上考辨，可断知，中国古代阐释史上，"阐释"之"阐"与"诠释"之"诠"，各有极为深厚的哲学和历史渊源。比较而言，"阐"之公开性、公共性，决无疑义，其向外、向显、向明，坚持对话、协商之基本诉求，闪耀着当代阐释学前沿之光。"阐"之核心要义定位于此。"诠"之实、"诠"之细、"诠"之全与证，亦无疑义，其面向事物本身，坚守由训而义与意，散发着民族求实精神之光。"诠"之核心要义亦定位于此。中国古代从来就有两条差异深刻的阐释路线。一条由孔孟始，重训诂之"诠"；一条由老庄始，重意旨之"阐"。前者由两汉诸儒宗经正纬，至清初学者返经汲古，依文本，溯意图，诠之训诂索解，立信于世。所谓"以意逆志"是也。具有中国本色之阐释学根基于此。后者，经由两汉阴阳教化至魏晋、宋明辨明言理，"阐"之尚意顿悟，开放于今。所谓"诗无达诂"是也。具有中国本色之阐释学光大于此。两者各有其长，互容互合，为构建当代阐释学提供思想源泉与无尽动力。由此可以得出结论："阐"尚意，"诠"据实，尚意与据实互为表里。"阐"必据实而大开，不违本真；"诠"须应时而释，不拘旧义。"阐"必据词而立意，由小学而阐大体；"诠"须不落于碎片，立大体而训小学。

"诠，具也"，具以未来阐释学之坚实基础。"阐，开也"，启阐释学未来之宽广道路。

阐诠学之纲，明矣。

---

①　与"阐悟"近义的，是禅宗所主张的"禅悟"。禅宗鼓吹对佛教真理的理解为"心开悟解"，对佛经之文字无须考证认知，自有心解足矣。所谓"佛性之理，非关文字"（郭朋：《坛经校释》，中华书局1983年版，第122页）。"我所说者，义语非文；众生说者，文语非义。"（《金刚三昧经》，见《大正藏》第9册，新文丰出版公司1973年版，第371页）如此观念，对唐以后之阐释思想与方法产生重大影响。所谓"阐悟"应由此而来。

关于公共阐释若干问题的
再讨论（之一）[*]

张 江^{**}

基于对百年西方文论之强制阐释特征的反思和批判，我在 2017年正式提出了"公共阐释论"。① 提出这一理论的目的在于，期待学界同仁在吸收借鉴西方阐释学理论优长的同时，能够从西方理论传统中走出来，认真梳理和挖掘中国文化资源特别是中国阐释学资源，从中找到建构当代阐释学的主要思路，形成中国阐释学的基本框架。为此，我曾经撰写《"阐""诠"辨》一文，致力于对阐释学之"阐"与诠释学之"诠"这两个核心概念的区别做出辨析。② 我的结论是：中华民族的祖先在创造"阐"（闡）字之初，就已经把中国阐释学的思想表达得非常清晰、非常明白了。诸多当代阐释学经典反复论述的阐释学的主旨，都凝结在"阐"这个古老的汉字之中。从"阐"所表达的思想看，中国人从一开始就认为，"阐释"这件事情本身就是公共性的，因为在造字伊始，"阐"就包含着公共性的意思。简单地说，"阐"之本义为"开"（開）。在甲骨文、金文中，关于"阐"字的写法，我们直观看去即是：在一个草门之下，有一个横杠，即门闩，在这个门闩之下，是两只象形的手在推开这个门闩。因此可以说，中国古人在造"阐"这个字的时候，已经把阐释的开放性、公

　＊　本文原刊于《求是学刊》2019 年第 1 期。
　＊＊　作者单位：中国社会科学院。
　①　张江：《公共阐释论纲》，《学术研究》2017 年第 6 期。
　②　张江：《"阐""诠"辨——阐释的公共性讨论之一》，《哲学研究》2017 年第12 期。

共性、协商、交流等意思表达得非常清晰、非常明白了。与西方不同的是，中国人往往把思想和智慧浓缩在一个字的形状上，而没有人把它变成像伽达默尔、利科、贝蒂、海德格尔、狄尔泰等所发展出来的阐释之学。中国古代的"诠"字，含义也很深刻。关于"阐"和"诠"的差异，除了《说文解字》做出不同的解释之外，《四库全书》的目录中也进行了说明。"阐"强调的是阐大义，"诠"强调的是细节、考证。这是"阐"和"诠"存在差异性的确凿证据。我提出的关于"阐"从造字伊始就具有开放性、公共性、协商和交流意涵的观点，德国学者哈贝马斯表示赞赏，并认为中国人创造汉字的智慧的确令人景仰。

　　阐释本身是一种公共行为，是一种理性行为，这是我在《公共阐释论纲》中做出的判断和得出的结论。这一判断和结论蕴含着很多可以进一步辨析的理论问题。比如，西方的 Hermeneutics 一词，来源于古希腊神话中宙斯的信使赫耳墨斯（Hermes）。我们可否做这样的理解，即 Hermeneutics 本义就是送信，而送信的过程则是这样的：首先是宙斯有想法，有话要说，但不是宙斯自己对自己说，如果是宙斯自己对自己说，那就没有赫耳墨斯什么事了，这是一层意思。这在逻辑上和事实上已经肯定，宙斯必然是要对别人、对外人说话。姑且不论为什么宙斯的话必须要由赫耳墨斯传达，或者宙斯是否有别的传达意思的方法，至少可以证明的是，宙斯的话是要对外说的，他知道自己的话不对外说是没有意义的。赫耳墨斯作为传信人，作为信使，要把宙斯的本意传下来，以达到公共性的效果。虽然古希腊没有创生像中国的"阐"这样一个字，即用两只手推开门闩以表达阐释的公共性这个意思，但是西方用关于赫耳墨斯的故事表达阐释是一种公共行为的企图是昭然可见的。尽管这是一个神话，但是创作神话的人非常明白：宙斯有话不说或自己对自己说是没有用的，只有把话告诉别人才有意义。

　　宙斯有话要对别人说，那怎么告诉别人呢？得找人帮忙传达，因为他作为众神之王，不会亲自去传达自己的意旨。这就像我们上面所说的中国的"阐"字一样，"我"在屋子里面，得打开门才能跟外面的人说话。如果"我"不开门说话，而是自己对自己说，那就只能叫自言。所以，这就向我们提出了一个问题，中国的阐释学之"阐"是开放的、交流的，而不是独断的、封闭的，那么西方关于赫耳墨斯的故事不也包含有这样一个意思吗？只不过希腊文、德文、英文等没有把这个意思从字母的组合当中表现出来，也没有用字母或字母组合的声音表达这个意思而已。但是，我们应当承认，西方是用赫耳墨斯这个神话故事表达了类似的意思。所以说，如果追溯东西方阐释学传统的起源，我们就会发现，东西方古代的先贤们都十分明白，阐释本身只有是公开的、公共的，只有对话、交流、协商，才有意义。当然，西方的阐释和东方的阐释有差别，而且差别不仅仅表现在语言文字上。这是我近期经过思考而产生的一个新的想法。

关于赫耳墨斯的故事包含的第二层意思，则直接与阐释的公共性有关。从"传话"这个意义上讲，赫耳墨斯这个故事已经明确地告诉我们，传信的这个人是"居间说话"。伽达默尔也认为，阐释就是"居间说话"。这里所说的"居间说话"，从逻辑上很明晰地表达了这样一些问题：既然赫耳墨斯传的话是宙斯的话，那么宙斯的话是可以随意篡改的吗？如果赫耳墨斯从个人的主观意愿出发篡改了宙斯的话，那么请问，这种阐释有合法性吗？因此，这就直接涉及当代阐释学的基本问题，如阐释者对待文本的态度、阐释者与文本的关系，也就是我们所说的文本意图问题。文本有没有作者的意图？作者的意图可以被随便阐释吗？如果赫耳墨斯作为阐释者基本上传达了宙斯的话，但同时又附加上很多别的话，也就是做了"衍意"，那这种情况合法吗？这已经是对阐释职责本身的质疑了。

还有一种情况，即阐释者借助原意或顺着原意，"衍意"出了另外一套体系。当然，这与彻底篡改甚至颠覆原意的情况还不一样。它涉及这样一个问题：我们直接面对文本、面对现象、面对事实进行阐释的时候，有没有我们主观的能动的因素注入、融汇其中？在《说文解字》及其他中国古代经典中，"衍"这个字的本义是水流入海，但是，这个"衍"字既有水循河道流汇于海之意，也可以发挥出若干其他含义，如"衍溢"（水满而出），即沿着河道下去，有时是要漫溢的，从而生出许多湿地，但其中并没有改道的意思，而且，目标也很明确，即朝着大海而去。"衍"也有约束的意思，虽然水有时要漫出去，但原来的河道还在，也就是说，"衍意"与彻底的颠覆是不同的。这就促使我们思考：阐释者的主观、能动的作用，有还是没有？阐释者的主观、能动的作用有界限、有约束吗？"居间说话"让阐释者究竟处于一个什么地位，起到什么作用？阐释者应该以什么立场和态度对待文本，是坚守还是发挥？如何处理坚守与发挥的关系，是阐释学的一个核心理论问题。

　　紧接着的一个问题就是，赫耳墨斯作为"居间说话"的阐释者，可能把并非宙斯的意思强加到宙斯身上，而且试图找出一些道理，去告诉别人宙斯为什么会这样说，以及他作为阐释者这样做的缘由。如果宙斯知道了，宙斯会出来说他不是赫耳墨斯传达的这个意思。但是，作为阐释者的赫耳墨斯说，宙斯所言本身就是这个意思，只是宙斯自己不知道而已。我们假设，阐释者用弗洛伊德理论或者其他什么理论进行分析，推导出一个与宙斯原意完全不同甚至一点儿都不贴边的东西，也就是说，阐释者用自己的语言，把自己的意思强制给宙斯。如此，阐释者还算是"居间说话"吗？我认为，这就是"强制阐释"的渊薮所在。因为阐释者是居间说话，于是就给了阐释者各种各样的进行"发挥"或"衍意"的机会。如果宙斯能够直接站出来说话，阐释者就没有这样的机会了。阐释者如此强制阐释宙斯的原意，但宙斯已经死了，那么阐释者的阐释怎么能够立世呢？

　　我们需要回到公共阐释的话语层面。宙斯不知道阐释者所做的阐释是否符合他的原意，别人也不知道阐释者所做的阐释是否符合宙斯的原意，但是随着阐释者阐释影响的扩大，在公众中慢慢就会造成一种阐释的误读，这种误读就会成为阐释的公共性的一部分。在公共阐释中，强制阐释的地位、作用、结果及其命运，是我们应该继续思考的问题。在阐释学的历史上，从来不乏各种谬误的阐释被公众所接受的案例。

　　因此，我们要问，在阐释学意义上被公众所接受的东西，或者说被公共理性所接受的东西，一定就是真理吗？在理论上，可以用考古的办法去纠正阐释者所做的强制阐释，也可以由当事人的后人站出来纠正阐释者的强制阐释，但这两种办法都有赖于时机和条件。从根本上说，还是要看公众的理性水平，只有公众的理性水平提高了，才能真正辨别什么是强制阐释。换言之,强制阐释也是能被公众接受的,而且,做出强制阐释的阐释者也希望自己的阐释能够被公众所承认。所以,我一直强调,阐释就是一个争取公众承认和实现其公共性的过程,是一个为争取公众承认和实现其公共性而斗争的过程。但是,今天经过斗争或明天经过斗争赢得了公众的承认,却不一定就是真理。随着公众理性水平的不断提高,或者有新的考古发现,有新的材料被挖掘出来,曾经被公众承认的某个公共阐释就会被否定,就会出现新的公共阐释。抑或,某个公共阐释是被实践反复证明甚至被不断重复着的,然后变成知识,进入人类知识体系。这样一些问题都在阐释的公共性讨论的范围之内。

我的看法是,阐释学其实应该是"阐诠学",也就是说,人们是在诠释的基础上去阐释。过去,我曾经把阐释和诠释放在一个平等的地位上,认为它们是两种不同的阐释路径。现在,我有一个新的想法,认为诠释的"诠"是与"理解"联系在一起的。伽达默尔认为,理解本身就是阐释。我不这样认为。我所定义的阐释,必须是你对我"讲",如果不是你对我"讲",我不认为是阐释。阐释是一种公共行为,非公共的、私人的行为,我不认为是阐释。也就是说,阐释是一个"对外的"或"向外的"话语行为;阐释就是"居间说话",必须要把话说出来才行,所谓自言自语不是阐释。"理解"过程中可以诠释,但不可以阐释。在我看来,中国阐释学自古以来就有两条不同的理论路线,一条是走金石、训诂的诠释之路,一条则是王弼等人阐释庄子的阐释之路,是"我注六经"和"六经注我"的问题,但很难做出区别。正确的阐释路线是在训诂、金石的基础上进行阐释,但诠释与阐释到底是什么关系,我们应该继续思考和研究。

无论怎样,我在理论上都坚定地认为,阐释是一种公共行为,是一种理性行为。阐释者一旦把自己的话说出来,哪怕他说的是在别人看来胡说八道的话,那也是经过语言组织和逻辑梳理的,如果别人听不懂,那是阐释者的能力和本事不行。我用中国阐释之"阐"支持上述观点,也是为了说明这一阐释学的基本理论问题。公共性意义本身是个体阐释意义的基础,只有具有公共性,阐释才有可能。个体阐释生成、存在的可能和基础,是公共性的存在。被公共性承认的阐释，超越于个体阐释。

我并不否认有私人阐释或个体阐释，但个体阐释或私人阐释之所以可能，是因为它们运用的是公共语言、公共理性、可公度性的话语，亦即是通过人类的共通感来建构的。如果没有这里所说的公共性，也就没有语言。原始人类不会说话的时候彼此之间就有沟通，而且动物之间也有沟通，但那不是意义的交流。公共性不仅是个体阐释的基础，而且是个体阐释生成的可能的根据。阐释是一种理性行为，不是指在接受过程中有理性和非理性之分，也不是说阐释的水平有高低之别。

我多次举过一个非常典型的例子，就是杜勃罗留波夫对屠格涅夫《前夜》的阐释。对杜勃罗留波夫的阐释，屠格涅夫当年曾直言那不是他文本的意思。但是，杜勃罗留波夫说，他从文本出发理解到的就是这个意思。因为《前夜》中的爱情故事是与革命直接关联的，因此不能说杜勃罗留波夫的阐释是不从文本出发而从思想或理论出发的强制阐释。在这个批评事件中，杜勃罗留波夫阐释屠格涅夫文本的政治意图是非常明显的，就是要通过对屠格涅夫文本的阐释号召民众起来反抗沙皇专制统治。甚至可以说，他的阐释的意义和价值非常大。但是，应当指出，如果离开文本讲价值，那就只能是讲文本的社会价值。而且，如果用价值尺度来评价阐释合理不合理，就很难有制约了。

因此，这向我们提出了一个非常重要的问题，那就是小说写作或小说叙述是一个理性过程还是一个非理性过程？乔伊斯在小说《尤利西斯》的最后，用长达300多页的篇幅描写了一个颇为荒诞的梦。做梦无疑是一种非理性行为，但是乔伊斯在用文字述写这个梦的时候，是不是一种理性行为或一个理性过程？这个问题非常重要。因为如果我们像弗洛伊德阐释或解析达芬奇那样来阐释理性和非理性问题，那么对文本的理解以及对阐释的理性与非理性的认识肯定就会混乱不堪。虽然作者表述了一个非理性的梦境，但是他这个表述本身是经过理性建构、理性制造、理性梳理并且由理性表达的，否则，那个梦境怎么变成文字呢？这也就是荣格所说的，非理性只有通过理性才能被发现、表达和总结。所以，虽然乔伊斯在《尤利西斯》中关于那个荒诞梦境的描写是一种直觉的无序的表达，但乔伊斯的表达是一种理性行为。这里所说的理性，不是与感性相对的理性，而是按照逻辑规则、语言规则来表达的理性。这正是我说阐释是一种理性行为时理性意涵的指向所在。

论阐释的有限与无限[*]

——从 π 到正态分布的说明

张 江[**]

　　阐释的开放与收敛、有限与无限，一直是阐释实践及理论发展中永远争论不休的重大问题。20 世纪中期以来，西方学术界，包括哲学、史学、文学及艺术理论等多学科，对此亦有无数讨论与争执。诸多流派、各种观点，层出不穷，各执一端。一些重要成果影响巨大，一些努力和探索渐为达成共识，但从总体上看，依然未有定论。概念混淆不清，证词流于空泛，倚重权威言说，少有确当判断，问题讨论仍停留于无休止的混沌之中。为此，本文试图借鉴自然科学方法，由圆周率 π 而上手，达及概率的正态分布，给出对此问题的分析和说明。

阐释开放与收敛问题的理论准备

　　远自古代希腊，从色诺芬与柏拉图对苏格拉底思想的不同传承开始，关于阐释的开放与约束就已生成无尽争论。上溯中国春秋战国，孔孟与老庄对阐释目标的确定与追求，亦有相互对立的两条路线。阐释是一种主体间不断对话的精神活动，无论如何定义与展开，任何阐释主体都无法回避的基本问题是，如何认知并说明开放与约束的关系。20 世纪以来，两种阐释路线的争论日趋对立。占主导方向的理

---

　　* 本文原刊于《探索与争鸣》2019 年第 10 期。
　　** 作者单位：中国社会科学院。

论是，决断性地坚持阐释具有绝对开放性，文本具有无限意义。阐释的目的，就是不断附加文本的无限意义：同一主体可以对文本作无限理解，不同的阐释主体可以对同一文本做出无限不同以至完全相互对立的阐释。更进一步，阐释不是寻找意义，而是添加意义，其意义的扩张与推衍，完全由阐释者决定，与对象文本及生产者无关。特别是关于文学文本的阐释，受益于接受美学或读者中心理论的主张，文学文本的意义完全由阐释者一方任意决定。对于同一文本有无穷的理解与阐释，无真无假，无是无非，无约束可言。阐释的无限开放，是对象文本及阐释本身获得意义的先决条件。另一个方向的理论是，决断性地坚持阐释的约束性，阐释的唯一目的，是确当把握文本所固有的本来意义，此意义或为作者所赋予，阐释主体对文本的阐释聚焦于此。在西方，受益于圣经解释学和法律解释学的传统，有人主张保卫作者，坚守意图；在东方，受益于儒家解经传统的影响，训诂与注疏之学于当今文学经典的研究，仍为潮流之主导。

孰是孰非，千百年来几无定论。应该说，各有道理和偏误。阐释问题的核心是约束与开放、有限与无限、确定性与非确定性等诸多要害关系，其张力平衡与和平共处，应如何辨识与说明。实现此目的，首先要厘清几组基本概念的区别与意义。

第一，文本开放与阐释开放。此为含义完全不同的两个概念。文本开放，意味文本的外向敞开。这里的敞开，意为且仅意为允许他者对文本作开放、无约束的理解与阐释，且可能无限，非指文本具有无限意义。阐释开放，是阐释自身的开放，意为他者可任意理解与阐释文本。此为阐释的自由，与文本无关。以阐释的开放代替文本的开放，将阐释意义的无限代替为文本意义的无限，违反阐释逻辑。① 厘清此点，是正确理解阐释有限与无限关系的基本前提。

第二，阐释的边界与阐释的有效边界。阐释无限，意即阐释无边界。任何阐释者均可行使自由权利，无边界地阐释确定文本，无阐释约束。阐释的有效性，是有边界的。可称为阐释的有效边界。有效阐

---

① 关于阐释的逻辑问题，可参见张江《阐释逻辑的正当意义》，《学术研究》2019 年第 6 期。

释的边界，由多个元素决定。作者赋予的意图，文本的确当意义，文本的历史语境，民族的阐释传统，当下的主题倾向，如此等等，决定了阐释是否有效及有效程度的边界。而上述一切，包括其他更深广的内容，或显或隐，都将集中起来，归化于确定时代下的公共理性之中，对阐释的有效边界作出判决。阐释可以无限，但非全部有效。只有为公共理性接受的阐释，才为有效阐释，才可能推广和流传，并继续生成新的意义。有效阐释的边界在，且只在公共理性的框架之内。不能用阐释的有效边界代替阐释的边界，以此否认阐释的无限性；不能虚设阐释的边界代替阐释的有效边界，以此否认阐释的有限性。

第三，意蕴、可能意蕴、意蕴可能。按照我们的定义，"意蕴"是指文本所包含和能显现的本来意义，包含作者的意图赋予。"可能意蕴"是指文本自身的可能意义，这些意义包蕴—内含于文本，且可能不为作者所认知，但可为阐释所揭示，最终显现自身。这经常表现为，不同时代和语境下，同一文本的不同意义被发现，呈现文本自身所可能的丰富意蕴。但前提是文本自身有所意蕴，而非他者赋予。文本的可能意蕴有限。"意蕴可能"是指由阐释生发意义的可能，即阐释者对文本自在意义的挥发可能。这些挥发包蕴—内含于阐释结果之中，源于阐释者的意图与冲动，可为阐释者自由操作，强制文本以意义。意蕴可能无限。可能意蕴，大致可喻为文本之能指，即文本所能给予，并与其所指对象相符的意义能指；意蕴可能，大致可喻为阐释之所指，即由阐释者生发的所指，文本能指与阐释所指一致，阐释可能有效；部分相违，其有效性消减；完全相违，不为公共理性所承认，阐释彻底无效。

第四，诠与阐。诠与阐都是开放的。但是，从"释"的不同目标与路线说，汉语言文字中，诠与阐义不同，且差异鲜明。诠，从言，全音，以确证经籍之本义，尤其是以书写者原意为基本追索，无歧义、可印证、学术共同体普遍认可，乃达释之目的，所谓"诠正"是也。阐，从门，单音，以文本为附体，推阐大旨，衍生义理，尚时重用，且"道常无名"，"寄言出意"，乃达释之目的，所谓"阐发"是也。如此区别，直接决定诠与阐者对开放与约束、有限与无限的理解与界定。应该清楚，对诠而言，约束，有限，是为追求，但同样具有无限空间。对阐而言，开放，无限，是为本征，但同样归于有限。确切表述：诠在有限中无限；阐在无限中有限。从诠与阐的本性说，诠与阐都以文本的开放为前提。诠，核心追求是寻找与求证文本的可能意蕴，排除文本以外的任何可能；阐，核心追求是附加与求证文本的意蕴可能，将无限可能赋予文本。模糊诠与阐的区别①，模糊两者之间的不同目的、路线、标准，空谈有限与无限，只能陷入混乱。

对阐释的开放与收敛、无限与有限关系的基本判断

阐释是开放的，同时也是收敛的。阐释因开放而无限，因有限而收敛。作为一对相互依存的共轭变量，两者之间是相互包含、相互决定的积极关系，而非相互否定、相互排斥的消极关系。开放与收敛平衡，无限与有限相融，无限在有限中展开，有限约束界定无限。一般表述如下：

第一，阐释的无限。对确定的对象文本，阐释可创造无限意义。我们的根据是：其一，同一阐释主体，把握同一文本，因无穷变化的理解，生成无限意义，实现阐释的无限；同一阐释主体的反思无穷，再生无限的阐释。其二，不同的阐释主体，把握同一文本，因无穷的不同理解，生出的阐释无限；阐释主体无穷延续，一代又一代阐释者，对确定文本无限理解和阐释下去。其三，时代无限，语境无限，不同时代的阐释主体，因时代变迁，对同一文本，生产与其他时代不同的阐释；同一时代，语境不同，对同一文本，生产无穷差别的无限阐释。其四，以上三种可能叠加重合，新的阐释永无穷尽。由此，阐释的展开与结果，无穷尽、无边界、无定论。

第二，阐释的有限。阐释为多种条件所约束，其总体结果是收敛于有限论域之内。其约束条件为：其一，阐释对象的确定。文本进入阐释，阐释乃为可能。阐释是对此文本，而非他文本的阐释。此文本的存在，使此阐释得以展开。离开对象文本，离开对此文本

---

① 关于"诠"与"阐"之区别，详见张江《"诠""阐"辨》，《哲学研究》2017 年第 12 期。

的阐释，阐释失去意义。此文本的存在，是此阐释的生成前提。有关阐释的约束条件中，此为根本之点。其二，对象文本为有限文本，文本的有限性约束阐释。阐释者的无限理解与阐释，不可能无鉴别、无选择地全部贯注于文本，为文本所容纳。对文本的阐释，或说阐释本身，无论如何无限，均与对象文本相融。意义的添加，基于意义的发现，无论如何无限，均应根基于文本，或无限趋近于文本，阐释因此而有限。其三，阐释主体可前置阐释的自我意图，且将一己之意强制于文本，肆意扩大对象文本的意义。但无论怎样扩大，确定文本的阐释，应为文本可能之"有"，超越此有，对此文本的阐释虚无。

第三，阐释的收敛。公共理性的承认与接受，约束阐释向有限收敛。其一，阐释主体的理性约束。阐释是理性的。阐释主体运用理性对文本做区别于他人的阐释。阐释者自我认定，其理性阐释可能为更广大的公共理性所接受。此诉求本身当然蕴含着阐释者承认和服从公共理性的约束。其二，同一的群体理性，约束阐释向有限收敛。视域大致相同的阐释主体，对同一文本，无论生成多少不同阐释，因阐释群体的理性选择趋向，无限的阐释生成有限重合，决定有限群体的阐释，呈收敛状态。其三，普遍的公共理性，决定阐释的收敛趋紧。公共理性当然更广大地包含独立主体及群体的理性要素，其理性同一更为有限，对阐释结果的选择当更加严格。在当下语境中，公共理性约束阐释者做出为公共群体所能接受的最佳阐释；在历史语境中，公共理性的持续进步，决定符合历史诉求的阐释进入历史，并为对象文本所集合，共同接受历史的检验，最终进入人类公共知识体系。公共理性的选择与认定，约束无限阐释的有限命运。在确定的历史区间，无限的阐释为有限。公共理性的选择，是阐释的开放与约束、无限与有限的最佳聚合点。无限主体的无限阐释，均收敛于此，接受无限进步的公共理性的检验。无限的阐释，收敛和确定于有限区间。①

第四，阐释的有效性。阐释的开放为无限，但是，无限生成的阐释绝非无限有效。阐释的有效性由公共理性的承认和接受所决定。公共

---

① 关于公共理性问题，可参见张江《公共阐释论纲》，《学术研究》2016 年第 6 期。

理性的不断进步，给予阐释的有效性以强大约束：其一，不是所有阐释都为有效阐释；其二，有效阐释不是无限有效。因时代和语境不同，公共理性的当下存在决定了对确定文本的有效阐释，以某种方式约束于有限区间。散漫的无限阐释，一方面，为阐释的有限约束提供了丰厚的基础；另一方面，为公共理性的进步酝酿动力。由此而决定，一些当下不被承认的边缘化的阐释，可能跃迁于中心，而成为新的更有普遍意义的公共阐释。阐释的有效性，其历史与辩证的意义就体现于此。阐释的约束同样为相对。无限的阐释约束为多元的阐释，而非一元的阐释。阐释的有效为相对有效，而非绝对的有效。这体现为，其一，或仅为确定时代和确定语境下的有效；其二，或仅为某类或几类共同体有限成员所承认和接受的阐释。离开确定的时代和语境，离开有限共同体的有限共识，其有效性不断趋弱，以至湮灭。阐释可能有效，主要为两个方向：一是文本意义，为对象文本直接显现或可能显现的意义。即文本所承载和能够承载的意义，也就是文本的可能意蕴，此意义有限。二是由确定历史语境所决定、对阐释主体所处时代具有巨大影响力和穿越力的衍生意义，也就是文本的意蕴可能。历史地看，阐释的经典性，由对文本自洽意义的阐释能指所决定。与经典本身的经典性相比，阐释的经典更难塑造。某些完全降服于确定语境的阐释，常常因为语境的变化，而被历史所抛弃，失去阐释效力。

上述四点，为我们对阐释的开放与收敛、无限与有限关系的基本判断。

说明与证实

对此，我们逐条分析说明。

第一，阐释的开放由文本的开放提供可能。对一确定文本，特别是经过历史检验的经典文本是开放的。这里的开放是指文本自身蕴含着丰富的意义，在意义的集合体中，相同方向的意义使文本具有可能无限延伸的意义链条；不同意义的冲撞，使文本自身产生无限的意义裂痕，使新的意义生产成为可能。前者，为阐释者提供了由历史而穿越当下的线索；后者，为阐释者创造诸多变异，以至相反意义的阐释空间，使不拘于文本的无限阐释成为可能。① 我们赞成阐释的开放，即阐释主体对文本的无限阐释是可能的、积极的。阐释者对文本的任意理解以至误读，皆为阐释主体的权利。作者、文本、其他阐释者以及阐释的接受者，无权干涉。同一阐释主体，不同语境下阅读文本，可以生成完全不同的体验。语境无限，阐释因此而无限。不同的阐释主体，在相同语境下可以生成完全不同的理解。阐释主体无限，阐释因此而无限。我们同意"诠释一部伟大的作品不是进行文物研究"，而是"试图深入堆积了错误诠释的表层之下，并在已说出的与未说之物的中心采取一种立场。不过，它并非简单地回归到过去，而是显示一种新的事件，试图复活与本来的康德一般无异的康德，这将是一种愚蠢的恢复。正因为如此，任何诠释都必须有违于文本中的明确阐述"。② 特别是文学叙事，它与史学、哲学，以至绝大多数的社会科学研究的阐释不同，其本来就有制造歧义、引诱读者落入语言及意义陷阱的企图，生产歧义是文学言说的主要目的与技巧。文本是开放的，就是允许阐释主体对文本做多元而非一元、多义而非单义的理解与阐释。在此规定下，任一阐释过程，皆可无限扩张下去，没有重复，没有穷尽。

第二，在阐释的开放上，诸多极端提法歪曲并消解了开放的合法性。20 世纪 90 年代，著名意大利学者安贝托·艾柯在剑桥的丹纳讲坛上，对无约束的开放阐释做出精当的概括，③ 指出诸多当代阐释与古代的神秘主义，主要是诺斯替神秘主义，有着"令人惊异的相似之处"，并作出自己的判断："我真正想说的是一定存在着对某种阐释进行限定的标准。"④ 对于所谓"限定的标准"是什么，他也有一些

---

① （1）对一个文本或者艺术作品里的真正意义的汲舀（Ausschopfung）是永无止境的，它实际上是一种无限的过程。（2）影响意味着压根儿不存在文本，而只存在文本之间的关系，这些关系则取决于一种批评行为，即取决于误解或误读。（3）研究诗歌文本或哲学文本的文学批评家也知道这些文本的意义是不可穷尽的。

② ［美］帕尔默：《诠释学》，潘德荣译，商务印书馆 2012 年版，第 193—194 页。本人认为，此处"诠释"译为"阐释"更为妥切。

③ ［意］安贝托·艾柯等：《诠释与过度诠释》，王宇根译，生活·读书·新知三联书店 2005 年版，第 41—42 页。

④ ［意］安贝托·艾柯等：《诠释与过度诠释》，第 42 页。

说明和阐述。我们的看法是，对一确定文本的阐释，确定于该文本之所能蕴含的意义，而非游离于该文本之外的其他意义，亦即阐释主体的对象是此文本而非他文本。阐释的目的，是将事物即文本所蕴含的一切显现出来，是使"某物如其所是地在其显现中展示着"，是能够"揭示着或者是使事物显现其所是的东西"，而非"经由独断论，一个事物被迫只能在人们所期望的方面被观察到"，且"将我们自己的范畴强加于它们"。① 阐释的开放，允许阐释者将不同意义贯注于文本，使文本意义无限扩大，但无论怎样扩大，都应体现海德格尔曾经强调的观点，即任何阐释都是"一次与文本的思想对话，将使文本更进一步地显现自身"②，而非显现其他。阐释之无限可能，约束于可能区间。此约束说明，无论何种文本，只能生产有限意义，对文本的无限阐释约束于文本的有限之中。以此文本作对他文本的阐释，或为阐释者的自我阐释，违反阐释逻辑。在更广阔的界面下，约束阐释的诸多因素，其能量几乎无法抗拒。语言、传统、境遇、话语权力，等等，皆集合为公共理性辨识与接受主体阐释结果的能力与水平。

第三，阐释结果越多，其阐释的收敛越强，即阐释向有效点位集中。文本的"可能意蕴"有限，不可能容纳无限意义；文本的"意蕴可能"无限，但应相融于有限文本。在确定语境下，意义的表达与理解为语境所限定。在同一语境下，大致类同的理解群体，对文本的阐释呈集合趋势。阐释者主观随意性无限扩张，其阐释离可能意蕴愈远，阐释已非"文本自身的显现"，对文本的阐释效力递减，淘汰率递增。读者中心论者辩护说，一千个读者，一千个哈姆雷特，这似乎是可能境遇。但我们的问题是：其一，这一千个哈姆雷特，是不是公共理性接受的哈姆雷特，如果不是，那就只能是自我言说，而非具有公共意义的有效阐释；其二，更极端地讨论，一万个读者，会不会是一万个哈姆雷特，一百万个读者，会不会是一百万个哈姆雷特。哈姆雷特不可能是一切。亦无可能把一切都堆砌于哈姆雷特。如果满足或停留于此，阐释将归于无。因为此类阐释不是"事物之所是"的显

---

① ［美］帕尔默：《诠释学》，第 169 页。
② ［美］帕尔默：《诠释学》，第 196 页。

现，而是阐释者主观随意性的幻影。阐释是要有听者的。听者是要在阐释者的阐释中得到对文本理解的启发或指引。阐释本身也是要争取听者的承认。唯有更多听者所接受的阐释，才可能传播开去，逐步成为公共阐释，或实现阐释的公共性，阐释才有效力。否则，不必阐释。这是阐释的本质特征。正是这个特征，规定了阐释的收敛。阐释的开放，并不追求无限结果，而是在多元比较中，争取和辐射有效的阐释力量。所谓没有最好，只有更好，就是此意。

第四，确定性追求。独立主体的阐释目的是确定的。阐明主体自身对文本的确定性理解，并企图将此个别理解固化为可以被历史所承认的提法、观点、结论，进而上升为经得起历史检验的普遍知识，嵌入人类知识体系，这是阐释的基本追求。我们经常被迷惑的是，流行的理论主张，对文本的阐释无标准可言。作者不是标准，意图不是标准，文本显现或蕴藏的意义也难为标准，那么，所谓阐释的确定性又如何体现和实现？这涉及两个方向的问题。其一，文本有没有所谓自在意义，如果有，它是不是一种可以被考虑的标准之一；其二，如果没有自在意义，谁来制造和判定意义。我们的观点是，文本具有自在意义，这个意义由文本制造者赋予。无论他表达的是否清晰与准确，我们目及任何文本，包括阐释者的阐释文本，皆为有企图和意义的文本。如果非此，文本制造者为什么要制造文本，阐释者为什么前赴后继地阐释自己？比如，海德格尔制造诸多堪称经典的宏大言词，不是要表达他的所思所想，而是为了练习书法或锻炼身体？说作者死了，文本与作者无关，意图无法找到或找到也无意义，可以是一种趣味，但这绝不意味着它没有。把无法找到或找到也无意义说成为无，偷换了概念，属于默证（argument from silence）①，违反阐释逻辑。找到作者及其意图，是显现文本自身的重要方向，是阐释必须承担的责任，这是无法摆脱的确定性之一。我们不反对阐释者放弃文本的自在意义，文本的自在意义也可以由读者在文本的呈现中自由理解。在确定条件和语境下，公共理性的标准是确定的。语言、传统、当代境遇决

① 所谓"默证"，就是将未发现证据的对象指称为不存在的对象。"默证"一词最早出自张荫麟对顾颉刚《古史辨》的批评。

定公共理性对阐释的态度。我们可以征询那些否定作者、意图、文本自在意义的阐释者，作为独立的阐释主体，在自己的阐释文本中，有没有作者、意图、自在意义？

π 与正态分布

与阐释不同，诠释更倾向于文本自在意义，包括作者意图的确证，是一种有限追求。但是，诠释同样无限。两者的关系，鲜明地体现为 π。所谓 π，即圆周率，圆的周长与直径之比，位于 3.1415 与 3.1416 区间。此常数为中国古代数学家祖冲之于公元 5 世纪发现并给出。此后，经中外历代数学家的不懈努力，特别是经由当今大型计算机的深度演算，π 的位数已达 30 万亿以上，其结果仍为一除不尽、非循环的无理数。常数 π 与圆的半径共同作用，决定圆的周长与面积。在数学与物理学领域中，π 被广泛使用，具有普遍意义。π 的基本特性深刻启发我们，以 π 为参照，进一步确证有关诠释本身的性质与特征，能够给出新的说明。

在诠释之诠的意义上，我们认为，所谓诠的展开和实现，如同于 π。它的过程是，其一，诠的最终追索，是文本的自在意义及作者的本来意图。其诠释的目标是寻找和确定文本的 3.1415。如圆周率的发现一样，π 的确定是一个漫长过程，历史上的多种方法曾经失败，直到后来的圆面积的无限分割法不断成熟，圆周率才靠近并确定为 3.1415，并在此基础上无限延伸下去。诠释亦如此。面对确定文本开始诠之活动，首先是索求意义之 π。无论何种理论，无论何种方法，只要目的为诠，即找到和证实文本自在意义，就是在寻找和证实 π。譬如，叙事学的方法，无限分割文本，通过一句一词一标点的分析，实现对文本的最终理解及诠释。这种无限分割文本的行为，如同无限分割圆的面积一样，在分割中实现认识目的。诠释的起点，可能是从无限遥远的地方开始，或其左，或其右，不断追索，不断修正，不断靠近真相。其二，对确定文本，尤其是经典文本之本义，被公共理性接受为 π，诠释亦不会停止。它会向更深入的方向探索，以求证更精准的 π 值。这是一个无限的过程。π 值无限，对文本的意义追索无限。这种追索为无限且连续。各点位之间相互依存，以至互证，共同诠释 π 的无限意义。文本的自在意义是开放的，任诠释者在 π 下自由诠释，做出无限的结论。其三，诠释的无限约束于有限，在有限中展开无限。π 是有区间的。由 3.1415 起，无限延伸下去，数值越来越大，无限趋近于 3.1416。这就是 π 的区间，π 在这个区间无限展开。如同诠释，诠释对文本意义的发掘是无限的。每次阅读和理解都可能有新的感受和发现。但是，作为诠，其指向应该是无限符合文本的自在意义，尽管不可能实现，也非离开文本的无约束的衍生。诠释的全部内容，源自文本的可能意蕴，即文本自身可能包蕴和含有的意义，而非无可能包蕴和含有的意义。诠释的无限，是以确定文本的可能意蕴为起点，无限展开下去，在无限展开中生产有限意义；诠释的有限，是以文本的意蕴可能为极点，约束无限，在有限约束中生产无限意义。进一步分析，π 如诠释之视域，进入此视域的文本，因不同的诠释主体及语境，不同时代的传统与记忆，决定了其初始条件与最终认知不同。π 的 3.1415，为诠释之基本起点，3.1416 为诠之有限约束和极点。诠，无论怎样无限，也是无限趋近于目标，而永远不可穷尽。起点与极点，为无限诠释的界线，诠释在此界线内，由起点开始而无限展开，渐次递归于无穷极点，呈有限收敛态势。简言之，诠释 π，是对诠释开放与收敛、无限与有限关系的象征性说明。π 为无限诠释的区间界定。在区间约束下，诠释是开放的、无限的，无限开放的诠释，收敛于诠释的起点与极点之间。诠释的无限性，在其有限性中展开，其有限性，以对无限性的约束而实现。

阐与诠有所不同。诠，有基础性、确证性、认知性的一面，是我们准确把握现象及文本真相的前提。我们的认知，不能仅停留于此，而应不断进步，将对现象和文本的已知推广于未知，从而，本义的意义，意义的意义，意义的当下价值，就提到面前。不同于 π，阐为一种扩大，是在诠的基础上，衍生和创造新的理解和认识的重要方式，是主体及主体间视域交流与碰撞无限延伸的最高形式。无最终目标；无区间约束；无限追求之最终可能，无法达及。如此，阐释的开放与约束，有限与无限如何表达？我们给出新的概念：阐释的正态分布。

正态分布是随机变量概率分布的规律性表达。概率分布的一般规律，不仅在自然界，而且在人类社会活动中普遍存在；不仅在社会科学，而且在诸多人文科学研究中被普遍推广，特别是在与阐释学研究密切相关的心理学研究上，正态分布应用已极为深入。可以断定，这个理论与方法，能够帮助我们有效认识阐释过程中普遍存在的概率现象，解决相关复杂问题。确切地说，一般阐释结果的分布，其形态就是概率分布。面对确定的哈姆雷特，100 万人的理解和阐释是随机的，离散多元，不可预测。但是，因为参与的对象众多，其分布将是标准的正态分布，服从正态分布曲线的描述。以此为工具，当可深入分析和确证阐释的开放与收敛、有限与无限，并对它们的相互关系及呈现状态给出更可靠的量化分析。

所谓正态分布（这里采用最简单的标准正态分布），即一钟形对称曲线，依曲线最高点向下横轴作垂直线，以此线为中心，钟形曲线两边呈对称状态，平滑均匀下降，开口逐渐扩大，无限趋近于横轴。曲线与横轴间面积为 1，相当于概率密度函数从正无穷到负无穷的积分概率为 1，即概率总和为 100%。概率分布以中线为集合，大多数分布集中于中线周围，其所占面积为全部面积的绝大部分。此分布规律，用于阐释学分析，其横轴为现象或文本呈现；其中线为公共理性对现象或文本意义的期望或可能接受结果。全部独立阐释的结果分布于曲线面积之内。准此，我们用正态分布曲线对阐释的开放与收敛、有限与无限、扩张与约束关系，作如下说明：

其一，独立主体对确定现象或文本的理解与阐释，其结果无限，且非确定，不可预测、离散分布于曲线面积之内，其概率密度函数为标准正态分布。阐释的无限开放，为正态分布的敞开状态，投射为向底线两边无限延伸，但无相交可能。

其二，曲线之中轴，为公共理性所期望或接受的有效阐释。对确定文本的公共阐释，或阐释的公共性实现，投射为正态分布之中线。由公共理性的相对性所决定，对同一文本的公共理解与阐释非一个中心，即阐释的正态分布中心可为多元，并以不同中心构成不同投射面积。

其三，阐释主体数量足够，全部参与主体对确定现象或文本的阐释结果，可从正反两个方向，大概率地趋向于中心，生产方向大致同一的结果，实现独立阐释的公共性，并投射为以中线为核心的有限面积，使无限离散的阐释呈有限态势。当阐释者的独立阐释与公共理性期望相差较小，其概率方差抽象为1，此类阐释所占面积，将接近全部面积的70%，即70%以上的阐释，服从于公共理性的约束，约束于公共理性期望域之内。

其四，阐释的有效边界，由抽象为1的方差决定。阐释无边界。背离中心轴的独立判断无穷，但越远则接受者越少，无限渐进于底线，无可能达到，所占面积可忽略不计。渐近线的投影，证明阐释无边界。有效阐释有边界，可称为阐释的有效边界。方差的对称约束，就是阐释的有效边界。如确定抽象为1的方差为标准，近70%的阐释集中于公共期望域内，数值为1的方差，为阐释的有效边界。

其五，公共理性的期望是变化的。为当下公共理性接受的阐释，未必是真理。随着公共理性的进步或退化，若干曾经边缘化的阐释，可能移进中心，并生产更多的同质性阐释，集中于新的公共理性接受的有效面积之内。

其六，所谓诠之 π，作为正态分布的特例，其中心期望值为3.1416，同样为阐释的正态分布所容纳。由此，我们可称阐释 π。

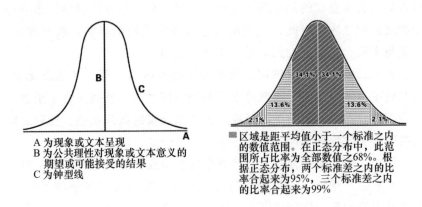

A 为现象或文本呈现
B 为公共理性对现象或文本意义的期望或可能接受的结果
C 为钟型线

区域是距平均值小于一个标准之内的数值范围。在正态分布中，此范围所占比率为全部数值之68%。根据正态分布，两个标准差之内的比率合起来为95%，三个标准差之内的比率合起来为99%

相比西方同类理论，正态分布是显现和说明阐释无限与有限关系的最好方法与工具。

　　这里需要讨论两个问题：其一，公共理性如何约束阐释。我们曾经表述[①]，阐释是公共的。阐释的目的，是争取公共承认。阐释的有效意义，由公共理性所决定。公共理性所决定的阐释的有效边界，是催动阐释无限生成，并努力趋进公共理性接受中心的根本力量。阐释无法抗拒。其二，何谓阐释方差。方差反映正态分布的分散程度。方差越小，表明随机变量取值越集中于中心线附近或周围。在阐释学的意义上，方差可象征为无限多的独立阐释与中线，既公共理性期望值的差距。方差越大，独立阐释的结果与公共理性期望的差距越大。与对自然现象的正态分布描述不同，阐释作为精神现象，其公共期望与方差很难定量，只能定性地予以分析和认知。这种定性分析，对于精神现象的描述而言，已经具有足够意义。当然，随着大数据技术的应用，文学社会学及其他人文社会学科的兴起，进一步的定量分析的期待，应该为合理。

---

① 张江：《公共阐释论纲》。

第二编

阐释的公共性

认识的普遍性与阐释的公共性[*]

——从认识论到阐释学的思想史解构与重建

张政文[**]

理解与解释世界是人类生存发展的基本行为方式。人类理解与解释的思想历程，有着一个从认识论到阐释学不断解构又不断建构的过程，澄明着人类认识世界、把握自我、探究真理、不停践行的必由之路。在古希腊早期哲人感知自然、思考宇宙基源之后，苏格拉底提出了"人啊，认识你自己"的自我认知观念。柏拉图以其"理念论"将自我认知扩大到对世界的认识，提出存在与自我认知的关系问题。亚里士多德则创建形式逻辑，确认了存在与思维的统一性，使理解与解释成为认识世界的普遍性知识。至此，西方形成了关于理解与解释的认识论。认识论发展到17世纪，认识的普遍性已成为知识的真实性和有效性的基本标准。知识的真理性就在于认识的普遍性被公认为认识论的核心原理。理解与解释的共同性在普遍性中被无限放大。世界一切皆能认识并形成普遍知识，思维成为万事万物何以存在的根本原因，笛卡尔"我思故我在"成为那个时代的标识性概念。普遍性如此扩张，无所不在、无所不包、无所不能的知识如同上帝，认识论膨胀为无边无际的"百科全书"，认识论的认识原理、规则、功能逐渐失范、失效，导致18世纪德国"唯理论"与英国"经验论"各执一端，无法和解，认识论面临解体的边缘。从人有何等认识能力、人究竟能认识什么出发，康德提出"先验综合"的纯粹理性批判。康

---

* 本文原刊于《复旦学报》2018年第2期。
** 作者单位：中国社会科学院大学。

德的结论是人的认识能力有限，人的认识范围亦有限。人只能运用知性能力对感性经验进行认识。认识边界是此岸的感性世界，认识的结果是有限的、可经验、可计算、可实证的知识。认识普遍性的绝对化、知识有效性的无限化，使认识陷入"二律背反"，知识丧失真理性。古希腊至18世纪普遍性无限扩大化所带来的认识论解构的危机被化解，也创立了被康德自己称为"普罗米修斯革命"的现代认识论。费希特"同一哲学"、谢林"绝对同一"理论和黑格尔"绝对精神"学说，皆丰富、发展了康德构建的现代认识论。马克思则以其辩证唯物主义和历史唯物主义方法论，揭示了认识活动的实践本质，最深刻地阐发了实践对认识活动的内在规定性，昭示了认识的条件性、时代性，知识的历史性、进步性，现代认识论步入鼎盛。

20世纪之交，人类社会发生了巨变。认识论已无力应对自然科学不断创新、社会科学迅速扩展、精神科学日益深入所带来的新领域、新问题、新方法、新结果，认识论的理解与解释空间被压缩在传统知识系统之中。如此格局中又遭到盛行于20世纪非理性主义社会思潮的冲击与裹挟。现代认识论山穷水尽，阐释学则粉墨登场。阐释学的理论原点，是理解与解释物质世界为认识活动。在认识活动中，对象客观恒稳，过程可重复验证，方法以观察、统计、实验、计算、实证为主，结果是普遍可传达、运用的知识。说明物质世界的真相是认识的基本作用，工具理性则为认识的基本手段。理解与解释精神世界被称为阐释活动。在阐释活动中，对象为意识文本，过程不可逆，方法多为直觉、领悟、表现，结果则为个体教化与群体共鸣的意义表达。言说主观意义并使其可信是阐释活动的基本功能，阐释的理性只是价值。施莱尔马赫率先提出宗教根源于人类情感而不是知识和道德，宗教需要诠释而非认识，从而诞生了阐释学。狄尔泰、文德尔班、李凯尔特等陆续为阐释学确立了基本的阐释原则。胡塞尔现象学、海德格尔存在主义哲学为阐释学提供了主要哲学方法论。至20世纪六十年代，伽达默尔系统论述了哲学阐释学理论和阐释学的接受美学的实际应用，使阐释学成为风行全球的显学。然而，阐释学先天存在非理性主义的缺陷，其突出症状为反客观性、反普遍性、反逻辑性、反知识性。这些症状又引发阐释学无视作者、强加文本、宰制读者等一系列"强制阐释"并发症,形成一种当代的文化独断与意义暴力。阐释学先天不足、后天不良的状态,致使其在 20 世纪七十年代之后反本质、去中心、消意义、解结构的后现代文化狂潮中必定势单力孤、穷途末路。

不过,经过百年的兴衰直至 21 世纪的今天,依然有许多思想者不断反思阐释学的失误、重构阐释学的品质,意图在新的时代中复兴阐释学。其中东欧卢卡奇、西欧哈贝马斯、中国张江便是翘楚。卢卡奇坚持历史唯物主义原理,以其"社会存在本体论"为基石,批判20 世纪阐释学的非理性主义思想倾向,重建当代马克思主义认识论,为 20 世纪阐释学改质换形指明了普遍理性的理论原则。哈贝马斯据守启蒙现代性理念,针对阐释学文化独白与私人话语状况,提出"行为交往理论",为阐释学展示出平等对话的公共空间。张江拒斥文化文本和文化经验的"强制阐释",借助于中国传统思想文化资源,提出了阐释即理性、阐释即公意、阐释即共享的"公共阐释论",为重建当代阐释学提供了中国方案。凡此皆表明,从认识论到阐释学的思想史解构与重建,表达了人与自然、人与社会、人与精神的关系谱系。从认识的普遍性到阐释的公共性,昭示了人类在共同理性、共同普遍性和共同命运体中实现文明进步、文化发展的思想必由之路。

一 认识的本质化与知识的普遍性

自公元前 6 世纪泰勒斯提出世界本原是水的论断后,阿拉克西曼德、阿那克西美尼、毕达哥拉斯、赫拉克里特、巴门尼德、恩培多克勒、阿那克萨戈拉、芝诺、德谟克利特等哲人,构建了西方关于自然本原的理解与解释话语。这些关于自然本原的理解与解释话语虽有所不同,却都将某些特殊事物设定为自然的基源。当代哲学家罗素曾说:"当有人提出一个普遍性问题时,哲学就产生了。"① 普遍性为哲学之基本规定性。苏格拉底依据普遍性原则向人自身追问什么是智

---

① [英]伯特兰·罗素:《西方的智慧》,崔权醴译,文化艺术出版社 1997 年版,第6 页。

慧、什么是正义、什么是美德、什么是知识、什么是国家等一系列关于人的普遍性提问。苏格拉底虽没有给予确切的回答，却为这些问题设定了一个普遍开放的性质，将追求一种普遍性回答视为共同的期待，认识论诞生了。这表明认识论原初就否定对问题的相对主义"意见"，而执著于对绝对真理的揭示。真理的标准是普遍性。苏格拉底关于人的理论开创了西方实践哲学和伦理学，同时也缔造了理性、普遍性、真理性等认识论的基本原理。

柏拉图根据苏格拉底关于理性、普遍性、真理性的认识论基本原理，探究具体实在因何而在的问题，首次营造了认识论体系。生生不息、变化无常，却必定有其普遍不变的确定性，使具体实在成为实在，发现这普遍不变的确定性就是揭示存在的真理。柏拉图称这普遍不变的确定性为"理念"。"理念"是普遍原型，是明确不变的范本。普天之下万事万物皆因摹仿各自理念而存在，摹仿对象、样式、角度、方法等不同，便有了同一属种各有特点、各有形态的具体实在。在柏拉图认识论图景中，"理念"超于经验而在，具体实在则在经验中。理解与解释超验理念如何使具体实在在经验中存在，则为认识论之根本任务。柏拉图借用"记忆"和"洞见"的比喻理解与解释超验理念使具体实在得以存在的过程。人的灵魂来自于理念世界，降临人世后留下对理念的记忆。人对灵魂记忆中的理念进行摹仿，在经验中产生了各种具体实在，即为"记忆"。人群中有些特智之人如在洞穴中偶见洞外人影经过般留下理念之印象，加以摹仿而有了具体实在，称之为"洞见"。① "记忆""洞见"之终极被柏拉图视为"神灵凭附"，认识无法企及这一终极。如此，认识论有了"阿喀琉斯的脚踵"：认识是对象的摹仿，永远不如对象完善。终极原因必为形而上抽象观念，认识无法理性阐明。柏拉图为认识论规定了揭示现象背后本质、发现事物深处规律、把握特殊之中普遍的基本功能。

亚里士多德试图解决柏拉图的认识论悖论，他称："一般说来，

---

① ［古希腊］柏拉图：《柏拉图全集》（第二卷），王晓朝译，人民出版社2003年版，第510—517页。

虽然哲学家是寻求感性事物的原因的，我们却放弃了这个任务。"①
他相信认识起源于后天，认识是人的感官加工经验而获得知识的过
程，认识对象可感知，认识过程理性。认识不需要所谓终极预设，
因为思维与认识对象有同一性，这就是逻辑。只要按照形式逻辑去
思维，就能理性、普遍、确切地认识对象。人们从经验观念中归纳
出概念，概念构成形式逻辑的基本单元。两个或两个以上概念在思
维中组成表示肯定或否定的语句便是判断，如判断与对象相一致，
即为真判断；反之，是假判断。为保证真判断，亚里士多德为思维
形式逻辑确立了同一律、矛盾律和排他律。形式逻辑中还有推理。
推理是由一个或数个已知判断为前提推导出新结论的思维过程。推
理结果提供未知信息，所以推理产生知识。亚里士多德开创的逻辑
学使认识论落脚于人的思维能力和机制。逻辑的同一律、矛盾律和
排他律，为认识提供了普遍、理性、规范的思维工具，给认识论奠
定了科学基础。但是亚里士多德将认识论重心移位于主观思维，将
主观普遍性、思维确定性、认识真理性定型为主观判断与推理的正
确性，也为 18 世纪认识论的崩解埋下了隐患。

经历了黑暗中世纪和意大利文艺复兴，认识论步入 17 世纪欧洲封建
社会解体、现代资本主义社会兴起的时代。欧洲赢得世界海上贸易霸权
和全球殖民霸主的地位，以欧洲为中心的世界市场和工业化为方式的社
会生产与生活开始形成。15 至 16 世纪哥白尼"日心说"、雷蒂库斯的三
角函数、开普勒天文学等自然科学成就，大大推动了 17 世纪自然科学，
特别是数学的发展。无理数、虚数、对数、导数、积分法、四次方程、
解析几何、射影几何、概率论、分析学、微积分等数学新概念、新算法
和新学科层出不穷，数学成为最普遍、最公认、最有效的思维工具，最
有力地支持了认识论，使认识论具有解释一切的超强自信与力量，并在
笛卡尔那里达到顶峰。被黑格尔称为"现代哲学之父"的笛卡尔，既是
数学家也是物理学家，首创了解析几何，他对认识论的贡献得益于数学
公理和方法。在古希腊时期柏拉图用理念表述世界存在的本质。中世纪

① ［古希腊］亚里士多德：《形而上学》，《西方哲学原著选读》（上卷），商务印书馆
1981 年版，第 131 页。

教会声称信仰可以认识世界，但这一切如何才能成为不受怀疑的可靠知识呢？笛卡尔的回答是由于思维存在，所以可以认识到世界万物存在。思维在，才能让人相信上帝在，此外一切皆可怀疑，即"我思故我在"。就认识论而言，"我思故我在"将存在与意识关系的中心从存在怎么决定意识，转移到意识怎样认识存在的问题上，认识论与存在论分离而完全独立，在认识论场域中意识从此成为掌握世界的主角。"我思故我在"把怀疑确定为认识的起点，而不是古希腊的"逻各斯"、中世纪的"上帝"、文艺复兴的"自然"，它们被请出了认识论。认识过程中唯一不可怀疑的是思维，思维决定了意识可以与存在发生联系。思维可以认识存在，可以获得知识，可以掌握真理。唯有思维勿需怀疑，它是最普遍、最实在、最自明的。如果没有思维，人都可以怀疑自己是否存在，更不要说上帝和自然万物是否存在了。笛卡尔"我思故我在"将思维设置为存在的基本依据，将思维的普遍性设立为真理的终极标准，将思维的活动肯定为认识世界的无限能力，一切皆可认识，一切皆能被认识。由此，人对认识的自信达到了极致，认识论也站在了思想史的最巅峰。

　　18世纪启蒙时代到来，"人性论"得到极大传扬。哲学、宗教学、伦理学、美学、历史学、文学、心理学、法学、政治学、经济学、社会学都将人性视为标志性议题，促成了思想史内部对认识本质的大争论。以英国思想家培根、休谟、洛克等为代表的经验论基于人类心理要素分析，认为感性是认识的唯一来源，经验是知识的基本构成。认识中的概念、范畴、观念基于后天经验，来自于现实感性，不存在先验观念、客观规律。先验观念、客观规律皆由人的记忆或联想而来，所以也就不存在理性的普遍性决定认识的真理性这一认识论铁律。检验认识真理性的唯一标准是经验和实证。而莱布尼茨、沃尔夫、鲍姆加登等为代表的德国唯理论则坚持笛卡尔思维自明的信念，认为人存在着与生俱来、不依赖经验的天赋观念。天赋观念以普遍的概念、范畴、定义、公理形式，在逻辑思维推理、演绎过程中产生知识。知识自洽而无矛盾，即为真理，所以，检验真理的唯一标准是理性的普遍性、规律的自洽性。经验论与唯理论各执一端，互不兼容，彻底撕裂了认识中感性与理性的基本关系。认识论处于解体的绝境之中，认识论自诞生以来第一次面临解构。然而时代的思想力量、现实的理论要求，需要认识论继续存在与发展。德国古典哲学和马克思主义哲学以其理论的系统性和历史的深刻性重建了现代认识论，使认识论再次步入思想史的辉煌。

二　阐释认识的有限性与认识的实践本质

作为哲学基础与理论根脉的认识论出现解构情势，致使德国古典哲学必须正面解决认识论的严重问题。重建认识论，使之能够继续成为理解与解释的哲学基础，使认识论仍具有指引一切理解与解释的哲学方法论功能，是18、19世纪德国古典哲学的时代任务，也是康德开创现代认识论的合法性依据。

回到英国经验论与德国唯理论对峙现场，可以发现它们都承认认识是对存在的认识。争论的焦点在于：存在究竟是经验之在还是先验观念之在。如存在是经验之在，那么认识即是对经验的认知；如存在为先验观念之在，认识便是先验观念的自我判断与推理。面对英国经验论与德国唯理论的各执一端，康德指出存在有本体之在和经验之在，英国经验论所言之在是经验之在，德国唯理论的存在是本体之在。在《未来形而上学导论》中康德将本体称为存在本身，"它指的仅仅是一般物的存在的各种规定的合乎法则性"①，是"物自体"。本体之在的"物自体"是经验之在所以存在的根据，是经验能被认识的前提。本体之在并不是人的先验观念，先验观念与生俱来，是理性自我意识。而本体之在不是意识，是存在着的物自体，可见，本体之在既不是后天经验，也不是先天观念，所以不可认识，只能信仰。而经验之在虽可以被意识，但经验杂乱混多、个体无序，对它的意识不可能形成理性有序、逻辑规范的认识，不能产生普遍有效的知识。康德就这样宣布了英国经验论与德国唯理论关于认识之争的无效性，为保留认识论的合理性争得了生存世界。康德认为包括英国经验论、德国唯理论在内的既往所有认识论的错误根源，在于误设了认识论原命题。既往所有认识论原命题都是人认识了什么，而认识论真正的原命题应为人有怎样的认识能力，怎样的认识能力决定了人能够认识到什

---

① ［德］康德：《未来形而上学导论》，庞景仁译，商务印书馆1982年版，第60页。

么。就这样，康德更换了认识论标识性议题，传统认识论实现了现代性转向。《纯粹理性批判》认为人有感性、知性、理性三种基本认识能力，感性认识能力在认识过程中以直观方式出现。直观就是时空，时空是客观的，同时也是人天生的主体构架能力。人只要感知世界，世界必定在时空中出现。当感性能力直观外界时，产生的结果便是有时空结构、丰富杂多的经验现象。经验现象既不是英国经验论的主观后天感觉，也不是德国唯理论的客观先天观念，而是康德所说的客观"物自体"被人直观后显现的具有客观性又离不开主观性的现实世界。现实世界以经验现象为存在方式，它是认识的对象，又是认识的开端。而人的知性能力对经验现象的判断便产生了知识。知性能力就是逻辑思维能力，它由概念、范畴、判断、推理构成。当逻辑思维借助概念与范畴对杂多无序、个别纷繁的具体经验现象进行判断与推理，形成清晰明确、规则有序、系统完整的认识结果，这就是知识。可见，认识的对象是可知的现象经验世界，认识过程是逻辑思维对现象经验世界的理性解析与构建。认识和知识的边界为现象经验世界。一旦认识和知识越出现象经验世界，认识便失去理性普遍性和思维统一性，出现二律背反。知识内部必然充满矛盾，混沌杂乱，丧失真理性。理性则为一种确定知识边界，使认识始终固守在经验现象中以保证知识的同一性、普遍性、真理性的能力，所以理性总是反思的、制限性的、批判的。就这样，康德从人有何等认识能力出发，通过人能认识什么、不能认识什么的解析，得出了人的认识能力有限、人的知识有限的结论。康德控制了传统认识论无限扩张认识领域、恶性膨胀知识作用，强化了认识的真理有效性，将不属于认识的交给了信仰和审美，将不属于认识论的还回了伦理学、美学。通过认识论向知识论的转型，阻止了认识论的崩溃，实现了认识论的现代升级，使认识论得以伟大复兴，也为现代阐释学的诞生预留了巨大的思想空间和丰厚的理论资源。

康德实现认识论转向后，德国古典哲学家们为现代认识论建设又做了大量理论工作。费希特反对康德替认识论设立一个既不可感又不可识的"物自体"。将客观存在与认识活动预先分离，不可避免走向怀疑主义的相对论。认识是自我对现实经验表象的理性把握，认识的本质在于自我在现实经验表象中的创造性活动。"自我"不是先验理念也不是后天经验，是人的创造性活动产生的社会意识，是人的创造性活动的典型过程和结果。正是在自我这种社会意识的创造性活动中，认识对象与认识主体实现了同一性。认识主体认识到对象的本质，认识结果成为真正的知识。费希特为现代认识论融注了社会性的元素和现实活动的维度。谢林不满用自我来涵盖所有的认识问题，"自我"不能取代自然的存在。认识论的根本问题在于如何解决在认识中自然怎样变成自我，而自我又怎样变成自然，从而使自然与自我共同成为知识。谢林认为，在绝对同一的直观中自我是不可见的自然，自然则是可见的精神，自然与精神绝对同一。谢林关于自我与自然在认识中通过直观而绝对同一的理论，十分具有诗意，更像诗学，但在其诗意的思想中为认识论注入了自然人化的现代文化意识，对当代认识论、阐释学都产生了深远影响。黑格尔则强调客观世界与主观世界在人的绝对理念辩证发展演进中相互展开、相互确证而被认识并成为现实。黑格尔认识论思想庞大严密，理论体系非数言可述，总的来说，其对现代认识论有几个重要贡献：其一，为现代认识论提供了系统的主客体兼性关系理论。其二，为现代认识论提供了辩证思维方法论。其三，为现代认识论提供了运动发展的思想观念。黑格尔认识论是马克思认识论诞生之前，最具系统性、理论性，最有说服力、影响力，也是最难懂的认识论大全，也预示着认识论登峰造极、由盛而衰的那一刻。

黑格尔后，马克思批判地汲取历史上认识论的全部优秀成果，对认识论进行了最彻底的革命性改造，使认识论完全改变了原有的性质、特征、形态和功能。首先，马克思认为物质是客观世界的根本属性。客观世界相互联系、运动发展，它先于认识而存在。在各种联系、条件、环境、变化中把握客观世界的本来面貌是认识的本质。其次，实践活动是认识的源泉与归宿。不同于西方将实践理解与解释为伦理道德活动的思想史传统，马克思的实践指人类改造物质世界和精神世界的全部社会活动。客观世界成为人的认识对象，由人的社会实践需要所决定，人的全部能力也是社会实践创造的。认识的过程由社会实践规定。认识的边界被社会实践划定，社会实践推进到那里，认识活动便跟进到那里。认识的目的由社会实践设立，认识为实践服务。检验认识真理性的唯一标准也是社会实践。从根本上讲，认识本身就是一种社会实践活动。马克思认识论扭转了自古希腊柏拉图至德国古典哲学认识论的唯心倾向，将认识基于物质的、社会的实践，使认识与知识具有了客观根据。真理成为存在本质的真实表达，而不再是主观意愿。马克思认识论第一次令人信服地揭示社会实践造就了认识的真实情况，深刻地显现出认识的发生本源和发展动因。马克思认识论是实践的认识论。认识的时代性、知识的历史、认识论自身发展的规律性昭然若揭，一切都伴随社会实践生长兴衰，变化是硬道理。这就在理论上预言了未来认识论在社会实践中还会变化。而20世纪之交认识论返回自然科学、阐释学在人文领域蓬勃发展，又一次证明了马克思认识论的科学与正确。

三 阐释的非理性与阐释的多元化

20世纪之交，人类历史发生了巨大变化。政治上现代国家强大有力，成为社会存在与发展的基本结构。垄断是生产与消费、政治权力、日常生活的社会标志，帝国主义的时代特征日益明显。在科学方面，20世纪之交出现了许多变革性的成就。自然科学方面，出现了法拉第电磁感应论、孟德尔遗传学、爱因斯坦相对论、普朗克量子力学、弗洛伊德精神分析引论等等。工程技术方面，电力广泛使用、内燃机在交通领域普及、化学与化工产业发达、电子通讯应用等等。社会科学方面，出现韦伯社会学、费边福利经济学、德国新历史学派、法国年鉴学派、维特根斯坦语言学等等。文学艺术方面，出现象征派、印象派、未来派等现代主义。特别是第一次世界大战和苏联社会主义制度的建立，改变了人们的世界观。在亘古未有的全新世界格局中，认识论捉襟见肘、无力回应，而逐渐被挤压至传统自然科学的言说空间中，日渐衰败。此消彼长的阐释学则日渐兴隆，逐渐掌握理解与解释社会文化特别是精神世界的话语权，成为不二法门的主导学科。阐释学声称认识论与阐释学不同：认识的对象是恒定客观的自然，而阐释的对象是人类的精神文化；认识的过程可重复、可验证，而阐释的过程不可逆、不可实证；认识的基本方法为观察、统计、实验、计算,而阐释的主要方法是直觉、领悟、表现;认识的结果是普遍可传达应用的知识,而阐释的结果则为个体教化与群体共鸣的文化意义。德国神学家施莱尔马赫设计了阐释学理论。他一反中世纪将宗教植于神学知识的教会传统,也否认康德将宗教归于信仰律令的哲学,认为宗教本源于人们的总体情感。传教作为西方最重要、最经常的社会文化行为,既不应为天主教式的经学说教,也不能是新教的道德命令,传教的真谛在于敬虔而独到的情感传达。这就要求有一种对宗教文本理解与解释的全新方法。这种理解与解释的全新方法不是认识论的、伦理学的,而是阐释学的。其最大特点是:在作者与读者、说者与听者的共同语境中重返文本历史场景,融入文本原意,实现情感的共生共鸣。这就是施莱尔马赫所谓总体情感的所在。施莱尔马赫之后,狄尔泰进一步深化阐释不是认识、知识,也不是道德、信仰的核心观念,将阐释设定为个体生命体现和个人历史理解。面对精神文本,认识与信仰皆无效。人只有再度返回个体生活世界中,借助个体对自我和周围世界的体验,才能理解与解释精神文本,这就是阐释。所以狄尔泰又称阐释学为精神科学。精神科学的对象是"社会—历史现实",包括人的主观心理活动、人的心理活动引起的其他活动行为和产生的客观结果。实际上,狄尔泰精神科学指的就是除自然科学之外的全部人文科学和社会科学,而阐释学则是全部人文科学和社会科学的基础。阐释的根本功能是在认识与信仰不可能理解与解释的精神科学中,建立理解与解释精神科学的言说方法。阐释学取代认识论也就成为必然。文德尔班进一步将人类世界划分为"事实世界"与"价值世界"。理解与解释"事实世界"为认识,理解与解释"价值世界"是阐释。无论是认识还是阐释,价值皆为最终的真理性。李凯尔特秉持文德尔班价值论,坚持人的本质是价值,而不是古典传统的自由。他认为,"价值是文化对象所固有的","关于价值,我们不能说它们实际上存在着或不存在,而只能说它们是有意义的、还是无意义的"①,价值的个体性、差异性生成了文化的具体性、不可重复性。

---

① 〔德〕李凯尔特:《文化科学和自然科学》,涂纪亮译,商务印书馆1991年版,第21页。

这区分了文化与自然，也使文化科学与自然科学大相径庭。哲学、历史学、文学、艺术学、宗教学、伦理学、语言学、经济学等都是文化科学，与价值深刻地联系着，阐发与昭示它们中所拥有的特殊性价值与意义，是文化科学的真正本质。

20 世纪现象学为阐释学提供了全新可靠的哲学方法论。胡塞尔断言认识论的根本失误在于：或从物质出发理解精神，将精神最终解释为物质；或从精神言说物质，将物质还原为精神。两种方法都不可避免地导致二元论。只有直面现象才能回到事物本身，并不再出现心物分裂的认识困境。受到布伦塔诺"意象性"观念的启发，胡塞尔发现任何意识都不是纯粹表象活动，都含有表象活动所表象出来的东西。任何意识都有表象过程、被表象的东西，以及这两者之间的关系。这就表明任何意识都有对某个对象的指向，也即胡塞尔的"意向性"。其一，作为意识独一无二的特性，"意向性"意味着可将超出意识的前提、设定悬置起来，使之失效。就像人们在阅读《诗经》和欣赏古乐时不必知道谁是作者一样。这样"意向性"就与心理或物质分离，可以还原到现象本身中了，从而昭示无前提、无设定的本质，而这正是阐释学的真正阐释方法论。其二，认识论理性反思的最终结果是笛卡尔式孤立的"我思"。正像理性阅读文学作品，最终结果只能是抽象出一个或一组所谓作品主题思想一样。现象还原则将前提、设定悬置起来，使对象从前提、设定状态中解放出来，对象丰富化了。现象的本质不断地在现象中构成并显露，现象本质化了。解放文本的既定状态，摆脱作者、评者、社会习惯、文化语境对文本阅读的束缚，正是阐释学理想的阐释状态。其三，认识论将意义捆绑在载体上，通过解说载体来理解意义。所以认识论常常不解为何人们能理解和言说理想、永生、复活等非实体事物的意义。现象还原拒绝认识论先有存在才有对存在的意识，或先有意识才能对存在认识的两种基本观念方法。主张每个意识都是对一个具体此在的意识，存在与意识不分先后、不分彼此，是当场一体化构建成的。这些正是阐释学抱定的阐释真谛，阐释是在阅读与文本、言说与对话的具体语境中生成具体此刻的意义，正所谓"一千个读者有一千个哈姆雷特"。

当代哲学家海德格尔以存在主义哲学为原理、以现象学为方法，提出"阐释的循环"，为阐释学奠定了哲学本体论根基。海德格尔认为，从本体论上讲明世界万事万物的存在，并非哲学本体论的任务。哲学本体论要解决的是存在的万事万物为何能够存在的问题。在他看来，世界万事万物之所以能够存在，是在世界万事万物中有一种特殊的存在，而使其他的万事万物存在了。海德格尔将这种特殊的存在称为"此在"。"此在"是一个德国古典哲学的经典概念，黑格尔《逻辑学》中将"此在"标定为有具体属性和特征的现实存在。但海德格尔的"此在"则是芸芸众生的现实个体人。个体人不同于其他万事万物的根本就在于个体人有一种显现的本性，个体人用言说证明自己现实地生活在世界中，个体人在生活世界中发现万事万物的存在，并给予万事万物以存在的意义。人使万事万物成为现实的，对人有意义、有作用的具体存在，用海德格尔的话来讲个体人就是"此在"，这个"此在"使万事万物之在"去存在"。很明显，存在的本质已不是存在的实在性，而是存在的意义性。使万事万物获得存在意义的现实个体生活在时间中，是此时此刻的"此在"，也是时时刻刻的"此在"。"此在"总在时间中变化，无法确定地指明它自身意义和它对万事万物赋予的存在意义，因而此在的个体人就会在生存的每一个时刻中不断追问自身意义，和他对万事万物赋予的存在意义，以澄明存在。澄明存在的出发点和落脚点还是此在的现实个体人。唯一能意识到自己当下存在的是此在的个体人，此在的个体人也是唯一能够领悟、理解其他万事万物之在的存在。此在的个体人与其他万事万物之在因领悟、理解而相互联系，形成共存，构成个体人的生活世界。此在的个体人对万事万物之在的领悟、理解也就具有了普遍价值和共同意义，存在也就澄明了。如此，阐释便十分重要了。通过阐释，此在的现实个体人在生存的每一个时刻中不断追问自身意义，不断领悟、言说人生和世界的存在意义。在海德格尔看来，阐释是对生活的领悟，而生活本身是历史性的，注定要联系在一起，无法被肢解。生活在此在的个体人生存之前就存在着，此在的个体人一旦出生现世，就生存在这个生活中。当此在的个体人追问、理解、领悟、回答人生和世界的意义时，生活世界就一定前置在此在的个体人头脑中，成为此在的个体人追问、理解、领悟、回答的前结构。生活世界前结构不可避免地参与此在的个体人的阐释。所以阐释必然具有历史性、当下性。在阐释中，万事万物之在的意义在生活世界中被显现。生活世界的存在意义也在对万事万物之在的意义领悟中被澄明。追问、理解、领悟、回答成为一个不断循环的阐释过程。人类正是通过绵延不绝又此时此刻的循环阐释确证着自己和世界的存在意义。在这个意义上，循环阐释是人类与万事万物本质及意义的共同存在方式。这就是海德格尔"循环阐释论"的中心思想，它为后来的阐释学提供了两个合法性：一是个体阐释关乎存在本体，具有当下真理性；二是个体阐释关乎生活世界，具有历史普遍性。这也使阐释学在非理性主义与相对主义的道路上愈走愈深、愈走愈远。

海德格尔的弟子伽达默尔将阐释学定位于人所面对一个文本而发生的理解活动，因此，阐释不是尽量排除主观而达到对文本客观原意的认识，也不是阐释者的任意言说。阐释有方法与真理的尺度、标准。他秉承海德格尔在主体精神与生活世界兼性关系中理解阐释的阐释学基本精神，确立对话和理解是人生此在根本存在方式的原则立场。于哲学层面在阐释的历史性、阐释的视域融合、阐释的语言等方面构建了最为系统的阐释学体系。他的《真理与方法》被视为阐释学的"圣经"，理解的历史性是伽达默尔始终坚持的理论核心。阐释者身处具体生活世界之中，他不可能超出他面对的具体生活世界和具体文本去阐释。这一点集中体现在阐释者的"前见"①上。伽达默尔认为，阐释者无法克服各种主观因素去客观地认识文本的本来面目。文本是文本作者的创作结晶，积淀着作者思想、情感、动机等等主观意识。当阐释者面对文本时，作者已不在场，无法还原文本的作者原意。即便作者出场指认自己的原意时也是另一阐释者对文本的阐释。从根本上讲，文本创作是一个时间性过程，时间的不可逆性导致具体创作过程不可复原。文本一旦现世，作者就永远离开了文本。同样，

---

① ［德］伽达默尔：《真理与方法》，洪汉鼎译，上海译文出版社 2004 年版，第 349—350 页。

阐释者先前的意识、经验在阐释中存在着，参与着理解与言说。阐释者阐释时有一个"前理解""前阐释"，这就是"前见"。存在的就是合理的。"前见"不可避免，它成为理解的前提和基础，也是阐释能够产生对话、交流、共享的前提。"前见"是阐释产生真理性的条件。这样就决定了阐释总是有限的、相对的、开放的。历史性是阐释的内在规定性和阐释者的普遍属性，阐释的历史性决定了阐释者与文本之间、阐释者与阐释者之间一定是对话的、交流的，否则阐释就会失去合理性、真理性，成为独白或命令。阐释的历史性造成一种"视域融合"①。"前见"使阐释者各有理解的视界。在对同一文本进行的各种视界的理解中，由于人类生活经验的共在性，不同视界交叉重叠，融为一体。个体视界共融为更广泛、更普遍的共同视界，形成了关于文本的公共阐释。在视界融合中阐释的过程成为文化生成的历史过程。这个历史过程是文本与阐释者相互作用、相互融合的"效果历史"，是一种产生对话、产生意义、产生文化效果的开放性历史。效果历史是在阐释中实现的，语言是阐释的手段与方式。在阐释中语言的言说是对话，是一种"提问的艺术"。对话就要提出问题，问题所含的意义规定了理解的边界。不断提问就是不断生成、展开意义，阐释的真理性也就不断地敞开。伽达默尔阐释学融通 20 世纪唯意志主义、新康德主义、存在主义、分析主义、实用主义、科学主义，集阐释学之大成。是 20 世纪反理性时代的精神典型，也为 20 世纪精神科学提供了独特的方法论。然而脱离社会的非实践立场、非理性主义的思想性质、封闭孤立的理论建构必定使阐释学外强中干，面对后现代主义文化思潮的侵袭而由兴至衰，陷于崩解。

四　阐释的理性重建与阐释的公共性

从根本上讲，当代资本主义社会中具有领导权与话语权的资产阶级统治阶层，在经济上实行全面寡头垄断，在外交上帝国主义盛行，在文化上则非理性主义至上。启蒙理念泯灭、阶级进步性丧失，是

---

① ［德］伽达默尔：《真理与方法》，洪汉鼎译，上海译文出版社 2004 年版，第 393 页。

20世纪阐释学解体的基本时代图景和主要社会原因。为此，进步的思想者为挽救文化危亡，奋力抗拒着非理性主义思潮。在召唤理性归来的同时也给阐释学的新生带来希望，其中卢卡奇便是旗手。卢卡奇坚持历史唯物主义，对20世纪西方非理性主义文化思潮的源流、变迁、后果进行了系统辨析和深刻反思，在主客体统一中用理性重建人类的完整意义。卢卡奇与韦伯、西美尔、狄尔泰等非理性主义思想大师都相识相交，对20世纪西方非理性主义思潮具有清醒认识。他认为西方非理性主义思潮在康德认识"二律背反"理论中生成，在20世纪德国社会改良文化中成长，是一种向当代资本主义妥协并为当代资本主义社会寻找文化合理性的时代思想。当代资本主义的异化造成工人阶级自我意识退化，使民众崇拜权威、追逐超人、依赖利益。西方非理性主义思潮与社会民众的日常生活融会起来，最终出现法西斯文化和纳粹政治。在卢卡奇看来，"法西斯的宣传和暴政不过是一个长期的、起初表现为'无辜的'（专业哲学的或至多在世界观上的）过程的顶点：理性的毁灭"①。在理性毁灭的过程中，非理性主义思潮有以下的特征：其一，各种非理性主义思想理论都有不可知论性质；其二，各种非理性主义思想理论都从个体出发走向无边界的相对主义；其三，各种非理性主义思想理论都有着虚无主义态度；其四，各种非理性主义思想理论都有着悲观主义情绪。以上特征决定了20世纪非理性主义思潮是反理性的、反历史进步的。因而，卢卡奇坚信，要在根本上扼制与阻止20世纪非理性主义时代状态，就必须重唤人民群众的阶级意识。在马克思历史唯物主义的引领下重燃理性之灯塔，让理性照亮20世纪的历史。在理性的审视中，20世纪非理性主义思潮是当代资本主义社会普遍物化的结果，是当代资本主义社会"物化意识"的集中体现，是当代资本主义社会商品关系的文化表达，是当代资本主义社会的意识形态。要消除当代资本主义社会的非理性主义思潮，就必须重建当代以社会存在本体论为基础的整体理性，"因为这时意识不是关于它所面对的客体的意识，而是客体的自

---

① ［匈］卢卡奇：《理性的毁灭》，王玖兴等译，山东人民出版社1997年版，第74页。

我意识"。① 理性有着自身客观的社会存在本体，一旦没有了自身客观的社会存在本体，理性便成为没有真实性的非理性幻象。理性又是对客观社会存在本体的主观揭示，理性不是孤立的、静止的，而是社会存在本体具体而整体的观念显现。主体性是实现理性的基本方式、主导因素。在理性中，被简单决定的可能性不存在。理性是由有目的的社会活动建造的，理性也就最能体现实践能动性和历史前景性。由此，社会存在的整体性在理性的具体中，"具体的整体性是支配现实的范畴"②。理性有双重规定：一方面，理性的具体性体现了社会存在本体在特定历史情境中的可能发展趋势；另一方面，理性的整体性又直接显现为现实的具体真实。同样，理性决不是自然产物，而是人有目的性的社会选择结果。每一次有目的性的理性实现，都毫无例外地成为客观社会存在本体因果链的有序展开。在理性主观目的性与客观规律性之间就有了一种主体性辩证法，这就是实践的选择。实践的选择使理性成为现实的存在。卢卡奇用这种以社会存在的本体性为前提，以人的实践性为本质，以历史进步发展为目的性的具体的整体理性，力挽 20 世纪当代资本主义非理性主义思潮之狂澜，不仅为 20 世纪文化进步发展诉诸了强有力的理性之力，也为 20 世纪之后重建当代阐释学提供了理性之基。

20 世纪非理性主义思潮的宰制和阐释学的解体也预示着自启蒙时代以来的社会公共性的退化。哈贝马斯正是以其公共领域理论和行为交往理论，在后现代格局中抵抗非理性主义侵入，重建当代社会合法性与合理性，为当代阐释学的康复提供了公共性维度。哈贝马斯确认当代资本主义社会合法性危机缘于否定历史、经验、技术三类知识所造成的公共领域丧失。所谓公共领域指市民社会中日常的私人生活与国家统治的政府辖域共同关注、共同参与、共同建设、共同分享的共同空间。这种共同空间愈宽阔，社会就愈具有合

①　[匈]卢卡奇：《历史和阶级意识——关于马克思主义辩证法的研究》，王伟光、张峰译，华夏出版社 1989 年版，第 191 页。

②　[匈]卢卡奇：《历史和阶级意识——关于马克思主义辩证法的研究》，王伟光、张峰译，华夏出版社 1989 年版，第 11 页。

法性；愈丰富，社会就愈具有合理性。当代资本主义社会公共领域萌发于中世纪晚期和意大利文艺复兴时代，其主导结构是文学、艺术、教育、学术。工业革命时代，公共领域在英国、法国、德国和美国迅速发展，其主导结构转向社会政治、社会舆论、社会治理。但是在 20 世纪当代资本主义社会，国家政治干预民众日常社会生活领域，公共权力时常被少数私人组织掌控，公共领域与私人领域渐趋整合。国家霸权膨胀、政治强权威猛、中产阶层孤立、公众文化批判性减弱，民主建设、平等参与、自由分享愈来愈难以实现。资产阶级公共领域日渐萎缩，公共领域存在的前提消隐、基础坍塌。"社会的国家化与国家的社会化是同步进行的，正是这一辩证关系逐渐破坏了资产阶级公共领域的基础"①，造成了当代资本主义社会合法性危机，哈贝马斯称之为"再封建社会化"。如何解决当代资本主义社会合法性危机，是哈贝马斯思考的主题，为公共领域建立"普遍准入性"核心原则是他的基本思路。他说："资产阶级公共领域的成败始终都离不开普遍开放的原则。把某个特殊集团完全排除在外的公共领域不仅是不完整的，而且根本就不算是公共领域。"② 同时建立新的社会舆论标准。社会舆论必须以公众理性为基础，经过公众讨论而形成，社会舆论不能独断强制或欺骗愚弄，社会舆论必须具有批判意识，而不能随波逐流、人云亦云，而这一切都要在交往行为中来实现。哈贝马斯认为当代资本主义社会公共领域的"再封建社会化"与其交往行为不合理有直接关联。在当代资本主义社会中公众的交往行为呈现出物质利益泛化的特征，人们之间的沟通缺乏公共基础，公众理解出现障碍，这又造成社会交往行为风险性增强。人们在交往行为中常常误解、怀疑、仇恨、冲突，甚至有大规模战争和毁灭文明的情况。更深刻的是社会交往的公共空间不断萎缩，社会的分化以功利主义为价值导向，自私自利是行

---

① ［德］尤尔根·哈贝马斯：《公共领域的结构转型》，曹卫东等译，学林出版社1999 年版，第 171 页。

② ［德］尤尔根·哈贝马斯：《公共领域的结构转型》，曹卫东等译，学林出版社1999 年版，第 94 页。

为动力。人们相互远离而孤立生活，进而消解了人们生存其中并为此而行为的生活世界。面对当代资本主义社会合法性危机，哈贝马斯要重建历史唯物主义，使人类日常生活的客观世界、主观世界、社会世界在公众交往行为中重获合理性，实现社会存在的合法性。在生活世界中，公众有目的性行为、规范性行为、戏剧性行为等几类交往行为。目的性行为主要集中在生产领域，工具理性支配着改造客观世界的活动。工具理性压制着公众主体性，使目的性行为成为不合理的行为。规范性行为以共同的价值取向为目标，体现为公众主观世界中的价值认同和规则遵守。规范性行为常被强制观念、霸权规则所宰制而不合理。戏剧性行为如同舞台表演。公众在生活世界中背诵"台词"、扮演角色、感化他人，而自己则变成一种社会符号或文化工具。哈贝马斯真正赞许的交往行为是理解的交往行为，通过语言或话语的倾吐、传达、聆听、对话而达成相互理解、彼此共享的协调一致。在这种公共性交往行为过程中，公众在对话中掌握了知识，在合作中确认了社会共同目的，在共享中肯定了普遍的生活意义。所以通过语言或话语的倾吐、传达、聆听、对话，而达成相互理解、彼此共享、协调一致的交往行为，才能真正促成20世纪当代资本主义社会结构转型和社会进化，在20世纪当代资本主义社会中实现重建历史唯物主义的宏大事业。在这个意义上，现代性仍然是一件未完成的事业。哈贝马斯在当代对启蒙进步性的捍卫，有效地阻止了非理性主义的蔓延。他的公共性理论对后现代主义文化是一种反击，坚持现代性的真理观、普遍观和社会行为与社会意识的共同性，使他为当代阐释学重建设立了公共性的本质与维度。

21世纪中国开始步入世界文化中心，阐释学也随之从接受西方阐释学进入自创阶段。早在2000年，汤一介率先提出创建中国的解释学，并为中国阐释学规划了"应是在充分了解西方解释学，并运用西方解释学理论与方法对中国历史上注释经典的问题作系统的研究，又对中国注释经典的历史（丰富的注释经典的资源）进行系统梳理之后，发现与西方解释学理论与方法有重大的甚至是根本性的不同，并自觉地把中国解释问题作为研究对象，这样也许才有可能成为一门有中国特点的解释学理论（即与西方解释学有相当大的不同的以研究中国对经典问题解释的理论体系）"① 的建设路径。其后，施雁飞、郑涌、李超杰、梁慧星、严平、张隆溪、阮新邦、章启群、邓安庆、何卫平、张能为、李建盛、韩震、孟鸣岐、谢晖、陈金钊、杨慧林、黄小寒、俞吾金、景海峰、李翔海、刘耘华等一大批学者，在诸多方向和层面上为中国阐释学的建立做出了学术的努力。特别是周光庆以西方解释学理论为方法、范式，梳理中国传统阐释学的源头、流变，提出中国传统阐释学"语言解释方法论""历史解释方法论"和"心理解释方法论"，② 为建立中国当代阐释学引来民族本土的方法论根脉。周裕锴则通过对中国先秦至清代两千余年经学、玄学、佛学、禅学、理学、诗学等重要典籍中有关言说表意和文本释义的辩识说明与分析归纳，总结出中国异于西方阐释学的原理与主要规则，为建立中国当代阐释学寻到中国独特的文化依据。不过，当代中国阐释学建设更多的进展还在于西方阐释学的译介、借鉴，和中国古代文化思想中阐释学资源的收集、整理、研究。在中国当代阐释学理论立场、理论观念、理论方法、理论命题、理论话语、理论体系等原理建设方面进展不快，而直到张江"强制阐释论"和"公共阐释论"的面世，才为当代阐释学的理论建设提供了明确的中国方案。

针对西方包括阐释学在内的各种当代文化理论在阐释文本时，从自身理论出发否定文本的客观性，无视作者原意，误读甚至曲解文本意义，取消文本阐释的公共性、知识性，将阐释的目的定位于自身理论的确证，尤其用西方理论宰制中国经验、中国文本的现象，张江指出这是强制阐释即"背离文本话语，消解文学指征，以前在立场和模式，对文本和文学作符合论者主观意图和结论的阐释"。③ 通过对西方包括阐释学在内的各种当代文化理论的辩识和批判，他进而提出了"公共阐释论"新构想，认为中国当代阐释学应是"公共阐释论"的阐释学，是一种公共行为，它建立在以历史唯物主义为基础的一个核

---

① 汤一介：《论创建中国解释学问题》，《社会科学战线》2001年第1期。
② 周光庆：《中国古典解释学导论》，中华书局2002年版，第454页。
③ 张江：《强制阐释论》，《文学评论》2014年第6期。

心阐释学原理之上。阐释公共性的根源在于阐释由公共理性构建，表达着具体阐释主体相互认可、相互交织的文本认知与理解，现实为具体阐释主体展开文本解释和具体接受主体获得文本理解的基本场域。公共理性还使阐释具有了共同认知的目的性，从而使阐释结果在历史积累与发展中逐渐形成为确定性的人类知识。这又表明，公共理性使阐释规范于人类共有的思维、经验、理解、语言、言话的范式中，最终为更多的社会人群、更长的历史时段、更广的生活空间所认同与共享，成为稳定而普遍的真理性文化之在。这是阐释最终的合法性依据和合理性价值所在。可以说，公共阐释以具体文本为意义对象，社会生活历史实践是阐释的出发点和落脚点。公共阐释是理性的阐释，公共理性为阐释建构着边界，生产着可公度性。公共阐释将个人的理解置入公共领域，成为公共认同，是澄明性的阐释。在公共阐释中，阐释与接受、释者与文本都处在兼性关系中，是公度性的阐释。公共阐释在阐释时空中不断调整、修正、统合、分化、引申，是建构性的阐释。公共阐释源自于个体的理解与言说却又升成为社会的认同与公共的理解，是超越性的阐释。公共阐释使释者与文本、文本与生活、意义与世界交流和融合，是反思性的阐释。[①] 这种主张的理性原则、共享性原则、知识性原则，既是对西方阐释学盛极而衰的反思，也是对中国阐释学传统的总结。对解决 20 世纪以来的阐释学危机、构建当代阐释学的中国方案，对当代阐释学的前途与命运将起到正面的引领作用，产生积极的影响。

综上所述，透视认识论到阐释学的理论变迁、认识论与阐释学的内部兴衰、当代学界特别是中国方案对阐释学的救治，都昭示了历史的实践性和生活世界的自觉性对理解与解释发展史的决定作用，也展现了当代中国思想界对文化进步的重大使命，值得深思。

---

① 张江：《公共阐释论纲》，《学术研究》2017 年第 6 期。

寻找公共性[*]

——文学批评的意图

丁国旗[**]

文学批评的对象，可以是文学作品（也称"文本"），可以是作家（即作品的创作者），可以是文学思潮，也可以是文学史，当然还可以包括文学批评自身，即进行"批评的批评"。文学批评是对以上相关文学问题的阐释评价活动，因此，就其性质来说，批评也是一种生产劳动。文学批评作为一种生产劳动，是一种附加值很高的增殖的生产，它通过创造新的价值、生产新的理论，最终推动文艺创作、文艺批评、文艺理论等的多维综合发展。文学批评的成果作为一种劳动成果，在其被消费和使用的过程中，也将遵循知识生产产品分享增殖的普遍规律，使读者、作者、批评者等都能从中受益。总之，任何批评活动都是生产性的，它要提出新的问题，生产出新的思想、新的判断、新的观点，以此进入文艺活动的整个过程之中。文学批评之所以能够获得这样的价值，是由文学批评的意图所决定的，这一意图就是寻找"公共性"，文学批评实际上是一种寻找"公共性"的生产活动。

* 基金项目：本文系国家社科基金重点项目"习近平总书记文艺工作座谈会讲话的理论突破研究"（项目编号：15AZW002）的阶段性成果。本文原刊于《山东社会科学》2018年第 10 期。

** 作者单位：中国社会科学院民族文学研究所。

一 什么是公共性？

从字面上看，"公"有共同、公事、公开、公家等意义，"共"有共同、总共、一起等意义，这些意义与私人、个人、个体相对立，"公"和"共"放在一起，有进一步加重这一意义的意味。也就是说，"公共"所要强调的显然不是个人的、个体的，而是走出个人或个体，并指向不同的个体或个人之间结成的某种关系或构成的某种空间。《现代汉语词典》对"公共"的解释是"社会的""大家的""公有公用的"，也很好地说明了这层意思。然而，这种指向"公共"的关系或空间的存在，根本上说，还是要由不同的个体或个人所组成与搭建，而个体或个人之所以要组成或搭建公共的关系或空间，是因为个体从来都是存在于"关系"之中，与个体生存于自然和社会总要面临各种局限与挑战密不可分。任何事物或个人从他（它）出现的那一刻起，他（它）就不是纯粹个体的，与世隔绝的，他（它）就必然要与其他的个体发生关系。人类之初始，为了生存的需要，个体之间需要结成公共关系，以便更好地战胜自然，获取更多的生活资料；而在人类走出物质匮乏时期之后，个体仍然需要结成一种公共的关系，以便更好地获得发展的空间或共享社会创造的各种财富和福利。可以说，寻找"公共性"存在，从来都是作为个体的人的自觉追求与选择。一个人在多大程度上拥有了公共空间或公共关系，也就在多大程度上意味着他介入了社会，获得了生存空间，得到了社会肯定。因此，无论从存在的关系还是从生存的实际，对"公共性"的寻求都是人的基本属性之一，这与马克思关于人的本质属性的"社会性"① 这一经典论述是完全一致的。当然，对于个人而言，公共性的获得与占有会受到环境、地域、种族、民族、家族、文化传统等多方面因素的影响与制约，同时也与个体主观需要或努力的程度紧密相连。

---

① 马克思在《关于费尔巴哈的提纲》第六条中对人的本质做了科学的概括："人的本质不是单个人所固有的抽象物，在其现实性上，它是一切社会关系的总和。"载《马克思恩格斯选集》（第1卷），人民出版社1995年版，第56页。

公共性是人的一个基本属性，但公共性的获得并不完全由人自己决定，因为一个人的行为或思想在多大程度上获得公共的认可，除了自己的行为或思想本身所具有的公共性因素之外，最终还要看"他人"能否接受这种行为或思想。他人的认同，是个体获得公共性的根本前提。因此，为了获得他人的认可，个体往往需要照顾到他人的利益。正如有学者指出的那样，"公共性是人在实践活动中所表现出来的一种社会属性，是在人的利己性与利他性的整合中所形成的人类生存的共在性，体现了人与人之间的相依性。"① 根据相关论述可知，个体对于公共性的需要和寻找，最终要落实到公共的日常思想和行为之中；或者换一种角度说就是，人的思想或行为作为一种存在方式，使个体与其他个体或群体发生关系，因得到他人或群体的认同或肯定，从而获得了公共性。也就是说，在社会交往中，作为个体活动方式的"个体行为"具有重要的"标识性"价值，因为任何行为都是为获得社会承认而存在的，"个体行为"本身就是公共性的证明。从这一思路看，文学批评作为文学活动完整过程中的重要一环，尤其是作为一种对文学文本的阐释行为，它的公共性就是必然的，因为它必须为获得作者、读者和社会的广泛认可而努力。这就是文学批评的意图。当然，讨论文学批评的公共性意图的角度有很多，我们既可以从创作的角度，也可以从阅读的角度，还可以从作品文本的角度，或者从作品的生活来源的角度，如此等等。但由于主题的限定，本文将紧紧围绕批评活动本身这一角度展开论述。同时，2017 年底张江教授提出的"公共阐释论"思想对本文的启发很大，如他关于"公共阐释"的内涵及特征的具体阐述，他提出的公共阐释的"普遍的历史前提""以文本为意义对象""公共理性""有边界约束""可公度的""有效阐释""确当阐释"② 等具有原创意义的概念等，为探讨文学批评的"公共性"问题提供了重要的理论依据，本文在论述中吸收借鉴了该研究的最新成果。

---

① 王鑫、周育国：《公共性的解读》，《大连海事大学学报》（社会科学版）2010 年第 2 期。

② 张江：《公共阐释论纲》，《学术研究》2017 年第 6 期。

二 从文学批评的主体诉求看文学批评的公共性

批评主体是通过批评活动将自己带入公共领域，从而获得公众的认可与肯定的，批评活动是批评者存在的方式与证明。文学批评不同于文学阅读，阅读可以关起门来自我陶醉，批评者则必须敞开心扉，面对公众。当然这里的公众可以指作者、阅读者，也可以指一般的大众。而要得到公众的认可，批评者必须把个人批评转化为公共批评，将个人的批评话语转变为公众的批评话语。或者说，必须将个人的批评意见以公众可以接受的方式展现出来。因此，批评者在进行批评活动之初，总是要把其批评成果的"公共性"因素作为重要维度进行考虑，因为只有如此，他的批评才具备了受到公众认可的先决条件。当然这里的"认可"，并不必然是公众对批评者观点的有所认同，也可以是对批评者所作批评的方法与价值的有所肯定。通俗地说，就是批评者较多考虑的是他的批评是否引起了公众的关注。渴望"引起关注"，这是批评者获得公共性的本能表现。

批评是一种阐释行为，批评的成果最终会成为一种公众话语，成为一种观念和共识，在公众和社会层面流转和传播。文学批评所要面对的是与作品相关的所有人，即创作者、阅读者、批评家以及文化大众。在新媒体时代，网络粉丝作为文化大众的重要群体，在彰显文学批评的公共性方面，有着不可估量的作用。张江教授认为，"阐释本身是一种公共行为"，"阐释的生成和存在，是人类相互理解与交流的需要"，"在理解和交流的过程中，理解的主体、被理解的对象，以及阐释者的存在，构成一个相互融合的多方共同体，多元丰富的公共理性活动由此而展开"，公共理性活动的展开最终所依托的是"认知的确定性"；同时，阐释的公共性还体现为"共享性"，这种共享性不仅是共时的，而且是历时的。[①] 作为一种阐释活动，批评当然也是一种对话与交流的方式，"理解"与"交流"在这里也是公共性的。希望得到公共的肯定，这种批评才是有意义的。自己的观点得到

---

① 张江：《公共阐释论纲》，《学术研究》2017 年第 6 期。

别人的肯定，被人使用和认可，是批评者的主体诉求，批评家对此都有清醒的认识。因此，任何批评都是一种公共批评，"理解"与"交流"是批评者获得公共性的必然途径。

批评主体是具备一定艺术素养、知识储备，有一定阅读力、审美鉴赏力、分析能力的主体，而这些能力的获得本身也是通过公共知识的传授或其他公共途径获得的；批评的成果最终也要进入流通和交流领域；批评的文本对象是为大家所关注、为公共所拥有的文艺作品，这样也就限定了批评不可能自成一统、闭门自重。另外，批评者自身的社会公共性，即批评者作为一种公共知识分子的身份，也决定了他的批评从一开始就应该是面向公众的，以获得公众的接受和承认为目的。同时批评活动不仅使批评主体自己的知识、能力（创造力、思考力、分析力）、水平得到别人的肯定，同时他的创造性批评的劳动成果，也会进一步提升他被公共认可的程度，从而进一步提高他通过批评活动为公共服务的能力，使自己可以更方便地融入公共视野与公共领域之中。

张江教授为公共阐释总结出了六个特征："理性阐释""澄明性阐释""公度性阐释""建构性阐释""超越性阐释""反思性阐释"，并分别对这六个特征进行了明确的阐述，尤其是对公共阐释的理性、建构性、超越性等特征的阐述，非常清楚地探讨了一切阐释活动的公共性问题。他认为："阐释活动的主体不是单独的人，而是'集体意义上的人'，是一个深深植入公共理解系统的'阐释群体'，这个群体而不是个人制约着文本意义的生成。"[1] 这一见解是极有见地的，从本质上对阐释主体的公共性问题作了理论上的诠释。张江教授还从四个方面进一步阐述了之所以如此的原因所在，即"人类的共在决定私人阐释的公共基础"，"集体经验构造个体阐释的原初形态"，"语言的公共性确立私人阐释的开放意义"，"阐释生成的确定语境要求个体阐释是可共享的阐释"。[2] 批评活动作为一种阐释活动，其批评主体的"公共性"自然也就不言而喻了。总之，批评的角度有私人

---

① 张江：《公共阐释论纲》一文第四部分相关论述，《学术研究》2017 年第 6 期。
② 张江：《公共阐释论纲》一文第四部分相关论述，《学术研究》2017 年第 6 期。

性，但这种私人性角度，在批评活动中便会具有"公度性"，即被公众所认可和承认，同时也具有了"超越性"，即会升华为公共阐释，这是由"人类的共在""集体经验""语言的公共性""可共享"的要求等"个体阐释的公共约束"所决定的。

三 从文学批评的评价标准看文学批评的公共性

笔者曾经在探讨文学批评性质的文章中提出："文学批评应该是一种类似于'科学研究'的工作。批评家必须去发现文学活动中某些规律性的或本质性的东西，必须对批评工作抱有科学客观的态度，有客观稳定的标准，这是文学批评安身立命的本分所在。"① 批评家与一般读者的主要不同，就在于他虽然会在批评活动中带有鲜明的个人立场、个人情感、个人好恶，但他终究还要将自己所有这些个人的东西升华到一个更为客观的高度，用理性判断而不是用情感判断来开展批评。正如一个医生面对病人，他准确的诊断需要的是他的冷静分析与非凡的业务能力，而不是他对病人的同情或对疾病的仇恨。批评家在面对批评文本的时候，也是这样，科学态度和客观精神是批评家最基本的批评素养。文学批评活动需要遵循一系列客观的因素和规范，这些因素和规范也就是文学批评的标准。从批评标准出发，我们能够进一步认识文学批评的公共性特征。

首先，从批评标准的形成看批评的公共性。标准的特性在于其统一性、规范性、可操作性，它既可以由一个领域内的人们在共同完成某一工作的长期实践过程中，由于慢慢达成了共识而自然而然地产生，也可以由某一领域内大家公认的权威通过协商来制定。文学批评标准的产生属于前一种，它不是由什么权威所制定的，而是由于人们对于文学的认知经受了传统的考验并最终达成了共识而形成的。也就是说，批评标准是人们通过对文学创作规律、阅读规律、鉴赏规律、发展规律以及人的情感需求、精神需求、生活需求、人类社会的历史

---

① 丁国旗：《文学批评三性——文学批评客观性、倾向性、多维性探讨》，《南京社会科学》2015 年第 3 期。

发展等诸多因素的考量而形成了一致的认知，这种认知在漫长的文艺发展过程中又不断经过修正、调节、提炼，得到人们的普遍认同与接受，最终作为一种知识形式而成为文学领域内大家公认的衡量标准。同时，批评标准作为一种知识形式，它的呈现如同文学创作一样，也是通过语言、形象、情感、思想来表现的，而语言以及对语言的使用从来都是公共的，批评者的个人情感和思想要得到公众的接受和理解，需要经过升华和提炼，这些都证明了文学批评标准形成过程的公共性特征。当然，批评标准作为一种公共认知的结果，其最终为人们所接受，需要一个长期积累、慢慢形成共识的过程，就这一点而言，它的公共性特征也是非常明确的。

其次，从批评标准的表现形式看批评的公共性。批评标准是衡量作品优劣、创作水平高下、思想情感是否健康等的标尺，不同的利益集团与群体或许会有不同的批评标准，但由于他们所针对的都是文学艺术活动，因此他们总会有共同认可的批评概念、批评理论、批评方法、批评原则等非意识形态属性的评论尺度。比如艺术标准，对于所有的群体或个人而言，都是非常重要的批评标准；而批评的指导原则、批评立场、思想倾向等虽然对于不同的意识形态群体而言会有不小的差别，但对于意识形态相同或相近的群体而言，却仍会是大体一致的，或者至少是能被大多数人所认可的。实际上，从文学批评标准的表现形式上看，在大多数情况下，各种批评流派所遵循的原则、标准或理论都有其相通、相似或相近的地方，不同的批评之间往往存在一种互补关系。各流派之间无论观点如何，它们的对话与交流应该是不会有太大障碍的。从历史发展的实际看，它们分别显示出来的成就和问题，又都会成为另一流派改进提高或尽力避免的重要内容。这一现象进一步证明了批评标准的公共性存在，这也提示我们，从文学批评的大场域来看，所有的批评都有对话与交流的潜力，它们的碰撞和交锋，成为文学批评更好发展的强大动力。

以上我们更多地强调了不同利益集团所表现出的不同批评流派的公共性问题，实际上形成批评标准的理由是非常多元的：既可以是社会历史批评，也可以是审美批评；既可以是伦理批评，也可以是心理批评；既可以是语言批评，也可以是性别批评，如此等等。尤其是20世纪以来，西方理论界对各种批评标准和批评方法的探讨纷繁复杂，形成了俄国形式主义、新批评、精神分析、原型批评、结构主义、符号学、解构主义、女权主义、后殖民、新历史等各种各样的批评方法与批评学派，然而在这些批评方法与批评学派中，无论他们怎样标榜自己自成一统的独立性，本质上却无法也不可能脱离文本的结构、语言等这些可普遍传导和交流的内容，终究他们要为得到公共的认可肯定而努力。另外，从学理上讲，这些批评方法和学派也都有其深远的学术传统和理论缘分。拿俄国形式主义来说，它的肇始者什克洛夫斯基所极力推崇的形式的奇异化、陌生化、"增加感受的难度"等[1]，就是为了彻底反驳在当时苏联非常流行的"社会历史学派"存在的过于看重社会内容分析的问题，什克洛夫斯基似乎要表达自己对于文艺表现历史、社会、政治意识形态的不屑。实际上他的形式主义出场本身就是一件公开的"政治"事件，形式主义之所以在提出之初即受到那么大的关注，与其要极力颠覆"社会历史学派"的企图是有因果关联的。由此可知，无论是从政治立场还是从批评方法上看，任何批评标准，都有着它自己的理念与信仰，肯定什么，反对什么，都是非常明确的。评价标准的不同，表现出的常常是文学信仰的不同。

再次，从批评标准的变迁看批评的公共性。批评标准并非一成不变的，而这种变化的原因在于人们对于已有批评方式或原则的不满，在人们的种种质疑与否定中，批评标准会慢慢改变，从文学批评标准的变化过程中，我们也能感受到文学批评的公共性问题。一种批评标准一旦形成，它就会作为一种批评方法为人们长期使用；而作为一种知识形态，它也会有十分稳定的特性。从文学批评发展过程看，批评标准的变迁更换，很少是由于批评标准的自我改进完善后的重新出场，而是另一种新的批评标准出现后的取而代之，正如前文所提到的俄国形式主义的出场，就是这样。批评标准的变迁大都源于外部力量

---

[1] 在什克洛夫斯基看来，"艺术的手法是将事物'奇异化'的手法，是把形式艰深化，从而增加感受的难度和时间的手法，因为在艺术中感受过程本身就是目的，应该使之延长。"参见〔苏〕维·什克洛夫斯基《散文理论》，刘宗次译，百花洲文艺出版社1997年版，第10页。

的冲击——异族入侵、国家动荡、科技发展、思想斗争、新文体的出现，如此等等，这些都会导致文艺思潮的躁动和审美风尚的改变，随之而来的一定会是文学批评标准的相应改变。一时代有一时代之批评，时代常常成为文学批评原则的"制定者"或"裁定者"。批评标准的变迁由众多社会的、历史的、人的因素所造成，它最终通过人们公共认知和理性的转变来完成，这一点从另一面证明了文学批评公共性的合理性存在。当然，文学批评标准的变化常常是缓慢的，正如任何一种社会思潮一样，它被人们接受、认同都需要一个过程。对于文学批评标准而言，一个新的标准的出现，并不意味着原有标准的失效，只是作为一种批评主潮，它失去了原有的地位和影响，每一个时代都是多种批评标准共在共存的。

四　从文学批评的基本功用看文学批评的公共性

探讨文学批评的功用，也就是探讨何以出现文学批评的原因和它存在的价值。实际上从发生学的角度出发，今天我们所说的文学批评，在我国古代是与文学理论融合在一起的。或者说，在我国古代并没有一个叫作"文学批评"的东西，像《文心雕龙》《诗品》这些谈论诗文的著作虽然历代皆有，但并没有给予独立的位置和命名，而是基本都列入"经史子集"之"集"部中，并且位置往往居于末流。"直到明代，著名学者焦竑在万历年间撰写的《国史经籍志》中，才给《文心雕龙》《诗品》这类书取了一个独立的名字：'诗文评'。"①然而，也如杜书瀛先生所分析的那样，中国的"诗文评"重在"品评""品说""赏鉴""赏析""玩味""玩索"，其"感性"特色更浓厚些；而西方的"文学批评"重在"评论""评价""评说""评析""裁判"，其"理性"特色更浓一些。②也就是说，中国的"诗文评"与西方的"文学批评"差别很大，并不是一回事。今天我们之所以会将中国古代的相关论述也叫作"文学批评"，主要是受西方

① 杜书瀛：《论"诗文评"》，《文学遗产》2011年第6期。
② 杜书瀛：《论"诗文评"》，《文学遗产》2011年第6期。

现代学科体系划分的影响。而且就当下我国文学批评的实际而言，今天我们的文学批评与古代的"诗文评"也已经不是一回事了，而是更接近西方的"文学批评"。实际上本文对文学批评的公共性的探讨，主要也是在文学批评的现代意义上来讲的。

古代的"诗文评"或今天的文学批评，其研究的对象主要就是文学作品，并由此而涉及作家批评、读者批评、文艺思潮等。因此，关于文艺批评的功用，一般来说主要有以下几个方面：对作品进行分析阐释，探讨作品的思想价值和艺术价值；指出作家的创作得失，帮助作家提升创作水平；指引或帮助读者更好地阅读鉴赏，不断提高读者的阅读能力和审美情趣；总结文艺创作规律，推动文艺理论丰富发展；剖析文艺与社会思潮之间的关系，推动社会文化的健康进步等。对于文学批评实践而言，以上几点既可以在一篇批评文章中都有所体现，也可以只呈现其中的一两个方面，具体要看批评家主要解决的问题和评论的重点。但无论从哪一个角度来谈，作为文艺批评的基本功用，在任何批评活动中，基本都要涉及，因为这几个方面总是紧紧联结在一起，难以拆分。

从文艺批评的基本功用可以看出，文艺批评始终都处在一种公共话语和公共空间之中，其通过批评进行交流、对话并获取理解、认同的目的是显而易见的。批评家与作品的关系、与作家的关系、与读者的关系，以及批评家自身批评功用发挥的程度、可能产生的影响等，都要靠批评主体对于作品的深度介入，对于作家创作状况的熟悉和了解，对于读者阅读水平的准确把握和认识，对于当下具体文艺思潮、社会风尚的整体理解，等等。批评家要使自己的批评充分发挥它的功能，就必须拥有以上这些能力。这就要求批评家必须懂得如何与作品中的人物进行对话、与作家进行对话、与读者进行对话、与自己进行对话，乃至与社会进行对话。也就是说，批评功用的实现，要求批评家必须做一个充分的"社会的人"的角色，必须能对社会上的所有人，包括他自己，有着深入的思考和同情，对文艺的自律性和他律性有一个准确的判断和认知。批评者在多大程度上将自己置于"公共的"场域之内进行批评，也就意味着他的批评会在多大程度实现批评的功能，不仅引领、影响甚或改变一个时代的文学风尚，而且也使他的批评本身成为前沿思想的载体，影响一代批评者的批评行为和批评观念，不断推动社会文明的进步与发展。

五 从文学批评的生产性质看文学批评的公共性

从社会生产活动的角度看，文学创作也是一种生产活动，早在《德意志意识形态》中，马克思、恩格斯就把艺术活动称作"艺术劳动"①，将其与"科学劳动"放在一起并提。而在《〈政治经济学批判〉导言》等著作中，马克思进一步从社会生产活动的角度，把艺术活动称作"艺术生产"，将其与科学、哲学、政治、法律、道德、宗教等活动一起列入"精神生产"的范畴。比如在《〈政治经济学批判〉导言》中，马克思提出了"物质生产的发展例如同艺术生产的不平衡关系"②的命题，而在《剩余价值理论》中就总结出"资本主义生产就同某些精神生产部门如艺术和诗歌相敌对"③的事实，等等。依据马克思主义经典作家的相关论述，作为文学创造的一种形式，文学批评也是一种生产活动，而且属于"精神生产"范畴。文学批评作为一种生产活动的意义，除了它是一种"艺术劳动"外，还在于文学批评活动是一种增殖的生产劳动，它时刻都在寻求其批评价值的最大化，寻求得到更多人的关注和认同；同时，文学批评作为一种精神生产，它要以创造出更多更好的精神产品而赢得存在的价值。

所有的批评都是生产性的，在笔者看来，生产性批评可以分为两种，一是深度批评，一是浅层批评。所谓深度批评主要指那些具有专业知识和专业训练并专职从事批评工作的那些人所开展的批评。另外，他们的批评之所以被称为深度批评，还在于他们的批评一般都有历史深度、思想深度，通过对具体作品的分析，最终所关注的都是人

---

① 参见《马克思恩格斯全集》第3卷，人民出版社1965年版，第495页。马克思恩格斯在这里第一次提出"艺术劳动"这一概念，与"科学劳动"并提，原文是："施蒂纳宣布了科学劳动和艺术劳动的唯一性，但在这里他远远落后于资产阶级。"

② 《马克思恩格斯全集》第12卷，人民出版社1965年版，第760页。

③ 《马克思恩格斯全集》第26卷第1册，人民出版社1972年版，第296页。

类生存、社会发展、国家命运、终极关怀等这些较为重大的命题。而浅层批评则指那些没有深度的批评，这种批评关注的多是家长里短、一般性赏析，从事这种批评的人大都缺乏专业训练，所做的批评也是非专业的。当前浅层批评主要存在和流行于手机网络等新媒体的跟帖和留言之中，其内容和语言形式大多表现出娱乐性、大众点评式、随感式的特征，这种批评人数众多，除网络大 V 等个别人，评论者没有产权意识，也不会将批评作为生存的门径。但无论深度批评或是浅层批评，它们都希望得到公众的肯定，都希望找到更多的支持者和同路人。换句话说，在当今新媒体时代，寻找大众认同和关注成为包括文学批评在内的所有"留言者"的内在追求。当然，寻找大众认同的初衷并不代表你的"留言"或评论已具备了公共性，公共性的形成需要一系列的条件，这些条件包括：你关注的事件是公众关注的、人气高的事件；你发布评论的平台同样具有较高的人气关注度；你的评论与众不同；或者你的评论虽然一般，但你本人的名气高，坐拥成万上亿的粉丝，并且各大小网站愿意成为你的有力推手……当然，即便如此，也不能完全保证你的评论能够不断复活而不成为僵尸。新媒介的复杂性，加之当下各种信息狂轰滥炸、各种各样的刷屏行为，早已让真正有深度、有思想、有价值的评论淹没在了那些非专业的、似是而非的"乌合之众"或并不"沉默的大多数"的浅层的评论之中。因此，在这样的语境中，即便是批评大家有关文学批评的真知灼见，要想脱颖而出，也不得不在寻找大众的认同上下些工夫。今天文学批评要得到公共性认同，比以往任何时候都显得更加困难。

文学批评是一种精神生产，这一性质也决定了文学批评必然是一种公共的生产，即它要为公众提供健康的思想、正面的价值、向上的精神、高尚的情感。因此，对于批评家而言，生产出什么样的批评产品，事先是应该有所评估和预测的。也就是说，文学批评生产必须是一种有意识的、提前规划的生产，这是由批评家的批评职责所决定的。由此可见，作为文学批评的意图，其寻找"公共性"的真正原因，在于它必须通过这种"公共性"为人类的精神家园提供一份丰富的精神食粮。

阐释的公共性及其理论敞开[*]

段吉方[**]

  阐释的公共性问题是张江教授在《公共阐释论纲》中提出的重要的阐释学原则："阐释本身是一种公共行为。阐释的生成和存在，是人类相互理解与交流的需要。阐释是在文本和话语不能被理解和交流时而居间说话的。"[①] 在这个理论论述中包含了如下几方面的含义：首先，把阐释活动与社会公共行为结合起来，阐释不仅仅是西方早期阐释学意义上的文本阐释，也不仅仅是本体论或工具论意义上的各种专门文类的阐释，还是广泛的人类社会活动的一部分，是人类社会活动的公共行为；其次，强调了作为一种公共行为的阐释活动的认识论根源，即作为人类相互理解和交流的需要，阐释是从人类的交流活动、对话活动中产生的，作为公共行为的阐释活动也是交流、对话中的阐释；再次，强调了作为一种交流、对话活动的公共阐释的实践性，公共阐释是基于文本和话语的交流与对话，期间蕴含着不同主体层次的"主体间性"，阐释是在文本与话语交流的"主体间性"意义上起作用的，即阐释活动的"居间说话"。在我看来，《公共阐释论纲》其实是提出了阐释的公共性的三重理论依据，即作为社会公共行为的阐释、作为交流对话过程的阐释与作为"主体间性"意义存在的阐释。

  * 本文受国家社科基金重大招标项目"马克思主义经典文艺思想中国化当代化研究"[17ZDA269] 资助。本文原刊于《求是学刊》2019 年第 1 期。

  ** 作者单位：华南师范大学文学院。

  ① 张江：《公共阐释论纲》，《学术研究》2017 年第 6 期。

第一，作为社会公共行为的阐释在阐释学研究的历史中由来已久，也是阐释学研究中的核心问题，《公共阐释论纲》析出并标举阐释的公共性无疑抓住了阐释学研究的主要理论与思想的主线。在西方阐释学理论的发展中，从施莱尔马赫，到狄尔泰，再到海德格尔与伽（加）达默尔，在阐释学的理论路线上遵从一条从一般阐释学、方法论阐释学、本体论阐释学到哲学阐释学的发展历程，在这条理论线索上，一直都强调阐释的历史性、理解的存在性与实践性，特别是在阐释学发展的"海德格尔阶段"，更将理解作为一种人的基本的存在方式，强调任何理解与解释，"无论是科学的，还是人文的，都建立在人的理解的基础上。对于海德格尔而言，理解是本体论的，它构成了人的存在的一部分"。① 解释学发展中的本体论阐释学非常重要，在海德格尔的《存在与时间》（1927）发表30多年以后，伽达默尔才推出了他的《真理与方法》（1960），在这个过程中，伽达默尔从海德格尔的本体论的"理解"概念出发但没有局限在本体论、存在论意义上的"理解"含义，而是从理解与解释的哲学实践以及实践的理论反思角度阐释理解的艺术、解释的普遍性，从而建立了他的哲学解释学。

伽达默尔的哲学解释学明显触及或提出了阐释的公共性的问题。在《真理与方法》中，伽达默尔曾强调：

> 无论如何，我的探究目的绝不是提供一种关于解释的一般理论和一种关于解释方法的独特学说……而是要探寻一切理解方式的共同点，并要标明理解（Verstehen）从来就不是一种对于某个被给定的"对象"的主观行为，而是属于效果历史，这就是说，理解是属于被理解东西的存在。②

---

① ［美］帕特里夏·奥坦伯德·约翰逊：《伽达默尔》，何卫平译，中华书局2003年版，第17页。

② ［德］汉斯－格奥尔格·加达默尔：《真理与方法：哲学诠释学的基本特征》（上卷），洪汉鼎译，上海译文出版社2004年版，第6页。

伽达默尔强调，他的解释学不是作为一种方法和技术的解释学，解释学不是方法论的，"诠释学现象本来就不是一个方法论问题"，[1]剔除了方法论优先或者方法论至上的解释学才发展成了一种哲学，这种哲学解释学在两个层面上展现出对阐释的公共性方面的理论变革意义：其一是，在一般哲学的层次上，哲学阐释学在知识论层面上体现了阐释的公共性，在理解、解释的哲学方向上调转了康德、黑格尔以来强调的哲学研究与人类整体认知经验的统一性，而引入语言、存在的本体论维度，拓展与深化了解释学的问题域，将解释学提高到了哲学的一般性与公共性的层次；其二是，在解释学研究的本身意义上，伽达默尔的解释学超越了各种专门门类，如神学、法学、文学的解释学传统，将解释学的研究对象和范围推进到人类整个经验世界，从而在哲学普遍性上建立了解释学作为公共阐释的基本哲学原则，这也就是他说的"解释学的普遍性"。

伽达默尔提出的"解释学的普遍性"问题在解释学的历史上曾经颇为引人瞩目，特别是引起了哈贝马斯的质疑，从而产生了解释学研究中著名的"解释学的挑战"。1966 年，伽达默尔发表著名的《解释学问题的普遍性》，在 20 世纪以来的语言学变革的理论视野内，强调从语言的限定中理解解释学的普遍性问题，认为解释学的任务就是阐明包括理性在内的人类语言结构对人类可能表达的无限领域的预设，他曾以牛顿提出的"苹果落地"的科学解释问题作为例子来说明，科学解释的理性普遍性不需要语言中介，只需要在理性普遍性上讲清楚科学原理就可以了，而解释学所谈论的问题的普遍性囊括了科学和理性本身，科学和理性不是对象，而是解释学的普遍性经由语言媒介所达成的哲学认识。哈贝马斯则坚持认为科学和理性可以不通过语言媒介自达真理之途，言外之意即是科学就是科学，无关语言与存在。像所有的哲学论争一样，这样一场哲学诉讼当然是以推动解释学的哲学发展为结果的。

但值得我们考虑的问题是，伽达默尔为什么要从解释学的普遍性

---

[1] ［德］汉斯－格奥尔格·加达默尔：《真理与方法：哲学诠释学的基本特征》（上卷），洪汉鼎译，第 17 页。

推进哲学解释学的研究，解释学的普遍性问题与阐释的公共性关系何在？伽达默尔的研究者、美国学者帕特里夏·奥坦伯德·约翰逊认为，伽达默尔对解释学的普遍性的强调是走向实践哲学的需要，"解释学作为实践哲学表现在解释学的问题兴趣、它的任务的无终结性以及其对共同体重要性的认识"。① 也有学者提出，正是由于伽达默尔将解释学提高到了解释学的普遍性的高度，他才恰当有力地面对了"解释学的挑战"，"由此也证明伽达默尔的解释学不仅有着一种哲学史意义上的贡献与价值，还具有一种蓬勃的生命力和巨大的现实意义"。② 伽达默尔对哲学解释学的理论推动无疑是西方解释学理论上的巨大发展，在这个理论发展的过程中，除了哲学史意义之外，还蕴含着另一层重要的价值，那就是将解释学从哲学问题发展成社会公共文化领域中的实践问题，将理解、解释的问题推进到人类社会公共活动的经验现实，这也正是伽达默尔的解释学在历史批判、审美研究和语言研究中所共同支持的立场，即"如果没有属于理解者所组成的共同体，没有对传统的参与，没有共同体的偏见，也就没有理解的可能性"。③

第二，作为交流对话过程的公共阐释也是阐释学研究中的关键问题。当然，这种交流与对话在解释学的意义上是超出了既定问题的对话，是更广泛意义上的对话。在西方早期阐释学的历史上，赫耳墨斯的阐释之意带有传说性质，在阐释的过程中出现了流传、误读等各种主观性问题，如何来结束这些主观性的东西，曾经是阐释学研究的核心问题，在解释学的施莱尔马赫和狄尔泰阶段，他们都相信建立一门理解的科学是可能消除这种流传和误读的，特别是狄尔泰，通过思考历史经验的重要性，对施莱尔马赫在解释学上的心理理解做出了超越性的拓展，使解释学的理论有了巨大的发展，但这个时候，阐释学的研究仍然没有走向"普遍性"与"公共性"，更没有阐释的对话意识。在这方面，不可不提到伽达默尔的理论贡献："伽达默尔强调，

---

① ［美］帕特里夏·奥坦伯德·约翰逊：《伽达默尔》，何卫平译，第89页。
② 章启群：《伽达默尔传》，河北人民出版社1998年版，第188页。
③ ［美］帕特里夏·奥坦伯德·约翰逊：《伽达默尔》，何卫平译，第48页。

哲学解释学的典型是对话，在对话中，共同的语言被找到。"① 在《真理与方法》中，伽达默尔没有明确使用"对话"的概念，但他在阐释学的研究中谈到了"与原文对话"，他在"洞见""流传物""视域融合"的概念中都强调了理解与"前理解""他人理解"的关系，提出："诠释学必须从这种立场出发，即试图去理解某物的人与在流传物中得以语言表达的东西是联系在一起的，并且与流传物得以讲述的传统具有或获得某种关系。"② 伽达默尔是从语言哲学、语言本体的角度进入解释学的普遍性问题的，在他看来，理解和认识都是为了回答理解与解释的某一方面的问题，都是人生活在语言过程中的某种存在属性，在这方面，理解不可避免地与"前理解""他人理解"构成对话关系，所以，他的阐释学思想其实已经蕴含了阐释的对话性内容，是理解、语言与人的存在、生活的对话，也是一种无限性的对话。在与哈贝马斯的论争中，伽达默尔甚至强调理性、科学也是这种对话性的一部分，当然这个交流和对话不是个体间的行为，而是蕴含着一定的阐释学基础的对话。后来他还谈到了经验的阐释中的"我""你"关系，提出了"遭遇"的概念，认为："一个'你'不是对象，而是与我们发生关系。""'你'的经验一定是一种特殊的经验，因为'你'不是对象，而是与我们发生关联。"③ 这也是启发伽达默尔在哲学本体论意义上建立阐释学一般原则的因素。但伽达默尔并没有将阐释学的研究停留在理解、语言与存在的层面上，而是在存在、语言的层面上向前推进，同时又在现象学的方法论上发展了阐释的交流和对话的意义。因而，交流和对话对阐释学而言其实是一种不言自明的内容，伽达默尔在阐释学研究中本身就与很多思潮产生对话，"他的哲学解释学的发生是促进哲学作为真正对话的范例"。④ 阐释是交流中的阐释，阐释是对话中的阐释，这也是阐释学研究本身的

---

① ［美］帕特里夏·奥坦伯德·约翰逊：《伽达默尔》，何卫平译，第91页。
② ［德］汉斯－格奥尔格·加达默尔：《真理与方法：哲学诠释学的基本特征》（上卷），洪汉鼎译，第381页。
③ ［德］汉斯－格奥尔格·加达默尔：《真理与方法：哲学诠释学的基本特征》（上卷），洪汉鼎译，第465页。
④ ［美］帕特里夏·奥坦伯德·约翰逊：《伽达默尔》，何卫平译，第97页。

思想蕴含。

第三，从理解与解释的层面上说，无论是阐释的公共性还是解释的普遍性，其实都是就阐释学的一般问题发问，从阐释学的理论和发展历史来看，阐释从一开始肯定不完全具备公共性或普遍性，阐释的公共性和普遍性虽然不完全在同一个哲学层面上，但都蕴含了阐释学发展历程上的一个重要的思想演进过程，这种思想演进使阐释最终成为"主体间性"的哲学问题。阐释学的"主体间性"有一个基本的理论前提或要求，那就是构成"主体间性"的阐释需要一个公共认可的维度。在阐释学的意义上，如果让一个意义流传出来，一定要有一个公共的、大家可以接受的，即可公度性、普遍性的东西，这是构成阐释的公共性的另一方面的内容。这种普遍性、可接受的东西是从哪里产生的呢？伽达默尔使用"效果历史"的概念来说明这个问题，所谓"效果历史"即是解释的历史有效性，是解释在"视域融合"中达成的历史的真实和理解的真实的统一。相比"主体间性"，"效果历史"更强调了历史批判意识，但伽达默尔的"效果历史"是一种"主体间性"的实现过程，体现了理解与解释的实践意识的展开。伽达默尔曾通过游戏、艺术来探究这种解释的实践性是如何在审美过程中展开的，他曾经提出两个重要的例子，一是电影，另一个是小孩子的游戏，他认为这里面都蕴含着理解、经验，但这个经验已经不是某种个别的经验，而是"主体间性"中的经验，主体间性中的经验通过语言和意义展现出来，文本、话语以及意义的表达即"真理"都是主体间性的表达。阐释学正是在这个层面上孕育了阐释的公共性内涵。所谓"居间说话"，居间是居在文本、话语之间，居间是有阐释的公共性和普遍性作为真理依据的；其次是"说话"，"说话"不仅仅是解释学传统上的"宙斯的原意"，也不仅仅是本体论上的阐释的存在，而是不断要回到"宙斯究竟说的是什么"，这里面有一种阐释的整体的逻辑，也有一个理论性的敞开，"居间说话"与"主体间性"正是阐释的公共性的理论敞开形式。

当然，阐释的公共性问题只是阐释学研究的一方面，除此之外，阐释的公共性还蕴含着实践哲学的本意，这种实践哲学的本意是使阐释与阐释的公共性展现更大的意义空间的因素，也使阐释的公共性问题能够跃出单一解释学问题的层面而具有更加重要的意义。阐释的公共性使阐释活动既是认识、理解，也是传承、实践，决定了阐释学在当代人文科学中的价值，中国当代阐释学的研究与理论发展不能忽视这一阐释学的基本思想与精神的提炼，更需要在阐释的公共性研究中做出切实的拓展研究。

阐释的公共性与人的历史性前提[*]

——从马克思的框架出发

马天俊^{**}

一

阐释主要是言语活动，它几乎像言语活动本身一样古老。可以说，只要有人类生活，就有言语活动，也就逐渐产生阐释。其中，张江教授草创的"公共阐释论"，按其性质，乃是阐释中特定的一类。公共阐释不仅一般地以人类社会生活及其言语活动为前提，而且特别地以人类社会生活中人的一定发展为前提，这是主体方面的一种特定前提。这两方面前提，在马克思主义经典作家那里都有关键性的揭示。公共阐释论已有的描述或规定主要关乎对象和规范，关乎阐释主体的讨论尚待提出，本文从马克思的思想框架出发做些探讨。

所谓一般地以人类社会生活及其言语活动为前提，指的是阐释是在社会生活中进行的、主要以话语样式出现的社会性活动。这种前提，按马克思的一种相关的表述，即"人的本质不是单个人所固有的抽象物，在其现实性上，它是一切社会关系的总和"①。直观上，就正常的个人来说，举手投足做事情是他自己的能力，动舌鼓唇说事情，也是他自己的能力，闭目沉思，怀抱热望，似乎就更是他自己的

* 本文原刊于《天津社会科学》2018 年第 1 期。

** 作者单位：中山大学马克思主义哲学与中国现代化研究所、中山大学哲学系。

① 《马克思恩格斯选集》第 1 卷，人民出版社 2012 年版，第 135 页。

能力。但本质上，这些活动都是社会性活动，既受社会生活的教化，也受社会生活的制约。循此思路，马克思在《关于费尔巴哈的提纲》中接着指出："因此，费尔巴哈没有看到，'宗教感情'本身是社会的产物，而他所分析的抽象的个人，是属于一定的社会形式的。"①说人的本质是社会关系的总和，这主要还是结构性的、静态的论断，适用于任何时代任何地域的人。而直观上自主活动的个人实际上"是属于一定的社会形式的"，这已经表明了一种历史性的理解。越过费尔巴哈以后，马克思关于人的研究和论述较少强调结构性的静态的社会关系论，而是更多地深入到社会关系的诸历史形态之具体中去，这是后话。关于阐释的主体方面，结构性见解仍有进一步发挥的必要。

首先，人之社会性，可谓深入骨髓。马克思在《1844年经济学哲学手稿》中热情地写道："不仅五官感觉，而且连所谓精神感觉、实践感觉（意志、爱等等），一句话，人的感觉、感觉的人性，都是由于它的对象的存在，由于人化的自然界，才产生出来的。五官感觉的形成是迄今为止全部世界历史的产物。"②按马克思的观点，通常在生物学上归于个体本能的五官感觉，本质上也是人类社会历史实践的产物。这是极为重要的观点，因为它将使阐释理论面临更加复杂而且艰难的问题。人们常说耳听为虚眼见为实，意思是说耳听的言谈——包括阐释——要由眼见来核实。然而"眼见"之类的终极审核地基也并非是纯粹自然的，它们已经是人类社会历史实践的产物。有些教师能够有把握地在下课铃响时讲完预定的内容，有些地方的原住民能够有把握地看出眼前的脚印是哪一个人的脚印，而且后者的感觉往往非前者所能有，反之亦然。这类感觉是自然的吗？恐怕不是。应该说，它们都是特定社会历史实践的产物。在这个意义上，感官并非审核言辞的最终自然法庭，相反，人的五官感觉也是社会的、历史的，也受言辞的影响乃至教化，从而不完全独立于阐释。换言之，在人类社会生活中，最伟大的阐释当属那种陶冶了感性的阐释。

其次，马克思在《德意志意识形态》中认为："'精神'从一开

----

① 《马克思恩格斯选集》第1卷，人民出版社2012年版，第135页。
② 《马克思恩格斯全集》第3卷，人民出版社2002年版，第305页。

始就很倒霉，受到物质的'纠缠'，物质在这里表现为振动着的空气层、声音，简言之，即语言。语言和意识具有同样长久的历史；语言是一种实践的、既为别人存在因而也为我自身而存在的、现实的意识。语言也和意识一样，只是由于需要，由于和他人交往的迫切需要才产生的。"① 通常在哲学上被认为是内在于个体的"精神"或"意识"，其实也并非个体所"固有"，而是社会实践的产物，其现实便是语言。这种19世纪的理解，较诸20世纪哲学中各种对语言的高度重视和强调，其深刻性并不逊色。人类语言，内通心灵深处，外达社会现实，是合内外于一体的真正现实。既然"阐释是语言的阐释"②，那么语言的社会本质也便规定了阐释的社会本质。

但是，真正说来，"语言"并不阐释，"社会"也不阐释，自然、上帝也不阐释，它们均非正常的说话主体；实际上，只有人在阐释。这里的"人"，在其现实性上就是这个张三、那个李四等等。同时，事情的辩证性又在于，张三李四只能作为社会成员来说话，而不同的社会状况或社会关系的不同历史状态，制约着阐释的施行及其功能。这就过渡到人的历史性问题。

二

关于公共阐释，所谓特别地以人类生活中人的一定发展为前提，按马克思的见解，是指这种发展使人的实现经历了三种形态，也就是三种不同的社会关系形态。在《1857—1858年经济学手稿》中，马克思写道："人的依赖关系（起初完全是自然发生的），是最初的社会形式，在这种形式下，人的生产能力只是在狭小的范围内和孤立的地点上发展着。以物的依赖性为基础的人的独立性，是第二大形态，在这种形式下，才形成普遍的社会物质变换、全面的关系、多方面的需要以及全面的能力的体系。建立在个人全面发展和他们共同的、社会的生产能力成为从属于他们的社会财富这一基础

---

① 《马克思恩格斯选集》第1卷，人民出版社2012年版，第161页。
② 张江：《公共阐释论纲》，《学术研究》2017年第6期。

上的自由个性，是第三个阶段。第二个阶段为第三个阶段创造条件。因此，家长制的，古代的（以及封建的）状态随着商业、奢侈、货币、交换价值的发展而没落下去，现代社会则随着这些东西一道发展起来。"① 这段论述所属上下文的主题是"货币"，这段话以货币这种"物"为枢纽定位了"现代社会"，回顾了此前的社会，也展望了将来的社会。

其中，关于人的个体的依赖性、独立性、自由个性的表述十分重要。前现代社会，人的依赖性既是全面的也是自然的，氏族、宗族、家族、家庭是社会的典型，推广而来的宗法社会和准宗法社会（包括封建社会）在更大范围内重复着同一模式。在这种社会状态下，层次不同、程度不等的人身依附是主流的，独立的人格以及相应的良心、思想和言论方面的自由是罕见的。最为重要的是，在这种社会条件下，"主体"或许有许多，但彼此并不平等，个体的人同一于其所属的不同的——确切地说是不平等的——社会身份。社会身份既是不同的，又是不平等的，花样和等级却可以极多。在这样的社会里，社会关系极其繁复，任何一个人都要与某种由社会关系凝成的社会身份合一，按社会关系的特定性质生活在以此身份为焦点的周边社会关系网中，不可擅离。如其不然，一个人就要沦为化外之人或者简直说就是游民（盲流）。《共产党宣言》所说的贵族、骑士、平民、奴隶、封建主、臣仆、行会师傅、帮工、农奴，是这种前现代社会的现实写照，中国历史上的君君、臣臣、父父、子子是其伦理概括。在这种前现代社会，公开的阐释是存在的，却很难有公共的阐释。下达与上报，的确按其本质——展示——是出现在公开场域的，但其酝酿与反应却不出现在公开场域，批评和异议更不会出现在公开场域，它们多半只会私下流传，或者变成影射而流传。

现代传媒是公共阐释的舞台，但现代传媒有时也会使人产生错觉，因为我们几乎什么都能出版，例如先秦诸子，现在谁都能读到，谁都能研究，谁都能公开议论，但曾几何时，司马谈点拨说："夫阴

---

① 《马克思恩格斯全集》第30卷，人民出版社1995年版，第107—108页。

阳、儒、墨、名、法、道德，此务为治者也。"① 六家所谈，面向的并不是普通公众，而是治世的王侯"君子"们。类似的情形，也见于柏拉图的作品，以及奥古斯丁的《上帝之城》、魏徵的《群书治要》、司马光的《资治通鉴》、朱熹的《四书章句集注》、阿奎那的《神学大全》、马基雅维里的《君主论》、顾炎武的《日知录》，等等。它们无不体现着政治或宗教的使命感；至于真理，恐怕倒是其次的。现在，所有这些作品都纳入了出版市场，从而进入普通公众阅读品评的视野之中。

抛开此类错觉，我们就能既更确切地理解前现代社会，又更确切地理解我们自己置身其间的现代社会。按马克思的见解，商品交换的发展，是瓦解古老共同体的力量，随着商品生产的普遍化，随着商品生产日渐主导了社会关系的形态，现代社会就到来了，人开始获得以物（货币）的依赖性为基础的独立性。"在交换价值上，人的社会关系转化为物的社会关系；人的能力转化为物的能力"。这表现为每个人"在衣袋里装着自己的社会权力和自己同社会的联系"②，这种衣袋里的权力和联系使人超越旧式共同体的羁绊，这就是自由的历史根据。这种衣袋里的权力和联系还抹平血统、地域、行业等方面的身份差异，这也是平等的历史根据。

历史的逻辑是辩证的，只有通过充分的"私"，才能达到真正的"公"。有了以物的依赖性为基础的人的独立性，才能发展起来公共阐释得以运转的公共场域。此前，一切阐释，不管是有潜在客观性的，还是只是主观的意见，都要受到高度的约束，反过来说，一切阐释都可能有政治或宗教风险。这方面，哥白尼、布鲁诺、伽利略以及笛卡尔、斯宾诺莎都是著名的例证。1689 年洛克预备发表《人类理解论》的时候，前面也还要加上一篇不乏谄媚的"献词"，以表明洛克及其作品与一干显贵有不一般的关系。而半个世纪后，1739 年休谟《人性论》发表的时候，前面就没有了这类献词，休谟不是没有"大人物"朋友，但他没有拉关系，反倒要根据合同向出版商要求稿

---

① 《史记·太史公自序》。
② 《马克思恩格斯全集》第 30 卷，人民出版社 1995 年版，第 107、106 页。

酬。根本原因，还是时代发生了变化，人的社会关系的主流样式发生了变化。18世纪，在英国现代意义上的"公众"才发展到了相当的程度，作家的工作已经可以主要面向"公众"了①，公共阐释的历史，大概应该从这时候算起。

有趣的是，晚于休谟近半个世纪，在普鲁士，康德发表《纯粹理性批判》的时候，还是要重蹈洛克的旧辙，向宫廷国务大臣策特里茨致献辞。这也不奇怪，1781年的普鲁士的确还赶不上1739年的英国的社会发展程度。休谟论著中涉及宗教信仰的观点与主流很不一致，也惹起争议，但似乎休谟从未因此蒙受官方的压力。相反，晚年康德有关宗教信仰的议论，虽然可能还没有休谟激进，但康德很快就收到了官方的警告和威胁，为了生计，康德表态保证不再就宗教问题发声。几年以后，也是因为牵连宗教问题，费希特在官方压力下辞去耶拿大学教授职位。进入19世纪，直到马克思青年时期，普鲁士的局面也仍是压抑的，因牵连宗教信仰问题，费尔巴哈被大学开除教职，布鲁诺·鲍威尔也被大学解职。

马克思本人的情况更是众所周知的。一定意义上，马克思本人的经历和作为，在公共阐释议题上，具有典型性。现代社会公共领域的载体是书信、书籍、报纸和期刊，公共阐释也是在这些载体上展开的。马克思在普鲁士办过报，在法国办过刊，但他被驱逐来驱逐去，最后流寓英国。在英国，马克思没有再遭受驱逐，他虽然生活困顿，但是所从事的公共阐释等社会活动并不受实质性影响，至少没有遭受来自官方的限制或惩治。

为什么在英国可以这样？因为在这里，"以物的依赖性为基础的人的独立性"得到了广泛的实现。也正是在这里，马克思才能切实地批判这种仍然有局限的"独立性"，展望将来的"自由个性"。在马克思的学说中，当时的英国（有时也包括美国），是最能代表"现代社会"的，这一点也更为充分地体现在后来的巨著《资本论》中。

---

① 参见［美］科塞《理念人》（郭方等译，中央编译出版社2001年版），特别是第五章。这里还需提及，18世纪的英国也是哈贝马斯著名的《公共领域的结构转型》中的典型历史范例。

公共阐释之所以可能，在主体方面取决于人达到一定的发展阶段，取决于人生活于其中的社会关系状态达到一定的阶段，具体地说，就是现代人和现代社会。在阐释学领域，20世纪的发展是有重大成就的——可举海德格尔、伽达默尔为范例，其中多有强调阐释之历史性，但对阐释本身的历史，特别是对主体即人的历史，却缺乏历史的了解和分析。在这方面，马克思上述历史性的和辩证性的见解可能是一个重要补充，甚至应当成为一个用以全面把握当代阐释问题的坐标系。

三

进入现代社会，人类的事业还没有大功告成，全面发展的自由个性的时代尚在孕育之中。事实上，现代社会弊端多多，有的还是极为严重的，例如马克思所着力批判的私有制，这是人们耳熟能详的。面对艰难的社会问题，人们常见的反应之一是怀旧，怀念被美化了的过去。对此，马克思的态度是十分明确的："毫无疑问，这种物的联系比单个人之间没有联系要好，或者比只是以自然血缘关系和统治从属关系为基础的地方性联系要好"。马克思的理解是辩证的，事关过去和将来，他写道："全面发展的个人——他们的社会关系作为他们自己的共同的关系，也是服从于他们自己的共同控制的——不是自然的产物，而是历史的产物。要使这种个性成为可能，能力的发展就要达到一定的程度和全面性，这正是以建立在交换价值基础上的生产为前提的，这种生产才在产生出个人同自己和同别人相异化的普遍性的同时，也产生出个人关系和个人能力的普遍性和全面性。在发展的早期阶段，单个人显得比较全面，那正是因为他还没有造成自己丰富的关系，并且还没有使这种关系作为独立于他自身之外的社会权力和社会关系同他自己相对立。留恋那种原始的丰富，是可笑的，相信必须停留在那种完全的空虚化之中，也是可笑的"[①]。

[①] 《马克思恩格斯全集》第30卷，人民出版社1995年版，第111、112页。

进入现代社会，其实是艰难的历史过程，也是可贵的历史成就，至少，它不是随着日历一页一页翻过而自动到来的。阐释行为是公共言语行为，它也只能在社会发展从而人的发展达到一定阶段的前提下产生和发展。布鲁诺受火刑而死，他的罪行是什么呢？无非是所谓异端的思想言论罢了。马克思被逐出欧洲大陆，他的罪行是什么呢？无非是他那些批判性的思想言论罢了。他们的遭遇，乃是现代社会诞生过程中的阵痛，是旧式共同体社会关系模式仍未退出历史舞台的症状。布鲁诺数百年后受到广泛尊重，马克思对现代社会的诊断和批判在其身后得到世界范围的推重和研究，这也是现代社会的成就。

现代社会是公共阐释的历史前提，现代人是公共阐释的主体前提。将来不可确知，但过去尚可有所了解。在前现代社会，阐释是被垄断的，至少是受到严格控制的。《道德经》谓："圣人之治，虚其心，实其腹，弱其志，强其骨。常使民无知无欲。使夫智者不敢为也。"这是一种更加微妙的垄断管制的智慧。马克思所指没落下去的古代共同体，其阐释管制方面的理解及策略大致如此。关于管制政策的轻重缓急，《韩非子·说疑》明确主张："禁奸之法，太上禁其心，其次禁其言，其次禁其事"。若能禁心禁言禁事，则民德归厚矣。反之，按《淮南子·泰族训》的说法："民知书而德衰，知数而厚衰，知券契而信衰，知械机而空衰"。这种古代智慧，乃是古代共同体的理论自觉，实可与马克思对古代共同体瓦解机制的论述相印证，因为书、数、券契、械机之类的东西，就是随着商品生产和交换的广泛发展而一道发展起来的，而人也在这个发展过程中成为现代人，其德厚信空也历史性地改换了范式。

总之，按马克思的思想图景，中国的当代阐释学理论如要发展起来，须以中国社会的现代发展，以中国人的现代发展为历史根据和前提。

公共阐释与公共性的诗性建构[*]

孙士聪[**]

公共阐释无论是作为哲学阐释抑或有待提升的社会阐释，都逻辑地包含了人的公共性论题。这既是一个古老的理论命题，也是一个当代的现实命题。理论问题可以追溯至古希腊城邦生活中对公共事务的参与，现实问题则可以环顾当代社会的"宅"文化现象乃至文学公共性的衰落。综观从强制阐释论到公共阐释论的逻辑行程，对人的现实性关注无疑是被突出的重要方面，当"构建共同体、扩大共同体"被视为讨论公共阐释的规范性前提，[①] 人的公共性问题就已经亮明在那里；或者反过来说，当社会阐释上升为公共阐释，共同体的建构与扩大则逻辑地迎向公共阐释而来。对于公共性问题的讨论，不得不从某种既定的公共性起点出发，反过来又为新的讨论设定前提，因而所谓人的公共性问题在某种程度上关涉人的生存及其意识问题，而文学自身的诗性功能或许在此具有某种正当性，尽管当代文学公共领域早已面目全非。

一　公共性的衰落

公共阐释被认为是在反思和批判强制阐释过程中提炼和标识的概

---

[*] 本文原刊于《山东社会科学》2018 年第 10 期。

[**] 作者单位：首都师范大学文学院。

[①] 集中阐释公共阐释论的代表性论文包括：《公共阐释论纲》，《学术研究》2017 年第 6 期；《公共阐释还是社会阐释》《作为一种公共行为的阐释》，《学术研究》2017 年第 11 期；《阐释的世界视野："公共阐释论"的对谈》，《社会科学战线》2018 年第 6 期。

念，意指阐释者以普遍的历史前提为基点，以文本为意义对象，以公共理性生产有边界约束且可公度的有效阐释。这一界定简明扼要地揭示出强制阐释论与公共阐释论二者之间的逻辑连贯性，然而，当公共阐释将可公度、有效性作为自己学理性生产的成果，某种超越文本及其意义的视界就被打开了。如果说，强制阐释论侧重于理论与文本的关系问题，揭示意义阐释中理论强奸文本、文本注解理论的强制之偏；那么，公共阐释论则聚焦于个体性阐释走向公共性阐释的理论基础，其间预设了自明的前提，即阐释的现实存在未必都必然具有公共性，但其最终归宿却是公共阐释，并由此实现对共同体的建构或者扩展。具体来说，阐释行为包含了相互联系的三个层面：一是阐释主体的个体性如何被超越；二是阐释客体在其意义层面如何超越其孤立性而走向他者；三是阐释接受如何超越其个体性而走向阐释主体。阐释主体、阐释客体、阐释接受三者之间构成整体性社会行为，从阐释主体到阐释客体、从意义阐释到意义接受，中间任何环节的缺失与断裂都将造成共同体建构的巨大障碍。然而，无论从历史还是现实的角度，这种缺失与断裂以及与之相关的公共性的衰落却是无法回避的事实。

美国学者桑内特在《公共人的衰落》一书中考察了从18世纪到19世纪以至当代西方公共生活的历史性变迁，指出公共生活曾在18世纪繁荣昌盛，"公共不仅意味着一个处于家人与好友之外的社会生活领域，还意味着这个由熟人和陌生人构成的公共领域包括了一群相互之间差异比较大的人"①，私人领域与公共领域之间界限清晰。至19世纪后期，随着世俗化进程的展开，人格取代社会身份进入公共生活，从而导致内在的沉浸与外在的旁观彻底改变了公共行为。比如当下流行的"宅"文化就在某种程度上超越了地域性、血缘性等传统社会纽带而遁入私人性、封闭性的精神世界，形塑了内在导向型的社会形态，在其中，"公共生活和亲密生活之间出现了混淆，人们正在用个人感情的语言来理解公共的事务，而公共的事务只有通过一些

---

① ［美］桑内特：《公共人的衰落》，李继宏译，上海译文出版社2008年版，第21页。

非人格的规则才能得到正确的对待"①。事实上，互联网的深刻影响确证了桑内特并非杞人忧天：一方面是私人领域被日益重视，部落化乃至部落小型化日益凸显，公共领域趋向碎片化；另一方面是不同部落空间中的个体在扩大其公共性的同时，又在某种程度上使公共交往变得困难；在祛原子化的同时，又强化了原子化；在扩张私人空间的同时压缩了私人空间。颇为吊诡的是，虚拟世界里似乎天涯若比邻，现实世界却往往是冷漠与疏离，吉登斯曾描述过个体身份的脱域化，指出脱域并非简单地去时空化、去特定化或者去情境化，而是无确定性对立的非确定性、无必然性对立的偶然性、无限制性对立的可能性，结果陷入一再被重新建构的"随意性"之中②，由此共同体、公共性等等杳然无迹。

知识生产新范式的出现则为观察当代生存的公共性提供了另一视角。继库恩对范式革命的创造性揭示之后，当代社会知识生产范式又发生了新的变化。对人文学科来说，"产品的激增，也许是在以加速度增加；学科边界的模糊，具体表现为跨学科性、不可变更的知识定义的消亡、专家权威的衰退；知识的商品化——或更宽泛的意义上，社会情境化——的作用越来越重要；知识生产的异质性，或者大学、科学系统与社会和经济系统之间的相互渗透；研究和高等教育的大众化。"③ 证之以信息时代的文化生活，可知所谓知识生产范式新变论并非向壁虚构，由此通过诸如文学想象、文艺沙龙、自恋人格诊治而抵达某种公共性建构的诸种努力已日益虚幻。原本"公共性旨在怀疑那些不能抵御批判性审查的观点，同时确保那些能够做到这一点的观点的合法性"④，然而面对公共生存的危机，所谓质疑、批判、参与等等如今已成为公共性本身的巨大挑战，个体都似已"佛系"化，

---

① ［美］桑内特：《公共人的衰落》，李继宏译，上海译文出版社2008年版，第38页。

② ［德］乌尔里希·贝克、［英］东尼·吉登斯、［英］斯科特·拉什：《自反性现代化：现代社会秩序中的政治传统与美学》，赵文书译，商务印书馆2001年版，第108页。

③ ［英］迈克尔·吉本斯等：《知识生产的新模式：当代社会科学与研究的动力学》，陈洪捷等译，北京大学出版社2011年版，第81页。

④ ［美］南茜·弗雷泽：《正义的尺度：全球化世界中政治空间的再认识》，欧阳英译，上海人民出版社2009年版，第90—91页。

遑论共同体的建构了。从本土文学最近四十年实践来看,一个介入并干预现实的文学公共领域被认为曾经在 20 世纪 80 年代横空出世,却又在十年后一蹶不振,以至于连当下重建都显得困难重重。① 从 20 世纪 80 年代并非常态的文学实践来审视文学公共领域,多半有些倒退着走向未来的意味,毕竟主流与民间、知识分子与知道分子、文学批判与文学消费、私人领域与公共领域、大众与媒介等等四十年间复杂纠缠愈益凸显当代文学的日趋不堪。由此看来,文学公共领域自身尚且前途未卜,遑论其与人的公共性的什么关联了。然而也有学者指出,如果从文学想象性来看,似乎文学在疗救残破的公共生活方面依然能够发挥其独特优势,此即努斯鲍姆所谓倚重文学移情与审美想象的诗性正义,当然也有观点批评努斯鲍姆在作为手段的主体性与作为目标的主体间性之间存在矛盾,纯粹性思想立场无法有效保证其诗性正义②,但努斯鲍姆对于诗性正义的当代重审自有其当代启示价值。

二　重建公共性的路径及其限度

重建公共性之路看起来障碍重重、曲折蜿蜒,甚或有时无路可寻,但对此尚需进一步深究。有观点将西方学者关于公共生活的理解概括为一个等边三角形。阿伦特的一边将其追溯至古希腊时代,将劳动视为私人性、本能性、非自由的活动,因而直接与公共性相对立:"在严格的意义上,劳动被看作是私人的事情。公共的、政治的生活就是在这种私人领域结束的地方开始的。"③ 哈贝马斯的一边则从交往理性考察人的存在的公共性,在阿伦特前提性预设了人的存在的自由与平等的地方,哈贝马斯看到了前提本身的问题,而强调作为真正前提的交往理性,第三条边则关注自恋型人格对于公共领域的侵蚀,认为公共性的衰落并不能从他人导向维度寻找,而是要从内在导向维

---

① 赵勇:《文学活动的转型与文学公共性的消失》,《文艺研究》2009 年第 1 期。

② 刘阳:《诗性正义的理论矛盾与应用限度——与玛莎·努斯鲍姆教授商榷》,《文艺争鸣》2016 年第 12 期。

③ [美]汉娜·阿伦特:《马克思与西方政治思想传统》,孙传钊译,江苏人民出版社 2007 年版,第 13 页。

度寻找，因为恰是世俗社会的崛起误导了对于人格的过度关注，它不仅"开始定义社会关系"，而且"变成了一种社会规则。到这个时候，非人格意义和非人格行动的公共领域开始萎缩"①。整体来看，哈贝马斯的交往理性，阿伦特的理想性、纯粹性公共领域，都被认为过于抽象，至于将人格上的自我迷恋及其作为恢复当代公共生活的坦途，则显然陷于相似的自我迷恋之中，然而无论是劳动与行动的对立，还是文学公共领域向政治公共领域的生成，抑或人格自恋对公共性的侵蚀，关于人的公共性的讨论，显然都无法脱离对于人的意识的公共性论域，因此其间蕴含的启示性理论意义依然值得进一步辩证。

从马克思的视角来看，阿伦特将人的现实的生存危机的根源追溯至劳动与行为分裂的地方，更为根本的是资本主义社会的经济结构与经济关系，进而在阿伦特将劳动与自由相对立而力图复兴古希腊城邦时代的公共领域的地方，马克思关注物质私有化与生产社会化之间的矛盾，并将这一矛盾的主体归结为无产阶级。无产阶级如何从自在的转变为自为的，关键是无产阶级阶级意识的生成。在马克思看来，阶级意识建立在共同的阶级关系与阶级利益基础上，没有这一基础，无产阶级仍将处于自在状态之中；但是另一方面，仅仅具有这样的基础，而不存在关于这一基础的主体反思与理性认识，无产阶级仍然不能从自在性上升为自为性。在此问题上，马克思之后的马克思主义理论家葛兰西与卢卡奇作出了自己的贡献。

马克思也不会认同哈贝马斯的思路，在哈贝马斯关注舆论公共性的地方，马克思也曾经驻足过，只不过他关注的不是文学公共领域向政治公共领域的生成，而是无产阶级特殊性向普遍性的生成，"自由报刊是社会舆论的产物，同样地，它也制造社会舆论。唯有它才能化私人利益为普遍利益"②。但是马克思并没有在此长久停留，因为他很快意识到，报刊与舆论本身也是意识形态性的，"所谓的公共舆论公共性只不过是构成市民社会基础的资产阶级利益的诉求，本身就具

---

① ［美］桑内特：《公共人的衰落》，李继宏译，上海译文出版社 2008 年版，第 425 页。
② 《马克思恩格斯全集》第 1 卷，人民出版社 1995 年版，第 231 页。

有阶级性和共同利益的虚幻性"①。事实上，报刊及其可广泛传播性对于现代社会的影响一直被反复探讨。印刷术在思想传播中的同一性、可重复性，使麦克卢汉看到了其祛魅功能②，本雅明则注意到机械复制时代的到来造成了传统文学艺术灵韵性的消逝，安德森则更愿意从中看到印刷资本主义在民族共同体建构中的作用。大规模复制的印刷技术、包孕商业利益的传播机制以及被大众广泛接受的印刷内容，它们之间"爆炸性的相互作用"使人与人之间的直接交流成为可能③，并在建构作为想象共同体的民族共同体过程中发挥作用。关于公共性的思考与媒介技术及其时代性联系在一起，揭示出公共性问题本身的深刻社会基础所在。

相对阿伦特与哈贝马斯而言，桑内特的洞见在于对日常生活的发现，但他正确地走出了阿伦特与哈贝马斯的抽象性与纯粹性，却又将个体生存的日常性狭隘化为人格性。如果说从阐释主体到阐释接受之间存在着以人的公共性为枢纽的开阔论域，那么，哈贝马斯对于交往行为的发现诚然击中了其师阿多诺的盲区，因为后者仅仅居高临下地关注意义受众的无能、阐释主体的睿智，然而，作为交往行为前设的交往理性本身恐怕也需接受早期批判理论的审视；而阿伦特关于在世界中共在的理解，则将公共性拖入实践的人的相互关系之中。就这一思想理路而言，固然可以在海德格尔那里找到思想亲缘，然而在如何打破阐释主体到意义接受的空白方面，倒不如英国新左派的理解与实践来得更为直接。在那里，文化被认为无非是平常的、日常的，封住水手的耳朵仅仅是奥德修斯的自以为是，植根于英国经验与文化传统，阶级与阶级意识被认为是同时生成的。因此，不应责备工人在工业革命中曾表现出落后性、乌托邦性乃至背叛阶级利益；这都是他们的"经历"，阶级"是人们在亲身经历自己的历史时确定其含义的，

---

① 谭清华：《人的公共性与公共性的人》，中国社会科学出版社 2015 年版，第 11 页。

② ［加］马歇尔·麦克卢汉：《理解媒介：论人的延伸》，何道宽译，商务印书馆 2000 年版，第 224—226 页。

③ ［美］本尼迪克特·安德森：《想像的共同体：民族主义的起源与散布》，吴叡人译，上海人民出版社 2003 年版，第 51 页。

因而归根结底是它惟一的定义"①。这里回响着对建基于欧陆传统之上的早期法兰克福学派的批判，更流淌出马克思主义经典作家的思想回声。在进一步展开讨论之前，两种关于经典马克思主义的批评有必要予以简要讨论，一种是宏大叙事论，一种是本源崇拜论。

宏大叙事论强调马克思主义文化理论总是趋向于宏大叙事，局限于借助于权力视角切入世界图景，这构成了马克思之后的一些理论家批判马克思的重要方面。比如指认"在源头方面公众最常持有的错误观念，就是万事万物的起源都可用马克思主义的文化理论来解释，尤其是那种认为应从社会统治的结构关系去理解文化的观念。……马克思主义理论在文化研究领域无疑是重要的，但是将其视为根本性的东西，却似乎站不住脚。"② 这一基本逻辑可以约略概括为：历史唯物主义倾向于将文化问题归根结底处理成人类社会的物质生产问题，结果忽略掉一切偶然性、具体性。而本源崇拜论拒绝任何回到"本源"的诱惑，竭力回避总体性，坚持"在马克思主义的范畴内解构地运作，并不要求书写普遍的历史，把我们的话语描述为单一要素和知识的线性过程。正如规范认识论时代已经趋于终结，普遍话语的时代也是如此"③，由此，所谓指斥马克思主义理论的内在断裂，第二国际历史编纂学却文饰之以连续、统一的外观等等，就不难理解了。要之，马克思之后的法兰克福学派、英国新左派以至后马克思主义等等，在何种意义上来评价它们与马克思主义的逻辑关系尚见仁见智，但思想渊源上的审思仍然依稀透露出马克思主义经典作家论述的启示性。就此而言，关于公共性问题的思考，有必要越出交往理性、作为世界的公共性抑或人格维度而拓展至马克思的视野，尽管马克思没有对此展开专题性论述。

---

① ［英］E. P. 汤普森：《英国工人阶级的形成》，钱乘旦等译，译林出版社 2001 年版，"前言"第 3—4 页。

② ［澳］马克·吉布森：《文化与权力：文化研究史》，王加为译，北京大学出版社 2012 年版，"前言"第 3 页。

③ ［英］拉克劳、墨菲：《领导权与社会主义策略》，尹树广等译，黑龙江人民出版社 2003 年版，"导论"第 4 页。

三 从自为到诗性正义

马克思曾设想过一个"自由人联合体"①，在这个联合体中，从个人的产品到社会的产品、从生产资料的使用到生活资料的消费，都随着社会生产方式与生产关系的历史发展行程而发生改变，自由人联合体为其理想样态，个人之间、个人与联合体之间的共在关系也将达到同样状态。人的公共性问题在马克思话语中植根于人的生存的具体性、现实性之中，在阶级社会中具体化为无产阶级的自在性向其自为性生成的问题，即个体生存意识的特殊性向普遍性生成的问题，人的意识的生成问题在阶级社会中是人的阶级意识生成的问题。马克思在《〈黑格尔法哲学批判〉导言》中指出："哲学把无产阶级当作自己的物质武器，同样地，无产阶级也把哲学当作自己的精神武器；思想的闪电一旦真正射入这块没有触动过的人民园地，德国人就会解放成为人。"② 就理论作为改造世界的力量而言，群众是阐释接受的主体；就理论掌握群众而言，有待说服的群众又是阐释行为的客体。在阐释行为的主体与客体之间是动态的"说服"与"掌握"的过程，是将意识的自在性转变为自为性的过程，也是阶级共同体形成的过程。说群众也是阐释行为的主体，乃是因为没有他们走向自为性的精神运动，任何理论、阐释都将失去有效性根基；说他们是阐释的客体，乃是因为有效的阐释行为都不是对没有目的的内容的阐释。"说服""掌握"之谓，不是那种强制性关系所能涵盖的，否则，自为性将沦为空谈。说服的根本在于诉诸理性，如此，理论方能掌握群众；而掌握群众的理论也必须通过理性说服，才能够为群众所把握，才能够成为改造世界的力量。恩格斯同样强调非强制性对于无产阶级意识与共同体生成的重要作用。他在 1887 年 1 月的一封信中写道，对于马克思主义来说，"愈少从外面把这种理论硬灌输给美国人，而愈多由他们通过自己亲身的经验（在德国人的帮助下）去检验它，它就愈会

---

① 《马克思恩格斯全集》第 23 卷，人民出版社 1972 年版，第 95 页。
② 《马克思恩格斯全集》第 1 卷，人民出版社 1956 年版，第 467 页。

深入他们的心坎。"① 在向美国无产阶级宣传无产阶级思想与精神的问题上，恩格斯反对"强硬灌输"，倡导"深入心坎"。在提到画家许布纳尔描绘西里西亚织工的一幅画时，他指出，从宣传社会主义的角度看，这幅画所起的作用要比一百本小册子大得多，其原因不仅在于画作以图画的方式、通俗易懂地向群众宣传了特定思想，而更在于这一方式所起到的效果证明了强硬灌输的无效性，理论与思想要深入人心，就必须采取能够深入人心的方式。后来，恩格斯还在许多著作和信件中谈到了把社会主义思想"灌输"给工人阶级的必要性，强调思想与精神被接受过程中的非强制性，强调深入心坎的思想才是真正具有力量的思想，在资本主义社会中，也才是无产阶级确立阶级意识的根本，这与马克思所谓理论"说服"人是一致的。

在意识的自在性向自为性的生成中，阶级的维度被凸显出来，说服、掌握中也内在地预设了理性及其公共性作为前提。需要指出的是，马克思高度重视康德的思考，但这并没有妨碍他在《德意志意识形态》中展开对康德的理性公共性批判。在马克思看来，康德关于形式的普遍性、理性的公共性的思考，遗忘了现实及其对于理性的奠基性作用，说到底，普遍性与理性依然没有超出阶级的视域，因而更为根本的不是理性公共性，而是现实的人的生存及其危机，是现实地展开着的物质实践及其社会关系。质言之，人的公共性问题在这里进一步明确为在阶级社会中个体的人向阶级的人的生成问题，即个体的生存结构及其意识如何具体化为阶级及其意识的问题，无产阶级意识生成建构无产阶级共同体的问题；而反过来，共同体的发展也为个体的更充分的发展奠定基础，此即马克思所言："代替那存在着阶级和阶级对立的资产阶级旧社会的，将是这样一个联合体，在那里，每个人的自由发展是一切人的自由发展的条件。"②

在词源学意义上，公共性一词的来源有二：一是古希腊语的"pubes"，意指人的成年，成年意味着可以理解自我与他人的关系；二是源自古希腊语的"koinon"，意指关心，表明自我对他人的行为。

---

① 《马克思恩格斯选集》第 4 卷，人民出版社 1995 年版，第 460 页。
② 《马克思恩格斯全集》第 39 卷，人民出版社 1975 年版，第 189 页。

如此看来，公共性的古典含义不仅指涉人与人的关系，也包括人对他人的社会性行为。① 公共性的古典含义某种程度上是对古希腊城邦公共生活的概括，正因如此，阿伦特关于公共性的思考追溯至古希腊城邦时代。而至资产阶级早期，哈贝马斯发现了文学公共领域，并揭示商品经济发展、市民阶层出现、社会结构变迁对文学公共领域生成的影响。然而在马克思看来，相对于追溯古希腊城邦，真正需要关注的是无产阶级生存的现实，这与批评费尔巴哈的"宗教情感"，强调人的本质的现实性、理性的历史性②是一脉相承的。相对于哈贝马斯发现舆论公共领域，真正应该关注的是人的创造的积极性、能动性③，以自由人联合体为旨归。而至互联网时代，当代公共性问题在信息浪潮的裹挟中更显错综复杂、纷繁难理。曾经的说服、掌握乃至文学公共领域等等还能面对这个时代的公共性问题吗？在现代性批判的语境中，理性、反思性、超越性等等如何展开其当代视野、重建公共生活？将目光拉回文学论域，或许有必要再次回到诗性正义来管窥公共性重建问题。毋庸讳言，努斯鲍姆关于诗性正义之思难免作为手段的主体性与作为目标的主体间性之间、纯粹性思想立场与保证诗性正义之间的矛盾，然而，诗性正义论对于文学移情与审美想象来体验世界、培养同情心、进而走向平等自由的思考，却在某种程度上拓展了文学与公共性建构关系的视野。

依努斯鲍姆之见，文学想象是一种伦理立场的必需要素，"除非人们有能力通过想象进入遥远的他者的世界，并且激起这种参与的情感，否则一种公正的尊重人类尊严的伦理将不会融入真实的人群中"，虽然文学情感难免局限性，其伦理功能也有待进一步细究，然而其间还是"包含了一种即便不完整但却强大的社会公正观念，并且为正义行为提供了驱动力"④。由此来看，文学想象助益公共生活，端赖于

① ［美］弗雷德里克森：《公共行政的精神》，张成福译，中国人民大学出版社2003版，第19页。

② 《马克思恩格斯全集》第3卷，人民出版社1960年版，第5、567页。

③ 《马克思恩格斯全集》第42卷，人民出版社1979年版，第97页。

④ ［美］玛莎·努斯鲍姆：《诗性正义：文学想象与公共生活》，丁晓东译，北京大学出版社2010年版，第7页。

文学作品在读者中建构起旁观者的情感，并能够虚构性重建公共理性元素，所谓诗性正义正在于文学恰恰凭借自由的想象而超越个体性。实际上，强调文学想象与情感，这在学术史上不乏其人，维柯将其归结为"诗性智慧"，将具有"强旺震惊效果以及价值导向。① 诗性智慧显然包含了关于文学对于公共性建构的思考，但诗性正义关于公共性的思考远远越出了文学公共领域而进入政治、经济乃至司法等论域，这尤其体现在"走向他人"、诗性裁判等方面。

文学提供了走向他人的可能，从而成为建构公共生活的力量。比如狄更斯的小说《艰难时世》就为认识工人生活提供了一座理解的桥梁，使人们有机会走进鲜活的工人生活，打开一个复杂而又具体的生活世界，感受他们的生活、情感、经验，"想象不同于自己的人在逆境中挣扎的具体情形，这样一种能力似乎也具有极大的实践价值与公共价值"②。文学想象之所以是公共理性的组成部分，恰在于借助文学移情而走近他人打破了存在的个体性，展开想象性的对话域，并使人与人的深入交流成为可能。在这一过程中，情感与想象就不仅仅是文学性，不局限于文学领域，而是拓展了公共性思考的适用范围，将文学实践延伸至日常生活实践，从而发挥了培养"公共理性"的功能。不仅如此，文学还具有诗性裁判的功能。在努斯鲍姆看来，在《艰难时世》中，作家狄更斯运用文学形式批判社会功利主义对人的物化、个性差异性被抹杀、情感领域被忽视。文学阅读实践的现实展开刺激读者的想象与情感，进而推动价值判断与价值选择："关注作为公共想象的文学想象的特质，这种公共想象将会指引审判中的法官，立法中的立法者，评估不同地区人民生活质量的政策制定者。"③从走近他人到诗性裁判，文学被视为一种"公共理性教育的必需部分"。

诗性正义论打开了公共性建构的文学论域，而进一步琢磨可以看

---

① ［意］维柯：《新科学》，朱光潜译，人民出版社1986年版，第161—162页。

② ［美］玛莎·努斯鲍姆：《诗性正义：文学想象与公共生活》，丁晓东译，北京大学出版社2010年版，第6页。

③ ［美］玛莎·努斯鲍姆：《诗性正义：文学想象与公共生活》，丁晓东译，北京大学出版社2010年版，第13页。

到，努斯鲍姆前提性预设了走向他人的主体性原则，没有这样的主体性原则，经由文学想象与情感而走向他人则流于虚幻；另一方面又坚信这样的走向最终能达成主体之间的相互理解、相互关心，没有这样的主体之间的公共性行为，诗性裁判也将不可能。因而，理性主体的培育与主体间的平等对话相互纠缠在一起，磕磕绊绊地致力于描述一种生动"公共推理观念"、展现文学"表达与培育"公共观念，助益于建构公共领域。在人文社会科学的地图中，文学似乎惯常地被认为是柔弱的，在与历史、哲学的争论中颇类怨妇，有时抱怨社会对于自己无功利原则的侵蚀，有时又担心过深的介入社会而远离了自身，或者在真实性、情感性、超越性等诸命题上唠叨不休，诗性正义论复杂地、现实地考察文学情感性、想象性及其可能的公共生活论域，对于思考公共性的诗性建构具有启示性，择其要者有四：一是在本土大众文化实践日益分化多元、公共性衰退的现实背景下，文学在公共性的重建、共同体的扩张方面能够发挥自己独特功能，文学世界公共理性、反思性、超越性等等原本就内在地包孕了超越自身的潜力。二是文学及其阐释的介入性通过人的公共性而实现自身，消费主义、资本夹击下凸显文学介入现实的社会担当。三是文学及其阐释的人学视野、伦理学维度必须坚持平等、包容、科学等普遍伦理价值，在开放共享、公众参与中将其具体化。四是文学及其阐释的公共性是日常的，公共人与人的公共性在文学及其阐释的诗性建构中同时双向生成，在形而上学、康德主义、利维斯主义的幽灵面前尤其如此。质言之，从无产阶级革命到阶级意识与革命意识，从文化意识到阶级意识，作为阐释主体的知识分子当反思其社会担当，而作为阐释接受者的文化实践的能动性与盲目性亦有待学理性反思，公共阐释本身包含了对于人及其理性的基本设定，同时也敞开关于现代性批判的复杂论域。

公共阐释的公共性基础[*]

卓 今[**]

公共性在公共阐释论中是元理论问题。阐释学意义上的公共性主要涉及阐释行为的理性与非理性，阐释主体的人的"类本质"和合作型人格基础。"个体阐释"是阐释主体得以实现公共性的前提，由于人类的"共在"决定了个体阐释的公共基础。而私人阐释与公共场域是隔离的，因此私人阐释不需要得到公共的理解与接受。阐释的公共性需要在理性的主导下进行，但由于阐释行为是一种主体对对象的认知过程，在同一语言组合的共同体中符合人类基本认知规范的前提下，阐释又是极具个人化的行为，公共阐释的公度性在理性与非理性、个人化与公共之间起到共通与平衡的作用。公共阐释不一定是真理性阐释，可重复并被检验的阐释也是历史性，在某一历史时期甚至与真理是背道而驰的，但总体上它推进着人类认知更接近真理。要保证公共阐释的公共性的基础具有可靠性，需要做更远的关于阐释主体即人本身的理论追溯。

一 新的理论支点：公共性

阐释学也是一个"意识的发展史"，它自己就是具有逻辑性和科学性的一个体系。它不仅产生意义，同时也产生知识，由主体对客体

＊ 基金项目：国家社科基金项目"现代汉诗的对话性研究"（17BZW163）。本文原刊于《求索》2017 年第 12 期。

＊＊ 作者单位：湖南省社会科学院文学研究所。

的建构形成的知识，同时客体反过来影响主体的意识发展。历史的每一个阶段都有它的意识形态总和。都有前一代传给后一代的经验和智慧。一方面这样的经验和智慧为新的一代所丰富和叠加，每个新时代的来临都伴随着思想上的启蒙运动，但另一方面，他们也预先规定了新一代的思想资源和知识来源。每个人所遇到的现成的东西，知识、行为规范、制度，都是现实的基象时必然也被对象所建构。阐释本身具有了公共性。

如果按照黑格尔对人的精神现象的追索，从意识、自我意识、理性最后到精神和绝对精神，阐释行为就是一个从私人行为得到公共认证的过程，它表现出很多意识形态类似的特征。要达到一种绝对精神，须又重新回到马克思所说的"作为推动原则和创造原则的否定性的辩证法"①。公共阐释论具有辩证的、发展的、运动的理论特征，是以马克思主义的唯物史观为基点。马克思认为，国家的起源和国家同市民社会的关系，一方面是人改造自然，一方面是人改造人。阐释行为就是属于人改造人的范畴。马克思的最高理想是"自由人的联合体"。他把经济活动看做人类整个活动的重中之重，认为经济关系和阶级斗争是渗透一切、贯穿始终的历史基本动因。西方文论所强调的私人阐释，是康德所说的独立于任何特定社会关系的抽象无差别的原子个人。欧洲 16 至 18 世纪所出现的作为市场主体的个人，他是可以自由进入市场（包括自由出卖自己的劳动力），独立的、不依附于任何他人或共同体。康德的原子个人应该是在这个基础上抽象出来的。马克思指出其"理性"的现实依托乃是资本主义的阶级权力，依托的主体是资本主义制度下"个人主义的"的"人"。它必然从理性走向自己的反面即非理性。

公共阐释论试图在科学主义和非理性之间找到一种平衡。公共阐释的"理性阐释"、"澄明性阐释"、"公度性阐释"、"建构性阐释"、"超越性阐释"、"反思性阐释"，它们在这里已经不是概念，而是范畴。它们既需要科学主义作为内部框架，也需要非理性的个人化的创造和超越。"理性阐释"对阐释的态度进行了规定，人作为阐释的主

---

① 《马克思恩格斯全集》第 42 卷，人民出版社 1979 年版，第 163 页。

体，人既是感性的，同时又是理性的，非理性的情感必然参与到阐释行为。完全的非理性阐释根本不存在，"疯言疯语"，"说胡话"只是非理性因素远远大于理性因素，在完成语言的组织，意义的表达，就必然有理性因素参与。黑格尔认为，"理性的自我意识通过其自身的活动而实现"①，它明确意识到"它自身即是客观事实这一事实了"。自我意识包含了理性和非理性互相制约的历程，通过这种双重运动，从独立过渡到它的自由。"澄明性阐释"有逻辑和层次，明白晓畅，是文本向公众敞开的前提，而最终意义的通透仍然需要非理性的想象。"公度性阐释"强调阐释的各方是共通的，排除晦暗和隔阂，需要逻辑和实证。"建构性阐释"强调阐释行为的生长和修复，在阐释过程中有扩充和升华，它有赋形的意义，侧重于教化和实践。"超越性阐释"直逼阐释的本体意义，它超越个体阐释融入公共视域。它的升华和超越显然仅有科学主义是不够的。"反思性阐释"在交流中不断反躬自问，私人阐释的合法性问题，公共的边界问题等，它是对理性和非理性的双重反思。

阐释的个体虽则充分保有自由，但仍然在理性的规定范围之内。康德所说的自由意志，它不是外部的选择，是自身逻辑一贯性形成自己的标准，在实践中保持一致，不自我取消才是自由的。马克思的唯物主义自由观，反对"无限的"自由，认为那是毫无意义的词，"只有我自己的存在才是确实可信的。人的一切激情都是有始有终的机械运动，欲求的对象是善，人和自然都服从于同样的规律，强力和自由是同一的"②。中国古代阐释学对自由的理解，充分考虑到阐释主体的自由。"我注六经"在主体与对象的关系中试图达到双向的理解。"以意逆志"是讨论有关阐释的边界问题，以自己的意思揣度文本的意义，这是正常的阐释路径，关键在一个"逆"字，顺着文本的本来意义应该是公共阐释的"理性阐释"。这个"逆"有背叛的意思，但合理的背叛也是值得鼓励的。它是公共阐释中的"超越性阐释"。《中国古代阐释学》作者周裕锴先生

---

① ［德］黑格尔：《精神现象学》，商务印书馆 2009 年版，第 268 页。
② 《马克思恩格斯文集》第 3 卷，人民出版社 2009 年版，第 504 页。

认为，"以意逆志"不能简单地称为"意图论阐释学"，它包含着"多元论阐释学"的思路，"因为以意逆志的说法意味着承认读者各种不同的推测都有合理性。在先秦儒家'知人'和'知言'的阐释循环中，以意逆志和知人论世在互为前提和预设的情况下，为正确进入循环实现完美的理解提供了一种可能"①。《诗经》的"雅"，原为"中原之正声"。"颂"，原为"庙堂乐章"，都是音乐学概念。《毛诗》解释者则阐释"雅"为"言王政之所由废兴也"，"颂者"，美盛德之形容"②。《毛诗》学者解《诗》，都由"美刺"入手，《诗》三百原典意义完全归为教化和讽刺。这种轻意图，重目的的阐释行为贯穿了整个经学史，主体对客体的建构溢出了理性范畴。有一定的公度性，但没有澄明性。马克思认为统治阶级"为了达到自己的目的不得不把自己的利益说成是社会全体成员的共同利益"③。除了政治教化，公共阐释六大范畴总体上概括了中国古代阐释的各种阐释特征。但也有例外，作为原生态和原动力的个体阐释有一个转换的环节，它必须尽可能地溶入公共理性和公共视域。是当"超越性阐释"（私人阐释）不能转化为公共阐释时，容易堕入玄学和神秘主义。语言是阐释存在的前提，"得鱼忘筌"、"得意忘言"对阐释本身提出挑战。语言能让某种东西显露出来和涌现出来，它是阐释学存在的前提。伽达默尔认为"语言作为阐释学经验的媒介，越是一场真正的谈话，就越是不按谈话者的任何一方的意愿而进行"④。没有发出来的声音的理解，个人自言自语，是否纳入公共阐释研究领域。中国古代阐释在言、意、象的关系中有着高深莫测的东西，如何把握这种变动不居的形态，西方文论在这方面是失效的，公共阐释论目前还不能有效解释这一现象。

---

① 周裕锴：《中国古代阐释学研究》，上海人民出版社 2003 年版，第 2 页。

② 《毛诗正义》卷一，第 272 页。

③ 《马克思恩格斯文集》第 1 卷，人民出版社 2009 年版，第 552 页。

④ ［德］汉斯－格奥尔格·伽达默尔：《真理与方法——哲学诠释学的基本特征》，商务印书馆 2007 年版，第 517 页。

二　公共性的逆向建构路线

公共阐释论走的是一条逆向建构的路径，其路线图是批判—反思—重建。西方文论的科学主义传统由来已久，以公共性为前提，这一点似乎没有问题。苏格拉底、柏拉图、亚里士多德等希腊先哲们的思维方式奠定了西方的知识理念，他们形成了一种知识的可验证性传统，即在经验范围内能推导出规律性。西方自然科学的发展得益于这一思路的形成。众所周知，自然科学的真理性都必须经过经验（也即反复的验证）从而得到确切定论。人文科学领域受到这一思路的影响，在对对象进行知识性陈述时，该对象本身的内在规定性必须具有可传达性，它必须经受住经验科学思维的分析与研究。笛卡尔、洛克、莱布尼茨继承和发扬了这一传统。笛卡尔的理性是对一切进行怀疑，只有怀疑本身不可怀疑。洛克则认为"美"是认识的结果。莱布尼茨的"单子论"表面上脱离了物质性，但却保留了实体的特点。公共阐释论也承认实体，公共阐释论的公共性有明确的目标，就是"认识的真理性与阐释的确定性"。到了康德，他对这一思维进行总结性提炼，把它向前推进了一步，认为经验无法在纯粹理性中得到检验证明，因此将以往形而上学的本质论统统视为独断论，他认为无论是自然科学还是数学能力，都只能解决经验范围之内的问题，对于世界本质问题仍然无能为力。"知性不能直观，感官不能思维。只有从它们的互相结合中才能产生出知识来。"① 但是，同休谟、马赫主义者一样，康德只承认现象可知，不承认本质可知。胡塞尔也认为主体是一个先验的主体，一为"本质的还原"，一为"先验的还原"。"本质还原"在对象方面排除特殊的事实，还原到本质或本质联系，这就是有普遍性的，不在时空内、不依靠特殊事物的本质或共相。这些本质或共相是理想的客观的东西，没有实在性。"先验的还原"，还原到纯属意识，先验意识，或先验自我。再就是他是反辩证法的，反对对于事物作考察，是一种脱离时间、空间、现象事实而直观本质的形

---

① ［德］康德：《纯粹理性批判》，人民出版社2004年版，第52页。

而上学的方法。对历史的发展，对任何意义的知识起源不感兴趣，对于现实的经验也不感兴趣。他们认为是研究先验的本质和本质结构。张江用"前置模式"和"前置结论"来讨论阐释的先验存在。前置模式是"批评者用预先的确定模板和式样框定文本，作出符合目的的批评"①。前置结论"是指批评者的批评结合结论产生于批评之前，批评的最终判断不是在对文本实际分析和逻辑推衍之后产生，而是在切入文本之前就已确定"②。张江以格雷马斯的矩阵理论为例，揭示了精密科学用于文学阐释的荒谬。公共阐释论强调"以文本为意义对象"，必然承认"文本的自在意义"。

　　公共阐释的公共性与个体阐释的关系处理不当，易容导致虚无主义。由于社会整体性的科学主义传统导致人文社会科学始终无法挣脱技术性和工具理性。近代以来，每一代西方思想家都想摆脱科学主义桎梏，但科学主义愈演愈烈。康德其实是看清了这个结构，科学的求真原则并不能解决人文学科的价值问题，西方知识学的科学主义传统陷入科学主义和人文主义的僵局。在康德那里从内部结构上重新进行划分。狄尔泰试图使精神科学独立出来，但又不得不借助自然科学的模式。俄苏形式主义、英美新批评试图彻底挣脱科学主义，但他们在语言方面却又陷入另一种科学主义。为了解决这一结构性缺陷，近代非理性思想几乎成为主流。古希腊伊壁鸠鲁、斯多葛学派，锡诺普的狄奥根尼为代表的怀疑主义形成的传统，重新得到重视，尼采、萨特、罗兰·巴特、福柯等哲学家发展了非理性主义。非理性主义加速了现代主义和后现代主义的形成。还有两个人物不可忽略，即卢卡奇和哈贝马斯。卢卡奇同黑格尔一样，强调主客体统一，通过自己的有限精神构思自己历史的无限未来，实现自我意识。哈贝马斯继承了康德的求真原则和价值原则，认为技术理性本身无法解决生活世界的价值观问题，提出了沟通理性的概念。伽达默尔试图弥合二者的缺陷，认为通过艺术作品而获得真理，通过对话和理解的途径获得经验，他的阐释学（her-meneutics）强调"真正的经验就是这样一种使人类认

----

① 张江：《强制阐释论》，《文学评论》2014 年第 6 期。
② 张江：《强制阐释论》，《文学评论》2014 年第 6 期。

识到自身有限性的经验"。具体在文学阐释学领域，巴特的"作者能不能死""纸上的生命"，以及英国美学家克莱夫·贝尔"有意味的形式"，都是对科学主义的矫枉过正，完全切断了文本与外部世界的关系，尤其在文学阐释学中起着消极作用。维姆萨特和比尔兹利共同提出的"意图谬误"，认为以往的一切批评方法，社会学及历史学的实证批评方法，都是无效的，因为"一部艺术作品，无法依据时代条件或作品的起源而加以说明"。"意图谬误"对实践中作者与文本合理关系的全盘否定，是有消极作用的。这种对实践中作者与文本的合理关系的全盘否定，对社会历史批评方法的全面否定和排斥，使文学理论和批评堕入虚无主义。

科学主义容易泯灭个性，非理性容易堕入私人阐释。张江在强制阐释系列论文中已经对西方文论的功能性缺陷进行剖析，西方阐释学的大体框架被瓦解，公共阐释论随之确立。公共阐释论既需要科学主义作为内部框架，也需要非理性的个人化的创造和超越。阐释者与阐释对象是主客体关系，客体永远受制于主体，它们之间没有平等可言。公共阐释的公共性首先是以人的主体确立为前提的，在主体的能动性与客体的反作用力不能自足的情况下，主体间的制衡显得尤为重要。达成主体与主体之间的统一性，主体对他人意图的推测与判定应当受制于"他性"。阐释的公共性是多级主体间性的认知和认识，在阐释过程中须潜在履行"公共阐释论"的六大原则。

三　个人性的确立

公共阐释论的建构旨在解决阐释的边界和确当性问题，但公共阐释是否取消了"私人阐释"？阐释者以普遍的历史前提为基点，以文本为意义对象，以公共理性生产为边界约束，且可公度的有效阐释。阐释者在此有诸多限定，在客观对象上有"历史前提""文本"的限定，在主观上有"公共理性"的约束，而且是"可公度"的"有效阐释"。在这一系列的规定性前提下，阐释者合作型人格起决定性作用。分裂人格和私人阐释对阐释的偏离或者伤害，也即"强制阐释"。私人阐释显然不等同于个体阐释。

个体阐释是在人格和认知共同被确认的前提下得以实现。认知的真理性具有流动性特征，因为认知是一个生命整体，是动态的，发展的，它涉及到认知哲学、神经医学和心理学。认知水平有高低之分，也有对错之分，它包含着世界观和价值判断。而"阐释的确定性"更是无法界定的，谁来评断，以什么为标准。西方文论之所以出现"强制阐释"，就是超出了这个确定性。美国历史学家卡尔·贝尔克认为"历史不是事实，而是想像"①。这一口号的提出，"是当代西方史学理论由实证主义转向相对主义的标识性宣言"②。如此这般地难以确定，是不是就任其泛滥？当然不是，公共阐释论主张"人类基本认知规范"，必须"符合随机过程的大数定律"，它总体上有一个公共的东西约束，不能为所欲为。阐释是一种公共行为。阐释的公共性决定于人类理性的公共性。马克思的人的类本质也解释了人类公共性前提。

公共阐释强调公共性，是建立在个体阐释基础之上的，但要区分个体阐释和私人化阐释。如张江所言，阐释的公共性本身隐含了公共场域中各类阐释的多元共存，但是，个体阐释不能等同私人阐释，个体阐释的理解与接受为公共理性所约束。伽达默尔关于世界和言说的理论，费希的阐释群体设计，以及马克思劳动产生语言，都是这一理论的支撑点。

（一）个体阐释与私人阐释

个体阐释必须有公共约束，具体表现为：人类的共在性，个体阐释是在这个共在之下得以实现的，按照马克思的"人的本质理论"③，没有人能够离开这个公共基础。在这里特别值得注意的是"语言的公共性"，以及"阐释生成的确定语境"，它要求个体阐释可共享。公共与个体之间是否形成对立？生产力低下时，人们对天象、卦象的阐释，主体对客体的建构较为自由。依据自身利益或集团利益进行的强

---

① ［美］卡尔·贝尔克：《人人都是他自己的历史学家——论历史与政治》，北京大学出版社 2013 年。

② 张江：《评〈人人都是他自己的历史学家〉——兼论相对主义的历史阐释》，《历史研究》2017 年第 1 期。

③ 《马克思恩格斯文集》第 1 卷，人民出版社 2009 年版，第 501 页。

制阐释比比皆是。但仍然可以视为个体阐释，因为它符合"开放的意义"这个要求。个体阐释与私人阐释的内在一致性是阐释者的主体性，它们的区别就在是否能放在光天化日之下。私人化与公共空间是隔断的，它不符合普遍意义的个体。伦理上是混乱和无序，伦理是要解决善的问题，私人或私密可以无视这个问题。儒家讲"慎独"，是对个人修养提出的一个很高的行为标准，某种意义上也具有了开放性特征，属于公共性。

（二）个体阐释的主体作用

无论是在技术层面还是价值层面，个人化在阐释中起根本性的作用。阐释的公共性取决于个人经验与文本的对接程度。公共阐释强调阐释的公共性，就要照顾到现实的方方面面。阐释本身的广阔性和复杂性属性决定了阐释不是一个纯粹的私人事情。个人化决定了阐释结果的多样性。但这个个性是普遍中的个性，是"这一个"的双重存在形式，以及它的空间性和时间性，表明自身为中介的单纯性或普遍性。"这一个"是普遍的这一个，我们说它存在时，它就是一般的存在。能够保存下来的感性确定性就是普遍或者一般，就是那个由最具体的东西变过来的抽象的东西。阐释者只要严肃对待这个问题，就会发现这个认识是有结构的，取决于"我"如何看待它。"我"本身也不是唯一的，也有普遍或一般的意思。个人化不是简单的自我宣泄，它是一个抽象的过程，如果落实到阐释行为上，就是公共阐释所说的理性、澄明性、公度性，同时它也具有超越的意义。

"个体理性的共识"促成主体间的理解和对话，主体间中的"他性"约束着每个个体，但个人化不能缺席，否则就会导致文本的意义被曲解，变得公式化、概念化、机械化。"强制阐释论"中所批判的"场外征用""硬性镶嵌""非逻辑证明""循环论证"实际上就是个人化缺席的后果，依赖模具和公式，将阐释变成流水线产品。它违背了阐释对象最根本的意义。毫无疑问，个人化在文学艺术这种智力劳动中是起决定作用的，个人的经验和知识在创作和阐释中至关重要。但它仍然要服从社会普遍常识，在文学理论中，陌生化、风格、气场都属于个人化的表现。它需要阐释者与之对接。而共鸣、美感、价值判断等要素是公共领域的，阐释者需要对它进行一种个人化的呈现之后上升为公共阐释。

公共阐释强调理性但摒弃文学阐释科学化，文学艺术是流动不居的精神产品，公共阐释要抵制公式化的，就要回到个人化。公共阐释论实际上个人化参与程度很高，既然是理性的，那就是人性共同接受的，"澄明性"表明时间和空间上具有开放性特征，但它不是普遍抽象的澄明性，以个人的知识构成和感悟能力为前提。"公度性"达成广泛共识，其目标指向是情感共鸣和精神升华。"建构性"是一个未完成过程，始终是在认知和实践的过程之中。至于"超越性"，阐释主体对自身进行扬弃和超越，包含异化和否定。"反思性"即个人必须不断调整。公共阐释的前提是要有合作关系。人类的"共在"决定了个体阐释的公共性。共在的基础是马克思所言人的类本质，也是儒家传统讲的合作型人格。

四　合作型人格作为公共性前提

在合作型人格这个问题上，孔子讲"己所不欲，勿施于人"，孟子讲"老吾老以及人之老，幼吾幼以及人之幼"，就是建立在合作型人格基础之上的一种阐释。

（一）关于人格的解释

人格是一种具有自我意识和自我控制的能力，具有感觉、情感、意志等机能的主体。它可以离开人的肉体，离开人所处的物质生活条件，而独立存在在人类的精神文化维度里。中华民族整体上属于合作型人格。人格主要是指人所具有的与他人相区别的独特而稳定的思维方式和行为风格，是指一个整体的精神面貌，是具有一定倾向性的和比较稳定的心理特征的总和。当一个人的人格结构在各方面彼此和谐统一时，他的人格就是健康的。否则，可能会出现适应困难，甚至出现人格分裂。在商务印书馆 2005 年出版的《现代汉语词典》修订版中，人格一词的解释为"人的性格、气质、能力等特征的总和；人的道德品质，人作为权利义务主体的资格"。从词典中的解释可以看出，人格所包含的内容十分丰富，人生观、价值观，个人的能力、道德以及个性习惯。而"人作为权利义务主体的资格"这一条足以说明，人格是人融入公共的前提。

（二）合作型人格解释

心理学家刘同辉通过"五类型人格"（圣人人格、君子人格、士人人格、庶人人格、小人人格）和"五因素人格"（仁、义、礼、智、信）[①]的研究，认为中国人的心理结构是"双核心"的，这种双核心人格具有超稳定的心理结构，它是维持超稳定社会结构的深层原因。结合美国人格学派代表人物林顿的理论，即整个社会存在一种"基本人格"。社会认定的各个人格添加在"基本人格"之上都是能与之相融合的。

不同语言和文化背景的人，其人格都有各自不同的特点，西方学者也承认人格特点已经编码在语言词汇之中，同一语言背景的民族长期形成的人性因素，道德特征，和一些被看成民族精神的东西，都已经被高度概括成简练的词汇，或者说民族标记。传统五因素人格仁、义、礼、智、信，对应着丰富的内涵：仁：爱人、爱物、爱己、愉快、宽恕；义：公正、严谨、行为合理、乐于助人、舍身取义；礼：礼貌文雅、克己自制、遵纪守法、情绪稳定、和谐协调；智：精明、干练、冷静、独立思考、灵活通变、自信；信：守信、诚实，负责[②]。

五因素人格是公共阐释的公共性的主体性基础，符合"阐释的公共性体现为共享性"这一论断。它的共时性，体现在相同语境下的阐释行为与接受者所共同遵守的文化传统；它的历时性，表现为不同语境下的阐释行为与接受者一种趋同性理解。做出符合公共理性要义的阐释，可以在阐释实践中反复验证，同时可以为"历时系统下多数人所共识"。某些超出边界或非确定性阐释，在实践检验中得到修复，最终归为"大数定律"。

---

① 刘同辉：《中国传统的五类型人格理论与超稳定心理结构》，《上海师范大学学报》（哲学社会科学版）2009 年第 5 期。

② 燕国材、刘同辉：《中国古代传统的五因素人格理论》，《心理科学》2005 年第 4 期。

（三）合作型人格既是前提也是目的

阐释本身是公共行为还是私人行为？公共阐释论给出的回答是"阐释的公共性本身隐含着公共场域中的多元共存"。这种多元共存显然是允许每个个体或差异性共同体的参与。但是个体阐释不能等同于私人阐释，因为个体阐释的理解与接受为公共性所约束。这是因为人类的公共性决定个体阐释的公共基础。无公共效果的私人阐释是不能够归为阐释行为。如果自言自语，自说自话也归为阐释的话，讨论阐释的边界性和确当性毫无意义。在语言公共性的前提下，理解不被共享，则归属私人理解而失去阐释意义。体现公共理性规则的阐释为确定性阐释。合作型人格达成公共认知。认知不保证真理，但可以推进阐释的确当性。马克思关于人是社会的人，人的本质在于其社会关系的公共性，也就是说阐释活动的主体不是单独的人，而是"集体意义上的人"。

合作型人格体现一种认知水平。孟子的"反求诸己"，即是公共性与个体性自由切换。公共性的历史性意义以及文化层面与阐释学有深层关系。如汉字里的文化基因密码，中国几千年就几千个常用字，出现的任何新事物，汉字通过组合都能把新事物解释清楚，不用添加创造新字。就像中国的太极图，循环往复、生生不息，生命力无穷无尽。以英语为代表的西文则是单极前进，不能后退循环，随着新事物的出现，则不停的创造新单词，创造出现英语新单词无穷无尽。新近出土的海昏侯墓屏风上《论语》的内容以及记录孔子的事迹，两千多年后的现代人看这些文字完全没有压力，这体现了汉字文化传承的稳定性。公共阐释的表意系统因此也具有稳定性。以英文为代表的西方文字体系，属于一维认知，而中文则是立体多维的。以此认知方式来看待世界，中国人的认知和思维方式，普遍复杂于西方人。阐释行为的复杂程度也是远超西方。认知语言学不断有新的研究成果，在形式语言学的框架下，重视语言的认知功能。汉语句法作为语言结构的一部分并不是自足的，它跟词汇、语义密不可分。它具有非离散性、边界不明的特征。人类认知有共通性，但不同民族语言对认知有反作用效果。这一推理过程也符合张江所提出的公共阐释的"公共理性的运行范式"，即由人类基本认知规范给定。由同一语言组合而成的共同体，遵照基本语言规范运行思维并实现表达。公共理性认证确定语境下多元语义的确定性，宽容同一语义的多元理解。

认知与确定性之间构成一种关系。张江认为，公共理性的目标，是认知的真理性与阐释的确定性。阐释虽然属于认识论范畴，但不保证真理，它必须在理性与实践的前提下不断修正和推进认知的确定性。确定性阐释须经过历史的检验，达到最大公约数，"在公共理性的共同体之中及相同语境下"得以实现。动物是被规定好了的，人是可以超越的，人在地球上创造的一切东西都可以视为一种超越，不是天生就有的。人的认知是由实践得来的，它受到个人气质、文化传统、时间和空间等方方面面的限制。"海上生明月，天涯共此时"在中国的农历八月十五夜晚能够引起人的情感共鸣，而在同时段，在美国则不能生效（西方人的文化基因中对月的意象有差异，不会引发团圆、思乡的思绪）。而工业化使各民族趋同。对此，马克思早有论述："大工业到处造成了社会各阶级间的相同关系，从而消灭了各民族的特殊性。"[1] 现代科技某种意义上正在形成新型合作型人格，阐释学也面临新领域的开拓。

结　语

公共阐释是一个宏大的理论构建，"公共阐释论纲"的提出旨在建构中国当代阐释学的基本框架时确立一个核心范畴。"公共阐释"是在"强制阐释论"基础上的理论延伸，也是在与各种思想体系和理论流派的碰撞过程得到启发，经过实践环节后提炼出的标识性概念，具有一定的理论价值和现实意义。扭转文艺理论界拿来主义、教条主义、虚无主义倾向。是在实践经验中进行的自主性理论创造。"公共阐释论"经过对西方文论的辨析和批驳，再次回到阐释者与阐释对象主客体关系上。公共阐释强调公共性，公共性是否意味着抹杀一切个性？因此，对公共性的概念含义有必要进行辨析。阐释本身有中介的特征，在文本或话语不能被理解时居间的一种解释，它的本质

---

① 《马克思恩格斯文集》第 1 卷，人民出版社 2009 年版，第 567 页。

属性就具有公共性，同时公共阐释无疑是建立在"个人"基础之上的，个人在阐释中如何发挥作用，个人与公共之间的关系是一种什么样的关系，人的"类本质"和合作型人格成为公共性的基础部分。同时在表达过程中，非理性与理性的平衡制约构成了公共话语的完整性。

阐释公共性的生成要素探究[*]

张　冰^{**}

　　张江先生在 2017 年《学术研究》第 6 期发表的《公共阐释论纲》一文，提出了一个新的理论概念，即"公共阐释"。他指出："公共阐释的内涵是，阐释者以普遍的历史前提为基点，以文本为意义对象，以公共理性生产有边界约束，且可公度的有效阐释。"① 从某种程度上来看，这一提法对于目前流行的阐释学理论构成了一种挑战。就其最广泛的意义而言，阐释活动自古就存在。阐释学作为一门学科，在西方很长一段时间内是指对《圣经》教义的解读，19 世纪的施莱尔马赫、狄尔泰才将这门学科方法论化。20 世纪 30 年代以来，以海德格尔、伽达默尔等哲学家为代表的当代哲学阐释学成为显学。它的突出特点是反基础主义和反本质主义，强调阐释的当下性和此在性。张江先生提出的公共阐释，以"公共"作为阐释的限定语，重视阐释的普遍性和公共有效性，强调阐释的社会性和责任意识，因此是对当代阐释学的一种反拨。由于张江先生此文名为"论纲"，因此很多论点是以纲要形式呈现，本文希望在此基础上，将其论文中的关键术语限定"公共性"作进一步细化。具体来说，则是从阐释主体出发，探究"公共性"的生成要素。

---

　　* 基金项目：国家社会科学基金重大项目"20 世纪中国美学史"（12 & ZD111）。本文原刊于《学习与探索》2018 年第 5 期。
　　** 作者单位：西南大学文学院。
　　① 张江：《公共阐释论纲》，《学术研究》2017 年第 6 期。

一　阐释主体的个人性及其在阐释活动中的核心意义

学者洪汉鼎曾在其著作中提到西方学者通过对"阐释学"的词义考古，认为它至少包含三个方面的意义指向："1. 说或陈述，即口头讲说；2. 解释或说明，即分析意义；3. 翻译或口译，即转换语言。""因此，诠释学既可能指某种事态通过话语被诠释，又可以指被说的话通过解释被诠释，同时也可能指陌生语言通过翻译被诠释。"[①] 但这只是对阐释学解读的一种方式。笔者认为，对阐释的理解，需要回到阐释活动中去，审视其构成要素之间的内在关联，而不是单纯探究从其语义出发归结其可能具有的指向内涵。

阐释活动至少包括三方面要素：阐释者即阐释主体、文本即阐释客体、创作者意图。在这一构成中，存在着阐释的三种可能的意义归属：归于创作者意图、归于文本自身独立生成的意义、归于阐释者试图达到的目标。在阐释学发展的历史中，究竟该将意义归属何方的争论一直存在。然而一个明显的事实是，在阐释活动中，具有优先性的是阐释者。他的价值认同和选择决定了意义归属的方向。

阐释者的优先性给阐释活动带来了独特的面貌。从直观层面来看，阐释活动是一种阐释者本人的个体阐释。它是由个体来完成的，是作为个别的、具体的人阅读文本，对其做出翻译、解释以及评价。这种解释带有非常强烈的个人色彩。

阐释者的个人性，在一定程度上带来了阐释活动的个人性，这一特质体现在很多方面。从阐释者与创作者意图或观念的关系来看，阐释的个人性表现在可能会带来评价或理解的错位。例如，欧阳修曾在其文章中说："昔梅圣俞作诗，独以吾为知音，吾亦自谓举世之人知梅诗者莫若吾也。吾尝问渠最得意处，渠诵数句，皆非吾赏者。"[②]欧阳修的这段话是感慨"知之"与"好之"之间是很难一致的。但这段话恰好说明，阐释者的阐释相对于创作者本人的意图或喜好而言

---

① 洪汉鼎：《理解与解释——诠释学经典文选》，东方出版社 2001 年版，第 4 页。
② 于民：《中国美学史资料选编》，复旦大学出版社 2008 年版，第 261 页。

具有独立性和个人性。欧阳修与梅尧臣都认可了欧阳修对梅诗理解的权威性，然而欧阳修所称许者却与梅尧臣完全不同。同时代的好友与知音，又都是作为当世的著名诗人，尚且出现这种个人理解上的差异，那么存在着时空间隔的阐释活动，其个人性无疑会更加明显。

从阐释者本人与文本关系来看，由于前者处于不断发展成熟的过程中，因此在不同的年龄阶段，对文本的解读也会存在不同。黄庭坚曾谈到自己阅读陶渊明作品时的体会："血气方刚时读此诗，如嚼枯木。及绵力世事，如决定无所用智，每观此篇，如渴饮水，如欲寐得啜茗，如饥啖汤饼。"① 少年时读陶诗读不出味道，待到经历过一些世事，有了超拔闲旷的心境后，方能读出味道。这是黄庭坚阅读陶渊明作品的个人体会，也是很多人的阅读体验。阐释活动是阐释者的个体人生与文本里描绘的人生的相遇，是阐释者用自己的人生经历来参悟和感受他者人生，并将这种领悟传递给他人的过程。年龄与阅历的变化，体现出的是阐释主体的未确定性和流动性，它增加了阐释活动的复杂性，也增加了阐释活动中的个人化色彩和偶然性。

更重要的是，阐释者本人是处于具体历史中的人，时代的文化、政治、社会等具体历史语境，都会直接影响阐释活动的内容指向和价值判断，成为阐释者的特质规定以及个体阐释中最为核心的部分。美国学者乔治娅·沃恩克曾在其著作中征引伽达默尔的一段话："当某个文本对解释者产生兴趣时，该文本的真实意义并不依赖于作者及其最初的读者所表现的偶然性。至少这种意义不是完全从这里得到的。因为这种意义总是同时由解释者的历史处境所规定的。"② 从这段话中可以看出：第一，阐释者对本文的阐释，并不依赖于作者以及其他读者的阐释；第二，作者与其他读者的阐释也都具有个人性；第三，阐释者的阐释受到具体历史语境的制约，这是其个人性的基础。在征引了这段话之后，乔治娅·沃恩克又以实例的方式将伽达默尔的观点表达得更加明确："我对莎士比亚的《哈姆雷特》的理解可能被联系

---

① 《黄庭坚全集》，四川大学出版社 2001 年版，第 1404 页。
② ［美］乔治娅·沃恩克：《伽达默尔——诠释学、传统和理性》，洪汉鼎译，商务印书馆 2009 年版，第 91 页。

到我对心理学问题和存在主义论点的理解。这些可能并不是促使莎士比亚自己创作这一剧本的问题和论点；它们既不是过去他的公众必定意识的问题或论点，也不是今后将必然指向理解这一剧本的问题和论点。然而这些问题和论点既有助于规定我规定该剧本可能对我所具有的意义，又有助于规定我得以理解莎士比亚意图的方式。"① 伽达默尔强调前见对个体的规定性，注重前历史对阐释者的影响，而从沃恩克的观点中我们能够更加清楚地发现阐释活动的个人性特征。这种个人性体现在它与创作者意图可能无关，与过去的读者观点可能无关，也与未来对该作品的理解可能无关——它只对阐释者本人有意义，这展现了阐释者本人的阐释方式和兴趣点，也体现出文本对阐释者个人的价值和意义所在。

阐释主体在阐释活动中发挥着核心作用，阐释的个体性是阐释活动的出发点，任何一种阐释都是由个体出发的。阐释者的个人性是阐释活动的起点，因此当我们讨论阐释的公共性时，也需要从阐释主体出发，从阐释主体以及阐释活动的个体性中发掘出公共性的辩证内涵。理论的吊诡在于，个体阐释的多样性在赋予了阐释活动的复杂性的同时，也为阐释的公共性提供了条件。张江先生指出，个体阐释不是私人阐释，某种程度上，这是个体阐释具有公共性的关键节点所在，也是个体阐释的公共约束和责任担当的结点所在。个体阐释是建立在人类共通性基础之上的，阐释主体是处于具体历史中的人，他受具体历史时空的制约，因而在具有历史具体性和个性的同时，也必然带有那个时代的公共属性。因此，"阐释的公共性决定于人类理性的公共性"，这道出了阐释活动具有公共性的关键所在。

二　人的心理结构与阐释公共性的形成

从阐释主体来分析阐释活动公共性的形成，可以从三个方面来看：其一是阐释主体的内在要素，其二是其外部要素，其三则是介乎

---

① ［美］乔治娅·沃恩克：《伽达默尔——诠释学、传统和理性》，洪汉鼎译，商务印书馆2009年版，第91页。

两者之间的因素。所谓内在要素，即人的本质的共通性，在此我们主要从人的内在心理结构来考察。所谓外部要素，在此是指语言和话语体系。所谓介乎两者之间的要素，则是指具体时代的思想、文化、观念等。这些方面虽然具有属于外在于人的客观性，但又是规定了人的社会本质的重要方面。

康德在《判断力批判》中为了解释审美判断力的普遍性，提出了"共通感"这一概念。"人们必须把 sensuscommunis（共通感）理解为一种共同的感觉的理念，也就是一种评判能力的理念，这种评判能力在自己的反思中（先天的）考虑到每个别人在思维中的表象方式，以便把自己的判断仿佛依凭着全部人类理性，并由此避开那将会从主观私人条件中对判断产生不利影响的幻觉，这些私人条件有可能会被轻易看作是客观的。"① 对这一概念，康德提出了以下几个关键点：第一，共通感是康德基于他自己理论推衍的一种假定；第二，它是一种评判能力和一种理念，即属于人类理性范畴；第三，它具有客观性，但这种客观性主要是指它在人类本质中的普遍存在，而并非是指具有物质实体性；第四，它的普遍性和客观性使其与主观私人条件截然分开，即它存在于人的主观与精神世界，但又不属于某一个具体人的纯粹个人经验。张江先生提出的"公共阐释是共度性阐释""公共阐释是反思性阐释"、个体阐释不是私人阐释等观点，是与康德主义的这些美学观念有联系的。然而在康德之后，对人的本质的认识又有了很多新的思路，他的"共通感"的假设也可以获得更多、更充分的解读，而这些对于我们理解阐释主体的内在本质联系也十分必要。

20 世纪初期以来，精神分析学派的代表人物弗洛伊德、荣格等学者对人本质的理解在此可以给我们提供参考。在弗洛伊德看来，人的本质由两部分构成：其一是意识，即理性；其二是无意识，即非理性。人的深层心理构成是一个类似冰山的结构，理性仿佛浮在海面上的冰山一角，只是人类本质的一小部分；决定人类行为的是人的深层本质，即无意识部分，它仿佛深藏于海底的冰山主体。学界一般将弗

---

① ［德］康德：《判断力批判》，邓晓芒译，人民出版社 2002 年版，第 135—136 页。

洛伊德的心理学称之为个体心理学，因为他强调个体童年创伤对无意识的构成作用。在这种个体心理学的背后，其实暗示出了人类共通性的可能。人类的无意识在弗洛伊德看来，主要是性的欲望；而童年创伤也主要是指童年时性欲望得不到满足的痛苦以及阉割恐惧等。因此个体无意识其实主要是由童年的性意识创伤组成。尽管每个人的创伤经历不同，但却都是童年性意识，这一点是完全一致的。荣格在这方面比他的老师更加明确。在他看来，人的无意识由两部分组成：一部分是个体无意识，一部分是集体无意识。个体无意识是私人童年经历，而集体无意识则是深埋在人类心灵深处的原初记忆，它并非个体经验，而是人类远古记忆在人类心灵深处的回响。它虽然存在于每个人的精神世界，但却不属于每个个体，而是一种他者存在，是一种客观普遍性存在。

　　弗洛伊德与荣格的观点使我们对人类的心理世界有了更深层次的理解，也可以借此达成对阐释活动和阐释主体更多的认识。作为阐释主体，他不仅仅具有理性，同时还具有感性，甚至在心灵深处还有属于无意识的非理性层面。这些拒绝理性分析的东西，是人类的重要属性，也是人类彼此之间可以分享的世界，同样也是阐释活动得以进行、阐释主体分享阅读体验的前提条件。美国学者桑塔格以其女性独有的敏锐指出："我们现在需要的绝不是进一步将艺术同化于思想，或者（更糟）将艺术同化于文化。"① 她的观点虽然有偏颇之处，但却指出了一个重要事实，即在阐释中，我们不能通过阐释将艺术转变成一种思想，或者文化的传达工具。桑塔格提出了"反对阐释"的主张，力倡去感受作品。与桑塔格不同的是，我们不反对阐释，但在阐释活动中，阐释主体通过自己的阐释，不仅要传达思想，传达文化等观念，同时，也要传达感受。正如弗洛伊德和荣格所论证的，人类的感受和经历同样具有共通性，可以实现共享。桑塔格还指出："现在重要的是恢复我们的感觉。我们必须学会去更多地看，更多地听，更多地感觉。"② 虽然这是她反对阐释的理由，但同时也提醒我们，

---

① ［美］苏珊·桑塔格：《反对阐释》，程巍译，上海译文出版社2003年版，第16页。
② ［美］苏珊·桑塔格：《反对阐释》，程巍译，上海译文出版社2003年版，第17页。

阐释活动是一种由感觉和感性出发的活动，感性和感觉是我们阅读活动开始的地方，是阐释活动得以进行的动力之一。因此，在阐释活动中不能忽视感受和感性。同样地，阐释的公共性不仅体现在理性和观念方面的共享性，同时也体现在人的感受甚至非理性层面的可分享性之中。

三　人的社会存在与阐释公共性的形成

人的本质，在某种程度上是先天与后天相辅相成、共同发挥作用才形成的。马克思曾说："人的本质不是单个人所固有的抽象物，就其现实性而言，它是一切社会关系的总和。"① 这一定义主要着眼于生产关系以及在此基础上形成的社会关系对人本质建构的意义。在马克思看来，人的本质是这一系列关系的综合体现。这些社会关系不仅构成了人生活的主要内容，同时也形塑了人的观念和思想。伽达默尔的表述在某种程度上可以视为马克思对人本质规定的具体化版本。他在评述维柯时说："维柯认为，那种给予人的意志以其方向的东西不是理性的抽象普遍性，而是表现一个集团、一个民族、一个国家或整个人类的共同性的具体普遍性。因此，造就这种共通感觉，对于生活来说就具有决定性的意义。"② 根据伽达默尔的观点，对人的社会属性可以做如下理解：其一，人的普遍性不是理性的抽象品，而是具体普遍性，它落实于具体的集团、民族或国家等人类具体的社会性和普遍性上；其二，对于生活而言，起到决定性意义的是这种人类具体普遍性；其三，这种社会属性同样属于人类共通感的一种表现形式；其四，根据伽达默尔的哲学理念，我们可以将这种具体普遍性作一延伸，即这种具体普遍性体现于时间性之中。无论是一个集团，还是一个民族，甚至一个国家，都具有时间性和时代性，都存在于具体时空之中，它规定了具体人的集团属性、民族属性或国家属性。并且这种普遍性以两种情形展开自身，第一是作为传统，对具体的个人而言，

① 《马克思恩格斯选集》（第1卷），人民出版社1995年版，第60页。
② ［德］伽达默尔：《真理与方法》（第Ⅰ卷），洪汉鼎译，商务印书馆2010年版。

它表现为一种先在；第二是个体自我的历史性，它表现为一种同时性，即规定了个体的具体时间性。在阐释活动中，它们交汇在一起，为阐释的公共性提供了基础。

在阐释活动中，传统具有双重性。海德格尔曾经讨论过历史意识的此在，非常符合对这种双重性的描述。他说："过去的'已经在此'，而且是以形式生动多样的'已经在此'与逗留照面的，这种逗留以一种规定的方式看它并这样去看它的指引联系，以至于一种关联从其自身、从其预先规定的事情内容中产生出来，这种关联不断将比较的逗留纳入到追踪的看和共同的看，而且它必须从自身出发以这种方式来做到这一点。"① 也就是说，过去发生的事情（历史或传统）在阐释者出现之前"已经在此"，它已然获得了自身的存在形式，是具体阐释者的先在。但是，当阐释者审视它的时候，又是"追踪的看"和"共同的看"的结合。"追踪的看"是一种还原，它不是还原到历史本身，而是尽可能地与此前出现的所有有关此一历史事件或文本的诠释知识的一致。"共同的看"则强调了一种公共性。海德格尔说："历史意识这样存在着：它将自己纳入到一种公众状态中规定的自我解释，以这种公众状态的方式来把握自己，并这样普遍地支配自己。"② 历史是一个不断在公众中展开的过程，公共性的阐释成了历史把握自身的方式。并且在看（阐释）的过程中存在一系列关联，这种关联中最重要的就是阐释者的当下，即生活的此在，它引导和规定了看（阐释）的方式和方向。也就是说，传统一方面作为解释出来的传统而存在，另一方面则是作为当下与传统的结合而存在。伽达默尔说："真正的历史思考必须同时想到它自己的历史性。只有这样，它才不会去追逐某个历史对象（历史对象是我们不断研究的对象）的幽灵，而是学会在对象中认出自身的他在性并因而认识自己和他者。真正的历史对象根本就不是对象，而是自己和他者的统一体，是

---

① ［德］海德格尔：《存在论：实际性的解释学》，何卫平译，人民出版社2009年版，第58—59页。

② ［德］海德格尔：《存在论：实际性的解释学》，何卫平译，人民出版社2009年版，第59页。

一种关系。"① 海德格尔与伽达默尔的解释学理论都强调阐释主体，强调从阐释主体出发来审视阐释活动的本体性。阐释的公共性在这里可以获得合法性依据，传统或过去的历史及文化作为规范主体的他者，在阐释活动中为阐释的公共性提供了可能。它不仅规定了阐释者主体，使之处于历史链条之中，而且提供一种类似于客观知识的东西，规定了阐释者的阐释不可以是私人阐释，而是可分享的知识。

阐释者的当下性由于与传统的结合，因而在阐释活动中也具有了特殊的价值。一方面，它赋予文本解释以时代性，使文本不是历史幽灵的复活。阐释活动并不仅仅追求历史的还原，而是在解释中赋予文本以新的意义。这种新意义的获得，就在于阐释者根据当下的时代语境和需求，因而对历史事件或文本做出新的解读。这种新解读将会随着时间距离，而汇入文本或历史事件的解释传统之中。另一方面，又由于这种当下性来自时代和社会，而不是来自个体，因而它本身就具有公共性，可以使阐释者的阐释获得同时代接受者的同情和理解，进而使阐释的公共性具有双重维度，即历时性与共时性的统一。

四 语言系统与阐释公共性的生成

阐释活动的存在形态，一般以语言为其表现形式。洪汉鼎在《真理与方法》的"译者序言"里说："理解的实现方式乃是事物本身得以语言表达，因此对事物的理解必然通过语言的形式而产生，或者说，语言就是理解得以完成的形式。"② 阐释以语言为完成形式，语言的特点必然会制约阐释活动，因此讨论阐释，语言的特质是不能忽略的一环。

伽达默尔在《人和语言》中对人的本质与语言的关系，以及语言的特质等问题做了简单阐释。在他看来，正如亚里士多德所理解的那

---

① ［德］伽达默尔：《真理与方法》（第Ⅱ卷），洪汉鼎译，商务印书馆 2010 年版，第 80 页。

② ［德］伽达默尔：《真理与方法》（第Ⅰ卷），洪汉鼎译，商务印书馆 2010 年版，第 XI 页。

样，人是逻各斯的动物，借助语言来思考。语言具有三方面的特点："首先是讲话具有本质上的自我遗忘性。"① 即人们在说话的时候，很少对讲话本身有意识，人们不会注意到自己所说的话的语言结构、语法和句法等。"语言存在的第二个基本特征是它的无我性。"② "无我性"是指语言存在潜在的听话者，即主要用于一个人讲给其他人听，因此，它不能只是指向言说者自己所意指的对象，而是需要听话者也能够了解正在言说的事件。所以伽达默尔说，讲话不是属于"我"的范围，而是属于"我们"的范围，是一种无"我"。"第三个因素"是"语言的普遍性"③。这一点是由第二点引出。正是由于语言的无我性，所以语言才具有普遍性。它不是针对个体，而是针对所有听话者的语言。伽达默尔的语言普遍性还强调了一点，那就是语言的包容性。没有任何事物可以免于言说，而所有的言说借助的只能是语言。伽达默尔在其著作中对语言还表达了这样一层意思，即语言具有陌生性和约束性。前者体现在两种语言之间的翻译之中，后者体现在谈话中。谈话中，会设置问题和回答问题，每一种陈述都需要根据设置的问题，即动机来组织，因而受到设置问题的支配。

伽达默尔对语言的理解，有助于我们对于阐释活动公共性问题的理解。阐释活动需要借助媒介，即语言来进行。根据伽达默尔，语言具有无我性和普遍性，这种"我们"的特点注定了借助语言来呈现的阐释活动是一种公共性的活动，而不能只是对自身发言的私人活动。语言用来传达，同时也是用来交流，因此，语言要求公约性，能够被他人所理解，因此它必然有着公共规则与内涵。伊瑟尔也认为，"语言活动的成功决定于用约定俗成的常规与传统和真诚的保证来解决未定之处"④，是语言的公共规则和自身包孕的传统维度确保了语

---

① ［德］伽达默尔：《真理与方法》（第Ⅱ卷），洪汉鼎译，商务印书馆2010年版，第188页。

② ［德］伽达默尔：《真理与方法》（第Ⅱ卷），洪汉鼎译，商务印书馆2010年版，第189页。

③ ［德］伽达默尔：《真理与方法》（第Ⅱ卷），洪汉鼎译，商务印书馆2010年版，第191页。

④ ［德］姚斯、［美］霍拉勃：《接受美学与接受理论》，周宁、金元浦译，辽宁人民出版社1987年版，第370页。

言活动（包括阐释活动）的顺利进行。

语言的特点在确保了阐释公共性的同时，也给阐释活动的公共性带来新的生机。首先，语言本身具有多义和模糊等特点，这可以使公共阐释变得更有张力和弹性空间。由于语言的这一特质，就使阐释本身包含了两个部分，明确阐释出的与隐含着的。理解，不仅是对已经阐释出的内容的理解，同时也包括对隐含着的部分的填充和解读。因此，这对阐释的公共性实际上提出了更高的要求，因为如果缺少公共性，则可能导致阅读者无法理解阐释中的隐含部分，因而最终导致阐释活动无法完整进行。其次，借助语言，就使阐释活动的公共性在一定程度上是以交流的方式呈现。语言是交流的工具。伊瑟尔对接受和阐释活动的理解，其中一个关键词就是"交流"。在他看来，阐释意义的生成，产生于文本与读者之间的互动交流中。读者阅读文本，是与文本之间的情感或思想的交流。我们认为，除此之外，阐释意义的生成，也存在于阐释者与阐释文本的阅读者之间。这仍然是一种交流。这种交流，以传统和时代特质为先在语境，以阐释者个体经验和认知为前提，构成一个熟悉而又陌生的交流构架或范式。文本的意义以及阐释的意义都在这一构架中得到重新组织。

某种程度上，阐释具有公共性是一个自明命题。然而，在当代阐释学语境以及文学批评活动中，强调阐释的公共性自有其现实意义。伽达默尔等人重视传统在阐释活动中的价值，但却因为将传统视为一种流动性的历史生成，进而将阐释活动带入相对主义和反本质主义的理论深潭之中。公共阐释所强调的公共性，用康德主义视角来理解，是一种主观普遍性，也即一种源自主体的客观性。这种公度性基础赋予了阐释活动以确定性，使之在具有个体多样化的灵动空间和巨大的包容性的同时，也具有了极其广泛的共享性。因此，在阐释活动中，倡导阐释的公共性，确立阐释范式，遵循共同的阐释规则，是获得良好阐释效果，使阐释活动得以良性发展的重要前提。

阐释的"公共性"何以可能?*

陈 海**

伴随着经济的崛起,在文化领域构建中国特色话语体系成为学术界的热门话题。学院派和民间知识界已经前所未有地达成了共识:话语的他者化不利于中国文化的发展和繁荣。各人文社科领域近年来频繁组织学术讨论,开始对自身的理论资源进行反思,以期构建本学科具有中国特色的新的话语体系。然而,如何真正摆脱他者话语的桎梏,创构出自己的话语概念和逻辑,进而形成一种话语系统,目前还没有取得重大理论突破。值得注意的是,中国社会科学院张江教授在2014 年底提出了"强制阐释"论,①对西方话语"强制阐释"中国经验的弊端进行了深入揭示,进一步激发了学界对自身理论资源合法性问题的大讨论。最近张江教授又提出了"公共阐释"论,提出阐释应具有公共性,试图"建立具有中国特色的'公共阐释'理论"②。从"强制阐释"到"公共阐释",可以看出张江教授先破后立,希望通过对"阐释"的清理来构建中国话语体系的理论旨趣:要建构中国话语体系,首先要清扫旧话语体系的弊端,然后要夯实共同的话语基础,进而提出具有普遍性的建构原则。他认为共同"话语"来自对共同对象的阐释实践,因此提出"公共阐释"作为构建公共话语

* 基金项目:陕西省社科基金项目(2017J038);陕西省社科界重大理论与现实问题研究项目(2017Z038);国家社科基金艺术学重点项目(16AA002);中国文艺评论(西北大学)基地之阶段性成果。本文原刊于《西北大学学报》2018 年第 2 期。

** 作者单位:西北大学。

① 张江:《强制阐释论》,《文学评论》2014 年第 6 期。
② 张江:《公共阐释论纲》,《学术研究》2017 年第 6 期。

的基础。可以说,张江教授通过提出"公共阐释",试图明确阐释的"公共性",提倡生产并应用公共话语对文本进行合乎"公共理性"的阐释,对构建中国话语具有重大的理论意义。

然而,要说"公共",必然要提"私人",因为相对概念如果不置入同一话语场进行讨论,双方都是无意义的。因此要谈"公共阐释",就必须解决"私人阐释"或叫阐释的"个人化"问题。张江教授也注意到了这一点。他在《公共阐释论纲》第一部分就讨论了阐释的"公共性",指出"阐释本身是一种公共行为"①,进而提出了"公共理性"这一概念,并归纳出了公共理性的四大基本内涵:首先,公共理性是个体理性的共识重叠与规范集合;第二,公共理性的目标是认知的真理性与阐释的确定性;第三,公共理性的运行范式由人类基本认知规范给定;第四,公共理性可重复并可被检验。②

那么问题来了。阐释活动首先一定是一个"个人"进行的活动,而不会是某一公共群体的行为。那么,阐释是如何从"个人"上升为"公共"呢?也就是说,要讲"公共阐释",就必须说明阐释活动从个人行为到公共行为之间复杂曲折的内在细节,也就是必须首先回答这样一个问题:阐释的"公共性"何以可能?

下面我们将首先指出阐释的"公共性"面临的巨大挑战,然后再提出阐释"公共性"实现的可能。

一 阐释"公共性"的不可能

先来看一个非常典型的案例。2017 年 9 月 22 日,毕志飞导演的电影《纯洁心灵·逐梦演艺圈》(以下简称《纯结心灵》)上映。对这一电影,导演和学院派专家与网友的评价大相径庭。前者极尽赞誉,而后者则在豆瓣给出了 2.0 的最低分。如此巨大的争议甚至导致电影不得不于 9 月 26 日宣布撤档。从阐释角度看,对相同的电影文本进行阐释,结果却极端对立的案例,无论其操作层面或现实层面的

① 张江:《公共阐释论纲》,《学术研究》2017 年第 6 期。
② 张江:《公共阐释论纲》,《学术研究》2017 年第 6 期。

具体原因是什么，都对阐释的"公共性"提出了挑战。换句话说，阐释要获得"公共性"的障碍就在于具体操作层面或现实层面的无数具体原因。就本案例而言，我们发现某些明显存在的作品之外的力量，导致了阐释公共性的断裂。

如果说这部电影只是一个较为极端的案例，不足以说明阐释的"公共性"获得的艰难，那么从大量的阐释实践来看，阐释的公共性往往只是一种理想状态。现实中个体阐释往往难以顺畅地具有"公共性"，它要经历从个人到公共的曲折历程，绝不是那么顺理成章，自然而然。因为从理论上看，阐释"公共性"的达成必须面对和解决以下问题。

第一，理性能否成为阐释的"公共性"的坚固基础？张江教授提出的公共阐释论的前提基础是公共理性的存在，公共理性又以"理性"为基础。然而他并没有对"理性"进行适当的界定，而是将其看成是不言自明，清晰牢固的人性固有之物，甚至表现出将理性与感性截然对立，用理性压抑感性的二元论弊端。这样的做法有以下问题。

首先，文中使用的"理性"并不符合"理性"概念复杂的本来面貌。因为显然，"理性"一词有其自身的概念史演进，不同语言在对"理性"进行言说时会产生必然的内涵差异。即便不考虑"理性"一词本身的问题，仅从具体运用层面看，古希腊人、罗马人、中世纪的欧洲人、近代启蒙者乃至现代人，在使用"理性"一词时也各有所好，各有偏重。因此，在一个严肃的哲学讨论中，如果笼统使用某一个"理性"内涵作为阐释的"公共性"存在的哲学基础，风险巨大。退一步来说，即便不考虑理性本身的复杂内涵，不从哲学阐释学的角度来看要求"理性"，而只是将"理性"看成是认识论意义上的概念、判断和推理，那么也存在康德所说的理性的"公开运用"和"私下运用"的问题。在《答复这个问题："什么是启蒙运动"》中，他认为理性的公开运用是"任何人作为学者在全部听众面前所能做的那种运用"①，而私下运用则是"一个人在其所受任的一定公职岗位

---

① ［德］康德：《答复这个问题："什么是启蒙运动"，历史理性批判文集》，商务印书馆1997年版，第24—25页。

或者职务上所能运用的自己的理性"①。前者可能会达到公共性，而后者则因为公职岗位或职务的限制，不可能达到公共性，不会出现公共理性的完成。因此，虽然张江教授开篇反对"反理性"倾向确实具有一定的合理性，然而不证自明地使用"理性"来期望达到阐释的"公共性"，却也是值得商榷的。因此，"公共阐释"论的进一步工作应该是严格辨析"理性"的内涵。

其次，文中使用抽象的"理性"容易忽视阐释活动应该具有的身体性特征。阐释活动不仅是认识论层面"面对"对象的阐释，以此靠近真理，它更是哲学意义上的人与世界的交往和个体获得澄明存在的过程，这需要身体维度的参与。因此，如果只强调阐释活动中作为认识能力的"理性"，将无意中排斥阐释活动中的具身性层面。自柏拉图（Πλτων）至笛卡尔（Descartes），一直高扬"理性"而忽略或压抑"身体"，"理性"的僭越已经被主流哲学界所发现并加以明确的反思。"理性"的无边界泛滥被视为西方哲学的一大弊端。20 世纪初，胡塞尔（E. EdmundHusserl）在《逻辑研究》中提出"意向性"、梅洛庞蒂（Maurice Merleau-Ponty）在《知觉现象学》提出"身体"，这些思考让我们重新发现了"身体"在人整体活动中的基础性作用。② 那么，让我们回到阐释活动的"本身"，那就是：即便我们承认阐释活动是所谓的"理性"活动，然而不可否认的是，人是身心一体，理性与感性并在的此在。因此在具体的"这一个"阐释活动中，参与阐释行动的是一个整体的人，而非仅仅是一个"理性的人"。换句话说，因为"这一个"阐释永远具有不可避免的具身性，所以只强调"理性"，完全忽视人的包括具身性的整体存在状态对"这一个"阐释活动的影响，将失去理解和言说人类阐释活动的一个重要维度。

第二，进一步来说，"个体理性"能否存在，或者说个体是否能够在其被抛入的、自己无法控制的复杂社会活动中保持一贯的理性状

---

① ［德］康德：《答复这个问题："什么是启蒙运动"，历史理性批判文集》，商务印书馆 1997 年版，第 25 页。

② ［法］莫里斯·梅洛－庞蒂：《知觉现象学》，姜志辉译，商务印书馆 2001 年版。

态，也是一个值得探讨的问题。即便抛开哲学对"人"无穷的复杂讨论不谈，仅从群体视野关照个人行为，社会学家、心理学家和传播学家们都已经做了大量的工作，取得了大量个人理性在群体活动中的状态的真知灼见。1895 年，法国人古斯塔夫·勒庞（Gustave Le Bon）就在其社会学经典名著《乌合之众：大众心理研究》[1]中最早有效地阐明了"个人在群体影响下，思想和感觉中的道德约束与文明方式突然消失，原始冲动、幼稚行为和犯罪倾向的突然爆发"，进而"给予作为古典民主学说和关于革命的民主神话基础的人性画面沉重一击"[2]。之后的 1951 年，埃里克·霍夫（Eric Hoffer）出版了《狂热分子：群众运动圣经》[3]，1952 年沃尔特·李普曼（Walter Lippmann）出版了《幻影公众》[4]，1975 年哈罗德·伊罗生（Harold R. Isaacs）出版了《群氓之族：群体认同与政治变迁》[5]。这些社会学、心理学和传播学研究采用了大量无可反驳的现实案例，对"个体理性"在群体中的存在形态进行了分析。我们即便不同意他们所认为的"个人理性"在群体状态时近乎无效的看法，起码也应该谨慎预设群体状态下"个人理性"的清晰明确。具体到阐释活动中就是，基于阐释活动必须获得"公共性"，需要照顾到他者，进入群体评判，因此必须谨慎地预设个人在阐释活动中的"理性"力量。历史上的大量案例表明，群体状态或想象的群体状态往往会成为阐释活动中"个人理性"明晰运作的阻碍。

第三，即便我们承认"个人理性"在任何阐释活动中都清晰存在，那么它具体如何扩张，最终达到公共层面的一致？个人如何将自己对公共事务的"个体理性"判断，顺利扩展到他人，让他人认同

---

①　[法]古斯塔夫·勒庞：《乌合之众：大众心理研究》，冯克利译，中央编译出版社 2005 年版。

②　[美]约瑟夫·熊彼特：《资本主义、社会主义与民主》，吴良健译，商务印书馆 1999 年版。

③　[美]埃里克·霍夫：《狂热分子：群众运动圣经》，梁永安译，广西师范大学出版社 2011 年版。

④　[美]沃尔特·李普曼：《幻影公众》，林牧茵译，复旦大学出版社 2013 年版。

⑤　[美]哈罗德·伊罗生：《群氓之族：群体认同与政治变迁》，邓伯宸译，广西师范大学出版社 2015 年版。

自己的阐释判断，形成共同的"公共理性"？也就是说，从"个体理性"到"公共理性"之间具体如何飞跃的？这个问题必须加以说明。张江教授却没有明确解释这一飞跃。但他指出，"公共理性"是"人类共同的理性规范及基本逻辑程序"①。他将"公共理性"看作是"呈现人类理性的主体要素，是个体理性的共识重叠与规范集合，是阐释及接受群体展开理解和表达的基本场域"②。问题是，个体理性的"共识重叠"具体指什么？这一"共识重叠"具体怎么操作才能使"个体理性"变为"公共理性"呢？就如政治活动的共识绝不是大多数人意见的重叠，在阐释活动中，对"个体理性"的判断结果进行"重叠"显然也不能形成具有真理性的"公共理性"。退一步说，即便说重叠在一起就能达到"普遍性"，那么文中的说法还有一些疑问。比如，张江教授认为公共阐释是"阐释者以普遍的历史前提为基点"，而"普遍的历史前提"是指"阐释的规范先于阐释而养成，阐释的起点由传统和认知的前见所决定"③。问题是，看起来具有重叠性可能的"传统和认知的前见"具有普遍性吗？表面上看，传统似乎对每个人而言都是相同的，似乎是"重叠的"。然而具体来看，每个人其实都身处不同的传统之中，因此也具有不同的认知前见，那么不同的人的阐释的起点就是不同的。因此，"普遍的历史前提"中的"普遍性"就有疑问了。最终必须思考的问题是：重叠的前提是什么？重叠什么内容？具体如何重叠？充分思考和回答了这些问题，"共识重叠"才是有可能的。

第四，即便承认"公共理性"的存在，它还要面对各种来自当代具体实践情境的挑战，以便稳固自己的公共性特质。我认为最大的挑战来自以下三个方面。

首先，"公共理性"如何面对当代资本力量的挑战？马克思尖锐地指出，资本来到世间，从头到脚，每个毛孔都滴着血和肮脏的东西。全球化之后，资本更是横扫全球，势不可挡。广义的文化必须要

---

① 张江：《公共阐释论纲》，《学术研究》2017 年第 6 期，第 2 页。
② 张江：《公共阐释论纲》，《学术研究》2017 年第 6 期，第 2 页。
③ 张江：《公共阐释论纲》，《学术研究》2017 年第 6 期，第 2 页。

善加利用资本的力量，但同时也会不可避免地受到资本力量的影响，乃至有可能偏离了文化自身的价值追求。阐释活动也是一样。理想化的阐释确实如张江教授所指出的那样，应该是合理性、合逻辑的活动。然而在现实中，合理性与合逻辑的阐释往往不得不受到资本力量的裹挟和左右。可以这么说，"公共理性"要达到合理性、合逻辑当然需要克服理论上的各种障碍，这虽然困难，还有可能实现。但如果"公共理性"要摆脱现实资本的控制，真正在现实中实现，进而贯彻于现实阐释活动之中，却是十分困难的。比如上文提到专家和观众对电影《纯洁心灵》极端对立的阐释，就可以怀疑其中有资本力量的干预。进一步说，学术界对"公共阐释"的讨论由于当代资本对阐释的干预，就不再仅仅是一个哲学问题，而是一个基于政治经济学的现实问题。

其次，公共理性如何面对不断加大的阶层差异的挑战？如果我们承认阶层的存在，那么根据马克思主义经济基础和上层建筑之间关系的基本原则，阶层之间的经济差异必然导致其上层建筑的整体差异，其中当然就包括了阶层阐释的差异，这一点在对各种流行性文化活动的解读过程中表现得最为明显。当我们从一般意义上来谈"超阶层"的"阐释"，必须回答这么几个问题：第一，各阶层内部能否形成公共理性？这个问题需要考虑阶层内部成员由于其阶层位置受到的信息不对称的困境。虽然他们同属一个阶层，但在个体精神层面是否可能顺畅交流？第二，各个阶层之间如何达成理性的公共性，进而产生超阶层的公共理性？这个问题相对第一个问题更为困难。因为"公共性"必须是超阶层的"公共性"，它的界限至少在超阶层层面才能有现实价值。所以这个问题是"公共阐释论"必须回答的问题。第三，如果有超阶层的公共理性，那么它和各个阶层本身的"公共理性"是什么关系？如果是前者统摄后者，那么如何统摄？如果前者和后者是平行关系，那么超阶层的公共理性如何发挥"公共性"的力量？总之，"公共阐释"必须直面这个问题：如何跨越阶层的存在局限来达到超阶层的"公共理性"？或者说，如果存在超阶层的"公共理性"，那么它如何能够给每一个身处不同阶层的个体以真理性启示？

再次，公共理性如何面对新媒介技术的挑战？新媒介技术通过强力地作用于身处其中的我们每个人，首先改变了我们自身，进而改变了我们的自然观、社会组织方式和艺术行为。对新媒介技术的人文反思已经成为当代人文知识分子不可回避的问题。回溯媒介技术思想史，20世纪对新媒介技术的思考已经蔚为大观，其代表是媒介生态学派的伊尼斯、莱文森、爱森斯坦、麦克卢汉、波兹曼、洛根等人。他们首先关注了"媒介"问题。比如伊尼斯讨论了媒介偏向、麦克卢汉提出了"媒介即信息"、波兹曼分析了书籍与电视媒介的文化差异。他们接着从媒介问题出发，讨论"媒介"背后生产媒介的"技术"及"技术"背后的人类文化。从媒介、技术到文化构成了媒介生态学派逐步深入的思考之链。我国自20世纪90年代开始，随着互联网及移动通信产品的迅速普及，学界也逐渐开始反思新媒介带来的文化后果。我们的共识是：新媒介技术已经形成了一个新的"文化场"，它已经使每一个人都身处其中。同样，阐释活动也被卷入了媒介技术问题的话语场之中。

张江教授将一个普遍性的"文化"作为造就公共理性，达成公共阐释之基。他没有指出的是，今天对这一普遍性的文化的确认必须要考虑新媒介技术之维。因为新媒介技术正在改造我们的文化，就是在不断改变公共理性的基础。具体来说，新媒介技术塑造了不同的文化形态，不同的文化形态进而制约着不同的理性的具体内容和表达形式。我们当代的"公共理性"建立在当代文化形态之上，而当代文化形态作为一个隐而不显的"背景"，深刻地被"显而不隐"的媒介技术所规范。"公共理性"作为在一定文化环境下阐释活动的基础，不能忽视其产生和发展过程中的新媒介技术力量。新的课题是，基于我们已经初步考察过的新媒介技术对当代艺术活动的巨大影响[1]，我们需要具体考察新媒介技术对"公共理性"塑造的具体影响。

二 阐释"公共性"的可能

虽然阐释"公共性"的实现面临如上巨大的理论和实践挑战，似

---

[1] 陈海：《当代艺术的新媒介挑战及出路》，《中国图书评论》2017年第9期。

乎不可能实现。然而在现实的阐释活动中，我们发现阐释活动会出现一定的"公共性"，"公共阐释"因此是可能的。正如谷鹏飞教授所言，"我愿意把'公共阐释'概念视为哲学解释学与人对自我存在的内在理解，其仍然遵循解释学的一般原则，但在原则的'应用'方面，会根据新的现实与文本经验而作出拓展。这个新的现实与文本经验就是：现实的分裂更加加剧，多元文化、异质文化、混杂文化分裂并存；生存的经验更加丰富，真实的、虚拟的、人机共在的经验成为常态；文本的形态更加多样，纸质媒介、数字媒介、混合媒介合力塑造巨量的文本与超文本……所有这些新的现实与新的文本，都需要我们站在哲学解释学的立场上加以'应用'，发展新的哲学解释学；而'公共阐释'，正是这种新的哲学解释学的尝试'应用'"。① 我认为，阐释的"公共性"可能通过如下方式来达到。

第一，超越认知，进入审美。

如果将"公共理性"及"公共阐释"视为一个哲学认识论的问题，或者看成是一个科学意义上的认知问题，那么我们就必须回答上文所提出的"理性""个人理性"及"个人理性"向"公共理性"飞跃等等问题。然而众所周知，人类活动的内在驱动力除了认知之外，还有审美的力量。阐释活动作为认知活动确实会引发一系列不可解决的严重问题。但如果换一个角度，将表面上理性主导的阐释活动不仅视为一个理性认知活动，而是将其视为一个审美（这里所说的"审美"强调的是 Aesthetic 的"感性学"之意）活动，那么阐释活动就会别有一番天地。我认为，"公共理性"和"公共阐释"之所以可能，之所以能够跨越"理性"与"感性"冲突的纠缠，从而达到事实上的大众赞同和理解，其希望就在于康德所说的基于"人类共同感"的审美愉快。

确实，人类理性是有限的，个体理性可能是混沌的，个体理性要达到清晰的公共理性更要经过无数艰难，公共理性还必须面对资本、阶层和技术的巨大挑战。然而，通过审美，通过基于感性的人类共同感来抵达公共理解和阐释，却并不困难。其基础在于每个人都具有的

---

① 谷鹏飞：《"公共阐释"论》，《西北大学学报》（哲学社会科学版）2018 年第 1 期。

人类身体的共同感。它包括人类身体的共同生理基础,也包括人类共同的心理机制。当然,人的生理快感并不同于人的美感。生理基础和心理机制只是物的层面,而美感恰恰摆脱了物的层面,达到了精神境界。因此,审美之所以能够达到公共阐释,并不在于物的层面,而在于基于相同的物的基础之上,人人都有对真善美的精神追求。反过来说,公共阐释之所以能够完成,也并不在于有一个坚固的"公共理性",而在于阐释过程中的审美化处理和表达,这样的审美化处理和表达才能更容易地获得"公共性"。虽然这种"公共性"如李春青教授所言,"一种共同性代表着一种趣味,一种审美理想,要求共同体成员接受,具有某种强制性与排他性。其背后所隐含的则是一种身份意识、权力意识,曲折地发挥着某种政治功能"。① 即便如此,具有审美化内涵的公共阐释也更容易在一个共同体中获得其多数成员的认同。这也是"美"作为人类永恒坚持的价值之所在。举例来说,电影《纯洁心灵》要获得具有公共性的阐释,不能从扭转被资本力量或其他力量扭曲的认知层面的判断来入手,而应该采用审美的方式来获得,即根据电影文本本身来获得。在对电影的阐释活动中,无论是专家还是普通观众,每个阐释者基于自身感性而非理性,自然而然地直观地"涌现"出能够获得共鸣的审美判断。只有这样,对电影的阐释活动才可能获得公共性。当然,审美的阐释也可能并不一致,但审美阐释的差异与理性判断的冲突不同。理性判断的冲突涉及"真"或"假",它们是截然对立的,不可化解。而审美差异是基于人类身体共同感的审美判断,它涉及的"美"或"丑",但美和丑并不是截然对立的,它们的冲突是可以通过审美活动自身的交流来化解。因此审美差异就能够更容易地获得一致性。这就是公共阐释超越理性认知,通过审美来获得的可能。

第二,超越个人现实界,进入公共虚拟场。

所谓超越个人现实界,进入公共虚拟场,是针对"个体阐释"受到具体的割裂的个体现实生存境遇影响,无法达成"公共阐释"而

---

① 李春青:《论中国古代文学共同体的形成机制及其阐释学意义》,《西北大学学报》(哲学社会科学版) 2018 年第 1 期。

言。通过新媒介技术造就公共虚拟场，可以打破现实中个体被割裂的时空局限，为"公共阐释"的实现提供可能。

随着人工智能技术的不断突破，新技术的意味正成为人文学科思考的一个热点。新媒介技术是包括人工智能技术的统称。从整体来看，新媒介技术（尤其是 VR 和 AR 技术）首先搭建了一系列虚拟平台，并基于这些平台开发出大量虚拟应用程序（支付宝、微信、推特等）。通过这些虚拟平台及应用程序，新媒介技术改变了整个人类社会，尤其重塑了个人和群体的活动空间，包括个人空间和组织空间两方面。在个人空间上，新的交通技术（如高铁）改变了个人的物理空间，新的交流技术（如微信）改变了个人的心理空间。这两方面的改变使个人越来越依赖新媒介技术，结果导致个体感官比率的变化，进而构建了基于当代技术的感官文化（如当代视觉文化的崛起）。在组织空间上，新媒介技术改变了组织形态及活动方式。集中表现在政治、经济乃至军事领域：网络意见左右政治局势、网络极端组织的出现、互联网经济的崛起、军事冲突数字化等。可以说，虚拟世界的力量已经成为现实世界活动不可忽视的重要参考力量。

遗憾的是，国内人文社科领域对虚拟技术的研究一直十分滞后。更糟糕的是，我们一直对新媒介技术抱有偏见，似乎新媒介技术造就的虚拟公共平台（尤其是互联网）是当代价值观混乱、阶层冲突加剧的罪魁祸首。而一些新媒介技术应用，比如电子游戏和网络文学等，也往往被主流学界所批评。这些批评有其合理性，然而如果仅仅止步于此，那实在是非常肤浅的。因为很简单，新媒介技术造就的虚拟平台提供了每一个人都有表达的机会，因此出现一些人所说的"混乱"当然在所难免了。电子游戏和网络文学也在审美和艺术层面有其自身的价值，这一点已经被越来越多的研究者所发现，对其研究也在逐步深入。最重要的是，对新媒介技术的研究并不是一个理论问题，而是一个急迫的现实问题：我们当代的所有人正身处这些虚拟环境和技术产品之中，无论你是批评和否定，它已经成为当代人生存必不可少的重要资源。

那么，新媒介技术构造的公共虚拟场对个体的阐释活动到底有何意义？我们知道，"公共阐释"的基础是"公共理性"，因此上文指出了"公共性"的实现需要解决"理性"问题、"个体理性"问题、"个体理性"向"公共理性"的跳跃等问题。这些问题其实归根结底都源自个体在现实世界中的有限存在：个体被抛入这么一个复杂的、各不相同的现实世界，因此造成了个体的"理性"的巨大差异、"个体理性"的飘忽不定、"个体理性"向"公共理性"飞跃的巨大鸿沟。在新媒介技术造就的公共虚拟场，每个个体可以自由地重新选择在现实世界不可能选择的生存场，获得令自我满意的公共性的生存体验。当然，公共虚拟场不会消除现实世界带来的个体的"理性"差异，也不会影响现实中"个体理性"的飘忽不定，但它却会促成"个体理性"向"公共理性"的飞跃。其秘密就在于新媒介技术造就的公共虚拟场的"公共性"和"虚拟性"。"公共性"保证所有阐释者可以面对一个无限广阔的世界，一个可以面向所有人说话的世界。因此阐释者只能遵循一个广泛的理性准则，才能向最多的人说话，让更多的人倾听自己的阐释。"虚拟性"保证阐释者不受现实世界各种利益的纠缠，他只能遵循公共规范才能获得其他无利益纠葛者的赞同。因此，一个"公共虚拟场"的存在，使阐释者能够暂时脱离现实世界带来的理性无法解决的问题，更好地进行合理性合逻辑的阐释活动。

此外，新媒介技术构造的公共虚拟场还可能解决"公共理性"面对的资本挑战和阶层挑战。对资本挑战而言，公共虚拟场的非功利性可以隔绝资本力量的控制；对阶层挑战而言，公共虚拟场可能为不同阶层的个体提供相同的虚拟基础，通过相似的"个人理性"生产环境，最终希望获得跨越阶层的"公共理性"。

总之，达到阐释的"公共性"是阐释活动的理想状态。虽然困难重重，但通过超越认知，进入审美以及超越个人现实界，进入公共虚拟场，我们还是可以期望它的实现。

第三编

公共阐释与公共理性

公共性、理性与阐释学的相关问题 *

张政文 **

　　张江教授试图走出西方阐释学的思维路径和话语方式，在对中国古代"阐""诠"的语义分析中提出了当代有中国本土文化语境支撑的关于阐释的基本原理，即阐释是公共的、阐释是理性的。从施莱尔马赫、狄尔泰、文德尔班、李凯尔特到海德格尔、伽达默尔，西方阐释学的努力就在于如何让对文本的误读获得合理性与合法性，以误读的不可避免性和客观存在性和解文本与释者无法调和的对立。所谓阐释的主体间性正是在这期间生成的。寻找误读的必然性、合理性成为西方阐释学的基本理论路径和思想选择。而张江教授坚持阐释的真假与对错是阐释的根本，认为文本必有确定的文本意义，所以阐释有真假，阐释结果有对错。这一原则既是阐释的存在论基础，又是阐释的伦理学前提。可见，张江教授一反西方阐释学原理，为中国当代阐释学构造了一条真的阐释与对的阐释如何可能与如何实现的方法和路径，这也是张江教授捍卫阐释是公共的、阐释是理性的理论的根本原因。

　　显然，西方阐释学以误读的合理性为基石，如哲学家黑格尔所说的存在的就是合理的，而中国当代阐释学则以张江教授真实的阐释才是正确的阐释为原理。这样，又引出一些关于阐释特性的辨析。第一，从中国古人创造"阐"这个字时开始，在中国的语境中"阐"字就有了对话的核心语义。但西方却不同，在古希腊赫耳墨斯的故事

---

　　* 本文原刊于《求是学刊》2019 年第 1 期。
　　** 作者单位：中国社会科学院大学。

中，赫耳墨斯是个信使，他传的是宙斯之信。因此，赫耳墨斯的角色和中国的"阐"的语义不一样。赫耳墨斯是宙斯的传话者，而不应是宙斯之信的阐释者。阐释是在赫耳墨斯传话过程中出现的。如此，阐释与宙斯无关，与宙斯之信无关，与赫耳墨斯初使传信的动机无关，阐释与赫耳墨斯对宙斯之信的理解与表达和听者对赫耳墨斯对宙斯之信的理解与表达的理解与表达有关，是在传话的过程中出现了阐释的问题。可见，西方阐释学中的赫耳墨斯之根源不来自于阐释，而来自于传话。而对于传话，无论从本体的意义上来说，还是从工具的意义上来说，最根本的一个合法性在于准确。准确这个词有两个基本含义：一是能够把宙斯的话准确地、完整地传达出来；二是能让听者听到传话者传达的准确、完整的宙斯要说的意思。所以，传话的真正合法性是准确、真实、完整，是意义不变形，原汁原味。那么，赫耳墨斯的传话怎么变成了阐释呢？也许是基于这样三个方面的问题：一方面，可能这个传话者本身在接收指令或信息时理解有误，传话者不能准确地传达、表述。另一方面可能是传话者虽准确地传达、表达，但是听者没有准确地听懂。还有第三方面问题，这就是传话者故意加入了他的主观意图。但是，当一个传话者故意加入自己的主观意图的时候，传话的本义就被消解了。传话者不该这样。从一个信使的责任与使命来说，他就应该准确传达。如果信使的能力或理解力有偏差，或者由于听者的前理解、前见，导致理解不准确、有主观性，这个是合理的。但如果信使、听者是故意的，就违背了信使传信的责任，这种情况就不应该放在阐释的本义之中。故意歪曲的阐释，还能叫阐释吗？这就与中国的"阐"不同。从"阐"的造字和本义来说，中国的阐释一开始就是对话的，而西方的阐释自赫耳墨斯始就不是对话的，而是单向的，是宙斯对赫耳墨斯的命令和赫耳墨斯的执行。可见，西方阐释学的这个阐释，其本源既与中国古人理解的阐释不一样，又跟我们现代中国人理解的阐释不一样。西方的阐释从一开始并没有阐释之意，但是这个行动发起之后就出现了阐释的问题。字是文明的起端，而中国人一开始在造"阐"字的时候，它就是公共的、对话的，阐释自始就是这么原发生成的。而西方的阐释则是转发的、继发性的行为，先是传信、命令、执行，后在命令、执行的过程中出现了一个阐释的问题。

第二，如果在从命令、执行到阐释的过程中，传信者故意造成信息的扭曲和歪解的情况，那就已经违背了阐释的基本原理，作为信使的职责被破坏了。但是可能在西方人的理解中，正是因为你没有完成信使的那个本源的职责，才出现了阐释，所以出现阐释的合理合法的误读是可以被承认的。但是西方阐释学从没有认为故意造成的误读是合法的。中国的"阐"字一开始就强调对话，阐释首先是一个对话的行为，而不是命令与执行。说者说，听者听，无论说者说什么、怎么说，也无论听者听没听懂，怎么理解，言说与聆听行为还是不是阐释？如果说的话是命令，这还算不算阐释呢？如果说的话是商量，这是不是阐释呢？我的理解是，命令不是阐释，命令是直言的，没有阐释学意义上的"居间说话"。"居间说话"是指对话之中一定要有间性关系。在阐释的行为中，话语的言语总是要让别人听，但不是所有的言语都是阐释，自言自语的言说不是阐释，这在张江教授的《公共阐释论纲》中已经予以解说。但还应该看到，如果言语目的不是在于双方共同建构生成一种对话，言语不是一种对话而是命令，那么，这种命令—执行是没有居间的，在命令者和执行者、言语者和听语者之间，是不存在一个间性关系的。

第三，阐释是一种公共的而不是私人的行为，那么，阐释的公共性根源于何？张江教授秉持经典的启蒙观点，就是理性。那么，在这个问题上，有没有反证呢？或者说，是否可以认为阐释不一定都是公共的，或者阐释不一定都是理性的？张江教授在《公共阐释论纲》中认为，阐释的理性原理使得阐释的公共性有了基本合法性。合法性就是可讨论性，阐释越具讨论性，阐释就越具合法性。如果取消了阐释的理性，阐释沦为私欲行为，阐释也就在根本上被取消了。如果我们说阐释是理性的，那么这就意味着命令和执行、自言自语也可能是理性的，也可能不是理性的，但对话一定是理性的，阐释一定是理性的，否则就是虚无主义了。在命令和执行的过程中，命令本身未必是理性的，执行的方法和过程也未必是理性的，但是阐释是对话的、居间的、公共的，它也就一定是理性的。

关键问题在于我们怎样理解理性。张江教授在《公共阐释论纲》

中提出，理性最核心的内涵是语言。语言是思维的形式，思维有逻辑，语言有规则，思维是理性的，语言也是理性的。这个理性的前提是什么呢？前提就是存在与意识之间有着统一性。要不然主体怎么能理解这个世界呢？不过，理性不仅仅是思维理性，还有历史理性、价值理性。从本质上讲，思维理性、语言理性根植于历史理性并存在于价值理性的场域中。阐释的理性筑于思维理性、语言理性之上，根植于历史理性、价值理性之中。正是历史理性、价值理性才使阐释公共性问题有了伦理的维度。阐释追求真理，不仅与真有关，更与善有关。张江教授的强制阐释理论其实就是一个阐释的伦理问题，因为每个人在每一次的阐释中都有不同程度和不同性质的强制阐释，但普遍存在的强制阐释却不符合阐释伦理，虽然人人都不可能完全避免强制阐释，却也不意味着强制阐释具有合法性。这正是张江教授强制阐释理论的更深刻之处。

　　第四，公共性与理性也有着极其复杂的关系，不能划等号。有些公共性是不理性的。人类历史上许多公共的话语、公共的行为、公共的场景，甚至历史的一个时段的公共性并不由理性来决定或构成，例如宗教活动。宗教一定是公共性行为，它也许有某种理性，但无论你怎么解释这种理性，宗教的起源和本质都是非理性的。在宗教传教过程中，一般有两种类型：一种是神学家类型，还有一种是牧师类型。牧师传教不与你讲理，而是用故事、诗歌、歌唱让你动情感心。施莱尔马赫创立西方阐释学的时候就特别注重后者。又如，文学艺术也是一种典型的公共行为。普鲁斯特的《追忆似水年华》这么庞大的长篇小说肯定有冷静的设计，但有没有随着自己的意识流去写的部分？这本身值得讨论。在西方，理性有拉丁词根中的 ratio（理智）之意，也有希腊词根中的 λ. γο. 之意，还有逻各斯或道之意，所以，要多维度地辨析阐释中的理性。

　　如果说阐释是理性的，公共性则是理性的一种展开方式，是理性变成社会普遍存在状态的一种基本构造。理性成为公共性的核心、本体、根源，公共性成为理性的展开、实现、对象化。可以说，在阐释中，现实化了的理性就是公共性。阐释中的理性一定是以公共化的方式出现的，否则理性便是虚幻的。倒过来说，阐释的公共性如果不根源于理性，公共性便是虚假的、邪恶的。

理性是阐释的本质规定性，这个本质规定性的展开就是阐释的公共性。那么，这个阐释的公共性的最终目的是什么？我们必须要追问这个问题。一般而言，人们认为阐释公共性的目的在于昭示与建构文化意义，敞开历史真理。这是一个层级过程，其中有日常生活意义、社会意识形态，而最高的意义是普遍知识。普遍知识与日常生活意义和社会意识形态有很大不同。第一，普遍知识可以自我复制。第二，普遍知识可以自我升级。而日常生活意义不能自我复制，社会意识形态可以自我复制，但普遍知识一定是进化的。如果我们把阐释的最高目的设定为人类能够自我复制、自我进化的普遍知识的话，那普遍知识的标准是什么？普遍知识的原动力究竟是认识还是阐释？认识与阐释到底是什么关系？从科学的层面上来说，阐释不是本体论的，而是工具论的，但是在人类历史的更宏观的层面上，阐释难道不是本体论的吗？

总之，张江教授关于阐释是公共的、阐释是理性的理论在突破西方阐释学场域、规划中国阐释学理论路径的同时，也引发了我们对阐释的原理问题的严肃思考。

作为阐释学根据的公共理性[*]

周　宪[**]

　　张江教授的《论阐释的有限与无限》（以下简称"张文"），不但提出了文学乃至人文学科阐释的一个关键问题，而且独辟蹊径地探寻出一条更为明确的解释路径。该文围绕着阐释的有限与无限的张力关系，将这一辩证关系置于"诠"与"阐"的学术史之中予以考察，进而提出了解决这一阐释学难题的新思路。多年以来，张江先生始终坚持在文学阐释学领域深耕细作，旨在弄清文学研究方法论的一些初始的、基本的却又往往为人所忽略的问题，这就是阐释何以可能的问题。

从"语言学转向"来看阐释张力

　　我们知道，阐释或解释是有关意义的。对文学研究来说，就是文学文本的意义阐说。韦伯曾经提出，人是悬挂在自己所编织的符号之网中的动物。这个界定开启了 20 世纪学术思潮中的"阐释的转向"。晚近有研究发现，韦伯的界说其实与 20 世纪初即已开始的"语言学转向"密切相关。更重要的是，正是由于"语言学转向"这个"诸转向的转向"（metaturn），才导致了从阐释转向到图像转向等一系列的转变。所以，有必要在"语言学转向"的语境下理解张文关于阐释有限性与无限性的研究，由此瞥见这一研究的意义和价值。

　　* 本文原刊于《探索与争鸣》2020 年第 1 期。
　　** 作者单位：南京大学艺术学院。

　　"语言学转向"的说法因美国哲学家罗蒂1967年编撰的一本文集而流行起来。何为"语言学转向"？罗蒂在该书出版20年后的新版跋中明确指出，"就语言学转向对哲学的独特贡献而言，笔者认为这种贡献根本不是元哲学的。实际上，它的贡献在于帮助完成了一个转变，那就是从谈论作为再现媒介的经验，向谈论作为媒介本身的语言的转变，这个转变就像它所表明的那样，使人们更容易把再现（representation，或译作表征）问题置于一旁而不予考虑"。① 从谈论经验到讨论语言，这一精确的概括揭示了语言学转向的核心所在。其实，这个转向并不是到了20世纪60年代才出现，应该说此前索绪尔和维特根斯坦早就奏响了这一转向的序曲。维特根斯坦的经典表述"我语言之疆界即我世界之疆界"②，俨然就是这一转向最精妙的说明。在他看来，作为主体，我们自身的语言决定了我们的认知和经验，离开语言去讨论任何问题都将是成问题的。因此，回到语言乃是语言学转向的基本取向，维特根斯坦直言"全部哲学就是语言批判"。

　　以此观念来看张江先生多年来所做的工作，也同样是一个语言批判工作，其要旨在于搞清文学阐释学的一些最基本的游戏规则。而张文着力要解释的问题就是阐释究竟是有限的还是无限的，抑或有限与无限是一种什么样的关系。搞清楚这些基本问题，实际上也就是探明了阐释的疆界，而阐释的疆界又决定了意义的疆界。不妨模仿维特根斯坦的说法："阐释之疆界即意义之疆界。"更重要的是，"语言学转向"所标示的从谈论表征之经验，转向谈论表征之媒介——语言，亦体现在张江先生的文学阐释学研究中，具体说来就是从对阐释意义的讨论，转向阐释本身规则的探索。因为阐释必须借助语言展开，阐释内在规则的思考，颇有些相似于维特根斯坦所热衷讨论的语言之游戏规则。

　　文学阐释的有限性与无限性，既是阐释方法或路径的有限与无限的关系，亦是对文本意义理解和发现的有限与无限的关系。这个矛盾在张文中具体化为两个典型的中国概念之间的复杂关系，亦即"诠"与"阐"的关系。"诠"为无歧义的"诠正"，"阐"为"衍生义理"

---

① Richard Rorty, *The Linguistic Turn*, Chicago：Chicago University Press, 1967, p. 373.

② Ludwig Wittgenstein, *Tractatus Logico-Philosophicus*, London：Routledge, 1961, p. 68.

之"阐发",这显然是迥然异趣的"两种阐释路线"。古往今来两者博弈纷争,未有定论。张文从这一看似矛盾的阐释内在张力入手,探询如何解决的新路径。

倘使说"诠"与"阐"是中国式的对阐释有限性与无限性的说明,那么,在西文中的阐释概念亦包含了这一矛盾。如英语中"interpretation"这个概念,就有不同涵义的界定。根据《新牛津英语词典》的权威界说,这个概念的一个意思是"翻译"或"口译",亦即从一种语言直接转译成另一种语言;另一个意思是"扮演"或"演奏",即"以某种特定的方式来扮演一个戏剧角色或演奏一首乐曲,这种方式亦即传达出某人对创作者观念的理解"。① 前一个意思颇为接近中国传统的"诠",因为翻译或转译就是一种追索原意的行为,着眼于忠实传递出某人所说的确切意思,明显受制于阐释的有限性;而后一个意思是"扮演"或"演奏"。自然包含了扮演者或演奏者自己的主观理解和体验,带有某种发挥和衍生,所以看起来更接近中国传统的"阐"。②

既然在阐释行为中普遍存在着两种不同的理路,诠之有限性和确定性,与阐之无限性与不确定性,就构成了阐释学的内在张力。如何解决这一张力亦成为一个难题。

从辩证关系到精确描述

解决这一张力关系最常用也是最便捷的路径,就是用哲学上的辩证关系式来加以说明。张文有很多辩证关系的陈述和论证,比如"阐释是开放的,同时也是收敛的。阐释因开放而无限,因有限而收敛。作为一对相互依存的共轭变量,两者之间是相互包含、相互决定的积极关系"③。在这样总体性的辩证关系界定下,张文又通过四个命题来具体展开,分别是阐释的无限、阐释的有限、阐释的收敛、阐释的有效性。从四个命题比重和分布来看,张文的重心还是在有限对无限

---

① *New Oxford Dictionary of English*, Oxford: Oxford University Press, 1998, p. 55.
② 周宪:《文学研究和研究文学的不同范式》,《中国文学批评》2015 年第 3 期。
③ 张江:《论阐释的有限与无限》,《探索与争鸣》2019 年第 10 期。

的约束所导致的收敛，因而实际上其基本立场是质疑不加限制的阐释无限性的合理性的。从无限中探询有限，从开放中确证收敛，从不确定性中发现确定性，应该是张文的内在逻辑和最终关注。作者以文本自在意义及其作者意图的赋义作为确定性的合法根据，强调指出："我们的观点是，文本具有自在意义，这个意义由文本制造者赋予……找到作者及其意图，是显现文本自身的重要方向，是阐释必须承担的责任，这是无法摆脱的确定性之一。"①

如何从一般性的辩证关系的描述中超越出来，探究更为精确和确定的对阐释有限与无限关系的界说，是张文最值得注意的努力。我们知道，人文学科迥异于自然科学，无论其概念定义多么精准，都不如数学公式或实验检验来得精确。阐释及其意义的确定性再怎么细说详析，也始终是在语言层面操演述行。张文一个最具创新性的地方乃是引入科学的原则和公式，具体清晰地楬橥阐释的有限性与无限性之关系，使限于语言层面的说明得到精确化的科学说明。

首先，张文以圆周率数值关系来说明"诠"的特质，圆的周长与直径之比是一个无限不确定的数值，分布于 3.1415 与 3.1416 之间。作者指出：π 在这个区间无限展开。如同诠释，诠释对文本意义的发掘是无限的。每次阅读和理解都可能有新的感受和发现。但是，作为诠，其指向应该是无限符合文本的自在意义，尽管不可能实现，也非离开文本的无约束的衍生……在区间约束下，诠释是开放的、无限的，无限开放的诠释收敛于诠释的起点与极点之间。

这就是说，无限归于有限的原理实际上体现为文本意义阐释的特定区间，任何阐释都不可能越出这个区间。尽管 3.1415 到 3.1416 放入区间数值小了一些，不足以说明阐释的复杂性和多样性，却也在精确性的意义上揭示了文学阐释有限性与无限性的关系。换言之，无论何人阐释何文学文本，限制性的条件或意义的区间总是客观存在着，诚如鲁迅所言，人是不可能拔着自己的头发离开地面的。区间特性描述了语言辩证关系描述之不足，给人以更为精准的有限和无限关系说明。

至于"阐"的特性，张文又以正态分布的数值关系图予以界说。

① 张江：《论阐释的有限与无限》，《探索与争鸣》2019 年第 10 期。

作者提出了一个假说:"确切地说,一般阐释结果的分布,其形态就是概率分布。面对确定的哈姆雷特,100万人的理解和阐释是随机的,离散多元,不可预测。但是,因为参与的对象众多,其分布将是表征的正态分布,服从正态分布的曲线描述。"更进一步,作者指出了正态分布在阐释学上的几个规律。一是阐释者的独立阐释与公共理性期望相差较小时,概率方差为1,阐释的分布将接近正态分布图形的70%;二是背离公共理性中轴的独立阐释无穷多,但越远则接受者越少,无限趋近于底线,所占图形之面积可忽略不计。这两个原则精确地说明了阐释的集中与离散的分布规律。70%的面积内云集了大多数阐释结果,而底部离散的特异的或别出心裁的阐释,则往往由于偏离公共理性之中轴而偏离学术共同体,往往趋于沉寂。这个图形对于解释一个文本意义阐释的历史变化和当下焦点,确有不小的启发意义。

关于"公共理性"

张文在讨论复杂的阐释有限性与无限性张力关系时,时常归诸一个终极性的概念——"公共理性"。这个概念在文中出现了30多次,成为贯穿全文的一个核心概念。虽然作者并没有明确对公共理性进行界定,但从对这一概念的使用来看,它是确定阐释有效性的关键环节。关于这一概念的内涵,作者提及几个层面,其一,阐释是理性的,因此阐释群体受理性制约;其二,阐释具有公共性,具有群体交往的公共意义;其三,公共理性是发展的,随时代发展而有不同的形态;其四,公共理性是确定的,具有无可置疑的裁判权,只有被公共理性所期望和所接受的阐释方为有效阐释。张文机智地采取描述性的方法,即列出公共理性的种种功能和作用,而避免对它做规范性的界定。这种叙述策略或许是想为阐释有限和无限的讨论留有更为广阔的空间,或许是为阐释有效性保留一个最终的客观的终极因。

笔者好奇的是,就文学阐释学而言,公共理性究竟是什么?如何来认知?又怎样来说明?这也许是张文留给我们的一个开放性的难题。公共理性在哪里?由谁来代表它?如何在文学阐释的纷争中裁定真理与谬误?它通过什么机制来运作?它与学术共同体的共识或多数意见有何种关系？

所谓公共，是指公众整体或社群或共同体，所谓理性（又译作合理性），字面意涵即基于推理和逻辑。[①] 这两个概念合在一起，基本意涵也就是公众中合乎推理与逻辑的事物或行为。就文学阐释学而言，公共理性亦即公众中依据推理和逻辑所展开的书写、思维或行为。这么来看，关键的一点在于什么是文学阐释中的推理和逻辑？

笔者以为，现代语言哲学的许多研究值得关注。语言哲学家们提出了许多看似有差异实则相一致的看法。比如用维特根斯坦的术语来说，阐释的公共理性也许就是"语言的用法"。维特根斯坦明确指出，语言本是一个死的东西，它只有在使用中才被赋予了生命。[②] 所以，对任何语言行为的考察都必须回到语言的用法中去，所以他说道："在大多数使用了'意义'一词的情况下——尽管不是全部——我们可以这样解释：一个词的意义是它在语言中的用法。"[③] 而语言的用法又涉及词语和句子的使用规则和场合，既包括"语言的公共规范"，更包含使用时的特定语境。所以，维特根斯坦认为有必要把词语的形而上学用法，带回到其日常用法中去考量。也许我们有理由认为，文学阐释中的推理和逻辑也就是语言的用法，即语言的公共规范及其使用语境。在论及审美判断的语言用法时，维特根斯坦说："如果我没有学过规则，我就无从做出这个审美判断。在学习规则的过程中，你得到了越来越完善的判断。学习规则实际上改变了你的判断。"[④] 他还特别批判了摩尔等人的语言哲学只关注词语的形式，忽略了最重要的问题——"这些词的形式所造成的用法"。[⑤] 这就要求文学批评家需要有很好的语言学和语文学知识，对文学文本中的词语、句法、修辞、意象等具有扎实

① *New Oxford Dictionary of English*, pp. 1498, 1539.

② ［英］维特根斯坦：《哲学研究》，汤潮、范光棣译，生活·读书·新知三联书店1992年版，第174页。

③ ［英］维特根斯坦：《哲学研究》，汤潮、范光棣译，生活·读书·新知三联书店1992年版，第31页。

④ ［英］维特根斯坦：《美学讲演录》，刘小枫主编：《人类困境中的审美精神》，知识出版社1994年版，第529页。

⑤ ［英］维特根斯坦：《美学讲演录》，刘小枫主编：《人类困境中的审美精神》，知识出版社1994年版，第525页。

的专业知识，尤其是共时性的和历时性的语言学和语文学知识。遗憾的是，今天的许多文学批评家在这方面有明显不足，对文学作品中语言用法的研究有所欠缺。对文学文本的分析一上来就直奔文化政治主题，丝毫不在意本文语言的具体用法及其意义。

　　阐释学家赫什以捍卫作者意图来切入这个难题，他虔信文本意义的阐释就是一个回到作者意图的旅程。在这个过程中需要把文本的意义和意味加以区分，批评家的工作是确证文本内涵的意义，而非对不同读者所产生的不同意味。他明确提出了文学阐释的逻辑在于："当我们记住了确证一个文本就是确证作者表达的东西很可能就是我们揭示其文本所要表明的东西时，那么，说阐释的诸标准最终都涉及一种心理学的建构，这一事实并不使人感到意外。阐释者的基本任务就是在自己身上重现作者的逻辑、态度和文化传承，简言之，就是重现作者的世界。"① 他把批评家努力重现作者的逻辑、态度和文化传承当做文学批评的理性原则，意在强调批评阐释的有限性和确定性。他所谓意义与意味的区分，也可以视为阐释有限性与无限性的另一种说明。不过赫什并不看重多样化的文本意味，而是主张批评家的主要工作是聚焦文本的确定性意义。那么，如何保证阐释的有效性呢？对作者意图在文本中的显现如何追索呢？赫什关于这一难题有自己的信念，他赓续了维特根斯坦的理念：阐释的目标不是认识言者说了什么，而是要搞清在"公共语言规范"所认可的意义是什么。虽说词语意义与作者、阐释者或读者的不同理解相关，但是，语言规范的类型和方式才是把握文本意义的根据所在。②

　　沿着维特根斯坦开辟的方向来探究的还有很多理论，都从不同角度涉及阐释的公共理性，尤为值得注意的是言语行为理论代表性人物塞尔的见解。他认为文学研究领域对语言哲学的进展关注不够，因此许多语言哲学已经成为共识的理论，在文学研究领域却完全无知，这就导致了文学研究中出现了许多混乱和争议。在他看来，文献阐释最重要的是阐释者需要某种"阐释背景"，这是一切阐释行为和交往得以可能的前提条件。他写道：

---

① E. D. Hirsch，"Objective Interpretation"，*PMLA*，Vol. 75，No. 4（Sep1960），p. 478.
② E. D. Hirsch，*Viliditlyin Interpretation*，New Haven：Yale University Press，1967，p. 27.

　　尤其是意义和一般而言的意向性要产生作用，只有形成一系列背景性的能力、技能、假设和通常所说的门道（know-how）才得以可能。进一步，除了前意向背景之外，意义和意向性要产生作用，通常来说就需要一个知识、信念、欲望等构成的复杂网络。尤其是言语行为不可能完全由一个句子显著的语义内容所决定，甚至也不会完全由说话人句子表述中的意向内容所决定。我把这个意向现象的网络称为"网络"，把这一系列背景性能力称之为"背景"。①

　　只有在这个"阐释背景"中，所有阐释行为和交往才有可能发生，因而这是一个背景性的前提条件。它既包括一系列背景性的能力、技能、假设和门道，又涉及一个复杂的知识、信念、欲望等，由此构成了一切意义和理解行为都发生于其中的"意向性网络"。或许我们可以把塞尔的"阐释背景"视为维特根斯坦语言用法或语言公共规范和语境的进一步说明，或是对乔姆斯基所谓"语言能力"的另一种表述。但是，这些阐释背景如何进入文学阐释学的研究，如何对阐释行为产生影响，会产生什么样的影响，还包含哪些值得关注的原则，仍需要进一步探究。尽管塞尔紧接着提出了七个言语行为理论的原则。② 如果我们把塞尔的理论和卡勒的看法加以整合，也许可以窥探到阐释行为公共理性的要旨所在。卡勒写道：

　　　　语言学模式提供了重要的方法论上的明晰性。它教导我们，哪里有意义，哪里就有系统。一个言者的表达只有借助（语法的、语音的、语义的和实用的）语言规则才有可能，因为由此闻

────────────

　　① John R. Searle, "Literary Theory and Its Sicontents", in Daphne Pataiand Will H. Corral, eds., *Theory's Empire: An Anthology of Dissent*, New York: Columbia University Press, 2005, p. 149.

　　② 塞尔指出了七个重要原则，分别是类符与单符的区分、句子与表述的区分、用法与引用的区分、语义合成性、句义和言者义的区分、本体论与认识论的区分以及句法非物理性事实等。

者才能依次搞清言者的表达。与此相仿，文学作品只有通过惯例和期待系统才成为可能，而文学作品的分析对于弄清作品的功能来说是至关重要的。①

卡勒这里所说的文学的"惯例和期待系统"颇有些启发性。如果把文学的"惯例和期待系统"转换为文学阐释的"惯例和期待系统"，便可以进一步谈论文学阐释公共理性的问题了。在笔者看来，首先是存在着文学的"惯例和期待系统"，文学阐释者或批评家熟知这些惯例与期待，并深谙如何通过语言的诗意用法与历史的和现有的惯例对接，并通过惯例的创造而形成种种文学的期待。文学文本的意义和价值正是在这样的惯例和期待中生成的，离开了这些惯例和期待，文学将不复存在。更重要的是，对文学的这些惯例与期待的研究，必然发展出文学研究中对文本意义阐释的"惯例与期待系统"。这些理论的和哲学的惯例与期待，往往以学术共同体的共识或协商的形式呈现出来，成为介入文学研究领域的学者们的共同的游戏规则。文学阐释所基于展开的推理或逻辑，在相当程度上就是这些阐释的惯例与期待。

更进一步，这些惯例和期待的具体内容，还可以用科学哲学家库恩的范式理论来解释。库恩认为科学的范式与科学共同体是同一的，科学研究有赖于一个科学共同体，共同体又有赖于其共有和共享的学科规范，他称之为"范式"（paradigm）：

一个科学共同体由同一个科学专业领域中的工作者组成。在一种绝大多数其他领域无法比拟的程度上，他们都经受过近似的教育和专业训练；在这个过程中，他们都钻研同样的技术文献，并从中获得许多同样的教益。通常这种标准文献的范围标出了一个科学学科的界限，每个科学共同体一般有一个它自己的主题……在这种团体中，交流相当充分，专业判断也相当一致。一个范式就是科学共同体的成员所共有的东西，而反过来，一个科

---

① Janathan Culler, *The Literary in Theory*, Stanford: Stanford University Press, 2007, p. 9.

学共同体由共有一个范式的人组成。①

库恩还具体指出了范式的四个层面：第一个层面是所谓"符号概括"，即各种符号、公式等逻辑表达形式，每门学科都有自己特殊的符号、定律和公式，文学阐释学亦复如此。第二个层面是所谓"范式的形而上学部分"，亦即共同体成员共同承诺的信念，诸如"热是物体构成部分的动能"等，后来他又将它描述为特定的模型，它给研究团体提供了偏爱的或允许的类比与比喻，有助于什么能被接受为一个解释和一个谜题的解答。第三个层面是价值，诸如定量预言比定性预言更受欢迎，理论应是简单的、前后一致的、似然的、与当时采用的其他理论相容。在库恩看来，价值比前两个层面更具普适性和共识性。他特别提到，"只要可能，理论应当是简单的、自洽的、似然的、与当时采用的其他理论相容的"。② 这一判断对于我们思考文学阐释学中的公共理性很有启发性。第四个层面则是各组研究"范例"，亦即在实验室、教科书、研究中告知应如何展开研究的那些经典案例，这也是库恩选用范式概念的首要原因。③ 概要说来，前三者是"代表着一个特定共同体的成员所共有的信念、价值、技术等构成的整体"，最后一个方面则是"指谓着那个整体的一种元素，即具体的谜题解答。把它们当作模型和范例，可以取代明确的规则以作为常规科学中其他谜题解答的基础"。④ 这就意味着，特定的科学家共同体共享其范式的基本元素，他们是依照相同的规则来从事特定的科学研究的。

回到阐释学意义上的公共理性概念上来，此处的"公共"首先应意指文学研究的学科或学术共同体，还应包括一般文学读者公众，因为文学文本的阐释不仅是给学术共同体看的，亦包括普通读者，此乃

① ［美］托马斯·库恩：《科学革命的结构》，金吾伦、胡新知译，北京大学出版社2003年版，第159、158页。

② ［美］托马斯·库恩：《科学革命的结构》，金吾伦、胡新知译，北京大学出版社2003年版，第166页。

③ ［美］托马斯·库恩：《科学革命的结构》，金吾伦、胡新知译，北京大学出版社2003年版，第164页。

④ ［美］托马斯·库恩：《科学革命的结构》，金吾伦、胡新知译，北京大学出版社2003年版，第157页。

文学批评之所以重要的原因所在。它与科学不同，科学只有科学家共同体而没有观众（库恩语）。其次，理性基于的推理与逻辑，在此也就是库恩所说的四个层面，当然，人文学科与自然科学有所不同，其学科知识所要求的理性或许还包含了更多的内容。限于篇幅，本文就此打住，将这个开放性的问题继续保持开放，留待更多的学者介入并提出更有创意的新解。

究竟什么是公共阐释[*]

——与周宪教授对话

傅其林[**]

　　《探索与争鸣》2020 第 1 期刊发了周宪教授的文章《作为阐释学根据的公共理性》。该文抓住公共理性核心概念的创造性理解，在一定程度上拓展了学界对这个概念的界定。然而深究此文，周宪从根本上陷入公共理性与公共阐释的漩涡之中，他与张江一样没有明确界定公共理性的内涵，而是回到阐释的公共性，也就是公共阐释的概念上面。周宪从语言学转向的角度来探讨公共阐释，这一方面是张江充分肯定的，另一方面也是对公共阐释概念的偏离。因此需要进一步追问，到底该如何理解公共阐释的基本内涵呢？此文乃抛砖引玉，希望引起学界更精彩的讨论。

一

　　周宪的文章试图以公共理性概念建构阐释学的内在根据，并从现代西方语言学的角度来重新理解这一概念。文章彰显出作者扎实而细密的西学涵养。这在一定程度上弥补了张江对公共理性概念理解上的缺陷，进一步深化了对"阐释何以可能"的探究，从而切入张江整个阐释学内在逻辑的思考。简而言之，阐释何以可能就是阐释的根据是什么。

---

　　[*]　本文原刊于《探索与争鸣》2020 年第 3 期。
　　[**]　作者单位：四川大学文学与新闻学院。

　　周宪文章较为严密地论述了索绪尔和维特根斯坦开启的语言学转向与张江关于阐释的有限与无限的命题之间的内在联系。文章认为，20世纪西方发生了"语言学转向"，阐释意义的问题成为重要命题，文学研究从意义的再现转向意义的媒介，"回到语言乃是语言学转向的基本取向"①。语言游戏的规则是确定语言的疆域与意义的疆域，这实质上关乎诠与阐、阐释的有限与无限的辩证关系。周宪依据《新牛津英语词典》中"interpretation"的两层含义来理解诠与阐：第一层意义"翻译"或"口译"类似于诠，第二层意义"扮演"或"演奏"就相当于阐，从而建立了张江关于诠与阐的西方对应概念。可以说，张江的阐释学根据可以在西方的语言学术语中得到理解。

　　阐释的有限与无限体现了哲学的辩证法与数学的精确描述，这是周宪对张江的肯定性描述，但是并没有去深究。周宪紧紧抓住了阐释的有限与无限之间的媒介点，即语言。这就是通过语言学来界定张江没有明确界定的公共理性的概念。他敏锐地指出："张文在讨论复杂的阐释有限性与无限性张力关系时，时常归诸一个终极性的概念——'公共理性'。它是确定阐释有效性的关键环节。"② 在周宪看来，公共是指公众整体或社群或共同体，理性就是推理和逻辑。因此，公共理性也就是公众中合乎推理与逻辑的事物或行为。就文学阐释学而言，公共理性亦即公众依据推理和逻辑所展开的书写、思维或行为。因此，公共理性就是阐释的推理和逻辑。而阐释是立足于惯例与期待，用语言去创造惯例与期待，因此文学阐释的推理或逻辑在相当程度上就是这些阐释的惯例与期待。这也符合库恩关于科学共同体的范式理论。由符号、形而上学、价值和范例组成的范式，在周宪看来，就是公共理性的推理与逻辑。因此，周宪得出公共理性的确切结论：公共就是学科或学术共同体，理性所基于的推理与逻辑就是库恩的范式内容。也就是说，公共理性是学术共同体的符号、形而上学、价值和范例，简而言之就是学术共同体范式。

　　周宪对阐释的公共理性的界定值得反思。第一，他对公共理性

---

① 周宪：《作为阐释学根据的公共理性》，《探索与争鸣》2020年第1期。
② 周宪：《作为阐释学根据的公共理性》，《探索与争鸣》2020年第1期。

的界定存在着矛盾，既认为公共理性是公众依据推理和逻辑所展开的书写、思维或行为，又认为它是学科或学术共同体的符号、形而上学、价值和范例。前者属于严格意义上的语言逻辑，后者融合了语言符号与共同体的形而上的信念、价值，这已经是在隐喻意义使用"逻辑"一词。这种内在矛盾在于把维特根斯坦、赫什、塞尔、卡勒、库恩的相关概念以语言哲学为基础统一起来，忽视了各自关于解释观的差异性，尤其关于文学阐释的分歧，此不赘述。第二，周宪对公共理性的界定没有实质性推进。在张江看来，公共理性呈现出四层基本意蕴：它呈现人类理性的主体要素；其目标是认知的真理性与阐释的确定性；其运行范式由人类基本认知规范给定，由同一语言组合而成的共同体，遵照基本语言规范的运行思维并实现表达；公共理性的同一理解，符合随机过程的大数定律，是可重复并且可被检验的。立足于张江的四层界定，我们看到周宪的界定无疑是关于公共理性的运行范式即语言规范的延伸。第三，从语言学转向来界定公共理性不仅削弱了公共理性的丰富内蕴，而且从根本上说没有阐明公共理性这个概念的内涵。就此，周宪的文章与张江的界定存在着共同的致命缺陷，即"公共理性"这一个概念是空洞的、抽象的。笔者认为，到目前为止，"公共理性"这个偏正短语或词组是一个累赘。因为正如张江反复强调的，理性是普遍的、公共的。既然如此，公共与理性的术语组合有实质意义吗？难道启蒙的工具理性不是公共的？难道韦伯的目的性理性不是公共的？难道哈贝马斯的交往理性不是公共的？

二

如果把公共理性的界定转变为对公共阐释的理解，那么周宪的文章启迪更多。文章以作为阐释学根据的公共理性为题眼，而实质上在题目和论述过程中，很大程度上在限定阐释学尤其是文学阐释的有限与无限的推理与逻辑规则，也就是公共阐释的逻辑规则，从而赋予公共阐释内在可能性基础。这种努力是值得高度肯定的。更准确地说，从西方语言学转向的学术知识出发，公共阐释的阐释逻辑可以得到更充分、更深入的理解，尽管这些知识极其复杂甚至彼此矛盾，如塞尔与哈贝马斯关于言语行为的规范性和文学语言的非定义的观点。

从语言逻辑来理解公共阐释忽视了公共阐释内含的丰富元素，是对张江构建的系统整体界定的剥离或者偏离。张江对公共阐释的理解包含了认识论、语言学、逻辑学、社会历史学、伦理学、美学、数学等维度，可谓是一个系统复杂的概念。上述所言的公共理性的四层意蕴基本上被统摄到公共阐释的界定之中，因为理性的主体性与阐释的真理性的界定属于认识论中的核心元素，也就是康德意义的知情意的"知"；理性的确定性、运行方式属于语言学、逻辑学或者科学；理性的同一性、共享性属于逻辑学、数学的理解。张江指出："公共阐释的内涵是，阐释者以普遍的历史前提为基点，以文本为意义对象，以公共理性生产有边界约束，且可公度的有效阐释。"[①] 公共阐释具有六个特征：公共阐释是理性阐释，是澄明性阐释，是公度性阐释，是建构性阐释，是超越性阐释，是反思性阐释。虽然这六个特征从不同角度限定公共阐释，但是基本上是理性逻辑的界定，也就是说从根本上说公共阐释就是理性的阐释。

不过，张江对公共阐释的理解是多层面的、丰富的，是尝试中西贯通的一种新建构。第一，类似于周宪对语言逻辑规则的理解，张江认为阐释是语言的阐释。有效的理解和阐释，以公共语言为载体和内容；阐释的合法性，以词语和规则的确定性为前提。文本的确定语境规定了阐释的确定维度，为语言共同体所接受。这种理解类似于维特根斯坦的语言的公共规范。第二，是词源学上的定义。张江立足缜密而烦琐的汉语言文字学考辨，从"阐""诠""理""性""解""释"六个关键词的语言文献溯源，奠定了"阐释学"而非"诠释学""解释学"的学科合理性，事实上奠定了公共阐释的内在根据。"阐"赋予了公共阐释的内涵之一，因为诠是立足文本，而阐是开放、共享、对话，"'阐'之公开性、公共性，其向外、向显、向明，坚持对话、协商之基本诉求，闪耀着当代阐释学前沿之光"[②]。"理"也是如此，

---

① 张江：《公共阐释论纲》，《学术研究》2017 年第 7 期。
② 张江：《"阐""诠"辨——阐释的公共性讨论之一》，《哲学研究》2017 年第 12 期。

由中国古代理之正、通义为纲，坚持阐释的确定性、通达性、知识性的目标准则，构建当代阐释学主导思想，赋予了公共阐释概念的确定性。在张江看来，阐释之本质是将现象之道理或本质释之于人，说服人，争取人，乃阐之根本，"解"为"达"讲，符合阐之目的。通过对这六个范畴的梳理透视出一个基本结论：阐释是公共的。第三，是社会学的界定。阐释涉及阐释的主体，是人的意义生产的活动，而人是社会的人，具有社会性与公共性。张江明确指出，人的本质在于其社会关系的公共性。这是马克思对人的本质的透彻理解与定义。也就是说，阐释具有社会学意义上的公共性，有着社会历史的普遍基础。第四，是人性的共通感的界定。这个定义没有引起公共阐释论者足够的重视，值得深入挖掘。阐释的主体性及其主体间性，有着人的"性"的基础，从身体到心灵的共同基础，这个基础不同于逻辑理性、语言规则，而是感同身受。这实质上是康德所理解的共通感。张江对之有明确的认知："所谓共通感也由五官功能而起，上升为心之相通。阐释何以可能，此乃阐释学构成的核心原点问题。以人之心理、情欲、直觉及以此为基础的共通感，使阐释成为可能。人类对此在的生存感受基本一致，对未来生存的自然渴望基本一致，是阐释生成与展开的物质与心理基础。阐释是公共行为。公共者，公众之共同也。在人口众多、利益众多的世界上，公众之共同何在？最基础、最普遍的是，且只能是，物质与心理同构的共通感。"① 第五，认知的普遍真理性设定。这是来自认识论意义上主体对阐释对象的真理性发掘与散播、交往、共享。第六，是数学的可计算与可重复性的界定。按照周宪的理解，张江从 π 和正态分布图的数学形式来确定阐释的有限与无限的辩证关系，以大数定律获得普遍的可公度性，从而赋予阐释以公共性。

可以看到，公共阐释的内涵是多层次的、复杂的，也是较为深刻丰富的。这些界定远远胜过了对公共理性概念的界定，直接关乎对中国当代阐释学的重新理解，这也是张江不断推进和深化这一概念的缘由。张江的多元界定是较为合理的，有助于澄清公共阐释的内在根

---

① 张江：《"理""性"辨》，《中国社会科学》2018 年第 9 期。

据。但是，这里仍然存在一些困惑。在公共阐释的具体界定中，他以强制性的公共规范性抹杀丰富性、复杂性、矛盾性，把公共与理性等同，阐释与理性等同，阐与理等同，等等。这种强制性统一归化，必然会导致公共阐释内在的悖论。因此，与其说公共阐释是公共理性的阐释，不如说公共阐释就是理性的阐释，公共理性这个概念可以忽略不计。当然，还可以进一步说，理性也可以忽略，甚至公共也可以忽略，因为在公共阐释的一系列论述中，我们不难发现，阐释是理性的，是公共的。倘若如此，周宪围绕公共理性来界定公共阐释，事实上只是在一个层面深化了西方的语言逻辑。无疑，这既忽视了公共阐释概念的本土的深厚滋养，又剥离了这个概念已经蕴含的丰富性。

三

周宪的文章事实上有益于洞察公共理性概念的空洞，并引发对公共阐释的重新界定。虽然张江对公共阐释的缜密的编织存在着一些困境，但是我认为，公共阐释的概念是中国当代阐释学的一个原创性概念，只是亟待进一步在学理上耕耘。

第一，在中西融通对话的基础上，对现有的公共阐释的几层限定加以内在的理论建构，真正形成新的理论发育系统。中西资源的攫取需要进一步体现在公共阐释的理解之中。前文已谈及这个概念的六层意义，这只是一种建构，但是在张江的表述中并不是系统的、逻辑自明的。而且，在中西融通方面还存在某些偏误。张江的公共阐释概念包含了丰富的中国智慧与思维特征。譬如，他明确指出："汉语言文字起源之初，勠力于象形。此造字之法，从根本上影响汉语言民族之思维方式，使其呈现出重直观、重开放、重共享之特点。《论纲》谓阐释之公共性，乃阐释的本质特征，此为重要根据之一。"[①] 但是，在中西融通之过程中，张江偏向了西方的逻辑，中国传统的资源只是在过程中存在，而在终极点上依然回到西方的理性概念。张江之所以批判当代西方文论的强制阐释模式，是因为文学理论的场外征用、主

---

① 张江：《"阐""诠"辨——阐释的公共性讨论之一》，《哲学研究》2017 年第 12 期。

观预设、非逻辑证明、混乱的认识路径。他试图以公共阐释来超越强制阐释论，就是扭转这些本体性缺陷，就是关注文学与文学理论本身、客观真理性、逻辑证明、从实践到理性的认识论，从根本上说是对科学逻辑的信赖。按照张江的理解，"一切科学，包括各类精神科学，都必须以完备的逻辑基础为支撑，都必须服从理性的逻辑要求"①。这种逻辑规则就是不能自相矛盾，不能进行无效判断，不能循环论证，不能无边界推广。从这种意义上说，周宪的文章抓住了张江阐释学的关键点，语言逻辑是公共阐释最基本的限定。悖论的是，正是这种逻辑规则的科学性限定，透视出公共阐释是有限度的，在无限之中是有约束的。因此，重建公共阐释概念，就需要充分挖掘中国式的理性与思维逻辑模式，真正做到中西融通，真正融合东方的实践理性与西方的认知理性。

第二，增强公共阐释的人文性价值维度。周宪的文章通过库恩的科学家共同体的范式已经看到这点。库恩的范式除了符号概括和范例之外，还包括形而上学的信念和价值内容，涉及人的规范性元素。张江的公共阐释也包含了价值的含义，看到阐释的真理性价值与有效性、意义的共享性，但是人文性没有得到充分彰显。如果说公共阐释概念主要适用于文学、历史和哲学领域，那么人文性应该占据核心地位，不能以形式逻辑的普遍性规则压制人文性的价值规则与规范。人文学科的价值规范是公共阐释内在的核心要素。在追求真、善、美的价值统一体的过程中，阐释所认同的价值规范也是有各自的相对分化的，也是存在差异的，传统的儒家阐释强调仁、义、礼、智、信，道家追求无为与自然，释家则关注解脱与涅槃之乐。而社会主义先进文化的核心价值则是国家层面的、社会层面的和个体层面的差异性系统，这些价值共同组成社会主义核心价值观，毋庸置疑，这是新时代公共阐释的主导价值规范。

第三，明确界定公共理性概念。前面已经看到，公共理性概念事实上是一个抽象的符号，所以学者们一涉及此概念，就不得不退回到公共阐释概念。是否存在着公共理性这个中介性或者基础性的命题，

---

① 张江：《阐释逻辑的正当意义》，《学术研究》2019 年第 6 期。

值得展开深入讨论。就文学阐释而言，公共阐释的内涵要整合感性与理性两个维度，重建两者的可能性关系。如果说存在文史哲方面的公共理性的话，可能就是建构感性与理性统一的新理性或者新感性，这不是理性脱离了纯粹的启蒙理性或者说科学的逻辑理性，感性也不是纯粹经验的、瞬间的、偶然、稍纵即逝的碎片。感性与理性的统一体是身心的统一，是共通感基础上的理性把握，这意味着理性始终不脱离感性，理性逻辑积淀着感性的体悟，感性本身成为理论的，实践成为理论的。这是马克思主义理论的重要观点。就此而言，张江在关于"理""性"的辨析中已经注意到了，并涉及中西语境中的共通感概念。北宋邵雍认为："是知我亦人也，人亦我也，我与人皆物也。此所以能用天下之目，为己之目，其目无所不观矣。用天下之耳，为己之耳，其耳无所不听矣。用天下之口，为己之口，其口无所不言矣。用天下之心，为己之心，其心无所不谋矣。"① 基于此，张江指出："阐释何以可能，此乃阐释学构成的核心原点问题。我们的回答是，以人之心理、情欲、直觉及以此为基础的共通感，使阐释成为可能。人类对此在的生存感受基本一致，对未来生存的自然渴望基本一致，是阐释生成与展开的物质与心理基础。"② 但是在他的公共阐释的理解中，感性的共通感必须被西方的理性逻辑所规范，从而陷入理性殖民感性或者感性被理性强制支配的西方经典模式之中。可以说，基于感性与理性融合的公共理性之基础上的公共阐释，既是经典的文学阐释所彰显的范式，也是理论家和批评家直面文学经验的可能路径，这真正有可能超越强制阐释的困境，使文学理论成为有文学的理论。

综上所述，受周宪文章的启发，结合张江的阐释学思想，笔者认为，公共阐释应该在新的公共理性的基础上，突出真善美及其知情意的统一性，在一定程度上体现以真为基础的客观的科学性与逻辑性，以共通感为基础的审美心理基础、情感结构、社会心理、时代精神，以实践理性为基础的价值规范性。以此为基础的中国阐释学，将蕴含着无限的生机与可能。

---

① 邵雍：《皇极经世》卷62《观物内篇之十二》，九州出版社2003年版，第465页。
② 张江：《"理""性"辨》，《中国社会科学》2018年第9期。

公共理性使有效阐释得以可能[*]

——回应傅其林教授

周　宪^{**}

　　我的文章《作为阐释学根据的公共理性》（以下称"周文"），是对张江教授《论阐释的有限与无限——从 π 到正态分布的说明》（以下称"张文"）的评论，傅其林教授的《究竟什么是公共阐释——与周宪教授商榷》（以下称"傅文"）是对我的评论文章的批评，本文则是对这一批评的进一步回应。这样深入反复的学术争论在中国学界并不多见，颇有些引领风尚的意义。

　　傅其林是青年才俊，思想敏锐，在东欧马克思主义文论方面有专攻。傅文有些地方说的有道理，有些看法不敢苟同。真理越辩越明，我一方面反思自己的文字，另一方面对傅文的批评做出回应。

　　傅文的一个基本判断是，"'公共理性'这一概念是空洞的、抽象的"，但并没有给出充足的理由论证这一基本判断。"公共理性"是张文的核心概念，而周文是对张文这一概念的延伸性讨论。两篇文章的共同基点不但是确认"公共理性"概念的存在和重要性，而且都认为这是一个需要深究的关键词。傅文一开始就否定了这一概念的必要性与合理性，实际上也就取消了在学理上进一步对话的共同语境和目标靶向。这一判断不但取消了讨论的共有基础，亦否定了张文的价值以及周文的分析。傅文断定周文"根本上陷入了公共理性与公共阐释的漩涡之中"，"公共理性"在张文中显然是一个非常重要的支

　　* 本文原刊于《探索与争鸣》2020 年第 5 期。
　　** 作者单位：南京大学艺术学院。

撑性概念，这不仅体现在该概念是文中出现 30 多次的高频词，更因为这是张文全文对阐释问题分析的基础：

> 有效阐释的边界，由多个元素决定。作者赋予的意图，文本的确当意义，文本的历史语境，民族的阐释传统，当下的主题倾向，如此等等，决定了阐释是否有效及有效程度的边界。而上述一切，包括其他更深广的内容，或显或隐，都将集中起来，归化于确定时代下的公共理性之中，对阐释的有效边界作出判决。阐释可以无限，但非全部有效。只有为公共理性接受的阐释，才为有效阐释，才可能推广和流传，并继续生成新的意义。有效阐释的边界在，且只在公共理性的框架之内。不能用阐释的有效边界代替阐释的边界，以此否认阐释的无限性；不能虚设阐释的边界代替阐释的有效边界，以此否认阐释的有限性。[1]

正是由于"公共理性"在张文中的重要性，周文概括"公共理性"至少包括以下四方面意思：其一，阐释是理性的，因此阐释群体受理性制约；其二，阐释具有公共性，具有群体交往的公共意义；其三，公共理性是发展的，随时代发展而有不同的形态；其四，公共理性是确定的，具有无可置疑的裁判权，只有被公共理性所期望和所接受的阐释方为有效阐释。[2] 从张文到周文，具体语境是阐释何以可能问题，而周文对公共理性的讨论则围绕张文的这一核心概念展开。遗憾的是，傅文似乎对这一具体语境和明确靶向未予重视，在没有给出充分论证的情况下判断此概念纯属"空洞""抽象"而没有讨论的价值，缺乏有力的论证和清晰的说服力。

我读张文，深感"公共理性"乃是一个有待深究的概念，反映出张江教授对有效阐释根本规范与原则的思考。对于纷繁复杂的文学阐释，不仅要关注阐释的技术性层面，更要关注隐含其后更为重要的规

---

① 张江：《论阐释的有限与无限——从 π 到正态分布的说明》，《探索与争鸣》2019 年第 10 期。

② 周宪：《作为阐释学根据的公共理性》，《探索与争鸣》2020 年第 1 期。

范或原则。从张文对这一概念的使用来看，"公共理性"几乎可视为阐释在学术共同体中可理解交流的基础，阐释因而不至于成为偏私臆语而无法沟通。我甚至认为，依据张文的论述，"公共理性"确然是有效阐释得以可能的前提。正是基于这些规范和原则，阐释才具有真理性、逻辑性和可交流性。因此，取消"公共理性"，也就无异于对张文的理论基础釜底抽薪。正是基于这一认知，我对这一概念展开了进一步的讨论。希望傅文能针对这个靶向发表看法，避免过于主观的论断。由于否定公共理性的讨论具有必要性，傅文认为问题必须转换为公共阐释的分析，所以出现以下说法就不足为怪了，"与其说公共阐释是公共理性的阐释，不如说公共阐释就是理性的阐释，公共理性这个概念可以忽略不计。当然，还可以进一步说，理性也可以忽略，甚至公共也可以忽略，因为在公共阐释的一系列论述中，我们不难发现，阐释是理性的，是公共的"①。

在此基础上，傅文对周文关于公共理性讨论的方法提出质疑。其一，认为周文关于公共理性的界定是矛盾的，因为一方面它是指依据逻辑推理展开的书写、思维或行为，另一方面又包含了学术共同体的符号、形而上学、价值和范例。照此理解，依据逻辑推理规则的书写、思维和行为，并不包含形而上学和价值，这与傅文所认定的公共阐释也不包含公共理性的逻辑是一致的。然而，傅文最后反复强调，公共阐释必须包含各种各样的价值。其二，傅文说周文对公共理性的界定没有实质进展，因为张文已经对公共理性做了四个层面的界说。一方面说公共理性是空洞和抽象的，另一方面又说张文已对此做了四个层面明确界说，不知哪种是傅文真实要表达的意思。我一方面觉得公共理性这个概念重要，另一方面又感到张文未对这一概念做出论说，所以才在文章的后半部分着重讨论了这个概念。其三，傅文指出："从语言学转向来界定公共理性不仅削弱了公共理性的丰富内蕴，而且从根本上说没有阐明公共理性这个概念的内涵。就此，周宪的文章与张江的界定存在着共同的致命缺陷，即'公共理性'这一个概

---

① 傅其林：《究竟什么是公共阐释——与周宪教授商榷》，《探索与争鸣》2020年第3期。

念是空洞的、抽象的。"① 一方面"公共理性"是空洞、抽象的，另一方面又削弱了"公共理性的丰富内涵"，这种矛盾表述难道是"否定之否定"？

其实，我的看法与傅文相反。对语言学转向有所研究的人，是不会得出这样的结论的，甚至可以说，语言学转向正是把文学理论甚至人文学科的诸多难题规定到更为具体、深入和更有生产性的思考中来。塞尔毫不客气地批评说："在当代文学理论的广泛讨论中有一个奇怪的现象，那些讨论问题的作者们往往对语言特性发表一些不着边际的评论，却并未运用逻辑上、语言学或语言哲学中已广为接受的原则和区分。长期以来我一直怀疑，至少文学理论中的某些混淆乃是由于对一些众所周知的研究成果的无知。"② 也许人们会从不同学科固有的定势来理解塞尔的抱怨，但我宁愿将其看成一位语言哲学家给文学研究者们的一个忠告。我们很多文学研究者对文学作品的阐释充斥着语言的混乱甚至反逻辑。如果能够多一些语言学训练，多一些语言学方法论和观念，那么强制阐释的问题也许就会少一些，逻辑混乱和语焉不详也可能会销声匿迹。因此，千万别小觑语言学转向的深刻意义。当然，有一点傅文说的没错，在语言学转向这个大趋向上，许多哲学家和思想家们的主张并不完全一致，但这已超出了周文对张文评论的题旨范围了。

更进一步，如果把语言学转向只限于语言学领域，那就大错特错了。了解20世纪思想谱系和哲学背景的人都清楚，语言学转向是现代人文社会科学很多转向的"元转向"。比如晚近有德国学者通过系统研究发现，20世纪中叶以来一系列重要的思想和学术转向，都是由语言学转向这个最重要的转向引发的，诸如"阐释的转向""述行（或操演）的转向""自反的转向""后殖民的转向""翻译的转向"

---

① 傅其林：《究竟什么是公共阐释——与周宪教授商榷》，《探索与争鸣》2020 年第 3 期。

② John R. Searle, "Literary Theory and Its Discontents", in *Theory's Impire: An Anthology of Dissent*, eds. By Daphne Patai, Will H. Corral, New York: Columbia University Press, 2005, p. 147.

"空间的转向""图像的转向"，等等。① 看不到语言学转向广泛而深刻的影响，也就很难理解隐含在如此之多的理论转向后面的复杂动因。

傅文在断言公共理性空洞、抽象的同时，提出应把公共理性的讨论转至公共阐释的分析中来。作者并没有给出充足的理由和论说，却要在公共阐释与公共理性之间做一个明确的取舍。遗憾的是，傅文将周文对公共理性的讨论一股脑转至公共阐释，进而认为周文"从语言逻辑来理解公共阐释忽视了公共阐释内含的丰富元素，是对张江构建的系统整体界定的剥离或者偏离"②。这段话逻辑上显得不周延，周文明明集中于探究张文的公共理性概念，却被说成对张文公共阐释"系统整体界定的剥离或者偏离"。更使人不解的是，周文并不是一篇全面讨论张江教授阐释学理论的批评文章，而是聚焦于公共理性这一问题，何谈是对张文的系统界定的剥离与偏离？照此逻辑，周文必须对张文每个论断都做出回应，否则就是对系统界定的剥离或偏离。那么，如果用同一逻辑来要求傅文，是否也可以说"傅文是对周文系统表述的剥离或偏离"呢？

最后，我就本土的人文研究方法论说些看法。如果我的理解不错，傅文的一个主旨就是认为周文在处理公共理性问题时，采用语言学转向的路径，是一种以偏概全的方法，囿于语言学转向一隅不足以说明公共理性（或傅文坚持的公共阐释）。诚然，我不能说语言学转向这一视角对公共理性问题的探究穷尽了所有可能性，实际上也不存在一种方法或一个视角可以统摄全部问题。但我坚持认为，相较于其他方法或路径，语言学转向是一个较有效且较具体深入的研究路径，它恰恰可以避免傅文所说的"空洞"和"抽象"。在当下中国的不少文学乃至人文研究中，我们经常会看到一种令人忧虑的现象，那就是大凡研究，一上手就摆出宏观或系统的架势，热衷于把诸多相关甚至

---

① See Doris Bacgnabb-Medick, *Cultural Turns: New Orientations in the Study of Culture*, Berlin: De Gruyter, 2016.

② 傅其林：《究竟什么是公共阐释——与周宪教授商榷》，《探索与争鸣》2020 年第 3 期。

不相干要素纳入研究框架，好像研究就是越多越好。看似在进行整体或系统的研究，实际上却因诸多问题与要素过于庞杂和相互抵牾，其理论或结论往往苍白无力、含混不清。

傅文在批评周文以偏概全的同时，努力避免囿于一隅的局限，故而在论证公共阐释时不加限制地将太多东西纳入其论证范围。傅文提出阐释首先是要中西融通，"真正融合东方的实践理性与西方的认知理性"，但如何融合和融合什么却语焉不详。其次，要加强公共阐释的人文性价值维度。再次，将儒家阐释强调仁、义、礼、智、信，道家追求无为与自然，释家则关注解脱与涅槃之乐，以及社会主义核心价值观，都置于公共阐释之中。复次，必须要整合感性与理性两个维度，重建两者的可能性关系，进而建构感性与理性统一的新理性或新感性，由此达致包含了中西语境中的共通感概念及其理性把握。① 最后，傅文在结论中把阐释的丰富性又提升了一个层次，"公共阐释应该在新的公共理性的基础上，突出真善美及其知情意的统一性，在一定程度上体现以真为基础的客观的科学性与逻辑性，以共通感为基础的审美心理基础、情感结构、社会心理、时代精神，以实践理性为基础的价值规范性"②。值得注意的是，被傅文说成空洞抽象的公共理性，又戴上了"新的公共理性"的帽子而获得了合法性，再次成为公共阐释的"基础"，并被赋予超多的意义荷载。我对这样的结论是否具有科学理性持相当怀疑态度，这种"大而全"是不是一种"大而无当"呢？当一个原本很具体的问题被纳入如此多内容，一个范畴被超多概念的意义冗余所荷载时，很显然，问题的讨论便失去了自己的规定性和焦点，特定范畴也就难免变得模糊不清。据我观察，人类思想史的发展过程中有一个规律性的现象，那些极具原创性的思想和理论派别多少有点"思想偏锋"，强调一点而不及其余，自觉避免求大而全并无所不包的思维模式。正是在这个意义上，语言学转向思路

---

① 傅其林：《究竟什么是公共阐释——与周宪教授商榷》，《探索与争鸣》2020年第3期。

② 傅其林：《究竟什么是公共阐释——与周宪教授商榷》，《探索与争鸣》2020年第3期。

的优势彰显无疑，它或许正是公共理性讨论中避免空洞和抽象的有效路径。因此，在本土的文学研究乃至人文学科研究中，提倡一种"焦点透视"而非"散点透视"的研究甚为重要。

当然，还是要感谢傅其林教授，他的批评促使我进一步思考，对自己的文章进行反思。伏尔泰说过："我不同意你的说法，但我誓死捍卫你说话的权利！"我的想法和傅教授有所不同，我也不同意他文中的一些判断，但必须要捍卫他说话的权利，这是学术讨论必须有的"公共理性"。

公共理性与公共阐释的有效性[*]

傅永军　杨东东[**]

　　张江教授在《公共阐释论纲》一文中提出要建立当代中国的"公共阐释"理论，"公共阐释"自然成为建构中的当代中国阐释学基本框架中的一个核心范畴。在张江教授看来，所谓"公共阐释"概念，可以描述为"阐释者以普遍的历史前提为基点，以文本为意义对象，以公共理性生产有边界约束，且可公度的有效阐释"[①]。若将这一理解与西方诠释学传统做一比对，可以发现"公共阐释"理论的独特之处，就在于它是建立在理性认证基础上的可公度性的阐释。这即是说，它所要解决的不是"理解得以发生的条件"[②] 这样一个问题，而是"具有广泛共识的公共理解"何以可能的问题。"公共阐释"理论在此处预设了一个阐释共同体的存在，并希望以公共理性保障有效的阐释共识的达成。在实现这一目标之前，如下两个问题必须优先得到解决：第一，既然公共阐释要求的是一种共识性理解，那么这种理解的有效性该如何判定？这就要求必须明确公共阐释的有效性判准。第二，如张江教授所言，有效阐释必须以"公共理性"作为保障，那么又该如何理解公共理性的概念，它在何种意义上保证了有效阐释的实现？这是公共阐释得以立基的根本性问题。笔者认为，唯

---

　　* 本文原刊于《江海学刊》2018 年第 2 期。

　　** 作者单位：山东大学中国诠释学研究中心暨哲学与社会发展学院；中共山东省委党校马克思主义学院。

　　① 张江：《公共阐释论纲》，《学术研究》2017 年第 6 期。

　　② 参见［德］伽达默尔《真理与方法》（Ⅰ），洪汉鼎译，商务印书馆2007 年版，第402 页。

有解决了这两个问题，"公共阐释"的内涵才能得到进一步的规范与澄清，并对公共阐释理论建构中应当遵行的一种形式化原则作出初步的探讨。

公共阐释的有效性判准疏义

关于公共阐释的有效性判准问题，可以从张江教授对"有效阐释"的解释中推出。他认为，"'有效阐释'是指，具有相对确定意义，且为理解共同体所认可和接受，为深度反思和构建开拓广阔空间的确当阐释"①。从这个概念中可以析取出有效阐释的两个具体要求，第一是"具有相对确定意义"。虽然张江教授对"相对确定"的说法没有给出严格界定，但他明确提出，"文本的确定语境规定了阐释的确定维度"，"共同语境下的历史主体，理解的历史性，不能脱离自在话语的本来意义"②。这句引文认为文本具有一种自在的、实在的意义，该意义不会因所处之阐释情境的变化而改变，相反，它构成了牵制所有可能阐释的中心含义。事实上，唯有如此，才可能满足张江教授为公共阐释设定的"为不同语境下的阐释和接受者所共有"③的阐释目标。这意味着，对于文本的"相对确定意义"，此处做了较为严格的要求，阐释共同体必须以寻找文本的真实内涵为己任，这就是文本蕴含的自在意义。有效阐释的第二个要求是"为理解共同体认可和接受"。换言之，针对文本——该文本可以做广义理解，不仅仅指任何由书写固定下来的话语，亦可以指事件、行为、信仰和各类社会性存在（比如制度、组织等）——展开的阐释要获得有效性，必须向阐释共同体开放且得到认同。需要说明的是，这种阐释共同体并不受某个具体时空场域限制，因为公共阐释的共识要求面对的是不同语境下的、历时性的阐释者和接受者，是一个无限开放的"理想共同体"。而且，至关重要的一点是，张江教授将这种共识性要求建立在公共理性的引导之上，认为通

---

① 张江：《公共阐释论纲》，《学术研究》2017 年第 6 期。
② 张江：《公共阐释论纲》，《学术研究》2017 年第 6 期。
③ 张江：《公共阐释论纲》，《学术研究》2017 年第 6 期。

过在公共场域中展开的沟通对话，扬弃个人在理性使用中的局限性，具有共享意义和可公度性的阐释才得以形成。此时，张江教授将公共理性理解为"个体理性的共识重叠与规范集合，是阐释及接受群体展开理解和表达的基本场域"①。如此一来，借助对"有效阐释"概念之两重要求的分析，可以引申出公共阐释的有效性判准，即真实性和合理性。其中，真实性意味着对文本的确定涵义——亦即文本的自在意义——的发掘，而合理性则强调阐释结果必须来自理性指引下的阐释共同体的一致认同。

　　然而，在有关诠释学和公共理性问题的讨论中可以发现，利用公共理性对文本进行意义阐释，从阐释者的角度说，合理性要求容易满足，真实性要求却难以实现。正如张江教授所言，阐释者只要接受"公共理性的约束与规范"，其阐释"符合基本逻辑要义，其推理和判断与普遍理性规则一致"②，就可以达成符合理性的阐释。然而，对于真实性要求而言则不然。无论是理性多元主义事实（the fact of reasonable pluralism）的存在，还是阐释过程必须受制于前理解结构，都制约着这一最终目标的实现。理性多元主义事实描述的是现代民主社会的一种状况，是指民众在自由制度框架下自主运用理性能力形成的多种价值观并存的状况。这些价值观念可以表现为宗教、哲学、道德学说等不同形式，由于其形成过程皆借助于理性引导，因而展现为一系列各不相同的完备性学说。因此，这种理性多元主义在性质上与一般多元主义有根本不同，后者形成的多元化学说和观点并不排除是狭隘的自我利益或者共同体利益妥协和计算的结果，或者"仅仅是民族从一种有限立场来看待政治世界的可以理解的倾向"，而理性多元主义则诉诸"自由制度框架内自由实践理性作用的结果"③。由此一来，任何经由理性洗礼的完备性学说都有其存在的正当性，但"这些学说中的任何一种都不能得到公民的普遍认肯。任何人也不应期待在可预见的将

①　张江：《公共阐释论纲》，《学术研究》2017 年第 6 期。
②　张江：《公共阐释论纲》，《学术研究》2017 年第 6 期。
③　［美］约翰·罗尔斯：《政治自由主义》，万俊人译，译林出版社 2000 年版，第 37—38 页。

来，它们中的某一种学说、或者某些其他合乎理性的学说，将会得到全体公民或几乎所有公民的认肯"①。此外，这种理性多元主义并不仅只存在于某一个时代或者场域，它作为民主社会的一个永久特征，具有可持存性的特点。如此一来，回到有关公共阐释的真实性要求，便会发现其与理性多元主义事实的不相容。当持守着不同完备性学说的阐释共同体针对文本进行理性诠读时，由于其所处之立场完全不同，因此如何判定乃至寻求为不同阐释共同体所认可的真实阐释，就变得十分困难。伽达默尔哲学诠释学有关前理解结构的分析，更是从根本上否定了阐释的真实性得以可能的基础。众所周知，伽达默尔哲学诠释学所要处理的核心问题是"理解怎样得以可能?"它要考察在理解过程中"是什么东西截止我们的愿望和行动与我们一起发生"②。这后一句话便意味着，理解行为并不是完全遵照阐释者表面上的意愿进行，亦即是说，它总是受到先在条件的约束，而这一条件就是伽达默尔所讲的"前理解结构"，或者"前见"。如他所言："一切诠释学条件中最首要的条件总是前理解……正是这种前理解规定了什么可以作为统一的意义被实现，并从而规定了对完全性的前把握的应用。"③ 伽达默尔认为这种"前理解"的具体表现形式可以是阐释者所沿袭的传统，或者某种权威力量等。关于这一点，张江教授在论文中亦有提及，他指出公共阐释应当以普遍的历史前提为基点，"阐释的起点由传统和认知的前见所决定"④。这些前见从一开始便影响着阐释者的意义理解趋向，从某种意义上讲，已经预先实施了对可能理解的筹划。因此，任何理解行为都是基于阐释者的前理解而展开的一种具有"偏见"的行为。事实上，联系上文有关理性多元主义的分析，便可以将各种完备性理论理解为阐释者所占有的理解前结构。这样接下来的问题便十分

① ［美］约翰·罗尔斯：《政治自由主义》（导论），万俊人译，译林出版社 2000 年版，第 4 页。

② ［德］伽达默尔：《第 2 版序言（1965 年）》，载《真理与方法》（Ⅱ），洪汉鼎译，商务印书馆 2007 年版，第 531—532 页。

③ 参见 ［德］伽达默尔《真理与方法》（Ⅰ），洪汉鼎译，商务印书馆 2007 年版，第 400—401 页。

④ 《公共阐释论纲》，《学术研究》2017 年第 6 期。

相似了，因为不同的阐释者总是处在各自相异的历史传统中，其承袭之观念千差万别，所以就公共阐释而言，要从众多阐释版本中择选和认定何者更具真实性，将是一项几乎不可能完成的任务。更何况，根据伽达默尔的诠释逻辑，即便是通过返回作品的原意而寻求确定性解释亦是难以实现的，因为任何阐释者都不可能完全摆脱自己的前理解而投入到作者的生存情境中。换言之，"占据解释者意识的前见（Vorurteile）和前见解（Vormeinungen），并不是解释者自身可以自由支配的"[①]。前理解构成了阐释行为得以可能的条件，与此同时也阻止了阐释者回到原初意义的可能性。由此一来，无论是理性多元主义事实的存在，还是有关前理解结构的阐释经验，都表明将阐释的有效性与一种实体主义的完备性学说、文本的原意以及阐释者的确定性诠释等联系在一起，会面对富有挑战性的理论难题。在笔者看来，之所以会出现这类难题，原因在于它依然是从阐释者的独白角度做出的判断。张江教授的论文虽多次提及建立在对话基础上的公共阐释，但由于这种阐释最终指向一个确定的实在意义，因而排除了真正的基于理由交换和自由沟通而达致共识的可能——所有对话都成为被实在意义牵引的展示性行为。而且，若就此深究，亦可发现在阐释的真实性和合理性之间寻求融贯是十分困难的事情。真实阐释唯有借助合理阐释才能获得其有效性，然而，诠释学经验和理性主义事实的存在却表明，合理阐释并不保证唯一解释的出现，更何况是真实阐释。就此而言，哲学诠释学是将阐释看作对话，而"真正的谈话是建基于承认我们自己的可错性，承认我们自己是有限和历史的生物，因而我们绝没有黑格尔意义上的绝对知识。我们具有的知识类似于苏格拉底的知识：一种我们认自身无知并因而对他人观点可能真理进行开放的知识"[②]。有鉴于此，作为对话过程的阐释必然表现为一个"加强对方论证和自我检讨的过程"[③]，而一种真正的公共阐释，

---

① 参见［德］伽达默尔《真理与方法》（Ⅰ），洪汉鼎译，商务印书馆2007年版，第402页。

② ［美］乔治娅·沃恩克：《伽达默尔——诠释学、传统与真理》，洪汉鼎译，商务印书馆2009年版，第122页。

③ 参见陈荣华《高达美诠释学：〈真理与方法〉导读》，（台湾）三民书局2011年版，第214页。

其有效性应该在阐释者与接受者的对话中、在阐释共同体的沟通中互动完成，它展示为基于可错性之上的对更好理由因而也是更好理解的共同追求。

有效的公共阐释：基于公共理性的程序使用

据上文分析可推知，一种有效的公共阐释应当同时获得阐释者和接受者双重视角的认可，必须变寻找真实意义为寻找共同认可的合理性意义。这就要在文本意义生成所关涉的对话中探求。此时，罗尔斯有关公共理性有效使用的"相互性判准"可以提供一些借鉴。该判准以如下方式得到描述："惟有当我们真诚地相信，我们为我们的政治行动……提供的理由较为充足，且当我们同样合理地认为，其他公民亦会同样合理地接受这些理由，我们对政治权力的行使才属恰当。"① 笔者认为，从这段引文中可以分离并演绎出两个基本的有效性要求，即"充分的"和"理性的"（reasonable），作为公共阐释的有效标准。其中，"充分性"条件要求，阐释行为所给出的文本意义必须合乎理性地得出，即阐释者必须能够理性证成自己的意义诠释；而"理性的"条件则要求，所给出的有关文本的意义诠释能够为诠释对话参与者合理地接受，而当对话一方怀疑或拒绝有关文本意义的诠释时，也应当理性地给出自己的理由。换言之，阐释者必须以理性理由来说服对方，从而实现从个人阐释到公共阐释的转换。

于是，"相互性判准"为公共阐释提供了新的有效性标准。其显而易见的优势在于，它赋予阐释者和接受者以合作的契机。这种合作不是指阐释共同体为达成某种既定目标而展开的相互妥协，相反，它更加强调为实现相互理解而进行的理由交换。阐释者与接受者在完全开放的对话环境里，通过理性论辩参与到文本意义的生成和认定之中，从某种意义上讲，这也是一种视域融合和新视域生成的过程。张江教授所谓"为理解共同体所认可和接受"的要求只有在这一层面才能得到完全澄清。同样重要的一点是，由于罗尔斯将"相互性判

---

① ［美］罗尔斯：《万民法》，张晓辉等译，吉林人民出版社2001年版，第148页。

准"视作公共理性的有效使用标准，因而它在一定程度上便为公共阐释提供了理性支持。

　　然而，必须指出的是，上文对罗尔斯"有效性判准"向公共阐释理论的移置其实潜存着一种跳跃，因为罗尔斯是在政治论辩中使用这一标准的，而且他为这一论辩设定了非常有限的范围，即它仅使用于宪法根本和基本正义问题。同理，公共理性亦是公民为了解决有关宪法根本和基本正义问题而诉诸的一种理性。现在，将如此局限的"有效性判准"和"公共理性"用在颇具普遍性的公共阐释中，跨度不可谓不大。因此，我们必须详细说明，这样一种公共理性的理念和标准何以能够完成这一跳跃，在这个过程中它们是否需要经过某种修正。关于这一点，可以从哈贝马斯与罗尔斯的争论中得到一些启示。而关于公共阐释中公共理性及其有效性标准的具体作用方式，亦会借此得到更进一步的澄清。

　　罗尔斯与哈贝马斯争论的一个核心问题是，公共理性的作用方式应当是实质的还是程序的。两者的区分可以借助哈贝马斯在《论理性的公用》中的说法来阐明。他指出，程序主义"仅仅关注理性公共运用过程的程序方面，并根据其法律制度化的观念来阐明法律系统。它可以使更多的问题处于开放之中，因为它更多地是依赖于一个合理的意见和意志形成过程。罗尔斯对此则有不同的理解：哲学可以优先建构一个公正而可以达成共识的社会观念，而公民则把这一观念当做平台，来判断现存的制度和政策"①。虽然罗尔斯认同在公共理性使用过程中应当遵循某些探究指南（guidelines of inquiry），针对宪法根本和基本正义问题借助某些推理原则达成共识，但其基础在于某些业已被建构起来的实质性观念——关于这一点，只要考察一下罗尔斯是如何在多元社会中寻求公共认可的政治正义观念便十分清楚了。如前所述，现代社会最典型的特征之一是理性多元主义，任何一种完备性学说都不可能在这个时代获得所有人的认可，因而"不适合于作为立

---

　　① ［德］哈贝马斯：《论理性的公用》，载哈贝马斯《包容他者》，曹卫东译，上海人民出版社 2002 年版，第 84—85 页。

宪政体的政治观念"①。但即便如此，罗尔斯依然认为，这些完备性
学说只是作为一种综合学说从属于"非政治领域"，它的存在并不妨
碍公民在"政治领域"中确认那些为每位公民都认可的实质性价值
观念，亦即基本的正义原则，而只要通过诉诸公民自身的理智能力和
道德能力，这些政治正义原则和观念就可以被预先确立下来。它们最
终构成了公共理性的基本内容。如果说在这个过程中需要理性证成和
论辩，由此说明这些正义原则和观念是基于公共视角的理性共识，并
得到各种不同完备性学说的认肯的话，那么这些论辩就是在如下意义
上讲的："理性的公民彼此考虑到了合理性的全备性学说，而这些学
说认可了他们的政治概念。"② 换言之，公共论辩发生在每一位公民
都从"你和我"的立场出发反思这些政治正义原则如何嵌入各种完
备性学说而与其保持一致，或者至少是保持互不冲突，当各类完备性
学说都能够承认这些政治正义观念时，便可以说后者是基于"公共视
角"而达成的重叠共识。至此，那些最初源自公民道德能力的正义观
念由于"共同视角"的介入而具有了公共性特征。事实上，当罗尔
斯谈及公共理性使用的"相互性判准"，并将"我们同样合理地认
为，其他公民亦会同样合理地接受这些理由"③ 作为其条件之一时，
依据的便是这一分析。

而在哈贝马斯看来，这些所谓论辩程序的存在并不能掩盖罗尔斯
公共理性中深植的实质主义特征，而罗尔斯也承认自己在很大程度上
将公共理性做了实质使用。就这一点而言，如果我们"跃回"张江
教授有关公共阐释中公共理性的使用方案便会发现，其与罗尔斯的观
点有相近之处，尤其是张江教授认为，公共理性其实是"个体理性的
共识重叠和规范集合，是阐释及接受群体展开理解和表达的基本场
域"④，此处的公共理性便是作为实质理性而发挥作用，而作用方式
同样要借助"重叠共识"。因此，如果罗尔斯能够自圆其说地证成这

---

① ［美］约翰·罗尔斯：《政治自由主义》，万俊人译，译林出版社2000年版，第143页。
② ［德］哈贝马斯：《"理性"与"真理"或世界观的道德》，载哈贝马斯《包容他
者》，曹卫东译，上海人民出版社2002年版，第106页。
③ ［美］罗尔斯：《万民法》，张晓辉等译，吉林人民出版社2001年版，第148页。
④ 《公共阐释论纲》，《学术研究》2017年第6期。

种方案，倒可为公共阐释理论提供一些论证支持。

然而，问题恰恰就在于，哈贝马斯认为，罗尔斯对公共理性，包括其"相互性判准"的理解存在着一系列麻烦。这一方面是指他要承受过重的论证负担——罗尔斯对公民具有的理智能力和道德能力的承认，其实是基于自由主义对人的判断和预设，是指处于原初状态的人在无知之幕中展示出的一种基础性能力，而这显然不是自明的，必须要有更基础性的论证。哈贝马斯因此指出："罗尔斯如果换一种方式来展开他的道德视角……从程序主义的角度，对实践理性的程序概念加以阐明，他就可以避免由于提出原初状态的设计而遇到的麻烦。"① 除此之外，罗尔斯可能遭遇的另一个挑战在于他对"公共视角"的误判。换言之，在哈贝马斯看来，罗尔斯基于公共理性对政治正义原则的证明并不是真正理由交换的结果，它依然是从独白视角出发而形成的并不彻底的共识。其原因在于，"这里所说的'公共的'和'共有的'具有某种误导成分。'重叠共识'是大家一起进行自我监控的结果，而监控的内容在于有关意见与自己的世界观是否吻合。要想取得'重叠共识'，每个人都必须接受同样的概念，而且运用的是各自的非公共理由，同时还要对其他所有人持肯定立场"②。虽然公民在政治领域能够达成对正义原则的"共识"，但这不过是说，每个人都以自己的方式、从自己的完备性学说出发对他人亦承认的政治正义表达自己的认同即可。在这个过程中，根本不存在不同视角的交流和沟通。每一个公民对政治正义表示认同的理由和推理过程是不同的，并且，由于他们无法进入对方的视野，因而也根本无从知晓他人的认同逻辑。这就是哈贝马斯所说的，"重叠共识"其实不过是建立在非公共理由的基础之上。于是，罗尔斯所谓的公共理性就不是真正意义上的对理性的公共使用，而所谓的"相互性判准"，亦根本不是理由交换和沟通意义上的"相互性"。更何况，在罗尔斯的公共论证

---

① ［德］哈贝马斯：《论理性的公用》，载哈贝马斯《包容他者》，曹卫东译，上海人民出版社 2002 年版，第 68 页。

② ［德］哈贝马斯：《"理性"与"真理"或世界观的道德》，载哈贝马斯《包容他者》，曹卫东译，上海人民出版社 2002 年版，第 107 页。

中，其实还隐藏着另外一个成问题的预设，那就是在"政治领域"和"非政治领域"之间的划分。事实上，在日常行为中，人们很难严格界定哪些问题属于政治领域并由此开启自己的公民身份，而哪些又是处于完备性学说适用的范围内。

由是观之，罗尔斯对公共理性的使用方式和理解方式存在某些偏差，至少并非如他所言，是对56 理性的公共使用。而哈贝马斯理论的优越之处也由此得以凸显。在他看来，"哲学应当仅限于澄清道德视角和民主程序，仅限于分析理性话语和协商的前提条件。在这种角色中，哲学不必采用一种建构性的方法，而只要采用一种重构性的方法。此时此地必须寻找到的实质性答案，被哲学交给了参与者，他们或多或少已经受到了启蒙，可以通过自身的努力来做出这样的解答"①。无论是针对政治正义的问题，还是更大范围内的问题，只要放在理性论辩的程序框架中，对论证过程加以规范，便可以保证结论的合理性。就内在的论证过程而言，不需要给出任何作为基础的实质性预设。当然，必须指出的是，对于程序本身的设定来说，哈贝马斯承认一些基于直觉观念的道德前提存在的必要性，譬如，阐释者和接受者必须视对方为平等的交流主体，任何人都可以自由进入和退出商谈程序，对自己的观点有举证责任等。事实上，当我们设定公共理性使用的相互性判准时，瑀已内在地认同了这些道德前提②。唯有如此，贝马斯认为，论辩者才可能真正摆脱外在观察者的视角，以参与者的身份进入到理由的提供和交换过程中，理性的公共使用才能做到名副其实。与之相应，在笔者看来，哈贝马斯程序理性的优越之处还在于，它可以突破罗尔斯在"政治领域"和"非政治领域"之间的区分，使公共理性的应用范围更为普泛化。任何出现在公共领域之中的

---

① ［德］哈贝马斯：《论理性的公用》，载哈贝马斯《包容他者》，曹卫东译，上海人民出版社2002 年版，第85 页。

② 正是由于这样一些道德前提的存在，罗尔斯认为，哈贝马斯的公共理性并不完全是程序性的，它同样依赖于一些实质性内容。事实上，"哈贝马斯认识到了他的观点是实质性的，他只是说他的观点比我的观点更适度一些而已。"（参见 ［美］约翰·罗尔斯《政治自由主义》，万俊人译，译林出版社2000 年版，第453 页）在这个问题上，笔者认为，哈贝马斯设立的这些实质性条件，是论辩程序能够顺利进行的最基本保证，而这完全不同于罗尔斯在政治正义论辩中关于正义原则等的实质性预设。

论题，都可借助公共理性加以讨论。只要想一想哈贝马斯对早期文学公共领域中公共理性使用的分析，便十分清楚了。作为本文主题的"公共阐释"问题也理所当然地被涵盖其中。同时，前文提到的那个"跳跃"，公共理性从有关宪法根本和政治正义问题到更为普泛的公共阐释问题的跳跃，亦在对公共理性范畴的澄清中得到解决。

从上述一系列论证出发，我们便可以得到关于有效公共阐释之理性基础的认定：公共理性必须要以程序主义的方式发挥作用。唯有如此，才能够真正实现阐释行为中的互动沟通，建立起共同的阐释视界，在视域融合中达成共识。同样，作为公共理性使用标准的"相互性判准"，在此基础上也得到进一步确认。事实上，当笔者在前文中将"理性的"标准做出如下表述——"所给出的有关文本的意义诠释能够为诠释对话参与者合理地接受，而当对话一方怀疑或拒绝有关文本意义的诠释时，也应当理性地给出自己的理由"——时，已经在程序主义的意义上实现了对罗尔斯"相互性判准"的更新。

由此一来，"相互性判准"就可以视作检视阐释有效性的形式标准，它必然会同时规范阐释者和接受者两层关系，而公共理性的作用亦主要表现为对程序的设置，以便让阐释活动参与者在自由对话中达成共识。其中，从阐释者角度看，"相互性判准"要求阐释的正当性必须为接受者的理性所认同，阐释的有效性表现在，其应当被接受者和阐释者所共同接受的理由所证成。因此，从阐释者立场看，在阐释过程中应用公共理性主要不是为了证成意义阐释的真实性，而是提出让参与阐释对话的另一方接受意义阐释的有说服力的理由，为阐释有效性提供根据或者基础。而从接受者立场说，"相互性判准"接受者必须理性地参与意义阐释过程，遵行公共理性所提出的有关阐释对话的论辩义务，也就是说，在涉及公共阐释的接受与拒绝时，必须放弃自己的形上哲学—宗教立场，将自己的行为纳入公共理性的论辩规范之中，成为一种公共理性行动，因此在接受和拒绝发生时，当理解出现歧义时，有义务向对话一方或者提出质疑者解释自己接受和拒绝的理由。这种义务是道德义务，而非法律和政治义务。若诉诸法条和政治权威，就会违背自由论辩之理性天条。

阐释有效性之于公共阐释的建构意义

笔者的分析表明，一种真正有效的阐释理论，必须基于公共理性的程序使用，以"相互性判准"作为证成其合理性的形式标准。由此，公共阐释的目标就不是造就一种对文本意义的真实阐释，而是在阐释共同体中通过理性论辩达成相互理解，使得对文本意义的阐释表现出合理的可接受性。这种将真实性要求从有效性标准中分离出来的做法，非但不会影响公共阐释得以可能的根基，反而为其提供了适应于多元社会情境的建构方案。唯有如此，公共阐释才能够如张江教授所言，成为具有合理的可公度性、反思性和建构性的阐释模式。在张江教授看来，公共阐释的可公度性是指"阐释与对象、对象与接受、接受与接受之间，是可共通的"①。阐释共同体能够就阐释对象的意义解读形成有效共识。而其得以可能的首要原因就在于，公共阐释中作为公共理性使用之有效性标准的"相互性判准"真正实现了与公共性的有效连接。虽然不可否认的是，公共性在很大程度上都与政治领域相关联——以哈贝马斯为例，他的公共性往往是在下述意义上得到理解的："对所有公民无障碍的开放性、公众在公共领域内对公共权力和公共事务的批判性，以及遵循自由、民主、正义原则进行理性商讨所达成的可以促使独立参与者在非强制状态下采取集体行动的共瑞识。"②——然而，正如哈贝马斯的考察起点是文学公共领域一样，政治领域并非公共性的唯一展示场域，而只是哈贝马斯更为关注的场域。因而，一种具有公开性、批判性和理性化特征的公共性概念与公共阐释的交叠并非不可能。而当我们将"相互性判准"的两个基本条件作为公共阐释的有效性要求时，开放的、反思的理性视野便已经打开。可以说，正是这种开放性视角为所有意愿进入到阐释共同体的

① 《公共阐释论纲》，《学术研究》2017 年第 6 期。

② 哈贝马斯对"公共性"概念的分析，具体可参见 [德] 哈贝马斯《公共领域的结构转型》，曹卫东等译，学林出版社 1999 年版，以及《在事实与规范之间》，童世骏译，生活·读书·新知三联书店 2003 年版，第 8 章。

个人提供了平等的对话机会。在由此形成的阐释空间中，每一位阐释者作为自主的理性主体就阐释对象充分表达个人的观点，提出接受或反驳理由，同时也承担着回应他人质疑的义务，由之达成理性共识。这种共识具有最广泛的认同基础，成为在所有参与者之间共同分享的、可公度的诠释结果。

此外，当阐释者和接受者就同一论题展开论辩时，对各种质疑和拒绝的理性回应意味着批判视角的介入。当然，细致讲来，这种批判性可以从两个角度进行理解。首先，这可以表现在对公共阐释中可能出现的外在强制力量——譬如权威——的反思。这是一种强的批判立场，其目标是塑造一个真正平等的对话环境，从而对阐释者和接受者的每一个阐释行为加以约束，要求其论辩过程必须是基于理由的沟通而非强力的压制。其次，这种批判性还可以做一种弱化使用，降低对所谓权威等强制力量的针对性，亦即是在认可现有阐释参与者的理解立场的前提下，通过对理由的证明或者质疑来泯除成问题的阐释，达成合理共识。这两种方案其实正是哈贝马斯和伽达默尔争论的核心问题之一。不过，无论是强的版本还是弱的版本，都可以从中抽离出公共阐释的反思性特征，在阐释者和接受者就文本意义展开的对话和交流中不断修正自我认知。

事实上，张江教授提到的公共阐释的建构性特征，也恰可以在上述意义上得到理解。在公共阐释中持续展开的反思性行为，意味着阐释共同体总会就文本意义形成更具合理性的认知，构建出新的理性共识。如果按照张江教授的归纳，公共阐释还有一种超越性，那么它显然与其建构特征是二而一的事情，任何建构都是在超越当下共识基础上的新理解。当然，对此需要特别指出的是，无论是公共阐释的建构性还是超越性，都不意味着它会因此沦为一种相对主义的、且颇不稳定的阐释方案。实际情况恰好相反。公共阐释并不承认一切理由都是同等有效的理由，它时刻保持着对所有异议的开放，并认同基于更好理由达成的共识。所以，只要不是以传统的自然科学对绝对真理的追求作为标准，公共阐释就绝不该被判定为是一种"什么都行"的相对主义。而十分清楚的是，从狄尔泰以来，阐释学的意旨之一就是构建与自然科学完全不同的精神科学的发展逻辑。实际上，由此出发，关于公共阐释不稳定性的怀疑便也不攻自破。当公共阐释对更好理由的追求总是建立在所有阐释者以平等身份展开理性对谈的基础之上时，由此形成的共识必然能够为最大多数可能参与者所共享，其稳定性也由此得到保证。

综上所述，笔者认为，当张江教授提出将"公共阐释"作为当代中国阐释学基本框架的核心范畴，并将其目标归结为"以公共理性产生有边界约束、且可公度的有效阐释"[①] 时，必须兼顾当代社会理性多元主义事实存在这一现状。因此，对于公共阐释而言，重要的不是寻求有关文本意义的真实阐释，而是通过相互理解达成一致，使得意义解读能够展示出令对话双方认同的合理性和可接受性。就此而言，作为公共理性有效使用标准的"相互性判准"可以发挥关键的范导作用。由于"相互性判准"将"充分性"与"理性的"视为有效阐释的基本准则，并由之将公共阐释的公共性与有效性统一了起来，因而是在形式方面建立公共阐释理论的一种基础性建构原则。

---

① 《公共阐释论纲》，《学术研究》2017 年第 6 期。

公共理性与阐释活动的规范性本质[*]

韩东晖^{**}

"阐释"作为阐释学的研究对象，虽然是19世纪后期逐渐蔚为大观的研究领域，但作为人类语言活动和思想活动所特有的方式方法，却渗透在各个文化领域之中。阐释促成理解，而理解总是阐释。因此当理解的本质、特征、条件和限制成为哲学阐释学的主要研究对象时，阐释本身就具有了存在论地位。然而，在创制者权威被弱化的同时，理解和阐释仍然面临相对主义和怀疑论的威胁与侵蚀，始终处在主观主义与客观主义、"文本单独支配意义与读者自由赋予意义"①的张力当中。单一文本与多重语境、复合视域与多元意义之间的复杂关系，促使我们深入思考把握意义的语言实践能力（理解）和把握内容特别是概念内容的语言实践活动（阐释）。

在这一反思过程中，作为与哲学阐释学不同的考察进路，阐释的公共性和规范性被提上议事日程，并与经过哲学阐释学批判的理性观念结合在一起。概括地说，我们力图阐明的观点是：公共阐释是公共理性的一种规范性活动，公共理性为其敞开空间，规范性是阐释活动的本质。这里对公共性的强调，部分源于哲学阐释学对理

* 本文系国家社科基金项目"规范性的本质与结构研究"（15BZX076）的阶段成果。本文关于公共阐释的分析，得益于中国社会科学院张江教授《公共阐释论纲》（《学术研究》2017年第6期）的启发，也吸取了2017年《学术研究》杂志社召开的"公共阐释：中国阐释学的理论建构"学术研讨会上专家们的观点和建议。本文原刊于《中国社会科学》2018年第3期。

** 作者单位：中国人民大学哲学院。

① Robert Brandom, *Tales of the Mighty Dead: Historical Essays in the Metaphysics of Intentionality*, Cambrige, London: Harvard University Press, 2002, p. 92.

性概念和启蒙规划的深刻批判，这一批判关闭了纯粹理性和绝对理性法庭的大门，使公共理性成为建设性的解决方案。于是，一方面，公共理性是启蒙规划的真正灵魂，在当代经过罗尔斯和哈贝马斯等思想家的努力而发展为社会政治理论的核心议题之一。另一方面，公共理性又成为阐释活动的动力，使阐释活动，特别是公共性的阐释，要在公共理性的基础上化解抽象知识与具体知识的张力，超越绝对主义和相对主义的二分法，打破作者与文本的二元性，在公共理性的理由空间中思考阐释活动的规范性本质。公共性和规范性为公共阐释奠基。

一　公共理性是启蒙规划的真正灵魂

公共理性，霍布斯视之为主权者的理性，卢梭视之为法律，在17世纪的一般语境中则与国家理由是同义词，后者被用来表达"统治者或政府行为的纯粹政治根据"。[①] 但只有康德论启蒙时才真正赋予了公共理性以现代的意涵，这就是启蒙在于理性的公共运用的自由。20世纪下半叶，哈贝马斯和罗尔斯从不同路径出发，发挥了康德的理性的公共运用思想。哈贝马斯强调，康德所说的公共性是唯一能够保障政治与道德同一性的原则，公共性既是法律秩序原则，又是启蒙方法，而公开运用自己理性的自由，又是公共性原则的前提。[②] 通过对黑格尔和马克思关于公共性的辩证法的讨论，哈贝马斯开启了公共领域的理性论辩。罗尔斯设想的是在一个良序的多元民主社会中，自由平等的理性公民，在社会的背景文化或公民社会的文化中的理性运用之外，在公共政治论坛当中履行其公民之为公民的责任，运用公共理性这种共享的理性活动形式，决定宪法基本要素和基本正义问题，为政治的合法性作出了彼此可以接受的辩护，以实现社会公平合作的理

---

① John Simpson and Edmund Weiner, eds., *Oxford English Dictionary*, "Reason, N. 1", Oxford: Oxford University Press, 1989. 关于公共理性在历史上的表述，参见劳伦斯·索罗姆《建构一种公共理性的理想》，谭安奎编：《公共理性》，浙江大学出版社2011年版。

② ［德］哈贝马斯：《公共领域的结构转型》，曹卫东等译，学林出版社1999年版，第121—124页。

想。这种公共理性的观念是协商民主政治的核心要素之一。① 可以说，康德、哈贝马斯和罗尔斯阐发了公共理性观的三种主要形态。

通常说理性是启蒙的精神，但在康德看来，敢于运用自己的理性才是启蒙的格言，理性的公共运用才是启蒙的特征。因为这种公共性一方面保证了启蒙在主题、议题、对象和结果上的普遍性：每一个有勇气使用自身理性的人，都可以针对一切事物，面向全体公众，而得到普遍启蒙；另一方面，又限定了理性运用的条件，并将其上升到义务的规范性层次：公民有义务以学者的方式运用理性，必须排除基于教派、阶层、私利和意见的立场，同时与私下运用相区分，不受自身职位的限制。更进一步说，理性运用的公共性与理性自身的批判性是一体两面的。理性的自身批判是启蒙更深层、更持久的特征，能够时时警惕将理性自身绝对化、工具化的倾向，但也往往成为启蒙的批评者的盲区。在《纯粹理性批判》中，康德将纯粹理性的批判视为纯粹理性一切争辩的真正法庭；在《判断力批判》中，康德将理性的自身批判称之为"真正的启蒙"。②

有些批评者将启蒙的特点归结为两点：实证主义的独断论和把理性降格为工具理性，并在政治上会导致一种唯科学主义的集权统治，服务于任何非理性目的。他们攻击启蒙的傲慢、虚伪和自欺，认为启蒙的理性不过是权力的另一种样式，指责启蒙用新的神话代替了旧的神话。这种批判实际上是把启蒙与其敌人混为一谈，用启蒙运动尚未实现的目标来批判业已实现的状态。③ 这不仅没有真正理解启蒙的价值，反而延宕了启蒙在新阶段的探索和自身批判。启蒙的当代规划应当举起公共理性的大旗，不断应对来自各个方面的挑战。例如，在西方国家现代多元民主社会背景下，不同种族、民族、阶层、社群的公

---

① John Rawls, *Political Liberalism*, expanded edition, New York：Columbia University Press，2005，p. 448.

② ［德］康德：《纯粹理性批判（第 2 版）》，李秋零主编：《康德著作全集》第 3 卷，中国人民大学出版社 2004 年版，第 482 页；康德：《判断力批判》，李秋零主编：《康德著作全集》第 5 卷，中国人民大学出版社 2007 年版，第 306—307 页。

③ 参见［美］艾伦·伍德《哲学：启蒙的辩护，启蒙的批判》，［美］C. P. 拉格兰、萨拉·海特编：《哲学是什么？》，韩东晖译，人民出版社 2014 年版，第 106—117 页。伍德针对的是霍克海默、阿多诺以及福柯的观点。

民对公共事务的论辩该如何进行？作为公共理性的指南并维系社会稳定的重叠共识如何达成？

近年来在西方发达国家发生的政治危机，让人们开始关注一类重大问题——"后真相"。这个 2004 年才出现的新词成为 2016 年《牛津英语词典》年度词汇，使用率呈爆炸性增长，它被定义为"诉诸情感及个人信念，较陈述客观事实更能影响舆论的情况"。这一词汇似乎也成为定义这个时代的词汇之一，事实和客观性似乎在节节败退。不期而至的"另类事实"更是篡改了事实的定义和来源，仅仅凭借没有辩护的断言，就将信念提升到真理的位置上，真理和真相反而混杂于虚假和喧嚣之中，以至于产生了"真实的虚假"这种充满讽刺的抗议口号，令人对权力与谎言的公然结盟颇感无奈。与此同时，群体思维塑造了人们看待周围世界的方式——"你为什么不接受你所信任的人的判断"成为意见的判准和从众心理的安慰，恰恰与公共理性的运用形成了冲突，导致社会的道义计分原则濒临瓦解。这一现象无论在社会认识论层面还是政治哲学层面，既威胁着对事实、共识和不成文的规则的阐释，也威胁着对信任、尊重与政治原则的理解，而事实与信任的崩溃将破坏"民主的柔性护栏"，最终导致民主基础的坍塌。

上述问题看上去发生在社会政治领域，但实际上既涉及社会认知的乱象，也体现启蒙规划的不充分。这也是我们意识到理性的运用与阐释的活动息息相关，公共理性的发扬得益于哲学阐释学对理性观念的批判和改造，也为公共性阐释的出场提供了支持。

二 哲学阐释学与公共理性的互鉴

理性是复杂而多义的哲学概念。作为人类特有的精神活动，理性侧重于运用概念、使用语言的推理能力和活动，特别体现为予求理由、追溯原因、考量动机、提供根据和划定界限等活动。在规范性层面上，理性活动的根本特征是对合乎理性、合理性、可理解性、合法则性等规范性质的来源探究与实践运用，用康德哲学的术语说，就是理性的自身反思、自身批判和自身立法，这种自反性的活动是人最为独特的地方。

理性对自身的反思和"立法"，因视角不同、取向各异，出现了不同的理性观。举其大要，可分三类。第一类是形而上学的超越性的理性观，理性以源于语法的概念思辨为论辩方式，或强调价值无涉、无立场无偏见，或思辨地构造一套价值体系，仿佛"天不变道亦不变"，赋予理性以绝对权威地位。第二类拒斥超越性理性观、强调理性的有限性，或者以感觉材料、知觉经验的基础地位防止理性僭越出经验的界限，或者强调理性的演化特性，历史传统和社会本能的支配地位，拒绝理性无所不能的宏大叙事，或者从个体的实际性或生存性视角出发，以"此在"为中心，认为与理性相比，情绪、激情才是此在的源始存在方式。第三类侧重从公共性、实践性和规范性的视角来理解理性，强调基于历史性的文化和社会性的实践而凸显出的规范性维度，这就是说，人之所以是理性的动物，同时也是政治的、社会的动物，正是源于人类生活和概念活动的规范性特征——"我们是受理由约束的，是服从于更好的理由所具有的特殊力量的人。这种力量就是一种规范性力量，一种理性的'应当'。理性之为理性，就在于受这些规范所约束或辖制，在于服从于理由的权威。"① 简言之，人不是未经教化、脱离规范且沉湎于个别性的动物，而是能够运用公共理性、通过规范性而获得自由的行动者——人是规范性的动物。在这种意义上我们甚至可以回答康德"关于应用我们的理性的最高准则的科学"的问题：人是什么。② 也就是说，"我能够知道什么、我应当做什么、我可以希望什么"这三个分属于形而上学、道德和宗教的问题，就其涉及"能够、应当和可以"这三个规范性的和模态的语汇

---

① Robert Brandom, *Making It Explicit*: *Reasoning*, *Representing*, *and Discursive Commitment*, Cambridge, Mass.: Harvard University Press, 1998, p. 5. 英文中的 reason 作为哲学概念，大致有两种主要涵义：一是推理能力和活动，通常被译为"理性"；二是一个或多个理由、原因、动机、根据。原因和理由是推理的前提或依据，是理性活动链条中的必不可少的部分；理性的活动也离不开理由空间，因此，理性、推理和理由，这三者的共同作用便是公共理性观念的语义基础。

② ［德］康德：《逻辑学》，李秋零主编：《康德著作全集》第 9 卷，中国人民大学出版社 2013 年版，第 23—24 页。

与能力而言，需要在规范性上把握这三个方面。① 而"人是什么"的问题，就不仅仅涉及作为"世界知识"的实用人类学，归根结底要回答规范性的本质问题。

在文章中，我们重点关注第三类阐释视角和理性观念，但并不排斥前两类，它们都是理由的逻辑空间中的组成部分，而我们的目的是寻求更好的理由，在予求理由的语言活动中作出承诺、遵守规则、承担责任。

在走向公共理性的观念中，哲学阐释学发挥了重要作用。哲学阐释学对理性的批判是对理性的丰富和扩展，实际上是理性自身批判的一部分，例如关注历史理性、消解权威与理性之间的互斥、提出正确地使用理性的方法等。但是阐释学面临的最大难题，就是既要限制纯粹理性的过度膨胀的特权，同时又不陷入相对主义的沼泽。这需要我们能够把握语境、事实、规则、视角等问题上的阐释学处境，走出视角主义（或译透视主义）的困境。

尼采提出视角主义，深刻揭示了这一困境："反对实证主义，它总是停留在现象上，认为'只有事实'；而我会说：不对，恰恰没有事实，而只有阐释。我们不能确定任何'自在的'事实……只要'认识'一词竟是有意义的，则世界就是可认识的：但世界是可以不同地解说的，它没有什么隐含的意义，而是具有无数的意义，此即'透视主义'。我们的需要就是解释世界的需要：我们的欲望及其赞成和反对。每一种欲望都是一种支配欲，都有自己的透视角度，都想把自己的透视角度当作规范强加给其他欲望。"② 在这里，尼采用多种阐释取代事实，用不同解说取代认识，用各种视角取代隐含意义，把支配欲望装扮为规范，其最终结果就是极端形式的虚无主义："一切信仰，一切持以为真，都必然是错误的：因为压根儿就没有一个真

---

① 塞拉斯既深刻又晦涩地认为模态语言是转置了的规范语言，这一思想在布兰顿的意用分析（meaninguse analysis）中得以深化。参见 Wilfred Sellars，"Inference and Meaning"（1953），reprinted in Kevin Scharp and Robert Brandom，eds.，*In the Space of Reasons*，Cambridge，Mass.：Harvard University Press，2007，p. 21.

② ［德］尼采：《权力意志》，孙周兴译，商务印书馆2007年版，第362页。

实的世界。也就是说，这是一个透视主义的假象……"①

要从理论上打破视角主义的困境并不容易，但我们认为基于公共理性的公共性阐释活动是一条希望之路。这种公共阐释建立在哲学阐释学与理性自身批判的互鉴之上，渗透在公共理性各个层次的运用之中。

借用美国哲学家卡普托的形象比喻，阐释不是我们和实在之间的一堵墙，而是墙上的一扇窗。② 从事阐释活动的人，总是处在特定的历史、文化和社会条件中的，因此总是处于特定语境之中的，从事着各种类型的语言游戏，在遵守规则的同时修改规则、新立规则。而语境的类型是多样的，有历时的、共时的，也有学科的、职业的、修辞的；语境的范围也大小不一，大到思想的全部物质条件、文化状况，小到个体的学术背景。因此阐释活动的语境化和再语境化是不可避免的，这也是阐释活动的生命力来源之一。与此同时，观察渗透着理论，事实与阐释也具有交互性。阐释活动否认纯粹事实，因为纯粹事实意味着没有语境的事实，没有语境或对语境不敏感的事实只是事实的逻辑空间中的真命题，是真理的一个子集，例如以数学方式表达的真理。更为广阔的空间中的事实总是可修正的，可以再语境化、再描述、再诠释，只要我们有更好的理由。但更好的理由并不等于私人化的借口和过于狭隘的视角。可以说，阐释总是意味着特定视角的活动，并在活动中促成了视域的融合或视角的互照。视角是通往实在的入口，既表明人类有限性的特定大小，也是促成理解、赋予意义的通道。虽然我们说趣味无争辩，但视角实际上有优劣对错之分，有充分狭隘之别。视角并不只是束缚我们，而且能够开放我们；我们常说的个人视角实际上是单一视角，重要却不独一。可以说，阐释活动作为基于生活形式的语言游戏，从一开始就不是私人性的，而始终具有公共性，既促成公共理性的成长，也受到公共理性的约束。与此同时，在阐释活动中，不存在超语言游戏的元语言、超历史时空的元叙事，没有跨历史的无所不包的游戏、规则或故事，没有理性的最高法庭，

---

① [德]尼采:《权力意志》，第 404 页。
② John D. Caputo, *Truth*: *Philosophy in Transit*, London: Penguin Books, 2013, p. 217.

只有在多样化生活形式中的多样化的好理由。①

哲学阐释学对绝对理性的批判与建设性的公共理性在当代思想中的进一步发育殊途同归。例如，在罗尔斯那里，他强调合乎理性与合理性的区分，但不落入理性主义；尊重公民的有限经验，但不陷入经验主义；承认判断责任，但不陷入怀疑主义；进而以"公共理性"概念取代被形而上学化的"绝对理性"，用代表公共理性的最高法庭取代纯粹理性的最高法庭，把理性的运用限制于两个方面：一是所有理性的一般特征，如推理和证据的规则；二是一般共享的信念、常识性推理和无争议的科学方法。

三　公共阐释的公共性与规范性

公共阐释的基础是公共理性的活动，因此其公共性得以敞开，其规范性得以阐明。公共阐释之所以具有公共性，一个重要的方面是公共阐释应当具有的清晰的表达形式、真正的认知意义和自身反思的理解价值；公共阐释之所以具有规范性，一个重要的原因是公共阐释乃是理由的逻辑空间中的实践活动。在这里我们并不具体涉及公共阐释的内容与方法，② 而是试图探索其理论的哲学基础。在关于规范性的讨论上，美国哲学家罗伯特·布兰顿的观点既继承了康德、塞拉斯思想的深刻性，又极富原创性，堪称最具希望的规范性理论。③

（一）公共阐释的认知意义

当代哲学有一个明显的特征，就是努力超越理论上各种僵硬的二

---

① John D. Caputo, *Truth：Philosophy in Transit*, p. 222.

② 参见张江《公共阐释论纲》，《学术研究》2017 年第 6 期。

③ 布兰顿的《清晰阐释》（*Making It Explicit*, 1994）、《清楚说理》（*Articulating Reasons*, 2000）、《晤对先哲》（*Tales of the Mighty Dead*, 2002）、《言行之际》（*Between Saying and Doing*, 2008）等著作中，围绕规范性这一核心思路，提出了深刻的规范性理论。概言之，他认为哲学的主题是一切装扮之下的规范性和一切形式当中的推理。哲学的任务是表达性的、阐释性的。所以设计和制造专门的表达工具，并且通过使用来打磨和塑造它们，这就是各种哲学子领域从业者的工作。在最一般的水平上，推理上的联系通过条件句而得到清晰阐释，它们的规范性力量通过义务论词汇而得到清晰阐释。

分法，如主观主义与客观主义、绝对主义与相对主义、抽象知识与具体知识等。超越的路径或者综合并克服对立双方，或者另辟蹊径，别开生面。无论何种超越，均涉及对哲学方法和知识本性的重新定向。那么，公共阐释的提出，在认知层面上，能否在公共理性的基础上思考抽象知识与具体知识的关系，努力超越绝对主义和相对主义，就是一项极其复杂的工作。

布兰顿认为，哲学作为宽泛意义上的认知活动，其目标和主题是理解，而非知识。唯有人能够运用概念去理解、推论，成为理由的制造者和接受者，真理的探寻者和发言人。① 这源于康德的洞见，即将我们视为概念的制售者，由判断和行动、也就是我们的理论活动和实践活动构成。我们不仅受到因果性力量的制约、事实的约束，更活动在规范性的领域，而规范性就是自由之所在。由此观之，真正具有认知意义的是把隐含的规范转变为公共的、清晰的表达，表达之为表达就在于清晰阐释，清晰阐释在根本意义上就是使表达具有命题性内容（即断言、判断或信念的内容），并成为予求理由游戏中的基本步骤。② 概念的作用，是针对在实践中正确的形式的或实质的推理，清晰阐明隐含其中的概念性内容和规范性承诺。用赖尔关于实际操作能力和命题知识的区分来表达，③ 就是把隐含的"知道如何做"的经验编码为"知道如此说"的清晰表达，把实践能力付诸理论表述，依据规则或原则，说出孰是孰非。④

在布兰顿的推理主义语言学和规范语用学基础上，公共阐释能够确立自己的一项基本任务，就是把有待阐释的文本中隐含的内容和承诺通过命题和推理的形式清晰化，把作者文本创作活动中的实践能力和道义原则阐释为具有公共性的表达，使之成为得以不断阐释、意义

---

① 参见布兰顿《理由、表达与哲学事业》，［美］C. P. 拉格兰、萨拉·海特编：《哲学是什么?》，第79—80页。

② Robert Brandom, *Making It Explicit: Reasoning, Representing, and Discursive Com mit-ment*, p. 14.

③ Gilbert Ryle, "Knowing How and Knowing That: The Presidential Address", *Proceedings of the Aristotelian Society*, Vol. 46, No. 9, 1945, pp. 1–16.

④ Robert Brandom, *Making It Explicit: Reasoning, Representing, and Discursive Commit-ment*, p. 43.

日新的文本。在这一过程中，作者意图与文本语境的张力，在实践能力与其清晰表达、关于创制的行动之知与关于表达的命题之知的关联中得到重新编码和阐发。恰如其分的阐释必定比牵强附会的阐释包含更有效的概念运用、实质推理和语用承诺；入木三分的阐释必定比肤浅平庸的阐释包含更充分的概念创造、理路铺展和道义价值。因此公共阐释不是个人的抒情，不是私人化的宣泄，不是没有对错高下之分的众声喧哗。我们一方面可以拒斥绝对主义的信念，不承认存在或必定存在某种永恒的、无历史的模式或框架，可让我们借以最终确定理性、知识、真理、实在、善或正义的本性，因为这种信念既没有理解语言和概念的本性，也没有理解人类实践活动及其理论表达之间的关系。[1] 另一方面，我们也不赞成强版本的相对主义，尽管我们的核心概念一定有赖于特定的概念结构、理论框架、科学范式、生活方式或社会文化来理解和阐释，但这种理解和阐释并不在理性的概念和推理活动之外，并不能脱离公共理性的对话、协商乃至裁决的轨道，在一定程度上，把相对性强化为不可通约性、"怎么都行"的相对主义立场，仍未摆脱绝对主义思维方式的窠臼。

在抽象知识与具体知识的区分上，一旦我们理解了概念的判断和推理功能，理解了概念活动的规范性地位，就不会建立起二者的二元对立。实际上，不少学者关注此问题，并给出了有效的处理。在这里，我们选取两个范例，即美国人类学家格尔茨的文化阐释理论（浓描理论）与钱钟书先生的会通观。

格尔茨通过对地方性知识的"浓描"，处理抽象知识与具体知识、近经验与远经验之间的关系，捕捉普遍性与特殊性之间的微妙关系。格尔茨形象地说："谜团般的密林里，挤满了急切的阐释者"。[2] 这些阐释者却往往在过度阐释与不足阐释这两极之间徘徊。前一极强解事物之意蕴至超越理性所容许的范围，后一极对事物之意蕴的理解流于

---

① 这里关于绝对主义的表述，援引了伯恩斯坦关于客观主义的概括。参见 R. Bernstein, *Beyond Objectivism and Relativism*: *Science*, *Hermeneutics*, *and Praxis*, Philadelphia: University of Pennsylvania Press, 1983, p. 8.

② Clifford Geertz, *Local Knowledge*: *Further Essays in Interpretive Anthropology*, 3rd ed., New York: Basic Books, 2000, p. 21.

粗疏、不合理性的要求。其原因则在于各种二元对立的理论误区：通论与个案、法则与事例、普遍与特殊、知道如此说和知道如何做、概略鸟瞰和直接观察、周边世界和整个世界，以及"解释"和"理解"、"知"和"识"，通常被对立起来，成为元哲学分析的最终选择，这个选择一旦做出便胶柱鼓瑟，成为理性的致命伤。①

要走出这种二元对立，格尔茨希望人类学家在两种描述之间穿行，一种是愈益精细的观察，另一种是日趋凝炼、抽象的性质界定，其要旨在于融会二者，使之展现为真确可信且有血有肉的生活形式图景。这种浓描理论提示我们在文化研究与文化批评中，采取"往复"与"会通"的辩证运动策略。"往复"一词直接取自格尔茨，其本义是船只作 Z 字形航行，实则是在不同层次的实践类型之间无往不复：往复于律师看事情的方式以及人类学家看事情的方式之间；往复于现代西方的成见与古代中东和亚洲的成见之间；往复于"法律作为一组规范性观念的结构"与"法律作为一组决策过程"之间；往复于流行的感受与稍纵即逝的案例之间；往复于"作为自治系统的法律传统"与"作为竞争性意识形态的法律传统"之间；最后，还往复于地方知识所生产出的狭隘想象与襟怀四海的恢宏想象之间。②

"会通"则是对钱钟书先生的文学批评方法的一种总结。钱钟书先生"非作调人，稍通骑驿"，"辨察而不拘泥，会通而不混淆"，③充分揭示文化现象、思想观念中的家族相似，从而在表象的丰富性和理解的共同性之间实现文本阐释和文化理解的循环——"积小以明大，而又举大以贯小；推本以至末，而又探本以穷末；交互往复，庶几乎义解圆足而免于偏枯，所谓'阐释之循环'者是矣"；④通过连类、比事、俪偶、参印、参观、合观、互印、旁通连类、捉置一处、相互发明或"相说以解"，以求得文化间的同异、正反和"不隔"，"以反求覆"而不落入语言间的不可译性和范式间的不可通约性。反

---

① Clifford Geertz, *Local Knowledge*: *Further Essays in Interpretive Anthropology*, p. x.

② Clifford Geertz, *Local Knowledge*: *Further Essays in Interpretive Anthropology*, p. 15.

③ 钱钟书：《谈艺录》，生活·读书·新知三联书店，2001 年，第 1、64 页。

④ 钱钟书：《管锥编》第 1 册，中华书局 1979 年版，第 171 页。

过来讲，会通不等于混淆，更要避免穿凿附会。针对学风道统之间穿凿附会的过度诠释现象，钱钟书认为，"一家学术开宗明义以前，每有暗与其理合，隐导其说先者，特散钱未串，引弓不满，乏条贯统纪耳。群言歧出，彼此是非，各挟争心而执己见，然亦每有事理同，思路同，所见遂复不期而同者，又未必出于蹈迹承响也。若疑似而不可遽必，毋宁观其会通，识章水之交贡水，不径为之谱牒，强瓜皮以搭李皮。"① 因此，学说有相契合之表述而未必有相受授之事实，归趣偶同亦不可谓渊源所自。

（二）公共阐释的规范性功能

前面我们已经简略讨论了公共阐释的规范性维度，这就是阐释活动使我们从自然的逻辑空间进入理由的逻辑空间。"自然的逻辑空间"是麦克道尔根据塞拉斯的"理由空间"概念仿制的，即自然科学在其中起作用的逻辑空间，构成自然的逻辑空间的关系在种类上都不同于那些构成理由的逻辑空间的规范性关系。② 布兰顿对此做出概括："作为自然的存在物，我们按照法则行动；作为理性的存在物，我们按照我们关于法则的观念行动。"③ 人是自然界的产物，和其他动物一样具有感觉，和其他动物不一样的是人拥有智能，这种智能体现在人的态度和行为展示出一种可理解的内容，我们在理由之网中把握这种内容，在推理中清晰地说出这种内容。在这种意义上，理解即阐释的能力，就是对理由的把握，对理论与实践推理的正误标准的掌握。所以人才用"合乎理性"来规范、引导和矫正人的行为，在理由空间中生活、行动并拥有我们的存在。

在理由空间中，我们运用概念，遵守规则，作出判断和推理。在予求理由的游戏中，通过推理主义语言学和规范性语用学揭示如何清晰阐释我们的言语行为。推理主义的推理并不是形式化的演绎推理，

---

① 钱钟书：《管锥编》第 2 册，中华书局 1979 年版，第 440 页。

② John Henry McDowell, *Mind and World*, Cambridge, Mass.: Harvard University Press, 1996, pp. xiv - xv.

③ Robert Brandom, *Making It Explicit: Reasoning, Representing, and Discursive Commit-ment*, p. 30.

而是有正误之分的实质推理。在推论主义中，每一个断言既是一个推理的结论，也用作另一个推理的前提，既为下一步的推理作出承诺，也为下一步的推理提供资格，因此既提供理由，也作为理由进入予求理由的活动，在理由空间中编织出大大小小、相互纠缠的理由之网。我们的言语行为、阐释活动就是在理由之网中的实践，恰当的语用学理论能够为推论主义语义理论奠基，这种语用学理论就是规范性语用学。我们的言语行为嵌入在实践活动中，语义内容嵌入在语用语境中，推论主义语义学同样也嵌入在规范性语用学中。规范性语用学将社会性、历史性与推理性结合在一起，深入阐发了源于维特根斯坦的三个主题：坚持语言和意向性的规范性特征；根据实践而不是完全根据规则来理解这些规范的语用学承诺；承认这些规范的特征本质上是社会性的。①

由此观之，我们的理解和阐释活动与意义密切相关，意义来自推理性的清晰阐释。这就是为什么意义不能在头脑中寻找，而要在公共场域中寻找的原因。对文本意义的阐释活动总是公共阐释，其断言的语义内容是概念性、推理性的，其语用背景是规范性、实践性的，阐释的效果在共同体内存在着语言的道义计分，阐释的结果在理由空间中具有各种地位，发挥着各种推论作用。阐释的规范性使之具有真正的公共性。公共性与规范性的实质性结合，使公共阐释在历史文本的钩沉、理论经典的阐释、公共议题的论辩以及公共政策的协商等活动中，既以自然的逻辑空间为条件，辨明事实、浓描事实，尊重科学在描述和说明世界的维度中的基础性地位，又以理由的逻辑空间为舞台，展开辩护性、推论性的理性活动，将公共理性讲道理、讲真话的精神和力量充分展示出来。② 例如，在公共阐释中，历史性和当代性不再成为非此即彼的对立，也不是混同难辨的同一，好古成癖和以今释古这两种时代误置的危险亦有可能避免。又如，在理论论争和政治

---

① Robert Brandom, *Making It Explicit*: *Reasoning*, *Representing*, *and Discursive Commitment*, p. 55.

② 将科学实在论和推理主义结合起来的思路，源于塞拉斯在《经验主义与心灵哲学》中阐发的观点。参见 Wilfred Sellars, *Empiricism and the Philosophy of Mind*, Cambridge, Mass.: Harvard University Press, 1997, §36, §41.

协商问题上，公共阐释把效果历史意识的视域融合观推进到价值与文化的重叠共识观，而重叠共识的构建与公共理性的运用密不可分，公共理性的运用与启蒙规划的重启也是一体两面的。①

最后也是最重要的一点在于，公共阐释的规范性也体现在其德性价值上，如同传统知识论（知识是得到辩护的真信念）的规范性特征一样。在近几十年来流行的德性知识论中，认知辩护以道德辩护为模型，道德辩护也强调认知义务。② 更为根本的原因在于，亦如布兰顿所指出的，康德式的规范性转向，是从笛卡尔将自身作为思想的存在物的存在论划界，转换为将自身作为责任的中心点的道义论划界。③这种转换不能从通常认为的"限制知识而为信仰留地盘"来理解，其核心特征是将理论理性和实践理性均纳入规范性的轨道。不仅我们的道德动机和行为与义务和责任相关，我们的判断和行为本质上包含着承诺——承诺事物是怎样的或应当是怎样的。判断和行为可根据其对错、正误、成败来评价，因此我们也就在规范性的根本意义上，为我们的信念和行为而负责任。公共阐释也负有这种道义责任，具有义务论的维度，需要为其自身作出辩护，需要对理性和真理负责。与德性伦理学、德性知识论相仿，阐释学也可以尝试探讨德性阐释学的建设，而这种德性阐释学也将促进规范性理论的发展。

结　　语

在《什么是普遍语用学》一文中，哈贝马斯主张，普遍语用学的任务是确定并重构可能理解的普遍条件。④ 这一考察将实在的领域分为四类：作为外部自然的世界、作为社会的"我们的世界"、内在自

---

① 参见韩东晖《重叠共识、公共理性与启蒙规划》，《中共浙江省委党校学报》2016年第1期。

② Abrol Fairweather and Linda Zagzebski, eds., *Virtue Epistemology：Essays on Epistemic Virtue and Responsibility*, New York：Oxford University Press, 2001, p. 4.

③ Robert Brandom, *Tales of the Mighty Dead：Historical Essays in the Metaphysics of Intentionality*, p. 21.

④ Jürgen Habermas, "What Is Universal Pragmatics?" in *Communication and the Evolution of Society*, Boston：Beacon Press, 1979, p. 1.

然的"我的世界"和语言。指涉四类实在领域的四种模式是：客观性、规范性、主观性和交互主体性，这些模式所隐含的断言的有效性要求分别对应真、正确、真诚和可理解性等四种类型。① 这一清晰而深刻的洞见，一方面确立了以交互主体性为预设的语言成为理解和阐释的媒介；另一方面，又将表征事实、建立合法人际关系和揭示言说者的主观性等言语行为纳入广义的规范性领域当中，实际上明确了三个领域、三种类型阐释活动的有效性要求，从而也明确了有效阐释的公共性，剔除了隐秘的私人性。

然而在我们当下的生活世界里，公共性、规范性在许多方面遭遇被祛魅的境况，"后真相"、"另类事实"侵蚀着公共领域的意义表达。在这种情况下，我们怎样为公共领域建立稳固的基础？有学者指出，公共理性是获得规范性力量的唯一源头，是祛魅之后仍然存在的每一个个体的理性。② 虽然人类行为往往建立在主观的认识和意见之上，往往出于分散的知识和信息，从而出现偏执而不包容、狭隘而不开放的独断理解和封闭阐释，但是，这也凸显出运用公共理性、倡导公共阐释的重要性，彰显出塑造重叠共识、培育公共意识的必要性。哈贝马斯也强调，理性的公共运用的进程是规范性陈述所能诉诸的最后法庭。③ 我们可以说，公共阐释恰恰是公共理性的重要表现形式，公共理性呼唤着公共阐释发挥切实的效用，让有效的阐释以公共性和规范性为基础，理由得以清晰阐明，意义得以深刻呈现，重叠共识与多元文化共生，文化自信与兼容并蓄同行。

---

① Jürgen Habermas, "What Is Universal Pragmatics?" p. 68. 参见 Cristina Lafont, *The Linguistic Turn in Hermeneutic Philosophy*, Cambridge, Mass. : MIT, 1999, p. 216. 该书对哈贝马斯的分类表述有调整。

② 参见 ［美］大卫·高希尔《公共理性》，谭安奎编：《公共理性》，第 67 页。

③ Jürgen Habermas, *Inclusion of the Other: Studies in Political Theory*, Hoboken: John Wiley & Sons, 2015, p. 65.

公共理性与阐释学的善良愿望[*]

刘旭光^{**}

在文学批评中，对一部文学作品的阐释或者解读，怎么才算是适度或者有效的？这一直是文学阐释的核心问题与难题。即便我们承认"有一千个读者就有一千个哈姆雷特"，但马上有人会问：这一千个读者是不是会相互指责误读或强制阐释？对一部文学作品的批评与阐释，究竟是一次具有客观性的"理解"，还是一次有选择性的"接受"，或者是一次主体性的"建构"，甚至是一次别有用心的"误读"乃至"强制阐释"？在众声喧哗中，究竟有没有形成共识与互相理解的可能？人们总是善良地认为那"一千个哈姆雷特"会坐下来开一次圆桌会议，但现实中往往是这一千个哈姆雷特如卡德摩斯种下的毒牙，不战至最后几个绝不罢休。

问题在于，对一部文学作品的阐释是强制性的"误读"，还是有效的"解读"，这究竟如何判定？"正当的"文学阐释是怎么展开的？能被普遍接受的具有公共性的阐释是如何可能的？与此相关的问题是：阐释总是在某种理论方法的指引下展开的，理论的适用性又如何判定？这些问题并不是新问题，而是解释学传统中时隐时显的基本问题，但这些问题在某些社会历史条件下又会被激化，从而产生新的理论反应，比如现代解释学、接受美学、互文性理论、跨文化交流理论，以及当代中国的"强制阐释论"和"公共阐释论"，都是这些问

* 本文受国家社科基金重点项目"'审美'的观念演进与当下形态研究"（18AZW003）资助。本文原刊于《求是学刊》2019 年第 1 期。

** 作者单位：上海大学文学院。

题激化之后的理论反应。要回答这些问题，必须要有一个目的论意义上的预设，必须先承认正当的阐释是可能的，普遍的理解与交流是可能的！应当先有这样一个信念，并将之确立为目的，没有这样一个预设，解释学就不存在。

尽管在具体的文学实践中，对于文学作品的歪曲、误读、断章取义、视而不见等现象随处可见，但人们总是希望，有"正确的"理解，有"有效的"阐释，有可行的"接受"，在这里包含着一种源自人文主义的"善良愿望"，这个愿望希望人类作为类总体，作为文化共同体，在理解、交流与沟通中实现和解与发展。正是这种善良愿望，使得"解释学"这门学科诞生了，使得人们相信在意义与情感上可以交流与理解，使得人们相信可以跨越时间性之河，摆脱由时间性造成的意义虚无主义。

文艺阐释的起点是这样一个问题：一个读者如何"脱离自己的意识而进入作者的意识"？[①] 提问者是解释学的奠基人，19 世纪的德国思想家施莱尔马赫。施莱尔马赫把阐释的根本任务确立为重构作者的思想，在他看来文本的意义就是作者的意向或者思想，因此只要理解了作者的思想，也就同时理解了作品的意义。施氏的这个观点奠定了解释学的基本问题域：作者的思想与文本的意义之间的相互阐释。这个问题首先体现为一种无法摆脱的循环："我们为了理解话语，必须认识人，而我们是从人们的话语中了解人的。"[②] 这个循环是建立在一个善良愿望之上的："正确的解释"是可能的！

在施莱尔马赫看来，解释活动的最高任务就是"要与讲话的作者一样好甚至比他还更好地理解他的话语"。[③] 这显然是一个非常善良的愿望，我们显然不如作者更了解自己。但作者对于自己的了解其实也是不完全和不彻底的，因为他只了解自己的意识活动，对于大量的无意识活动则所知甚少。因此解释者反而拥有了某种特定的优势："由于客观的重构，我们对语言具有像作者所使用的那种知识，这种

---

① 洪汉鼎：《理解与解释——诠释学经典文选》，东方出版社 2001 年版，第 23 页。
② 洪汉鼎：《理解与解释——诠释学经典文选》，第 37—38 页。
③ 洪汉鼎：《理解与解释——诠释学经典文选》，第 61 页。

知识甚至必须比原来的读者所具有的知识还更精确，尽管原来的读者必须使自身置于作者的位置上。由于主观的重构，我们具有作者内心生活和外在生活的知识。"① 这也就是说，我们所了解到的有关作者的知识比作者本人还要完备，因而对作者的理解自然比其本人还要好。

从解释学的问题史来看，施莱尔马赫的理论奠定了一个温和的和充满善良愿望的人文解释学传统——意义可以通过阐释而传达，人类可以通过阐释而交流！

但是施莱尔马赫没有考虑情感与体验的交流问题，在这个貌似主观化的领域中，是不是也具有通过阐释而获得交流的可能？这个问题对于审美与艺术活动意义重大！施莱尔马赫的后学威廉·狄尔泰对这个问题进行了肯定答复。

狄尔泰创立了生命哲学并且为"精神科学"奠基，还将其与解释学结合在一起，形成生命解释学，从而对解释学的发展起到了承前启后的作用。在传统的认识论中，生命体验及其表达形式通常作为非理性活动而被排除在认识和理解活动之外，但狄尔泰认为，"在体验表达、产生这种表达的生命以及这种表达所导致的理解之间有一种特殊的关系"，"因为这种表达事实上可以包含比任何反省所能显示的更多的心理关联，它将生命从未被意识照亮的深渊中提升出来"。② 也就是说，体验表达不仅可以显示人们自觉的意识活动，而且能够显示他们意识不到的心理内容。这种个体意识不到的具有普遍性的心理内容，狄尔泰称为"体验结晶"（Erlebnis，这个德语词是体验的名词形态，国内学者译其为"体验结晶"）。"体验结晶"是一种通过亲切的历史经验及感同身受的体验而获得的经验，又是历史机遇的实现过程本身，也是个人生命过程的呈现。这个词具有一种跨界性——个体经验、社会历史的经验与个体的自我呈现，三者被结合到了一起。在体验中，不同主体精神活动中具体化和历史化的理解相互影响并结合成

---

① 洪汉鼎：《理解与解释——诠释学经典文选》，第 61 页。
② 参见李超杰《理解生命——狄尔泰生命哲学引论》，中央编译出版社 1994 年版，第 95 页。

一个合力，形成在历史中运动着的精神实在性与主体性。似乎有那么一种超越性的"精神"，在每一个"我"和"我"之间回响，这种精神不是超验的，而是历史化的精神主体的"体验结晶"，通过阐释文化产品中的"体验结晶"，就可以达到对于生命自身的认识，从而在无数个人体验汇集而成的海洋中形成共鸣与交流的可能。通过这一逻辑，精神获得了总体性，同时又包含了个别性，这就使得人文科学中的相互渗透和相互理解成为可能——经验各不相同，但经验可以交流，人的生命及其历史因此可获得一种通约性。人文科学由此完成了自己的知识论奠基，它虽然没有自然科学的客观性与规律性，但它仍然可以成为一种"科学"。

这套学说从生命的高度说明，体现在各种人类文化形式中的人类精神是可以交流与融合的，无论它产生在什么时候、什么种族、什么语言环境下，它总是具有普遍性的"体验结晶"，总是生命的表现形式，我们可以通过阐释而进行理解。这是一种善良愿望，是一种乐观的人文主义。

这种乐观的人文主义解释学很快获得了新的推动，现象学家们按现象学还原的思路，把解释行为还原到具体的行动中，把解释行为置入"解释学处境"中，以此来说明"解释"在具体行为中的可行性。所谓的"解释学处境"就是指："一切解释都有其先行具有，先行视见和先行掌握。我们把这些前提的整体称为'解释学处境'。"① 这种解释学处境包含着这样一层含义：它首先是解释者的"前理解"，是解释者对对象的先行掌握，按海德格尔的说法是历史性的此在对存在者的先行掌握，这是一切解释所从之而出的本源，换言之，一切理解都是以此在的展开状态为出发点和可能性范围。

这种思想显然把解释行为深化了，解释不仅仅是语义分析或者心理分析，在诸种分析之前，它已经被置入解释学处境中了，而这种解释学处境是开放的，凡进入这一处境，理解就可以发生。

对于施莱尔马赫来说，怎么样才能做到对文本原意的忠实的理解

---

① ［德］马丁·海德格尔：《存在与时间》修订译本，陈嘉映、王庆节译，生活·读书·新知三联书店 2006 年版，第 267 页。

是他的解释学的出发点，而狄尔泰的理论则从体验结晶、从生命的普遍性的角度奠基了生命体验是可以通过阐释而达到交流的。在海德格尔那里，由于作品和解释者同处在一个解释学处境中，因此理解和领会是能够实现的，而作品本身作为真理的发生，读者本身处于这一发生之中，因此读者对于作品之意义的领会也是能够实现的。在这样一个具有温和的人文主义理论的传统中，人们思考的重点是"理解是怎么得以可能的"，或者"隔阂"是如何被超越的，而没有追问"误读是怎么发生的"，或者"隔阂"是如何确立起来的。在解释学的这个传统中，显然有一种"善良愿望"主导了对于解释的认识，解释学的传统执着于追问超越于个体、历史、地域、文化差异之上的理解是如何从语言论、心理学、生存论与本体论上成为可能的，这个传统也孕育出一种对于"正确理解"或者"有效解释"的期许，也就是说相信有正确与有效的解释，并以此对误读、曲解、过度阐释与强制阐释产生戒心。因此，对"强制阐释"现象进行批判的强制阐释论，实际上是解释学的"善良愿望"在理论上的激进的表达。

这种激进的表达的潜台词是：阐释是可以做到正确理解与有效交流的，一旦脱离了这种"正确"与"有效"，那么阐释就是"强制性"的，是无效的。强制阐释论在其严厉的批判性的背后实际上被解释学的善良愿望左右着，或者说，它把这种由善良愿望所确立起来的阐释的正确性与有效性作为对具体的阐释行为的评判的尺度，并且在这一尺度之上设定了一个"成熟的理论"：

> 一个成熟学科的理论必须是系统发育的。这个系统发育体现在两个方面。从历时性上说，它应该吸取历史上一切有益成果，并将它们贯注于理论构成的全过程；从共时性上说，它应该吸纳多元进步因素，并将它们融为一体，铸造新的系统构成。理论的系统发育不仅是指理论自身的总体发育，而且是指理论内部各个方向、各个层面的发育，相对整齐，相互照应，共同发生作用。①

---

① 张江：《强制阐释论》，《文学评论》2014 年第 6 期。

这是另一个善良愿望，文明史上没出现过这样的成熟理论，在人文学科中，理论是表达立场和价值倾向的一种形式，甚至可以说理论是被理性和逻辑包裹起来的一团激情，从这个意义上说，不可能有系统发育的成熟理论。

还有一个善良愿望："在理解和交流过程中，理解的主体、被理解的对象，以及阐释者的存在，构成一个相互融合的多方共同体，多元丰富的公共理性活动由此而展开，阐释成为中心和枢纽。"① 有没有一种超越于个体的具体的社会性之上的公共理性活动，这是一个饱含争议的问题，康德以及启蒙思想家们会认为有，而左派思想家们会怀疑。在解释学的历史上还没有人做出这么乐观的预设。但这种理论的理想状态或者成熟状态可以被设定出来，从而作为具体的理论批判的尺度。从这个意义上说，关于理论的善良愿望与关于阐释的善良愿望形成了强制阐释论与公共阐释论立论的逻辑出发点。这个出发点在思想的后现代状况下肯定会饱受质疑，在强调差异和非同一性的时代，为阐释和理论设定出一个理想状态，后现代思想者马上就会说，这显然是逻各斯中心主义的又一种表现形态。但是不得不说，善良愿望总是没有错的。

尽管有许多东西在我们的理解行为中超出了我们的意愿与行动而发生了（伽达默尔），尽管理解行为本身内在于事物的存在状态（海德格尔），但毕竟理解是可能的！理解行为中包含普遍性，这种普遍性超越于每一个个体，但又内在于每一个个体，阐释学的目的"是探寻理解方式的共同点，并要表明理解从来就不是一种对于某个被给定的对象的主观行为，而是属于效果历史，这就是说，理解是属于被理解东西的存在"。② 如果理解方式有共同点，那就意味着，我们对于世界的经验方式有共同点，探寻这些共同点，尽管不把这些共同点视为"先天的"，但这些共同点至少应当是"先验的"（在此我们在康德的意义上使用这个词，指经验得以可能的前提），由于我们的经验

---

① 张江：《公共阐释论纲》，《学术研究》2017 年第 6 期，第 2 页。

② ［德］汉斯－格奥尔格·加达默尔：《真理与方法：哲学诠释学的基本特征》（上卷），洪汉鼎译，上海译文出版社 1999 年版，"序言"第 8 页。

源自这些共同点，因此是可以理解的。

至少承认被理解的东西是可理解的，然后才有理解行为，因此，承认对象是可理解的，这就变成了"理解"的存在论前提。这就预设了这样一种被理解物的存在状态：首先，它是可理解的，它拥有自身意义的独立性，拥有自身的哪怕是局部的确定性；其次，它的内部有空白，有开放的部分，允许读者参与到自身之中。这种预设出现在海德格尔的艺术作品本体论中，也出现在伽达默尔对被理解物的认识中，接受美学的理论家赫施在其《解释的有效性》一书中明确地提出作品有"意义"，这是可以阐释与建构的，但文学作品也有其"含义"，而文学作品的含义有确定性。① 这样一种从本体论上的设定，实际上把艺术作品定位在"作品"与"文本"之间，它既是作品，因为它有确定的含义，它也是文本，因为它有空白、开放的部分。这显然是一种理想而又温和的设定。后现代主义忽视了作品含义确定的部分，而古典时期的经义解释学又忽视作品有开放的一面——所有以极端化的方式开始的理论争论，最后的结局都是温和的理性主义取得胜利。

现代解释学的方法论基础是现象学，现象学从时间性的维度来看待存在者之"存在"，从这个维度看，存在者之存在必然处在一个绝对的时间性过程中，这意味着艺术作品永远处在一个未完成状态，艺术作品根本不是一个统一的实际所与物，它只是一种空洞的形式，是众多可能的审美体验的聚集点，而这些审美体验是绝对非连续的。这意味着，艺术作品根本就没有确定的"意义"，艺术作品的存在与艺术经验的发生都只属于瞬间存在，每一个人对作品的每一次接触都有新创造的权力，作品意义的未完成性和艺术经验的瞬间性使得交流和共识是不可能的——这种现象伽达默尔称之为"诠释学虚无主义"。这种虚无主义在文学理论中的表现形式，不是说文学作品没有意义，而是不断地赋予文学作品以意义，而这种赋予活动几乎不受约束。

这与阐释学的善良愿望是相违背的，因此，必须要建立自我理解

———————————

① ［美］赫施：《解释的有效性》，王才勇译，生活·读书·新知三联书店1991年版，第257页。

的连续性，对文学的解读也必须要建立在这种连续性上，即必须完成这样一项任务：面对审美存在和审美经验的这种非连续性去证明那种构成我们存在的阐释学的连续性。建构这种"连续性"的方法是在"此在的连续性中扬弃体验的非连续性和瞬间性"①——是我们在不断扬弃非连续性与瞬间性，并以此建构和理解我们自己、我们与他物共在，并且在与他物打交道的过程中实现我们自己，每一个直接的感受，每一个瞬间的天才想象，每一次个体化的体验，都不是孤立而分裂的，它们会汇集在一起，形成人类存在对于自我理解的连续性和统一性。时间性并不意味着断裂，而是意味着延续！

通过自我理解的连续性克服"诠释学虚无主义"，超越审美经验的非连续性而为其普遍性奠基，问题是，这个普遍性是什么？伽达默尔称之为"效果历史"。这个概念对于艺术的解释来说包含着深刻的否定："效果历史"，而不是对一个确定意义的追求，这构成了作品阐释的重大转向。效果历史意识具有双重属性：一方面，意义阐释总具有"当下性"，它是由具体的视域决定的，历史视域的更新决定着文本的历史性，不存在确定的终极意义，甚至不具有意义的"确定性"；另一方面，效果历史这个概念也说明，由于我们在与传统文本的理解中获得了一种恰当的问题视域，因此才有可能不断修正自己的前理解、前见解和前把握，在新的提问与回答中达到新的"视域融合"，在这种不断的提问与不断的修正中，艺术作品的"意义"不断显现出来。

在这个问题上，伽达默尔仍然坚持着诠释学的善良愿望，并且坚信融合可以实现。但是，这个理论实际上肯定了意义的虚无主义，因此它允许了每一种对作品的解释，也就是否定了意义的确定性。他善良地认为通过一个更长时段的积累，人们总能够达到共识，把对一种理论的评判交给未来，这显然有点无奈。还有没有别的解决方案？

张江教授在强制阐释论之后提出了一个浪漫的、富于人文主义色彩的观念——公共阐释及其核心观念"公共理性"。公共阐释具有

---

① ［德］汉斯－格奥尔格·加达默尔：《真理与方法：哲学诠释学的基本特征》（上卷），洪汉鼎译，第124页。

"理性"，可以使被阐释的对象澄明化，它具有公度性，而且是建构性的阐释，但最终，它可以超越于个人化的阐释而使阐释的结论具有普遍性。这显然是解释学的善良愿望又一次的理论表达，这个呼吁试图把公共理性作为阐释者的主体间性的中心。正如德里达和伽达默尔在巴黎的论争最后所留下的遗产所标明的：善良意志和求理解的善良意志，这才是文明的动力。在笔者看来，公共理性的本质就是伽达默尔所说的善良意志和求理解的善良意志！在公共阐释学看来，公共理性活动是阐释行为的中心和枢纽。① 而公共理性的效果是怎么样的？伽达默尔说过这样一句话："人们试图使他人变得尽可能强大，使得他人的陈述得到某种说服力。在我看来，这样一种态度对任何互相理解来说都是本质性的。"② 这句话给了我们这样一种启示：态度对于理解来说才是本质性的！

理性的公共性在康德理论中是先验的，在解释学看来，是在效果历史当中生成的，就现实的经验来看，理性没有办法克服自己的立场，必须让理性建立在一个普遍的立场之上。这个立场只能是善良愿望！

---

① 张江：《公共阐释论纲》，《学术研究》2017 年第 6 期。
② ［德］伽达默尔、德里达等：《德法之争：伽达默尔与德里达的对话》，孙周兴、孙善春编译，第 45 页。

公共理性与阐释的公共性问题[*]

谭安奎[**]

在一些思想家看来，一步一步滑向相对主义和虚无主义的深渊，这是西方整个现代哲学和现代文明的内在困境与危机的核心表征[①]。这或许是一个过强的判断，而且它对现代性的过于悲观的态度也存在争议。但是，20世纪30年代以来，西方主流的阐释学确实显露出明显的反基础、反理性特征，并由此呈现出强烈的虚无主义和相对主义倾向，这一点是无可否认的。对情感、意志的彰显，以及对理性的贬低或不信任，使得文学和文论领域对客观性、确定性的探求几无容身之所。

张江教授以"强制阐释"来概括这一仍然处于活跃状态的西方阐释学传统，指责它"背离文本话语，消解文学指征，以前在立场和模式，对文本和文学作符合论者主观意图和结论的阐释"[②]。这种阐释之所以被认为是"强制的"，似乎主要是指它在没有充分依据（包括文本依据）的情况下，强行将文本的意义拉向某种立场或结论，从而以其主观性、任意性导致了对文本本来意义的扭曲。这种阐释或者直接征用文学之外的理论和概念框架，或者基于阐释者的主观预设，从

---

* 本文系国家社科基金重大项目"当前主要社会思潮的最新发展动态及其批判研究"（ZDA100）的阶段性成果。本文原刊于《江海学刊》2018年第2期。

** 作者单位：中山大学政务学院。

① 这种批评的典型代表，可参见［美］列奥·施特劳斯《现代性的三次浪潮》，载《苏格拉底问题与现代性》（增订本），刘小枫编，刘振、彭磊译，华夏出版社2016年版，第32—46页。

② 张江：《强制阐释论》，《文学评论》2014年第6期。

结论、预设出发，偏离基本的逻辑规则，最终形成独断的、不可共享的结论。如果说"强制阐释"这一概念主要只是否定性的、批判性的，张江教授在此基础上，还进一步尝试进行了正面的、建设性的理论努力。他试图基于"公共阐释"概念建构出一种代替性的阐释学方案。据此，对文本的阐释乃是一种公共行为、一种公共理性活动，它应该以公共的、可共享的乃至确定的结论为目标。

从对强制阐释的批判来看，要迈向公共阐释，似乎首先就意味着要重申阐释的理性基础，以及客观性或确定性的目标。其中特别值得注意的是，公共阐释理论把公共理性理念作为它的一个重要基础，甚至是一个对其起界定作用的概念。它强调，作为一种公共理性活动，阐释的公共性要由公共理性来保障。那么，公共阐释理论究竟是如何理解公共理性理念的，更进一步讲，公共理性理念本身应当如何理解，这对于公共阐释理论是否可取以及它的自我辩护空间而言都十分关键。在我看来，这个问题与围绕公共理性的核心争议恰恰高度相关，其中的要核又在于公共理性的认知与伦理这两个维度。一方面，公共阐释既然追求客观性或确定性，那就表明它具有强烈的认知主义色彩，相应地，它也就需要某种认识论层面的预先承诺。然而，公共理性的概念能否承载这种认识论的负担呢？另一方面，公共理性——尤其是就其当代成熟的观念形态而言——具有厚重的伦理内涵，那么，这种伦理上的考量对于公共阐释理论而言是否必要，以及如果确实必要的话，它在何种意义上是必要的呢？回答了这两个方面的问题，我们才能确定，公共理性是否足以支撑公共阐释所需要的公共性，我们甚至需要以此为前提才能明白，公共阐释的公共性本身意味着什么，它究竟提出了何种要求。而要回答这两个问题，我们都需要以理解公共理性概念作为起点。

从理性的公共性到公共理性

当我们谈到"公共理性"这一概念时，我们自然会有一个疑问：它是否意味着还有一种与之对立的理性，即私人理性？

在西方哲学传统中，一个最古老的信念之一就是，人是理性的存在者，这是人区别于其他存在者的根本特征。但理性作为人的特征或能力究竟该如何理解，却存在分歧。我们通常把理性分为理论理性和实践理性，前者与认知联系在一起，而后者则与实践联系在一起。其实，人类生活还有一个审美的领域，我们如今很多时候甚至不将其与理性联系在一起了。哈贝马斯曾有一个判断：理性原本是统一的，它意味着在科学认知、道德实践甚至审美判断中能够给出人们可以共享的理由，而自康德开始，理性的统一性被分化成这三个领域，他为它们各自赋予了不同的基础。① 从这个判断出发，我们至少可以得出两个结论：一是，在西方哲学传统尤其是古典哲学中，理性原本是统一的，认知与伦理并不割裂；二是，既然理性意味着可以给出"共享的"理由，而不仅仅是完全私人的理由，那么，我们可以说，理性本质上并不是、也不可能是私人性的。理性当然是个体拥有和运用的一种能力，但它之所以被称为理性，恰恰在于它是面向其他人的，它能给出其他人也可以共享的理由。

这个判断看起来是不是太强了？为此，我们可以区分"共享的理由"的两种强弱不同的含义。第一种弱版本的共享理由是指，它"对每个人而言都是一条理由，但不是一条对所有人而言的理由"②。这种共享理由的典型代表是霍布斯。自我保存的愿望和对暴死的恐惧是霍布斯契约理论的基本出发点。人人都想保存自己的生命，这是他们据以行动的基本理由，因此这一点看似是他们的共性，但这种共性只是名义上的，而不是实质性的。因为 A 的生命肯定不是 B 的生命，因此，出于自我保全而行动，这条行动的理由实质上并不是共同的。但它在什么意义上仍然算是共享的理由呢？因为每一个人都知道，不仅他自己，而且每一个其他人，都会出于自我保全而行动，进而，每一个人都承认（或者应该承认），这一理由对每一个人来说都是合乎理性的。而且，这条理由对每一个人而言最后还指向同一个行动的目标：寻求

---

① Jürgen Habermass, *Moral Consciousness and Communicative Action*, translated by Christian Lenhardt and Shierry Weber Nicholsen, Cambridge Mas. : The MIT Press, 1990, p. 2.

② Gerald J. Postema, "Public Practical Reason: An Archeology", *Social Philosophy and Policy*, Vol. 12 (1995), p. 452.

和平。因此，共享的理由并不意味着每一个人都要接受同一条外在于他的理由，或者一定要按照实质性的共同理由去行动，它也可以限于这样一种情况：一个人拥有一条实质上与他人不同的理由，但他据此行动却是其他人也可以理解或接受的。另一种强版本的共享理由就不一样了，它是实质上为大家所共有的。换言之，"它因其是一条面向所有人的理由，从而是一条面向每一个人的理由"①。这条理由本身是公共的、无差别的，因此是每个人都应当接受的，或应当据之而行动的。

我们可以看到，即便是弱版本的共享理由，它也不代表人们可以毫无来由地分别持有各自的信念，甚或无理由地各行其是。相反，理由之为理由，而非无缘无故的信念、态度亦不是借口、托辞，恰在于它是其他人能够接受的或能够共享的。我们因此可以有一个一般性的结论，即"唯一可能的理由是我们能够共享的理由"②。既然理由是由理性来提供的，那么理性也就不可能是无来由的情绪或者纯粹的迷信，不可能是纯粹只面向理性存在者本人的、私人性的力量。在这个意义上，理性本身就是公共的。

事实上，在公共理性的观念史上，确实有"私人理性"一说，而且这个说法正是在与"公共理性"对立的意义上被使用的。这方面的典型代表人物正是霍布斯。我们不妨引用他首次提出公共理性概念时的一段话：

> 我不知道有人曾看见过应符咒或应一人的呼求与祈祷而完成的任何奇异事物，会使得具有中等理智的人认为是超自然的事。现在的问题已经不是我们亲眼看到做成了的事情是不是奇迹，我们听到的或在书上看到的奇迹是否确有其事，而非口舌或笔墨之杜撰。问题在于，说得直白一点，这种记载究竟是真实的还是谎言。对于这个问题，我们不能每一个人都运用自己的私人理性或

① Gerald J. Postema, "Public Practical Reason: An Archeology", *Social Philosophy and Policy*, Vol. 12 (1995), p. 452.

② Christine M. Korsgaard, "The Reasons We Can Share: An Attack on the Distinction between Agent-relative and Agent-neutral Values", *Social Philosophy and Policy*, Vol. 10, No. 1 (1993), p. 51.

良心去判断，而要运用公共理性，也就是要运用上帝的最高代理人的理性去判断。①

他在这里提出公共理性的概念，直接针对的是事情的真伪，关乎认知之真假对错的问题。他的意思是，在这种问题上，判断的权利不能交给每个普通的个人（臣民），而是要交给上帝的最高代理人（也就是主权者）。前者的理性被他称为私人理性，而后者的理性则是公共理性。

问题是，作为霍布斯式契约的结果，一个自然人，或者一群自然人，就可以成为主权者，相应地，按照他的标准，此时这个主权者的判断便是公共理性的判断。而霍布斯并没有告诉我们，主权者作为自然人，他的理性（以及这种理性的运用过程）究竟与其他自然人（臣民）的理性有何不同。我们不妨回顾一下，霍布斯特别强调人与人在体力和智力方面的自然平等，但他没有为之提出任何实质性的规定或约束，而且，他的绝对主权理论似乎也意味着，他不可能事先对主权者的判断提出额外的规范。因此，主权者的理性之所以是公共理性，完全在于主权者作为主权者的身份，在于他是一个人为造就的、通过契约瞬间产生出来的公共人，因此，他的理性判断就具有定于一尊的正当性。就其判断本身来说，公共理性的主体即主权者"依然完全是以其自己的自然理性来工作的"②。他的判断是否为真，这其实不是问题所在，关键是要把判断定于一尊，由此便可以终止纷争、求得和平。而如前所述，个人的理性判断，即便是普通人的理性判断，也不是完全没有公共性。况且，主权者本身，以及在有争议的事情上服从主权者的判断，这本身就是霍布斯式契约的结果，且这种契约是每一个人在运用理性的基础上表达同意的过程。因此，在霍布斯那里，主权者的理性和判断就完全应当被理解为每一个人可以接受的信

---

① ［英］霍布斯：《利维坦》，黎思复、黎廷弼译，商务印书馆 1985 年版，第 354—355 页。译文据英文版稍有改动，可参见 Thomas Hobbes, *Leviathan*, edited with an introduction by Michael Oakeshott, Oxford: Basil Blackwell, 1957, p. 292.

② Michael Ridge, "Hobbesian Public Reason", *Ethics*, Vol. 108, No. 3（Apr., 1998），p. 559. 作者所说的自然理性，就是霍布斯所说的私人理性。

与不信、行动与否的理由了。在这个意义上，我们可以再次重申，理性本身是公共的。

同样地，在洛克的认识论中，他也使用过"公共的理性光亮""公共理性底原则"这样的说法。[①] 他是在批判天赋观念论的语境下使用公共理性概念的。在他看来，有些观念是普通人也拥有的，但它们并不是天赋的，而是一些人曾经正确地运用其理性，从而发明出来的。所谓"正确地运用理性"，其实就是理性得到真正的运用而已，它的对立面是理性被蒙蔽、未得到运用的状态。因此，在洛克的意义上，如果理性能力真正得到了运用，便会体现公共理性之光，也就是说，理性本身是公共的，而不是私人的。

当然，在上述讨论尤其是在认识论的传统中，理性本身都是个体所拥有的、由个体去运用的一种能力。在严格的意义上，我们否定"私人理性"一说，主要是要强调，理性本身并不是私人性的，而是以公共性为其固有特征。在这个基础上，我们才能理解公共理性理念最完备的阐述者罗尔斯的一个重要判断，即"公共的与非公共的这一区分不是公共的与私人的之间的区分。我不理会后者：不存在私人理性这种东西"[②]。他认为，有公共理性与非公共理性之分，后者是社会的，但肯定不是私人的。当然，罗尔斯的公共理性理念具有明确的政治伦理指向，但他否定私人理性，这一点却并不只是适用于他的理论，而是源于理性的一般特征。而且我们需要再次强调，否定私人理性概念，并不是否定个体是理性能力的拥有者及其运用的主体，相反，罗尔斯的公共理性也是作为个体的公民的理性。

现在回到本文开头提到的强制阐释与公共阐释问题。张江教授强调，"阐释的公共性决定于人类理性的公共性"[③]。然而，如果理性本身就是公共的，如果公共性是理性的固有特征，那么，我们即便要批评强制阐释、倡导公共阐释，似乎也只需要强调必须把阐释建立在理

① ［英］洛克：《人类理解论》（上册），关文运译，商务印书馆 1959 年版，第51—52 页。

② John Rawls, *Political Liberalism*, New York: Columbia University Press, 1993, p. 220, p. 220.

③ 张江：《公共阐释论纲》，《学术研究》2017 年第 6 期。

性的基础之上便足够了。也就是说，我们并不需要特别提出公共理性的概念，或者特别强调阐释是一种公共理性活动。进而，既然西方已有一个强大的理性主义传统，那么，要否弃所谓的强制阐释，似乎只需要回归这一传统便足够了，因为这一传统本身就足以保证阐释的公共性。如此一来，公共阐释论的独特理论价值反倒成了疑问了，它可能被认为仅仅是对启蒙理性传统的重申而已。但张江教授恰恰认为，不仅20世纪30年代以来的主流阐释学引起了相对主义和虚无主义的风险，而且经过它们的冲击，"长期流行并占据前沿地位的哲学及本体论阐释学，其基础日渐瓦解，漏洞与裂痕百出"①，因此，公共阐释论具有重构阐释学元理论或基础理论的思想抱负。既然如此，作为其起界定作用的基础概念，公共理性就不能只是用来标示传统理性概念所固有的公共性特征，它必须是理性的一种新形态、一种不同的理性概念，或者说，我们应该从重申理性的公共性转向强调真正的公共理性。事实上，在当代得到详细阐发的公共理性，与观念史上霍布斯、洛克等思想家们零星提及的公共理性概念不一样，它确实代表着一种新的理性形式，问题在于，这种新的公共理性概念能否承担起公共阐释论寻求确定性的重任呢？

公共理性理念中的认知、伦理与确定性问题

公共理性理念在当代的系统发展，确实是对启蒙理性的一种突破，它尤其体现为从主体性到主体间性的转变，从而试图从每一个人都能占据的立场（standpoint）或观点（point of view）出发，或者容纳每一个人的立场，从而提出真正可以为每一个人接受和共享的理由。这种意义上的公共理性，它是人或公民的一种理性能力（因此当然是个体理性），对这种理性能力的运用便是进行公共推理（public reasoning），从而试图达到所有人共享的公共理由（public reasons）。公共理性在哈贝马斯那里主要体现为关于狭义的道德尤其是法律、正义的商谈规范，而在罗尔斯那里，则更明确地着眼于处理社会基本结

① 张江：《公共阐释论纲》，《学术研究》2017年第6期。

构的政治正义问题。①

这种公共理性理念确实具有显见的伦理色彩，但它似乎缺少必要的认知要素。如前所述，公共阐释要寻求确定性，因此它有强烈的认知主义色彩，也必然会有认识论的预先承诺，这似乎使公共理性为公共阐释成功奠基的前景显得有些黯淡了。在详细阐述公共理性理念的政治自由主义理论中，罗尔斯明确地强调避免声称真理，而且在更一般的意义上与任何特定的形而上学、认识论或宗教信条保持距离。哈贝马斯在这个问题上的立场相对温和，但他也强调区分有效性（validity）和真理，道德对话意在追求前者，而不是后者。不过他同时认为，"对于有效性的规范性论断与关于真理的论断相类似"②。公共理性理念的这种认识论上的自我限制，甚至引发了一个著名的批评，即这些理论试图"从争吵中作知识的撤退"。而且即便是放在自由主义的思想传统来看，它们也是既新颖且怪异的，因为通常的主张不过是，个人所持有的真确信念不应当为政府所依赖，"此前从没有人建议政府应当对塑造了其政策和行动的观点（正义学说）的真确性不予关切，也从未有人论证说某些真理，虽然真确，却因为它们是不适于公共生活的知识类型而不应被考虑"③。

但这个批评对公共理性理念而言可能稍有夸大之嫌。对公共理性能力的运用就是要进行公共推理，而罗尔斯在探讨公共理性时曾明确说过，"所有的推理方式——无论是个人的、联合体的或政治的——都必须承认某些共同的要素：判断的概念、推导的原则、证据规则，以及许多其他的东西，要不然的话，它们就不是推理方式，而可能是修辞或劝服的手段。我们关注的是理性（reason），而不仅仅是话语

---

① 哈贝马斯虽然仍然使用的是康德的"理性的公共运用"这一说法，但实质上已经实现了从理性的公共运用到公共理性的转变。当然，在公共理性理念的具体内涵上，他与罗尔斯仍然有实质分歧。关于从理性能力、公共推理与公共理由等多个维度出发对公共理性概念的阐述，以及对于从主体性理性向公共理性的转变所作的分析，可参见拙著《公共理性与民主理想》，生活·读书·新知三联书店 2016 年版，第一章第一、三、四部分。

② Jürgen Habermass, *Moral Consciousness and Communicative Action*, translated by Christian Lenhardt and Shierry Weber Nicholsen, Cambridge Mas.：The MIT Press, 1990, p. 56.

③ Joseph Raz, "Facing Diversity：The Case of Epistemic Abstinence", *Philosophy and Public Affairs*, Vol. 19, No. 1（Winter 1990）, p. 4.

(discourse)"①。公共理性并不是要完全排除所有的认知要素，包括一些基本的逻辑推导的规则，它虽然是一种新的理性形态，但仍然处于理性主义的传统之中，包括对其基本认知要素的坚持。事实上，即便公共理性主要专注的是公平、正义这样的道德议题，它也无法把自己与认知问题完全剥离开来。因为道德是实践的，是与行动联系在一起的，而理性的行动乃是基于理性信念之上的选择，进而，理性的信念本质上是一个认知现象，主要只能考虑认识上的因素②。所以，题就不在于公共理性是否存在认知的维度，而是为什么传统理性概念的认知之维还不够，从而需要一种新的理性形态，即公共理性？

这就涉及罗尔斯所说的理性的认知之维的限度问题。他用的是一个特别的短语，即"判断的负担"，它指的是主体价值观念的差异、经验的多样性、证据与概念的复杂性等因素。作为这些因素发挥作用的结果，"我们最重要的判断的得出受制于我们的条件，这些条件使得正直而又充分合乎情理的（reasonable）人们即便经过自由讨论，要运用他们的理性能力以达到同样的结论也变得极其不可能"③。换句话说，以为直接依赖启蒙理性的运用就能通向确定的结论或所谓的真理，这可能是一种过度的雄心。当代学者将这种状况概括为"理性分歧（rational disagreement）"，它的意思是指，"在具有至高重要性的问题上，理性不太可能把我们拉到一起，而是倾向于把我们驱散开来"④。理性分歧是一种多元主义的状况，但这种多元主义是个人充分运用理性之后的结果，而不是有待通过个人充分运用理性去加以克服的事态。若运用理性便能形成确定性和真理，那么，公共理性理念的提出便没有意义了。但这里有一个基本前提，即不否认传统的理性

---

①　John Rawls, *Political Liberalism*, New York：Columbia University Press, 1993, p. 220, p. 220.

②　对理性行动与理性信念、行动与认知之间关系的这种分析，可参见 Gerald Gaus, "The Rational, The Reasonable and Justification", *The Journal of Political Philosophy*, Vol. 3, No. 3 (1995), p. 237.

③　John Rawls, "The Domain of the Political and Overlapping Consensus", in *his Collected Papers*, ed. by Samuel Freeman, Cambridge Mass.：Harvard University Press, 1999, p. 478.

④　Charles Larmore, *The Morals of Modernity*, Cambridge：Cambridge University Press, 1996, p. 12.

概念，尤其是其作为认知能力所包含的基本认知规则，因为问题不在于这些认知要素是错误的，而在于它们是不够的。正是在这个意义上，罗尔斯才说，公共理性包含着一些"知识和推理方式"，它们目前对公民们来说是"共同的和普遍可资利用的平实的真理"①，在这里，他甚至并不否认日常意义上的真理概念。相应地，公共理性理念之所以回避真理问题，尤其是避免把自己的结论奉为真理，主要的原因在于，由于判断的负担或理性分歧，同样相信理性和运用理性的人们，在真理观亦即何谓真理这个层面上也会形成争议（事实上，认识论层面上关于真理观的争议已然十分激烈）。公共理性理念试图回避这些认识论上的争论，以便在理性分歧的背景下寻求社会共识。

现在，让我们再次回到公共阐释的问题上来。张江教授提出，公共理性是指"人类共同的理性规范及基本逻辑程序"，进而，"公共理性的运行范式，由人类基本的认知规范给定"②。由此看来，公共阐释论所依赖的公共理性概念，主要是作为认知能力的理性，没有迹象表明它超出了启蒙理性或主体性理性的范围。但我们前面已经分析表明，在事涉价值、伦理判断的领域，这样一种理性概念并不会导向为人们所共享的真理和确定性。那么，我们能够期待它在文学和文论领域实现这个意义上的公共性吗？事实上，正如论者自己所承认的，"文学是人类思想、情感、心理的曲折表达。文学更强调人的主观创造能力，而人的主观特性不可能用统一的方式预测和规定"③。文学不是政治，不是法律，也不是与之相关的公共伦理。鉴于理性分歧的背景，在这个更具主观性的领域，不同的文本阐释者即便都遵循人类普遍的认知规范，似乎更不可能就何谓正确的阐释达成一致。

前文所述的当代公共理性理念虽然避免使用真理的概念，但它之所以是"公共的"理性，除了传统的理性概念所具有的公共性特征和认知规范之外，更在于它强调通过公共推理，（努力）形成公共理

---

① John Rawls, *Justice as Fairness: A Restatement*, ed. by Erin Kelly, Cambridge Mass.: Harvard University Press, 2001, p. 90.

② 张江:《公共阐释论纲》,《学术研究》2017 年第 6 期。

③ 张江:《强制阐释论》,《文学评论》2014 年第 6 期。

由。强调公共推理，意在重塑推理程序；寻求公共理由，则是更实质的伦理目标。在这个意义上，公共理性首先就是一种推理规范，它"最好不是被视为公民之间的一种推理过程，而是给个体、制度和机构应如何就公共问题进行推理施加限制的一种范导性（regulative）原则"①。这种推理规范，虽然要接受传统理性概念中的认知要素的约束，但其特殊之处恰恰在于伦理之维。哈贝马斯把这种推理规范称为"普遍的角色互换"，或者是"真正的不偏不倚"，它是这样一种立场，"一个人能够从中把那些因其明显体现了一种对所有受影响者来说具有共同性的利益，从而可以指望获得普遍同意的那些法则一般化。正是这些法则才配获得主体间的承认。从而，判断的不偏不倚在如下原则中得到体现：它约束所有受影响者在平衡利益的过程中采用所有其他人的视角"②。在罗尔斯那里，公共理性的推理规范和公共理由则更密切地结合在一起，它们集中体现为相互性（reciprocity）的标准，而相互性的核心就在于，公民们要就政治权力的行使提出彼此都可以接受的理由。它意味着，"只有当我们真诚地相信我们为我们的政治行动所提出的理由……是充分的，而且我们也合乎情理地认为其他公民也可以合乎情理地接受那些理由，我们对政治权力的行使才是恰当的"③。问题当然在于，究竟如何推理、在什么约束条件下推理才算是真正的公共推理、从而才有望找到这样的公共理由呢？在罗尔斯那里，答案就是原初状态，尤其是其中的"无知之幕"，它们直接体现为契约的情境，但实质上就是公共推理的条件设置。

公共理性作为理性的一种新形态，相对于传统的理性概念而言，它的特色在伦理层面，并具体表现为推理的规范与推理的结果（即公共理由）。之所以如此，一个根本性的原因又在于，它试图处理的是

---

① Seyla Benhabib, "Toward a Deliberative Model of Democratic Legitimacy", in Fred D'Agostino and Gerald F. Gaus ed., *Public Reason*, Aldershot: Ashgate Publishing Company, 1998, p. 105.

② Jürgen Habermass, *Moral Consciousness and Communicative Action*, translated by Christian Lenhardt and Shierry Weber Nicholsen, Cambridge Mas.: The MIT Press, 1990, p. 65.

③ John Rawls, "The Idea of Public Reason Revisited", *The University of Chicago Law Review*, Vol. 64, No. 3 (Summer, 1997), p. 771. 另一个相似的表述可参见 John Rawls, *Political Liberalism*, p. 217.

政治、法律上的公共伦理问题。它要寻求的是公共政治伦理的确定性，或者说得更温和一点，它是要在理性分歧的背景下寻求政治伦理问题上的共识。不过，这种意义上的确定性，或者共识，对于文论领域来说，似乎并不迫切，甚至也不必要。偏离文本依据的强制阐释固然是不可取的，但非要在对文学性文本的阐释方面寻求确定性或共识，也许会被认为是多此一举。当然，有一个重要的例外，公共阐释是澄明性阐释，"公共阐释将公众难以理解和接受的晦暗文本，尤其是区别于文学的历史文本，加以观照、解释、说明，使文本向公众敞开，渐次释放文本的自在性，即作者形诸文本、使文本得以存在的基本意图及其可能的意义。阐释的澄明是澄明阐释的前提；意在澄明的阐释，是置入公共意义领域，为公众所理解的阐释"①。这个例外之所以重要，是因为对于一个共同体来说，对一些重要的历史、政治文本如何阐释，这确实是一项具有政治和公共伦理意义的工作，因此需要接受更强的公共理性约束。

防止强制阐释的改头换面：公共阐释的真理观问题

历史、政治文本的阐释之所以需要接受更厚重的公共理性约束，主要是因为它们与我们对公共权力、政治法律制度之运作的理解、判断直接相关，而公共权力、法律乃是强制性的，因此公共理性理念基于民主和权力平等共享的原则，强调公民们要为之给出彼此都可以接受的理由。例如，在公共理性理念看来，当我们要对《共同纲领》或1954年《宪法》文本进行阐释的时候，我们面对的就是这样一种情景。

但这种情况并不适用于文学文本的阐释。正因为如此，如果在阐释学的理论建构上，我们要提出比传统理性概念更强的认知标准，或者坚持用当代公共理性理念中更为厚重的伦理标准，就会导致一个风险：以认知客观性的名义，或者以公共的可接受性的名义，强行达到某种一致性或确定性。相对于公共阐释论所批判的那种强制阐释，这

---

① 张江：《公共阐释论纲》，《学术研究》2017年第6期。

有可能是导向了另一种形式的强制阐释。如果说前者是阐释者凭藉个人的主观任意性，严重偏离或扭曲了文本的含义，而后者则是刻意寻求确定性或唯一真确的（true）阐释；前者意味着完全否弃真理与确定性的目标，后者则意味着强行树立确定性的标准。换言之，强制阐释刚从前门被赶走，它又改头换面从后门进来了。前一种强制阐释固然糟糕，但这种新的可能的强制阐释也会遇到许多问题，尤其是，既然各种不同的阐释都已经满足了基本的认知标准（也许还有必要的道德标准），那么，我们到底要依据何种标准认定一种阐释可以算作是真确的阐释？也就是说，我们会陷入一个认识论威权主义的瑠困境："谁知道谁知道呢（Who will know the knowers）？"① 这就好比，在一些民主的倡导者们看来，即便专家、权威是重要的，但我们在政治事务上如何识别专家或权威则是一个问题。如果我们以某种方式确定某种阐释是真确的，那可能不过是一种认知霸权的体现。如果我们此时仍然用公共理性之名，那也只能是霍布斯式的，因为在霍布斯那里，主权者的理性被称为公共理性，但我们看不出它在认知或伦理上相对于其他人的理性有什么优势，它的优势地位其实只不过源于强力。相应地，一旦我们以这种霸权的方式确定了某种阐释为真确的阐释，其他阐释者就只能接受这种阐释，唯有如此，他们的阐释才会被认为是合乎理性的。此时，每一个其他的阐释者都类似于霍布斯理论中的臣民，"她只有通过使她的行动顺从或努力顺从仲裁者的判断才能正确地展现她的理性"②。

当然，这不是公共阐释论者的本来意图。但要正视这种理论风险，就需要我们对确定性、客观性这样的标准有一些反思。或者说，我们需要对真理观有一些反思。传统的哲学和认识论持有一种实在论的真理观，它意味着一种极强的客观性，即认知要与外在的客观实在相符合，如此才算是真理。哲学家杜威曾对此表达不满："实在的对

---

① David Estlund, "Making Truth Safe for Democracy", in *The Idea of Democracy*, ed. by David Copp, Jean Hampton, and John E. Roemer, Cambridge：Cambridge University Press, 1993, pp. 84 - 85.

② ［美］大卫·高希尔：《公共理性》，陈肖生译，载谭安奎编《公共理性》，浙江大学出版社 2011 年版，第 52 页。

象固定不变，高高在上，好像是任何观光的心灵都可以瞻仰的帝王一样。结果就不可避免地产生了一种旁观者式的认识论。"① 杜威倡导的是介入的、实践的认识论，这种替代方案是否合理姑且不论，但他对实在论的真理观的批评，对于与人的理性、意志、情感等因素密切联系的传统实践哲学所涵盖的领域如伦理学、政治学来说，是特别值得肯定的。至于更能体现人类主观创造性和个性的文学和文论领域，这种批评就更能引起共鸣了。

相对于传统的实在论的真理观，反基础主义的代表人物之一罗蒂强调，"由于真理是语句的性质，由于语句的存在依赖于语汇，由于语汇是人类所创造的，所以真理也是人类所造"②，但他并不拒绝使用真理的概念，甚至包括"客观真理"这一具有明显实在论倾向的概念。不过，他用"客观真理"这一术语所表达的实际含义却比实在论要弱得多，即"我们当前有关如何说明发生的事物的最佳观念之谓"③。对此，我们可以理解成，所谓真理，并不是所有对所发生的事物进行说明的观念中最佳的那一个，而是"当前"的观念中最佳的那一个，也就是我们目前所拥有的、面对的那些观念中最好的那一个。经过这种解释，它就与诺齐克对认知理性的如下观点相一致了："如果某个与 h 不兼容的替代性陈述较之 h 有着更高的可信值，那么不要相信 h。"④ 考虑到目前可接触到的观念或陈述总是有限的，我们当然有理由接受其中可信度最高的主张，虽然这种主张并不一定是所有可能的主张中最好的，也不一定与所谓的客观实在相符合，然而，所谓现有主张中"最好的"或"最可信的"，也需要有关于"好"或"可信"的基本标准。此时，认识论上的融贯论似乎是一个无法回避的约束。融贯论是一种与基础主义相对立的知识论，它强调，认知辩

---

① ［美］约翰·杜威：《确定性的寻求》，傅统先译，上海人民出版社 2005 年版，第16 页。

② ［美］理查德·罗蒂：《偶然、反讽与团结》，徐文瑞译，商务印书馆 2003 年版，第 34 页。

③ ［美］理查德·罗蒂：《哲学和自然之镜》，李幼蒸译，商务印书馆 2003 年版，第359 页。

④ Robert Nozick, *The Nature of Rationality*, Princeton: Princeton University Press, 1995, p. 85.

护取决于一组信念或一个信念系统的融贯性，而不是取决于一个信念与某个基本信念或实在之间的关系。如果我们面对一种符合基本的理性认知规范、逻辑上自洽、对事物的解释说明方面相互支持的信念系统，我们至少是没有理由拒斥它的。

就文学文本的阐释而言，强调文本依据当然是首要的。但困难在于，所谓的文本依据本身就是阐释的对象，因为文本阐释不同于文本考证，它试图揭示的是语言所要传递的意义。至于阐释中所涉及的作者的意图，除了文本本身的依据及其阐释之外，阐释者发挥能动性的空间有可能要更大一些。此时，一种阐释是否恰当，若以融贯论的标准来看，它应该体现为两个方面。一是这种阐释自身具有内在的融贯性，不存在严重的或无法克服的自相矛盾；二是当我们用这种阐释反观文本本身的时候，文本本身仍然能呈现为一个融贯的整体，而不是被肢解的碎片。如果一种阐释能够做到这两点，它应该可以被视为一种合理的阐释。

然而，如果单看融贯论的标准，它本身就遭遇到两个相互关联的重要批评：一是面对各自融贯但互不相容的信念系统，融贯论并没有告诉我们该怎么办；二是，我们似乎没有办法阻止人们形成融贯的、但却是自我封闭的信念系统①。我们进一步强调"现有的最佳信念"这个条件，恰恰就是要对未来的信念选项保持开放。因为现有的"最佳"，完全可能遭遇将来的"更佳"。值得肯定的是，公共阐释论者虽然强调理性、确定性，但也给这种动态性和开放性留下了空间："公共阐释是阐释者对公众理解及视域展开修正、统合与引申的阐释。其要义不仅在寻求阐释的最大公度，而且重在于最大公度中提升公共理性，扩大公共视域。公共阐释超越并升华个体理解与视域，申明和构建公共理解，界定和扩大公共视域。这是公共阐释的教化与实践意义。"② 通过不同阐释者之间的不断对话，努力寻求更好的阐释，而不是出于对强制阐释的防备而让某种阐释"一锤定音"，这种阐释学

---

① 对这两种批评的分析，可参见徐向东《怀疑论、知识与辩护》，北京大学出版社2006年版，第460—461页。

② 张江：《公共阐释论纲》，《学术研究》2017年第6期。

的开放性与当代公共理性理念寻求持续对话和商议（deliberation）的取向是完全吻合的。只有我们在认识论和真理观上做出相应的调整，理性主义传统下的阐释学才不会在反击相对主义、虚无主义的同时窒闭本应充满活力的阐释活动。

公共阐释、公共理性与公共时间[*]

李义天^{**}

作为人类特有的一种理解和表达活动，"阐释"不仅针对文本（text），而且针对行动（act）和事件（event）。因此，就其内容而言，"阐释"既可以与文学或艺术活动有关，也可以与道德或政治活动有关。但无论是针对文本还是针对行动或事件，阐释作为一项人类活动，始终置身于人类的伦理生活语境之中，受到人类伦理生活的基本特征及其规范条件的约束。因此，如果我们打算探讨"何为阐释""何为好的阐释"，那么，我们就必须从伦理生活的角度来反思和叙述。而一旦我们认定"阐释"内在地具有公共性，从而必须在"公共阐释"的意义上来理解其本质，[1] 那么，如何在公共的规范层面上为其奠定基础、划定边界，就变得格外重要。本文首先将对阐释的类型作出区分，并借助学界已有讨论对"公共阐释"的基本特征予以刻画；其次将尝试指出"公共阐释"对"公共理性"的期待和依赖；最后，本文将指出，"公共阐释"的成功施行乃至"公共理性"的成功运作皆不是一蹴而就，而是必须进入到一个基于人类社会历史而展开的"公共时间"通道之中。好的公共阐释，乃是有效运用公共理性的行为者在公共时间中自觉、恰当的实践活动使然。

---

* 基金项目：国家社会科学基金重大项目（17ZDA022）。本文原刊于《社会科学战线》2019 年第 6 期。

** 作者单位：清华大学高校德育研究中心、清华大学道德与宗教研究院。

① 张江：《公共阐释论纲》，《学术研究》2017 年第 6 期。

一 阐释与公共阐释

"阐释"是一种活动，而"阐释学"（Hermeneutics）则是人们对这种活动的过程、特征和实质进行概念化或理论化处理的观念产物与知识成果。尽管阐释学的历史可以追溯到古典时代，但若从施莱尔马赫（Friedrich Schleiermacher）19 世纪初的《阐释学箴言》《阐释学手稿》《阐释学讲演》等作品算起，现代西方阐释学的创立至今仍不过200 年。其间，经历了 20 世纪上半叶海德格尔、伽达默尔、利科、帕尔默、舒科等人沿着哲学、文学、宗教学等不同路径的发展与改造，直至 20 世纪 60 年代，阐释学才在西方学界逐渐成为一门较为成熟的学科。①

既然阐释学只是阐释活动的观念或理论表达，那么，更为基础和关键的问题就是"阐释"而不是"阐释学"。这种看法或立场并不是要消减"阐释学"在智识上的重要性，相反，中国学人在学习和研究现代西方阐释学时，采取这种看法或立场是必不可少的一种态度。而这样的态度会使我们的阐释学研究更加"开朗"，因为，它给我们带来了至少两点启示：第一，研习现代西方关于阐释活动的理论固然重要，但更重要的是，发现和理解理论赖以产生的阐释活动及其生活背景，以及这些阐释活动又是怎样同我们目前所看到的现代西方阐释学建立联系，从而塑造了后者的具体形态的。第二，正因为不必停留于现代西方阐释学理论本身，而是将关注重心移至理论背后的事实状态以及理论得以形成的方法论原则，因此，我们有足够的合法性去讨论那些与我们的生活（而不是他们的生活）密切相关的阐释活动，有充分的理由去探讨基于这些活动所形成的中国思想资源，进而尝试建构一种合理的现代中国阐释学类型。这种理论类型无需承诺涵盖或解决现代西方阐释学的所有问题，但是，它理应揭示和理解与之不同的特定生活语境及其思想背景下的阐释活动，并从不同的视角出发逼

---

① 洪汉鼎：《何谓诠释学？》，载洪汉鼎主编《理解与解释：诠释学经典文选》，台北：东方出版社 2006 年版，第 22—25 页。

近阐释的真相及其普遍本质。

在这个意义上，张江教授近年来围绕阐释问题展开的研究，也许可以被视作建构中国阐释学的一种努力。迄今为止，他已陆续讨论了文学、史学与哲学语境下的阐释问题，先后提出"强制阐释""公共阐释"等概念，并对阐释学的基本术语进行了汉语思想史的梳理。总的看来，他的努力大致呈现为三个步骤：首先，通过界定并剖析"强制阐释"及其相关命题，对阐释活动的一些不当甚至错误的方式展开批判，从而回答"好的阐释不（应该）是怎样的"这个问题。其次，通过提出并论证"公共阐释"及其相关命题，对阐释活动的本质属性和规范类型展开论述，从而回答"好的阐释（应该）是怎样的"这个问题。最后，通过梳理和分析阐释学的若干基础概念如"阐释""理性""解释"等在汉语语境中的具体内涵及其发展变化，对阐释学概念化的中国方式展开反思，① 从而回答"好的阐释学（应该）是怎样的"这个问题。

根据张江教授的看法，"强制阐释"意味着阐释者的阐释活动体现出"场外征用""主观预设""非逻辑证明"和"混乱的认识路径"等缺陷。② 阐释者一旦陷入"强制阐释"，将会越来越多地沉迷于自己的主观判断，局限于自己的个体视野，而越来越少地在意他的那些阐释对象（体现着作者意图的文本、受制于经验证据的史实）自身所涉及的内容。对强制阐释者来说，"阐释者—阐释对象"之间本应具有的平等互动，必须让位于阐释者的"一家独大"。因为，阐释活动在根本上只能是阐释者的活动。阐释者所面对的阐释对象，当它们进入阐释与被阐释的关系中时，就不再能够确保或维系自己的本来意义，而不得不接受来自阐释者的解读甚至解构。在这个意义上，阐释者无需揣摩或辨析阐释对象的本来意义。"作者已死""人人都是他自己的历史学家"等说法，逐渐成为这类阐释活动不仅时髦而且恰当的观念。③

---

① 参见张江《"阐""诠"辨——阐释的公共性讨论之一》，《哲学研究》2017 年第 12 期；张江：《"理""性"辨》，《中国社会科学》2018 年第 9 期；张江：《"解""释"辨》，《社会科学战线》2019 年第 1 期。

② 张江：《强制阐释论》，《文学评论》2014 年第 6 期。

③ 张江：《作者能不能死？》，《哲学研究》2016 年第 5 期；张江：《评"人人都是他自己的历史学家"》，《历史研究》2017 年第 1 期。

对于"强制阐释"及其认识论基础，张江教授提出了尖锐的批评。① 正是在批判"强制阐释"这类"不好的"阐释活动的基础上，张江教授提出了他所认为的"好的"阐释活动，即"公共阐释"。在他看来，公共阐释是——

阐释者以普遍的历史前提为基点，以文本为意义对象，以公共理性生产有边界约束，且可公度的有效阐释。这里的"普遍的历史前提"是指，阐释的规范先于阐释而养成，阐释的起点由传统和认知的前见所决定；"以文本为意义对象"是指，承认文本的自在意义，文本及其意义是阐释的确定标的；"公共理性"是指，人类共同的理性规范及基本逻辑程序；"有边界约束"是指，文本阐释意义为确当阈域内的有限多元；"可公度的"是指，阐释结果可能生产具有广泛共识的公共理解；"有效阐释"是指，具有相对确定意义，且为理解共同体所认可和接受，为深度反思和构建开拓广阔空间的确当阐释。②

就此而言，"公共阐释"具有合理性、澄明性、公度性、建构性、超越性和反思性等6个基本特征。③ 在实践上，它的运转将促进人们结合成一个能够彼此交流、理解和信任的阐释共同体，使他们的"偏见、私见、狭见"得以揭示并被消除。④

"公共阐释"之所以被认作"好的"阐释，与其说是因为它符合阐释活动的道德标准，不如说是因为它蕴涵并体现了阐释活动的本质，即阐释的公共性。这不仅在于阐释者始终以共在的方式生存于世，不仅在于公共的集体经验始终构成阐释活动的基础，也不仅在于阐释者用以阐释的语言始终具有以，阐释之为阐释，不但意味着要在

---

① 张江：《强制阐释论》，《文学评论》2014 年第 6 期；张江：《强制阐释的独断论特征》，《文艺研究》2016 年第 8 期；张江等：《文本的角色——关于强制阐释的对话》，《文艺研究》2017 年第 6 期。

② 张江：《公共阐释论纲》，《学术研究》2017 年第 6 期。

③ 张江：《公共阐释论纲》，《学术研究》2017 年第 6 期。

④ 张江、哈贝马斯：《关于公共阐释的对话》，《学术月刊》2018 年第 5 期。

人与文本（行动、事件）之间建立一种解释/理解关系，要在人与人之间施行一种关于语言沟通和意义澄清的行为，在更深层次上，意味着它要通过这种沟通与澄清在公共场域中形成一种良好的、和谐的、尽可能达成一致的互动性与关联性。也就是说，阐释是要让单独的个体与单独的文本（行动、事件）之间的个别关系转变成不同个体基于该文本（行动、事件）而建立的公共关系，让作为"此在"的个体转变成作为"共在"的个体。这说明，阐释本身已经预设了"好的公共关系"作为内在目的。概言之，若不是存在共同的生活方式和经验，我们根本没有可能进行阐释；但若不是为了形成"好的公共关系"，我们根本没有必要进行阐释。

作为一项人类活动，阐释不止一种类型。张江教授虽然区分了私人阐释和公共阐释，但实际上还有进一步细分的必要。首先我们承认，确实存在"私人阐释"（private interpretation），即阐释者完全从自己的理解或体会出发，不考虑也不顾及他人看法，而对文本（行动、事件）做出的阐释。这种阐释不仅在内容上表现为极端个性化的意见，在形式上也多停留于个体间私下的口耳相传。用张江教授的话讲，私人阐释是一种"以直接体验的本己感悟，生产伫留于个体想象之内，且不为他人理解和接受……尤其不能为个体当下所在的阐释共同体理解和接受"① 的阐释。不过，从私人阐释到公共阐释，其间还存在几种过渡类型。第一种是所谓的"公开阐释"（open interpretation），即阐释者执着于私人意见，但不愿意自己的意见仅仅停留于私下的小圈子，而是试图介入公共领域，以公开的方式向他人传播。此时，他对文本（行动或事件）的阐释尽管同样没有充分考虑他人的感受或理解，同样仍是私人意见的表达，但他却希望通过公开的宣讲或灌输，使之成为一种有影响力的公共事件。显然，这种既不尊重也不遵从公共生活逻辑的阐释方式，尽管"积极地"介入公共领域，但却因自身本质上的偏执性和私人性而不可能成功，也不可能具备任何意义上的公共性。它只不过是一种公开的私人阐释而已。第二种是所谓的"公众阐释"（mass interpretation），即身处公共领域的阐释者

---

① 张江：《公共阐释论纲》，《学术研究》2017 年第 6 期。

在公开场合不再拘泥于自己的私人意见，而是开始考虑并诉诸大众的观点和立场，进而阐发某些合乎大众立场的意见。但是在这个过程中，他与大众立场之间的一致性并非来自充分合理的理由，而仅仅因为后者在人数上占优。因此，公众阐释虽然在公共领域具有某种程度的一致性或普遍意义，但它只是阐释者"从众"的产物，表达的只是一种简单的"集体力量"或"多数观点"，因而仅仅具有表面的公共性。第三种则是更复杂一些的"公职阐释"（official interpretation），即身处公共领域的阐释者在公开场合不是以个人身份，而是基于自身的公职身份，就某些特定问题阐发官方意见。就此而言，公职阐释在多大程度上具有公共性，取决于阐释者所负载的公职及其背后整个官僚系统在多大程度上合乎普遍的理性的利益诉求。只有当阐释者由之出发的那份公职所代表的利益，同每一个（至少绝大多数）理性公民个体的利益相合拍时，公职阐释才能（最大限度地）体现公共性，从而表现为一种"公共阐释"（public interpretation）。因此，所谓"公共阐释"，作为一项不限于文本解释范畴的人类活动，意味着身处公共领域的阐释者在公开场合能够基于合乎理性的理由而阐发那种能够获得理性个体的合理承认与普遍接受的公共意见。与前几者相比，这种类型的阐释活动被认为最为遵从公共生活的内在逻辑，也最有助于实现"好的公共关系"。

二　公共阐释与公共理性

好的阐释，是要将阐释对象（文本、行动或事件）的内涵和意义合理地揭示并表述出来，从而使有理性的行为者都能够合理地加以理解、认可和接受。因此，从这个角度讲，有且只有"公共阐释"才是真正或充分意义上的阐释，而其他类型的阐释全都存在缺失和局限，不能被视作好的阐释。造成这种差异的关键之处，并不是公共阐释建立在理性运用的基础上（毕竟，公职阐释、公众阐释甚至部分情况下的公开阐释，也都可以被认为是建立在理性运用的基础上），而是，公共阐释建立在理性的公共运用（the public use of reason）的基础上。换言之，只有当阐释者既不是基于非理性，也不是基于一般意义上的理性，而是基于公共理性所施行的阐释活动，才是"公共阐释"。

理性是人的一种基本能力，我们运用这种能力去认知、推理和行动。人类的历史证明，正是因为擅长运用而且往往愿意优先使用理性（而不是非理性），人类才成为这个星球的主导者并创造出精致繁荣、复杂多样的文明成就。然而，运用理性是一回事，公共地运用理性则是另一回事。后者不仅要求运用者按照合乎逻辑、前后一致等"理性的"方式来认知、推理和行动，而且要求运用者在如此运用时还要兼顾公共生活的普遍性与相互性。可是，对一个固守某种等级秩序（比如，身份、血缘、宗教信仰）的社会来说，理性的公共使用既不可能，也不必要。因为，在这种社会中，总有一些人无需顾及理性，总有一些人缺乏理性。换言之，这种社会并不在乎也不大可能实现一种具有普遍性和相互性的公共生活。事实上，愿意谈论并且积极吁求"理性的公共运用"的社会，必定是一个开始要求破除这种等级秩序，进而要求实现人际平等的社会，只有对这种社会来说，具有普遍性和相互性的公共生活才至关重要。不过，即便是如此情形，在西方，也不过是从启蒙时代才出现。康德关于"理性的公共运用"的讨论，往往被视为"公共理性"话题的一个开端。

在1784年写作的《对这个问题的一个回答：什么是启蒙？》这篇文章中，康德区分了理性的"公共运用"和"私人运用"两种不同的理性运用方式——

　　理性的公共使用必须一直是自由的，只有这种使用能够给人类带来启蒙；然而，理性的私人使用经常可以被狭隘地加以限制，而不致特别妨碍启蒙的进步。按照我的理解，理性的公共使用就是任何人作为一个学者在整个阅读世界的公众面前对理性的运用。所谓私人的运用，我指的则是一个人在委托给他的公民岗位或职务上对理性的运用。①

---

　　① ［德］康德：《对这个问题的一个回答：什么是启蒙？》，载［美］詹姆斯·施密特编《启蒙运动与现代性》，徐向东等译，上海人民出版社2005年版，第62页。

在康德看来，启蒙固然意味着摆脱自我的不成熟而勇敢地运用自己的理性，但具体该如何运用自己的理性，却构成了启蒙之为启蒙的关键。根据康德的理论，"理性的公共运用"是指一个人作为学者，面向严格意义的亦即全部的听众，为了达到普遍的真理和善而提出的批判性论证。而"理性的私人运用"是指，一个人作为某个（局部）共同体的公职人员，面向该共同体成员，为了实现该共同体利益而提出的融贯性论证。康德承认，理性的私人运用亦有必要。因为，这是一个共同体的成员在承担某项公职时为了共同体的整体利益而必须采取的方式，"以便政府可以通过一种人为的一致把他们引向公共目的，或者至少防止他们破坏这些目的"①。但是，对于启蒙来说，一个人不仅仅是作为一个共同体的成员存在，更是作为一个理性的世界公民存在。因此，一个人有理由也有能力，以学者的方式"通过他的著作向自己的公众亦即这个世界讲话"②，也就是说，以一种面向全部理性存在者并经得起全部理性存在者检验的公共化或普遍化方式来运用自己的理性。这就是"理性的公共运用"。康德相信，只有当人们能够在所有问题上都享有公共运用理性的自由，并且有勇气按照这种方式来运用自己的理性时，启蒙才能真正得以实现。③

其实，通观康德的论述，他并没有使用"公共理性"或"私人理性"这样的字眼，而是在说"理性的公共运用"和"理性的私人运用"。对他来讲，是出于纯粹学者的立场而按照内在必然性的普遍要求来使用它，还是拘泥于具体的社会身份而按照局部利益的特殊规定来使用它，这构成了理性的两种运用方式的根本区别。由于康德的这种区分是如此显著且有理，因而得到了后世的广泛接受（包括批判性的接受），并逐渐被转述为"公共理性"与"私人理性"的区别。罗尔斯说，公共理性"是由康德在其《何为启蒙?》（1784）一文中

① ［德］康德：《对这个问题的一个回答：什么是启蒙?》，载［美］詹姆斯·施密特编《启蒙运动与现代性》，徐向东等译，上海人民出版社 2005 年版，第 62—63 页。
② ［德］康德：《对这个问题的一个回答：什么是启蒙?》，载［美］詹姆斯·施密特编《启蒙运动与现代性》，徐向东等译，上海人民出版社 2005 年版，第 63 页。
③ ［德］康德：《对这个问题的一个回答：什么是启蒙?》，载［美］詹姆斯·施密特编《启蒙运动与现代性》，徐向东等译，上海人民出版社 2005 年版，第 62 页。

对公共理性和私人理性进行区别时提出来的，尽管他的区分与我这里所使用的区分并不相同"①。

在罗尔斯看来，"私人理性"（private reason）的说法并不成立。因为，理性不可能是私人所独有的东西，也不可能有任何个人可以发明出一种仅供其个人使用、而且只有其个人能理解的"理性"。这种情况下的"理性"也不成其为"理性"。因此，罗尔斯认为"不存在任何私人理性之类的东西"②。与"公共理性"真正构成对立的，不是"私人理性"，而是另一些同样具有社会性的"非公共理性"（nonpublic reason）——"在非公共理性中，有各种联合体的理性，包括教会和大学、科学社团和职业群体……非公共理性由许多市民社会的理性所构成，与公共政治文化相比，它属于我所讲的'背景文化'。"③

在罗尔斯看来，这些理性虽然也是社会性的，而非私人性的，但"这些非公共理性的标准和方法，部分依赖于如何理解各联合体的本性（目的和观点），以及如何理解各联合体追求其目的的条件"④。与之相比，"公共理性"不是社会联合体成员的理性，而是"共享平等公民身份的人的理性"⑤；不是追求这个或那个社会团体之善的理性，而是追求社会基本结构之"公共善"的理性；不是针对任何普遍问题的理性，而是针对特定的政治正义问题的理性。所以，罗尔斯在《政治自由主义》以及后来的《公共理性理念新探》等著述中均强调指出他所使用的"公共理性"概念的特定含义——

> 公共理性……是公民的理性，是那些共享平等公民身份的人的理性。他们的理性目标是公共善，此乃政治正义观念对社会之

---

① ［美］约翰·罗尔斯：《政治自由主义》，万俊人译，译林出版社2000年版，第226页注释②。
② ［美］约翰·罗尔斯：《政治自由主义》，万俊人译，译林出版社2000年版，第233页注释①。
③ ［美］约翰·罗尔斯：《政治自由主义》，万俊人译，译林出版社2000年版，第233页。
④ ［美］约翰·罗尔斯：《政治自由主义》，万俊人译，译林出版社2000年版，第226页。
⑤ ［美］约翰·罗尔斯：《政治自由主义》，万俊人译，译林出版社2000年版，第225页。

基本制度结构的要求所在，也是这些制度所服务的目标和目的所在。于是，公共理性便在三个方面是公共的：作为自身的理性，它是公共的理性；它的目标是公共的善和根本性的正义；它的本性和内容是公共的，这一点由社会之政治正义观念表达的理想和原则所给定，并有待于在此基础上作进一步的讨论。①

显然，罗尔斯的用法要比康德的用法更具限定性。因为，在康德那里，"公共理性"或"理性的公共运用"的关键，不在于它被用于何种主题，而在于它必须以一种普遍的方式被用于该主题。康德自己承认，他之所以在那篇文章中较多谈论宗教问题，只是因为"在宗教问题上的不成熟不仅是最有害的而且也是最可耻的"②。然而在罗尔斯这里，公共理性仅仅适用于公共论坛上的政治问题，而不是任何问题。甚至，"公共理性所施加的限制并不适用于所有政治问题，而只适用于那些包含着我们可以称之为'宪法根本'和基本正义问题的政治问题……如，谁有权利选举；什么样的宗教应当宽容；应该保障谁有机会均等；应该保障谁的财产"，等等。③ 因此，罗尔斯的公共理性概念所涉及的主体范围也就不必是全体理性存在者，而只需是身处同一政治共同体中"作为一个集体性的实体"的平等公民。④ 相应地，公共理性的"公共性"也就不必等于"普遍性"，而只需满足"相互性"即可。也就是说，作为一个政治共同体的平等公民，当我们就宪法根本和基本正义问题进行讨论时，我们只需提供"我们同样可以合乎理性地期待自由而平等的其他公民也能合乎理性地予以认可的"那些原则和理念，只需要"对他们讲出我们的理由，这些理由

① ［美］约翰·罗尔斯：《政治自由主义》，万俊人译，译林出版社2000年版，第225—226页。类似表述亦参见罗尔斯《公共理性理念新探》，谭安奎译，载《罗尔斯论文全集》下册，吉林出版集团有限责任公司2013年版，第614页。

② ［德］康德：《对这个问题的一个回答：什么是启蒙？》，载［美］詹姆斯·施密特编《启蒙运动与现代性》，徐向东等译，上海人民出版社2005年版，第65页。

③ ［美］约翰·罗尔斯：《政治自由主义》，万俊人译，译林出版社2000年版，第227页。

④ ［美］约翰·罗尔斯：《政治自由主义》，万俊人译，译林出版社2000年版，第227页。

不仅是他们能够理解的……而且是我们可以合乎理性地期待他们作为
自由而平等的公民也可以合乎理性地加以接受的理由"，就可以了。①
对罗尔斯来说，公共理性不总是为了达成观点的普遍一致，而是为了
促进具有合理多元论特征的现代社会实现有限度的重叠与融合。② 罗
尔斯甚至觉得，即便"它做不到这一点也并不是它的缺陷。公民从讨
论和辩论中学习并受益……如果他们的论证遵循公共理性的话，即使
共识无法达成，他们也引导了社会的政治文化并加深了他们的相互
理解"③。

　　在"公共理性"的界定上，罗尔斯要比康德更为克制或务实。但
这并不意味着前者就放弃了"普遍性"的设定。毋宁说，基于他讨
论的主题，罗尔斯更愿意把公共理性所蕴涵的"普遍性"限定在特
定的政治共同体中。换言之，与其像康德那样诉诸全体理性存在者的
"合理同意"，不如诉诸一个秩序良好的立宪民主社会中的全体公民
的"合理接受"。后者似乎才是现代社会的"普遍性"的真正有效的
表现形式。它意味着，当我们要求施行公共理性或理性的公共运用
时，我们不再是要求"从每个理性存在者必定合理接受/至少无法合
理拒绝的立场出发运用理性"，而是"从这个共同体的每个平等公民
必定合理接受/至少无法合理拒绝的立场出发运用理性"。

　　对于"公共阐释"这类问题来说，持有并施行罗尔斯意义上的
"公共理性"在多数情况下已经足够。因为，首先，这种"公共理
性"概念足以支撑"公共阐释"所期待的"好的公共关系"，足以破
除"强制阐释"的主观性和碎片化状态。其次，阐释者身处的公共
领域或公开场合，在多数情况下，也都是同一共同体内部的场域。再
次，那些需要阐释者加以阐释的文本、事件或行动，在多数情况下，
面对的"他者"也都是同一共同体的成员；也就是说，阐释者所希

---

　　① ［美］约翰·罗尔斯：《政治自由主义》，万俊人译，译林出版社2000年版，第
38—39页。

　　② ［美］约翰·罗尔斯：《政治自由主义》，万俊人译，译林出版社2000年版，第
261、267页。

　　③ ［美］约翰·罗尔斯：《公共理性理念新探》，谭安奎译，载《罗尔斯论文全集》
下册，吉林出版集团有限责任公司2013年版，第648页。

冀的那种来自他人的理解、认可和接受，在多数情况下，仍是同一共同体内部的共识。而这也恰好说明，为什么"跨政治共同体"的阐释要想成为成功的公共阐释，往往需要付出更多的精力和气力（也不见得有把握）。在此意义上，"公共阐释"及其相关论述应当将理论抱负更多地定位在同一共同体的界限上；至少，应当由此出发，待夯实基础以后再逐步拓展。毕竟，基于同一公共文化的理性存在者，更有可能就"何为合理的理由"达成一致，更有可能就"何为合理接受/至少无法合理拒绝的立场"达成一致，因此，更有可能就阐释的内容取得共识并彼此接纳，从而使阐释更有可能成为公共阐释。

三　公共理性与公共时间

"公共理性"的出场（无论是以康德的方式，还是以罗尔斯的方式），确实为"公共阐释"的成立提供了一种来自阐释者的内部支撑。如果这种支撑是有力的，那么，接下来的问题便是：阐释者的理性究竟如何被运用才堪称"公共运用"，从而成为"公共理性"呢？对这个问题，绝不是简单的一句"以面向全体听众的学者方式来运用理性""以每个人或每个公民必定合理接受/至少无法合理拒绝的方式来运用理性"或"根据我们可以合理期待其他人或其他公民可以合理接受的理由来运用理性"就能够打发的。因为，更令人困惑的问题恰恰是：我们要怎样做，才真的可以按照如此这般的方式运用自己的理性？

康德的回答（理性对于施行普遍化的内在诉求、个体敢于施行公共运用的勇气，以及容许这种运用方式的开明君主政体）和罗尔斯的回答（良序社会的自由平等公民基于正义的直觉、有能力施行反思平衡的方法，以及公民仅围绕社会基本结构和根本制度问题进行这种公共运用）虽然谈不上错，但是，如果仅仅停留于康德或罗尔斯所提出的原则表面，仍会流于简单。换言之，进入阐释活动之中的阐释者们如果只是按照康德或罗尔斯的字面表达来理解"公共理性"或"理性的公共运用"，那么，他们就会过于信任行为者（包括他们自己）在实际中运用理性的能力和倾向，或者说，他们会因为预设了某些限定条件而为公共理性在相关行为者（包括他们自己）身上的出现营造了一种虽然极为顺畅、但却有失真实的理想情境。这里的症结，不一定在于阐释者对公共理性的内涵和特征把握得不够，而在于他们可能对具有如此内涵和特征的公共理性的呈现方式过于乐观。如果阐释者向往甚至迷恋"一发即中""一拍即合"，认为只要掌握了康德或罗尔斯提供的原则或方法，就能在"一念之间"使自身的理性得以"跃升"，从非公共理性"转变为"公共理性，这只会带来更大的失望甚至失败。

原因在于，即便阐释者按照康德或罗尔斯的教诲对理性进行公共运用，但是，如果同处阐释活动之中的他者并未理解、认可或接受，那么，这位阐释者也就无法证明自己对理性进行了公共运用，他所施行的阐释也就无法证明自己构成了公共阐释。这说明，"公共理性"以及"公共阐释"不仅是一个阐释者如何运用的问题，更是一个他者如何认定的问题。毋宁说，后者的认定，实际上构成了公共理性的必要条件。当然，阐释者也完全可以不用在乎他者的理解、认可或接受，认为无需他者（而只需要自己）就足以证明自己对理性的运用就是公共运用，从而声称自己的阐释就是公共阐释。但是，如此看法本身已经背离了"公共理性"的"公共性"要求；相应地，这种人也只能是独断论者而已。为了避免这一点，也就是说，为了让阐释真正成为公共的，除了需要阐释者自觉地以公共的方式运用理性之外，还依赖于阐释者和他者进入一个共同的"时间"通道。

毫无疑问，公共阐释的完成必须在时间中进行。如前所述，公共阐释被认为是一种其阐释结果可带来广泛共识、具有相对确定的意义且为理解共同体所认可和接受的阐释活动。然而，共识的达成、他者的认可却不是在瞬间完成的。真实的阐释及其接受过程是：阐释者在时间1施行阐释之后，需要他者在时间2加以接受。甚至，更常见的情况是：阐释者在时间1阐释之后，需要他者在时间2接受；如果不成功，还需要阐释者在时间3的再次阐释，以期待他者在时间4接受。这说明，从阐释到公共阐释，往往不是一发即中、一招制敌、一拍即合的，而是在时间中逐渐建立的。作为一种规范的阐释活动的结果，公共阐释的建立和完成必然需要经历一个过程。对于这一点，张江教授显然也有所察觉。他说："阐释的起源或阐释的起点是个人的，把个人的理解表达给别人听，在交流沟通过程中得到更多人的承认，个人的理解慢慢地上升为公共理解和公共阐释。也就是说，任何公共理解、公共阐释都是从个人理解和个人阐释逐步生成的。"况且，"经由公共理性所得出的公共阐释的结果，未必就是真理。随着历史、文化及人类认识的不断进步，阐释的标准、阐释的结果或形成的共识是不断变化、不断进步的，它们不可能固定在一个时代或一个历史阶段，变成一种声音，永远地传递下去。当然，那些不可被证伪或未被证伪的公共阐释的结果，可以进入人类知识系统，传及后人。但是，这种知识总是伴随着历史的进步而不断得到修正的。所以，个人阐释提升为公共阐释的过程，公共阐释生成和发展的过程，就是一个为争取承认而斗争的过程"。① 从这个意义上讲，公共阐释的形成和确立必以"时间"为条件；脱离"时间"维度的公共阐释，就跟脱离"时间"维度的其他人类活动或存在形式一样，都是不可能被理解的。②

公共阐释之所以要在时间的通道中形成和确立，是因为用于造就它的公共理性本身就承认甚至倡导理性运用的历时性。罗尔斯说，公共理性"这一理想也表达了一种倾听他人必须说出的声音、并准备接受他人合乎理性的友好意见或修正我们自己观点的愿望。公共理性进一步要求我们平衡那些我的平衡"③。在这里，无论是"倾听""接受""修正"抑或"平衡"，都是需要引入时间维度，才能够得以解释和展开的活动。尤其是后两者，更是充分蕴涵着历时性的诉求。不仅如此，当罗尔斯特别声称"公共理性"概念主要是与自由主义政治安排配套时，他又再次强调了后者的两个基础性理念："即作为自由而平等的人的公民理念、作为历时性公平合作体系的社会理念。"④ 这说明，罗尔斯已然承认，公共理性以一种历时性的方式去建构社会公平合作体系，

① 张江、哈贝马斯：《关于公共阐释的对话》，《学术月刊》2018 年第 5 期。

② ［德］海德格尔：《存在与时间》，陈嘉映等译，生活·读书·新知三联书店 2014 年版，第 1 页。

③ ［美］约翰·罗尔斯：《政治自由主义》，万俊人译，译林出版社 2000 年版，第 268 页。

④ ［美］约翰·罗尔斯：《公共理性理念新探》，谭安奎译，载《罗尔斯论文全集》下册，吉林出版集团有限责任公司 2013 年版，第 648 页。

这种过程乃是必要和必然的。换言之，"理性的公共运用"需要在具有时间性的政治生活中展开并施加于基本政治制度之上，这一点对罗尔斯来说并不陌生。更何况，公共理性本身也是在时间中被建构和被改进的。因为，究竟什么是合乎理性的判断？究竟哪些东西才是每个理性存在者必定合理接受而且无法合理拒绝的？究竟哪些价值或理由是自由平等的公民可以合理期待其他自由平等的公民合理接受的？关于这些问题的答案，显然也是在时间中不断递进或改变的。

公共理性得以展开和运用的这种时间背景，不能仅仅被理解为"非静止的历时性"。因为，如前所述，公共理性及其所支持的公共阐释活动，作为人类的特定能力和行为，是以建构"好的公共关系"这一伦理目的为宗旨的。因此，公共理性在其中得以展开的时间，就必须以满足这一目的为尺度；它既不能是个体自以为是的私人时间或主观时间，也不能是与人类完全无关的先验时间或客观时间，否则，时间的维度将变得毫无意义。就此而言，公共理性的运用以及公共阐释的成立，不仅需要时间，而且需要公共时间。

人们通常以为，时间必定是公共的，每个人都在经验的共同生活中面对着同一套时间。所以，我们可以发明计时装置来精准地测量它，可以为每个人提供一种公共的时间刻度。然而，时间不一定是公共的，私人性的"主观时间"也存在。对这一点，我们既可以通过个人读秒与时钟走秒之间常常出现的不一致而有所意识，也可以通过"原来时间过得好快/慢"这样的感慨而有所觉察。这些都说明，在每个人的主观世界里，其实有着自己的计时装置和时间意识。胡塞尔甚至认为，只有纯粹内在的时间意识，才是可以通过本质直观而直接把握的真实东西："这不是经验世界的时间，而是意识进程的内在时间。"[①] 试想，如果人类个体彼此无需交往、无需构造公共关系也可以存活甚至活得不错，那么，私人性的主观时间也许就足够了。可现在的关键问题是，人类并不按照这种孤独的方式来生活，相反，我们在自然本性上就是群居生物，我们在伦理本质上就必须以一种共同交往并且期待良好的共同交往的方式生存于世。因此，私人性的主观时

---

① ［德］胡塞尔：《内在时间意识现象学》，倪梁康译，商务印书馆2009年版，第35页。

间会因为缺乏确定性、统一性，严重影响人类的交往效率和生存效果，从而在伦理实践上变得没有意义。因此，人们始终希望能够发现某种确定的、统一的"客观时间"，以规避各说各话的"主观时间"的消极后果。康德所说的作为先验感性直观范畴的"时间"，① 柏格森所说的作为纯粹的质的永恒流动的"纯绵延"，② 以及海德格尔所说的作为"日常时间经验的可能性与必然性的条件"的"源始时间"，③ 也许都可以被视作这方面的尝试和努力。

然而，纯粹的"客观时间"在伦理实践上同样也是无意义的，至少是意义不充分的。因为，它处于先验的本体论层面，完全可以与人类的实践经验或伦理生活无关，或至多作为一种先验的背景设定存在。但是，对包括阐释在内的人类实践活动而言，我们所处理的"时间"却需要是经验层面的，也只需要是经验层面的。在这个意义上，与其说是先有一个与人无关的、客观的时间刻度然后把人类的各种行动或事件逐一摆进去，不如说，恰好相反——时间是被人类按照某种与人类世界相关的经验事件刻画出来的。比如，关于"年"的概念，本就是人类通过共同经历四季的周期变化而逐渐形成的，后来随着天文学的发展，这个时间概念则通过对人类共同生活于其上的地球公转加以测定而得到进一步的解释与确认。又比如，关于"秒"的概念，即便是现代物理学的精确定义，也不过是将之描述为"平均太阳年（公元 1900 年）的 31556925.9747 分之一所持续的时间"或"铯—133 原子基态的两个超精细结构能级之间跃迁相对应辐射周期的 9192631770 倍所持续的时间"。显然，这些用于定义的因素依然是人类共同经验的一部分。更不必说，我们对于时间长短的判断——比如，"一万年太久"或"一秒钟太短"——实质上受制于我们人类这种生物的一般存活年龄。假如我们并非存活几十年，而是几十万年（或几十秒钟），那么，我们也许就不会认为一万年是个很长的时段

---

① ［德］康德：《纯粹理性批判》，邓晓芒译，人民出版社 2004 年版，第 37—38 页。

② ［法］柏格森：《时间与自由意志》，吴士栋译，商务印书馆 1958 年版，第 70—71 页。

③ ［德］海德格尔：《存在与时间》，陈嘉映等译，生活·读书·新知三联书店 2014 年版，第 379 页。

（或者不会认为一秒钟是很短的时间）了。

　　因此，人类的时间，本质上是与人类的伦理存在和实践活动相关的时间，是"公共时间"。它既不同于完全个性化的"主观时间"，也不同于完全与人类无关的"客观时间"。前者意味着，时间始终受制于人类社会的共同经历和统一计量；后者意味着，时间始终构成人类社会的一部分而不是它的外在的独立背景。正因为时间具有不可脱离人类经验的"公共性"，因而，在时间中展开的那些具体的源于人类经验的文本、行动或事件，才需要被当做一种内在蕴涵着公共性的对象来对待。就此而言，一个人的理性只有对公共时间有所理解和把握，对事件因为受制于人类存在方式和实践方式等因素的影响而在公共场域中现实地展开的历时性过程有所理解与把握，才有可能谈得上是理性的公共运用。因为，只有在这种条件下，其他同样有理性的人才有可能合理接受而且无法合理拒绝它。所以，公共时间构成了公共理性之所以成立的一个必要环节，从而影响着包括公共阐释在内的各种亟待使用公共理性的人类活动的状况。

第四编

阐释的有限与无限

抽离了社会历史范畴的 π 还有效吗[*]

——与张江教授对话

南　帆[**]

一

　　阐释的有限与无限构成了阐释学内部一个巨大的理论漩涡，各种
紊流错综交织。张江教授的《论阐释的有限与无限》勇敢地闯入，
对于种种积存已久的难题发出了挑战。从古希腊色诺芬、柏拉图对于
苏格拉底思想的不同传承到春秋战国孔孟与老庄不同的阐释路线追
求，张江教授充分意识到漫长的理论故事遗留多少疑难的节点。他力
图整理出一个清晰的航路图。这篇论文的严谨表述不仅显现出全神贯
注的思想姿态与特殊的理论密度，同时还表示了综合性概括的意
图——这篇论文并非单向论证，而是全面地考察了一批问题的复杂关
系。对于中国阐释学而言，这种考察意义非凡。

　　尽管施莱尔马赫、海德格尔与伽达默尔、德里达等哲学家完成了
一场思想革命，但是，所谓的"现代阐释"在解决了某些问题的同
时，也带来了另一些新的问题——后者甚至不会比前者少。如果说，
文学阐释领域的接受美学可以视为"现代阐释"的产物，那么，人
们很快就会顾虑到，接受美学的"读者"会不会拥有太大的权力？
当作家的尖锐探索超出了读者视野的时候，读者为中心的评判是否隐

---

　　[*]　本文原刊于《探索与争鸣》2020 年第 1 期。

　　[**]　作者单位：福建社会科学院。

藏了埋没杰作的危险？如果读者抛下曹雪芹的《红楼梦》而垂青金庸的《鹿鼎记》，文学史必须下调《红楼梦》的经典等级吗？19世纪到20世纪的文学研究逐渐从作者、作品转向读者——古往今来，如此三个因素始终并列存在，为什么读者在这个时期成为主角？由于现代阐释打开了一个前所未有的视角，许多问题的解释不知不觉地依赖机智的新颖想象而缺乏深思熟虑的气质，例如阐释的限度。接受美学破除了文本阐释的独断，但是，破除了独断之后是否再也没有限度？"一千个读者有一千个哈姆雷特"是许多人熟悉的名言，然而，没有多少人愿意如同张江教授那样持续追问："一万个读者，会不会是一万个哈姆雷特，一百万个读者，会不会是一百万个哈姆雷特"？[①]

尽管如此，《论阐释的有限与无限》的意图不是聚焦某一个问题的精耕细作。张江教授似乎力图搭建某种相对宏观的理论模型：无论是重大问题的阐述还是边缘问题的消化，这种理论模型配置了一个统一的考察视野，并形成了相互联系的应答。

评价这种理论模型之前，有必要简要地复述架构与组织理论模型的一批概念及其意义——这些概念显现了有限的阐释与无限的阐释隐含的不同理论方位：（1）"文本开放"意味着允许各种阐释，但文本并非拥有无限的意义；（2）"阐释开放"意味着阐释者拥有自由理解文本的权利；（3）阐释不存在边界；（4）有效的阐释存在边界；（5）"蕴含"指文本包含和显现的本来意义；（6）"可能蕴含"指不为作者所知、可能为阐释显现的意义；（7）"蕴含可能"指阐释者对于文本自在意义的发挥；（8）"诠"主要指文本原意的阐释，为学术共同体普遍认可；（9）"阐"主要指衍生义理，重在阐发。根据这些概念构成的理论模型，《论阐释的有限与无限》论证了两种不同的阐释指向。作为阐释对象，、《前赤壁赋》文本的固定不变是一个基本前提。无论是李白的《梦游天姥吟留别》苏轼的《后赤壁赋》，还是曹雪芹的《红楼梦》、鲁迅的《阿Q正传》，交付阐释的文本具有固定的字数和段落排列方式。许多经典作品可能存在多种版本，但是，外部形式的差异并未带来意义表述的差异。因此，出现

---

① 张江：《论阐释的有限与无限》，《探索与争鸣》2019年第10期。

多种阐释的原因源于阐释主体，而不是文本。《论阐释的有限与无限》首先从理论上肯定了这种可能：阐释的无限。阐释对象锁定之后，张江教授列举了种种可能出现的状况：不同的时间与空间可能使同一阐释主体对于文本产生相异的理解；不同的阐释主体也可能对于文本产生相异的理解；时间与空间的无限、阐释主体的无限以及各种状况的叠加重合必然形成阐释的无限。

然而，阐释的无限仅仅是一种抽象的理论可能。事实上，在既定的历史区域，阐释实践始终遭受种种条件的约束。首先，阐释的文本独一无二，这规定了一个文本必定存在异于其他文本的内容。逻辑的意义上，相异之处即是边界——甲文本的阐释不可能与乙文本的阐释完全相同。其次，阐释主体置身于特定的历史环境，必须接受当时语境结构以及公共理性的考核。其三，只有获得公共理性的认可才能成为有效阐释，另一些散漫、零碎的阐释只能停留于"聊备一说"的边缘状态，甚至贬为可笑的无稽之谈。

这种理论模型的积极之处在于，以上众多特征并非描述为固化的结构，而是具有历史与辩证的意义。"一些当下不被承认的边缘化的阐释，可能跃迁于中心，而成为新的更有普遍意义的公共阐释。"①

闭合与敞开，有限与无限，当下与历史，主流与边缘，张江教授描述的理论模型从各个方面协调文本与阐释之间的多种张力，从而构想一幅既稳定同时又富于弹性的理论图像。

二

构想这一幅理论图像的时候，张江教授保持了理性主义的稳重。尽管阐释的无限占据了充分的理论空间，但是，他显然倾向于站在"阐释的有限"这一边。所谓的"现代阐释"带有冲击传统观念的强烈效应，以至于"阐释的无限"时常以激进的革命姿态先声夺人。然而，现代阐释的意义毋宁是打开了关闭的闸门，而不是提供一个无可争议的阐释制高点。后续追问是，无限的阐释即是理想状态吗？事

① 张江：《论阐释的有限与无限》，《探索与争鸣》2019 年第 10 期。

实上，一道题目有无数个解相当于无解。无限的阐释犹如没有阐释——任何一种阐释均可替代另一种阐释。因此，张江教授的论文转向了另一种意图：破除文本阐释的独断仅仅是一个开始。更为重要的是，如何从蜂拥而至的众多阐释之中圈定某些有效的阐释。何谓"有效的阐释"？张江教授列举了若干必要的条件，从固定的文本、公共理性到文化传统和历史语境。《论阐释的有限与无限》引入了一个论证的特殊策略：数学。张江教授以圆周率 π 和正态分布分别形容文本阐释无限延伸的范围和众多阐释的概率分布。方法论的意义上，试图以数学的精确澄清、分析和覆盖人文学科的某些模糊领域。这再度显示出张江教授对于理性主义的敬意。

显然，理性主义的稳重必将在日常生活领域获得大范围的支持。通常意义上，一种符号体系的设立即是制造沟通与交流的不同形式。从语言、绘画、音乐、电影、建筑到旗语、密码、手势、表情、交通信号以及种种象征性仪式，各种符号体系共同组成严密的社会交流网络。很大程度上，这些符号体系乃是联结和指挥社会躯体的文化神经。符号体系的失灵可能导致社会的大面积瘫痪。某些时候，符号发出的信息可能遭遇种种障碍，以至于无法获得接收者的正确领会。这时，阐释的弥补功能至为重要。阐释的首要意图是修复符号的接收与破译机制，保持信息的流通，重新将社会成员组织为文化共同体。这个意义上，阐释与理解构成了基本生存的组成部分。所以，阐释的意图不是提供莫衷一是的解读制造混乱，而是谋求符号、文本、信息与读者的接收、理解之间的光滑衔接。所以，张江教授认为，"确定性"是阐释学的首要目标："独立主体的阐释目的是确定的。阐明主体自身对文本的确定性理解，并企图将此个别理解固化为可以被历史所承认的提法、观点、结论，进而上升为经得起历史检验的普遍知识并嵌入人类知识体系，这是阐释的基本追求。"笔者很愿意认可这种结论。而且，那些促成现代阐释的众多思想家也没有理由贸然反对。如果海德格尔下午两点半举办哲学讲座的海报出现了一千种解读方案，这种状况肯定令人恼火；如果德里达手中的欧元被阐释为一张病历证书，他的生活必将遭遇重大的困扰。总之，文化的传播与传承是以符号、文本与阐释的彼此合作为前提。

当然，维护这种结论的时候，笔者与张江教授的聚焦略有差异。张江教授始终如一地关注作者在阐释之中的主导功能。他曾经反复地为作者意图对于文本的特殊意义进行辩护。《论阐释的有限与无限》之中，他再度清晰地重申这个观点：

> 文本具有自在意义，这个意义由文本制造者赋予。无论他表达的是否清晰与准确，我们目及任何文本，包括阐释者的阐释文本，皆为有企图和意义的文本……说作者死了，文本与作者无关，意图无法找到或找到也无意义，可以是一种趣味，但这绝不意味着它没有。①

除了少量超现实主义写作之外，否认作者意图的存在不啻于强词夺理。宣称"作者已死"的主要涵义是，否认作者意图对于文本阐释的限制：当文本阐释逾越了作者意图的时候，作者没有理由依赖文本之父的身份给予否决。当然，作者权利的捍卫始终是一种强大的势力。这不仅证明社会对于作者的尊重，更为重要的是阐释学存在的一个隐忧：抛开作者意图的限制，阐释主体——亦即读者——是否可能进入为所欲为的状态？张江教授的《论阐释的有限与无限》表示："阐释者对文本的任意理解以至误读，皆为阐释主体的权利。"②

然而，在笔者看来，阐释主体远非如此自由。"新批评"的"意图谬误"，尤其是罗兰·巴特的"作者已死"无不强调，语言的内在结构——巴特指的是"文本间性"——遏制了作者表述的独特性。结构主义的一个基本观念是，主体来自语言的建构。作者所谓独一无二的经验或者想象仅仅是一个幻觉，这些经验或者想象更像是语言借助作者之手显露自身。与多数人的观念相反，语言并非作者得心应手的工具，作者充当了语言结构自我展示的平台。与其阐释作者的意图，不如阐释语言的结构——包括交错的"文本间性"。不论这种观念拥有多少合理的成分，阐释主体并未获得为所欲为的许诺：阐释主体毋

---

① 张江：《论阐释的有限与无限》，《探索与争鸣》2019 年第 10 期。
② 张江：《论阐释的有限与无限》，《探索与争鸣》2019 年第 10 期。

宁是以语言结构的限制换取作者意图的限制。

　　尽管阐释主体拥有无限阐释的权利，但是，正如人们所看到的那样，多数读者对于一个文本的评判仍然彼此相近。信马由缰乃至南辕北辙的混乱场面十分罕见。可以想象，貌似自由的读者实际上身陷重围。语言建构制造的前提之外，民族文化、地域传统、意识形态、审美观念以及教育程度、开放或者保守等各种因素无不介入文本的阐释，共同参与阐释结论的修订。事实上，张江教授的《公共阐释论纲》曾经从人类的共在、集体经验、语言的公共性、确定语境几个方面描述了阐释主体无法摆脱的束缚。[①] 无限阐释的权利仅仅相对于无限历史，这个事实似乎是一个定心丸——即使阐释的结论与作者意图相左，阐释主体并未获得为所欲为的授权；读者的历史身份决定了他们有限的活动范围。

　　即使聚焦读者，笔者并未产生与张江教授相异的结论。然而，需要指出的是，笔者对于这个结论的稳固程度不如张江教授那么乐观。《论阐释的有限与无限》论证的特殊策略并未增添笔者的信心——数学语言的说服力不如想象的那么大。

三

　　《论阐释的有限与无限》引用圆周率 π 和正态分布分别形容阐释之中的"诠"与"阐"。"在诠释之诠的意义上，我们认为，所谓诠的展开和实现，如同于 π。"[②] 引入数学语言的目的是追求一种精确的、逻辑的理性主义再现，可是，这个设想并未成功。如果说，著名的"黄金分割点"的 0.618 是对于造型美学的一个正面数学描述，那么，如同"如同"这个词显示的那样，π 仅仅是一个不那么精确的隐喻。隐喻的意义上，"诠"对于文本意义无限追索的区间是在 3.1415 与 3.1416 之间还是在 3.1415 与 5.1416 之间无关紧要，只要表明某一个区域之内的"诠"不可穷尽即可。当然，指出圆周率 π 仅仅是

———————————

①　张江：《公共阐释论纲》，《学术研究》2016 年第 6 期。
②　张江：《论阐释的有限与无限》，《探索与争鸣》2019 年第 10 期。

一种隐喻并非本文的主旨；这里更想说明的是，"诠"不是笛卡儿所推崇的理性主义语言，对于数学语言的精确与前后一致敬而远之。

为了更为充分地展开论述，必须首先区分"真理"与"共识"。"真理"具有明显的客观性质，不依人类的意志为转移。即使联合国决议阻止一次地震的发生或者增加珠穆朗玛峰的高度，"真理"所显示的结论不为所动。尽管人类的视觉结构以及科学仪器的水平可能影响实际观测的结果，尽管"波粒二象性"这种现象可能挑战人类的认识逻辑，但是，通常的意义上，"真理"的客观性质拒绝各种人类意志的干扰，"真理"的描述成为自然科学的基本任务。作为自然科学的组成部分，数学语言——譬如数学公式——是表述这些"真理"结论的特殊符号，例如几何图形之中的勾股定理，或者物理学之中的重力加速度。圆周率 π 虽然是一个无理数，但是，圆的周长与直径之比不可能任意伸缩——圆周率仍然属于"真理"范畴。

相当一部分"共识"与"真理"的认知相互重叠，认知"真理"的一致结论即为"共识"。然而，另一些"共识"无法纳入"真理"范畴。"足球是最伟大的体育运动""乌鸦代表了不祥""再也没有比小提琴演奏更好听的音乐了""不孝有三，无后为大"这些观念与其说是"真理"，不如说是"共识"。社会科学的大量内容实质上属于"共识"，例如语言、法律、社会制度。许多时候，"共识"的内容不是准确地描述客观自然，而是获得各种社会共同体的支持。因此，"共识"不依个人意志为转移，但是"共识"可能因为各种社会共同体的意志而改变。没有哪一个人可以任意修改汉字"水"的字典涵义，或者调动"A"在 26 个英文字母之中的位置，然而，当使用汉语或者英语的语言共同体做出一致决定的时候，这种情况即可发生。法律条款的修改即是众所周知的例子。哪些行为称之为"罪行"、各种"罪行"的量刑标准以及是否保留死刑等无不取决于特定社会共同体的意志。"真理"不存在前后不一的矛盾状况，500 年前加减乘除的答案无异于现今；相形之下，现今的法律体系已经与 500 年前迥然不同。人们无法以"今是而昨非"或者"昨是而今非"的标准衡量古今的差异，每一种法律体系分别针对当时的历史环境与社会治理理念。文化传统的延续很大程度地左右"共识"的承传，但是，每一个历史时期社会共同体的意志对于"共识"的形成、延续、修正、更改具有决定性的作用。

"真理"与"共识"的区分并未附带褒贬的评价，许多"真理"与"共识"以相同的方式维持和巩固社会文化的稳定。当"真理"与"共识"二位一体的时候，"共识"背后的社会共同体往往泛指人类。尽管如此，二者发生革命性裂变的原因和时期远非一致。自然科学的演变与社会科学的演变构成了两条错落起伏的历史曲线，社会共同体的意志主导第二条历史曲线的轨迹。

根据上述区分，"诠"显然属于"共识"。结构主义语言学曾经以特殊的术语表述了符号的基本构成：能指与所指之间的关系并非必然，而是来自约定俗成。这个事实的扩大意味着，文本的意义阐释是更大范围的"约定俗成"——社会共同体的认可。摆脱任何社会共同体的接受与理解，文本的固有意义是否如同一个尚未开采的煤矿始终存在，这是一个令人怀疑的命题。无论是多种叠加的阐释制造的博弈，还是众多社会条件对于阐释主体的约束，"诠"的"共识"性质并未改变。换言之，不存在某种不依人类的意志为转移的客观构造作为"诠"不得不遵循的刚性指标。

现在，笔者必须对张江教授信赖的"公共理性"稍做推敲。在笔者看来，约束阐释主体的意义上，"公共理性"这个概念的重点是"公共"，而非"理性"。某些时候，公共关系的基础并非理性。由于舆论的裹挟、穿凿附会、崇拜学术权威、惧怕权势等各种因素的作用，一些违逆理性的阐释观点可能流行一时。从古代的"指鹿为马"到精神分析学无所不在的"阳具象征"，人们可以见到许多案例。无论是宗教领域还是学术研究，少数个人或者个别机构对于公众具有特殊的威望。他们的某些观点未经理性核准即已征服社会共同体，从而以"公共"的名义划定阐释的有效边界。

相对于"真理"范畴，"公共理性"对于"共识"的约束远为脆弱。"真理"范畴之内，理性的误判往往遭受立竿见影的惩罚——例如，一个微小的计算错误即可导致火箭发射的失败。然而，"共识"范畴"公共"与"理性"的配合方式远为复杂。如果"理性"意义上的偏差由遥远的未来承担，"公共"包含的安全感和利益可能构成巨大的诱惑——人们可能因为现世的个人境遇而放弃理性判断。理性的后撤可能严重地削弱"公共"的稳定与深刻，从而为见仁见智的多元阐释提供更多的露面机会。

采用正态分布描述各种阐释观点获得接受的概率显然是一种创举。许多时候，数学语言可能默默地传递各种结论隐含的惊人之处。所有的人都知道一张 A4 纸可以对折，但是，数学语言告知的是，由于宽度与高度之比，对折最多无法超过 7 次。如果进一步设想一张无限大的纸张允许持续对折，那么，计算将会证明，30 次对折之后，纸张的厚度已经超过珠穆朗玛峰的高度，100 次对折之后，纸张的厚度超过了地球与月亮的距离。这时，数学语言突然展现出模糊的想象不可能具备的强悍说服力。正态分布引入的概率降低了人们对于见仁见智的多元阐释产生的担忧。《西游记》隐喻的是几条蚯蚓遨游太空的感受——人们无法阻止阐释主体这种偏执的奇思怪想。正态分布给予的安慰是，这种奇思怪想可能被采纳的概率几乎可以忽略不计。

很大程度上，正态分布肯定的概率默认了公共理性的前提。然而，数学语言的抽象性滤掉了社会历史范畴——数学语言擅长的是表述各种超历史的现象。因此，概率无法说明，为什么另一些偏执的文本阐释可能在特定的时间与空间突如其来地成为正统，并且形成特殊的效应，例如清朝的某些"文字狱"。清朝翰林院学士徐骏有"清风不识字，何必乱翻书"之句，雍正皇帝认为徐骏有意诽谤大清王朝，依法斩立决。如果没有意识到满汉文化的冲突背景以及清朝对于汉族士大夫的长期忌惮，概率对于解释这种特例的前因后果无能为力。

阐释的有限与无限构成一个巨大的理论漩涡，剧烈地冲击来自见仁见智的多元阐释。在笔者看来，必须穿过数学语言的帷幕持续地追溯至社会历史范畴：何种历史土壤促成了现代阐释的急速发育？

四

事实上，阐释范畴一些激进的理论主张并未完整地转换为实践，例如"作者已死"。文学批评领域，大多数批评家从未放弃对于作者的关注。他们的文学批评始终将作者与文本之间的互动视为前提。即使在罗兰·巴特的文学批评论文之中，作者的身影仍然十分活跃。相对于日常生活领域，施莱尔马赫、海德格尔与伽达默尔等人制造的阐释史转折仅仅是一个学术故事，这种学术故事并未干扰人们遵守公共交通规则，或者津津有味地享用晚餐。德里达解构主义的能指嬉戏几乎是文化真空的某种语言学实验。解构主义认为，能指与所指始终无法合二而一，一个词的终极所指永远处于延宕的中途。这个意义上，种种形而上学的论断迟迟无法锁定确切的意义。然而，日常语境之中，绝大多数语言交流顺利完成，社会的交流系统并未由于意义的持续解构而崩溃。

然而，一个令人瞩目的迹象是，某种强大的势力不断地试图扩大文化真空的实验，诱导相似的文化动向进入中心地带。笔者在另一个场所曾经指出，解构是 20 世纪一个明显的理论冲动，各种解构的尝试超过了建构。① 形而上学体系以及启蒙主义以来的理性遭到来自各个方面的挑战，理论广泛地开拓、调动和收集构成挑战的诸多文化资源。从意识流、解构主义哲学到现代阐释学，不同文化根系的叛逆能量开始相互交汇。如果说，理性主义成为各个学派不约而同的打击目标，那么，现代阐释的表现则是阐释的狂欢。作者的意图被抛开了，文本的本义被抛开了，完整的交流模式被抛开了。无论是恋母情结制造的阐释代码，还是女权主义或者后殖民主义眼花缭乱的解读、误读、曲解、夸张的想象或者犀利、深邃然而牵强生硬的阐释更多地成为时髦。《文心雕龙》曰："知音其难哉！音实难知，知实难逢，逢其知音，千载其一乎！"时至如今，"高山流水"式的阐释理想被贬为死气沉沉的文化保守主义。理论舞台上诸多学派门户森严，一套又一套面目迥异的概念术语接踵而来，然而，人们仿佛可以从挑战式的理论锋芒背后察觉某种非理性的冲动正在隐蔽地制造反抗的快感。

对于同一个文本持续地生产五花八门的阐释，阐释主体的动力从何而来？历史土壤源源不断地制造了后续的情节。许多人认为，他们正在从事一场文化的革命。如同意识流或者解构主义哲学，阐释的狂欢是瓦解资本主义文化秩序的革命行动。资本主义文化的整体性、统

---

① 南帆：《文学批评：开放的解读及其边界》，《东南学术》2019 年第 5 期。

一性和面面俱到的叙述正在合成一个总体，一个强大压抑体系构造的"同一性"封锁了所有反抗的冲动。很大程度上，诸如"意识形态的终结"或者"历史的终结"这些观点共同将稳固的资本主义文化秩序作为展开的基础。西方左翼理论家乃至不甘平庸的人文知识分子必须保持激进的批判姿态，阻挠乃至破坏那些面面俱到的叙述，提供各种合情合理的幻象。作为象征性的文化想象，他们甚至将统一的文本视为"同一性"的共谋。例如，弗·詹姆逊就曾经认为，叙事文本的统一观念映射出资产阶级意识形态封闭的保守性。[①] 阐释的狂欢能否承担凿穿这种封闭与保守的使命？

源远流长的阐释学拥有独特的学科逻辑，从古希腊的阐释技艺、宗教经典的阐释到现代阐释的崛起，从作者的原义、文本的原义到读者领悟之义，这个学科内部的理论思辨不断完善，许多问题辨析愈来愈精细。然而，这个学科置身的历史环境愈来愈保守，文化反抗的火焰日益微弱。这个意义上，阐释的开放乃至无序开始被赋予另一重涵义：种种异乎寻常的阐释能否解放出另一个摆脱固有文化轨迹的、生气勃勃的灵魂？历史上的确屡屡出现这种文化事件：宗教经典、文学经典或者历史资料的重新阐释带动了惊世骇俗的思想突破。这种气氛之中，阐释的原则无形地产生了某种偏移：权衡激进与严谨、大胆与精确或者想象与科学的时候，阐释主体不知不觉地倾向于前者。

阐释的狂欢仅仅是一种文化批判。无论是法兰克福学派、后现代、"文化研究"还是嬉皮士或者性解放，文化批判已经登台表演多次。文化批判当然产生了效果，但效果始终与预期相距甚远。来自阐释学的动荡可能扰乱了传统的经典体系，然而，学院、学术刊物、科研基金以及教授云集的学术会议很快吸收了思想骚动。更大的范围，一切仍然按部就班。阶级的起义、武装斗争、夺取政权，这是另一些遥远的故事。阐释的狂欢波及的领域有限，学术事件只能是学术事件。当然，这往往也是西方左翼理论家的苦恼：对于资本主义文化秩序，文化批判不过杯水微澜，几乎没有真正改变什么。他们的安慰

---

① 詹明信：《文本的意识形态》，《晚期资本主义的文化逻辑》，严锋译，生活·读书·新知三联书店 1997 年版，第 66—67 页。

是，杯水微澜总比寂静无声好一些。

不言而喻，这些背景资料贮存于西方文化之中，与中国阐释学的境遇格格不入。正如《论阐释的有限与无限》显明的那样，中国阐释学正在达成若干"共识"：垄断式的文本阐释已经撤走，阐释主体可能对于同一文本提出不同的理解。这个理论的交叉路口隐含了不同的延伸方向。不同的阐释意味的是无限吗？如果无限阐释的终点只能是传播与交流的彻底崩溃，那么，阐释限度的设定是远为复杂的工程。公共、理性、有效边界，这些概念始终必须根据历史语境提取真实的涵义。阐释主体不断地提供突破这些概念的动力；许多时候，突破意味的是另一种历史语境的寄托与发声。如何积极地掌控几个方面的辩证与循环，这是中国阐释学必须持续面对的问题。

阐释的无限及限界：
以中国经学阐释学为例[*]

刘成纪[**]

1990 年，英国剑桥大学"丹纳讲座"邀请意大利学者艾柯主讲阐释学问题，同时邀请美国哲学家理查德·罗蒂等参与讨论，成为当时欧美学界关注的重要学术事件。艾柯的讲题是"阐释与过度阐释"。其中的"过度阐释"，天然预示着有一种"适度阐释"以彰显其越界性。也就是说，阐释的过度或适度，最关键的在这个"度"，它标明了关于阐释学的两种截然对立的立场，即人对世界（或作为文本的世界）的解释活动，到底是趋于无限还是有一个限界。正是因此，在 1992 年这次讲座稿结集出版时，剑桥大学的柯里尼为该书写的导言名字就是"诠释：有限与无限"[①]。值得注意的是，对阐释学这一问题的关注，并不止于欧美。2019 年 10 月，《探索与争鸣》发表张江教授《论阐释的有限与无限》[②] 一文，在国内学术界激起反响。张江关于阐释有限与无限的思考，并不是对欧美学界相关论题的重复，而是全新的发挥。就两者的差异而论，虽然任何哲学思考均试图避免陷入地方性，以期形成对人类经验的整体描述，但这种描述又往往是从区域经验出发的。从艾柯等业已出版

* 基金项目：国家社科基金艺术学重大项目"传统礼乐文明与当代文化建设研究"（17ZD03）。本文原刊于《探索与争鸣》2020 年第 2 期。

** 作者单位：北京师范大学哲学学院。

① ［意］艾柯等：《阐释与过度阐释》，柯里尼编，王宇根译，生活·读书·新知三联书店 1997 年版，第 1 页。

② 张江：《论阐释的有限与无限》，《探索与争鸣》2019 年第 10 期。

的《阐释与过度阐释》看，其论域基本上是拘于欧美一隅自说自话，与此比较，张江也有隐在的东方或中国立场，但他通过近于数学化的逻辑辨析，将此文建构成了一个普遍性的阐释原理。尤其以"诠释 π"形成的"对诠释开放与收敛、无限与有限关系的象征性说明"①，对揭示阐释的限界与规律具有开拓意义。但是，一种理论，当它专注于阐释学原理的普遍性，又必然会相应抽离于人现实的阐释经验，逻辑与历史如何统一成为必须面对的重大问题。正如斯宾格勒所言："用来证明死形式的是数学法则，用来领悟活形式的是类比。"② 下面，我将以中国传统经学阐释学为例，为这项研究提供一个区域性经验的阐明，并在诸多相异性中重建一种与逻辑预设更相匹配的更丰沛的一体性。

中国经学阐释学的阐释无限

在西方，阐释学长期被视为一种"理解和解释的技艺学"③。如伽达默尔所言："诠释学首先代表了一种具有高度技巧的实践，它表示了一种可以说是'技艺'的词汇。这种艺术就是宣告、口译、阐明和解释的艺术。"④ 从西方阐释学史看，这种对于阐释的技术性或手段性定位从没有真正被削弱过。比如在中世纪《圣经》阐释传统中，教会垄断教义，所谓阐释就是复述《圣经》的原本意义。此后，在马丁·路德的新教改革中，认为《圣经》是"自身解释自身，我们既不需要传统以获得对《圣经》的正确理解，也不需要一种解释技术以适应古代文字的四重意义学说，《圣经》的原文本身就有一种明确、可以从自身得知的意义"⑤。这样，阐释就只能被限定在文字

① 张江:《论阐释的有限与无限》。
② 〔德〕奥斯瓦尔德·斯宾格勒:《西方的没落：世界历史的透示》，齐世荣等译，商务印书馆1991年版，第14页。
③ 〔德〕汉斯－格奥尔格·加达默尔:《真理与方法：哲学诠释学的基本特征》，洪汉鼎译，上海译文出版社1999年版，第225页。
④ 洪汉鼎主编:《理解与解释：阐释学经典文选》，东方出版社2001年版，第4页。
⑤ 〔德〕汉斯－格奥尔格·加达默尔:《真理与方法：哲学诠释学的基本特征》，洪汉鼎译，上海译文出版社1999年版，第226—227页。

学或修辞学层面，必须无条件服从《圣经》的真理性。19 世纪以后，阐释学逐渐成为哲学，但阐释作为手段或技艺的定位并没有动摇。比如今天我们一般将伽达默尔的阐释学称为哲学阐释学，但在这里，阐释依然被视为达至真理的手段，它的实践意义仍大于理论意义。也就是说，西方阐释学之所以将阐释定位为一种解释的技术，核心问题在于它赋予了解释对象实体性、唯一性、专指性和确定性。这个对象就是真理。所谓解释的有限和无限，则为作为解释对象的真理划定了一个相对保持弹性的场域。其中，解释的无限，是指阐释在多大程度上可以游离于真理之外；解释的有限，则是指真理的恒定性决定了相关阐释活动不可能是无界的，真理的边界构成了阐释的边界。

在中国传统阐释学中，也有这种真理信仰，但对真理的可认识、可理解或者可解释性，却长期保持了暧昧态度，如"道"这一和西方真理大致匹配的概念。老子讲："道可道，非常道。名可名，非常名。无名天地之始；有名万物之母。"① 这是讲道一定存在，但它超出了人的可识、可言或者可经验的范围。当然，如果它彻底超验，那对人而言也将毫无意义。正是因此，老子将"道"定位在了有与无、可知与不可尽知、可言与不可尽言之间，成为一种被"混沌""恍惚"指称的缺乏稳定性的概念。这种定位看似是一个逻辑的狡计，却揭示了人类知识命运的普遍状况，即说人对世界一无所知不可能，说人可以尽知、尽解世界同样不可能。在这种背景下，对人认识和解释道（或真理）的能力保持审慎就是重要的。如老子所讲："吾不知其名，强字之曰道，强为之名曰大。"② 这个"强"字，可以在怀疑论层面解释成勉强，甚至可以在独断论意义上解释为强制，但这种强制是建立在对人认识能力有限性的自觉基础上的，它无法避免人难以"道尽"道之真相的永恒缺失。而正是这种缺失使永无确解成为对道的正解，使无限阐释成为中国阐释学必须面临的命运。

老子关于阐释对象，即道的本体性思考，代表了中国早期哲学思维的最高水平，也为理解阐释学的中国道路提供了本源性的阐明。与

---

① 参见《道德经》第一章。
② 参见《道德经》第二十五章。

此比较，孔子则对这类本体性问题保持了更趋谨慎的态度，认为既然世界真相超出了人的认知界限，最明智的做法就是将其搁置，存而不论，转而专注人间事务，即"君子于其所不知，盖阙如也"。① "我欲载之空言，不如见之于行事之深切著明也"。② 也正如黑格尔所言："孔子只是一个实际的世间智者，在他那里思辨的哲学是一点也没有的"。③ 但是从史料看，孔子晚年思想有了很大变化，他对本体论问题产生兴趣。如其所言："加我数年，五十以学易，可以无大过矣。"④ 亦如司马迁所记："孔子晚而喜《易》，序《彖》《系》《象》《说卦》《文言》。读《易》，韦编三绝。"⑤ 孔子的这一转向对于建构儒家阐释学本体论具有决定意义，它使儒家从"一些善良的、老练的、道德的教训"⑥ 开始趋近于哲学，同时也开启了后世儒家为这一学说补形而上学的工作。孔子之后，这项工作主要沿着两个方向展开：一是为人的道德实践确立人性基础，即对内补心性；二是以意志性的天为人的行为建立法则，即对外补天道。前者被余英时称为内在超越，后者则不妨称为外在超越。这种双重超越，为在哲学层面谈论儒家阐释学提供了可能。

　　但是，正像老子对于道的定位充满暧昧一样，儒家早期建立在易学基础上的本体阐释也是晃动的。按《论语·阳货》所述："子曰：'予欲无言！'子贡曰：'子如不言，则小子何述焉？'子曰：'天何言哉！四时行焉，百物生焉；天何言哉？'"在此，"天"作为一个有类于西方实体之真的概念，似乎为阐释确立了一个实指对象，但孔子的"无言"态度，预示着它超出了人的认知范围，对它无所阐释、保持赞叹或静默也许是最好的选择。与此相应，按照先秦儒家设定的上古圣王谱系，伏羲氏在中国文明的发端期象天法地，制作八卦，这是在

---

① 参见《论语·子路》。
② 参见《史记·太史公自序》。
③ ［德］黑格尔：《哲学史讲演录》第一卷，贺麟、王太庆译，商务印书馆1983年版，第119页。
④ 参见《论语·述而》。
⑤ 参见《史记·孔子世家》。
⑥ ［德］黑格尔：《哲学史讲演录》第一卷，贺麟、王太庆译，商务印书馆1983年版，第119页。

经验层面为人建立了一个可认知、可理解的宇宙论框架。从文献看，孔子对这一框架是有充分信心的。按《易传·系辞上》所述："子曰：'书不尽言，言不尽意'。然则圣人之意，其不可见乎？子曰：''圣人立象以尽意，设卦以尽情伪。"

在这段话中，孔子虽然对文字和语言的阐释效能持怀疑态度，但相信通过卦象可以洞见天地的原质以及世情的真假。一个根本问题仍然无法回避，即"立象以尽意"，本身就说明"象"不是"意"。说卦者如果止于言"象"，就仍然和真理性的"意"隔了一层。同时，像道一样，象也变动不居，缺乏确定性。《易传·系辞上》讲："神无方而易无体。"本身就说明了象无法被赋予确指意义的特性。另外，在技术方面，《周易》基于立象尽意而起的"象思维"，对世界的解释总体建立在类比联想和隐喻的基础之上。这种方法至多可以对世界的存在性状形成类比或暗示，而无法形成实然的说明。就此而言，儒家阐释学在哲学层面保持开放也就具有了必然性。

关于中西思维方式的差异，王树人曾讲："从'主客二元'出发，把不动的最高实体作为现成的对象，西方传统思维从一开始，就表现为理性的规定性，即对实体下定义，并进而作判断、推理、分析、综合..理性的逻辑概念思维，实质上归结为概念的形成和展开。因此，可以把西方传统思维简称为概念思维。但是，与此不同，中国传统思维，则表现为以'象'为核心，从而围绕着'象'来展开。"① 这段话看似与阐释学无关，其中谈及的内容却决定了中西阐释学的不同路向。西方古典阐释学之所以有明确边界和专指对象，原因无非在于预置了现成的真理，阐释的过程就是让人的认识与这个真理相符合、匹配的过程。而相关的阐释活动之所以仅被视为语义学、修辞学之类的技艺，也无非是因为真理的预先被给予，使相关阐释活动永远处于从属地位。与此比较，在中国，无论是儒家还是道家，真理性的道、意被置于人的认识无法达至的超验之域，甚至被当作一种以"无"为标识的虚体形式。对于这种性质的对象，最明智的态度就是保持静默，不做阐释，免得一说就错。但

①　王树人：《中国传统智慧与艺魂》，武汉出版社2006年版，第8页。

是，如果人事实上又不得不说，那么可供选择的方式可能只有两种：一是以拒绝阐释为阐释，即以说的形式说出对象的不可说；二是借助现实经验形成对阐释对象的暗示，将阐释作为一种能指性的寓言。比较言之，保持沉默和说不可说，除了显示阐释者审慎和谦卑的美德外，均对阐释学无所贡献，甚至在本质上是反阐释的。借助比喻或暗示也仅能说出对象的如其所是，而无法达至是其所是，与真正有效的阐释尚隔着一层。

据此来看，中国传统阐释学在阐释者与阐释对象之间设置了永远无法弥合的间距，人谈论真理更多不是试图掌握真理本身，而是借助相关谈论或阐释表达一种人生在世的怅惘之感。同时，由于这类阐释活动大多是借助形象暗示真理，而不是直陈真理，这就使相关阐释显现出鲜明的审美特性，或者其表达的诗性远远压倒了逻辑性。另外，在阐释手段和阐释对象的二分中，由于手段性的言、象和真理性的道、意都缺乏固定性，这决定了两者的关系更像是动画片中猫捉老鼠的游戏——它在中国历史中被连续展开，但永远没有终局。于此，阐释过程给人带来的精神性影响要远远大于阐释目的的达成。甚而言之，人们似乎更愿意品味这个无终局过程给人带来的心理感受，对所谓的真理是否现身则大多采取了有意无意的回避态度。

以上内容，大致可以概述中国古典阐释学所面临的思想处境。儒家经学阐释学一方面是其中的组成部分，但就其所涉文本以及这些文本被赋予的权威性而言，又有一定的特异性。儒家《诗》《书》《礼》《乐》《易》《春秋》六经，除《春秋》为孔子本人撰写外，其余均来自他的整理和编订。这些文献在战国中期被定为经典，西汉时期《乐》经佚失，其余五经在汉武帝之后成为士人的必读文本。关于"经"，《白虎通德论·五常》云："经，常也。有五常之道，故曰五经。"刘熙《释名》云："经，径也，如径路无所不通可常用也。""径，经也，人所经由也。"这两个解释，分别赋予了"经"作为自然常道和人生真理的意义，五经则相应被赋予了不同的意义专指和用途，"如司马迁云：《易》著天地阴阳四时五行，故长于变；《礼》经纪人伦，故长于行；《书》记先王之事，故长于政；《诗》记山川溪谷禽兽草木牝牡雌雄，故长于风；《乐》乐所以立，故长于和；《春秋》辩是非，故长于治人。"① 就此而言，在儒家经学中，阐释对象变得稳定，中国哲学长期因道的不确定而带来的阐释困境也似乎有了解决的可能。

但具有讽刺意味的是，五经文本在汉代成为经典并获得公共性，却仍没有使其阐释边界得到有效限定。按《汉书·艺文志》所记，当时的经师"便辞巧说，破坏形体；说五字之文，至于二三万言"。更有甚者，"秦近君能说《尧典》，篇目两字之说，至十余万言，但说'曰若稽古'，三万言"②。出现这种状况，大致原因有三：一是在中国历史上，两汉是五经获得官方提倡的初始时期，还没有形成稳定的解经模式。二是五经均不是严格意义上的理论著作，需要由记言记事引申出意义，这就给了阐释者无限想象和发挥的空间。董仲舒讲，《诗》《易》无达占，《春秋》"无达诂，无达辞"③，正说明五经表意的非确定性，为对其进行无限阐释提供了条件。三是最重要的哲学方面的原因：按照汉儒对五经作为"五常之道"的定位，它最终必然是通达于哲学的。但如上所言，先秦时期关于道的设定，本身就是一个空洞的能指，缺乏实指对象。与此相关的言、象、意关系讨论，则因象思维本身的类比和隐喻特征，而难以实现表意的清晰显明。至汉代，董仲舒为儒家经学"补天"，这看似有助于为相关阐释活动提供一个实体性的形上对象，并进而使其成为规范阐释的总原则，但事实上，董仲舒从来没有将天实体化，而是仅关注在天人相与之"际"显现的阴阳消息。这种由上天垂示的阴阳消息，比原本虚体性的道更扑朔迷离，并因此开启了儒学的神秘主义。由此可以认为，在汉代，儒家经学本身的解释传统已因经师的无限意义附衍而缺乏基本规范，再加上由董仲舒天人感应论开出的谶纬神学，所谓阐释的无限，在汉代这一中国经学阐释学的发端期，应算达到了后世无法复制的顶点。此后，经学有汉学和宋学之别，前者重章句，后者重义理；前者重天

---

① 参见《史记·太史公自序》。
② 参见桓谭《新论·正经》。
③ 参见《春秋繁露·精华》。

人，后者重心物。但在阐释的有限与无限之间，无限阐释一直是主流性问题。

权力、制度与阐释的限界

综上可知，中国传统的经学阐释实践，确实存在着严重的过度阐释。经学阐释虽然是一个实践问题，或者说是一门解释的技艺，但它终究是哲学性的。中国哲学在本体论层面的不确定性，使与其密切相关的文本阐释失去了必要的先在约束和规定。当然，哲学对于阐释取向的规定，只产生理论的可能性，真正对其形成决定性影响的还是世俗力量的外在强制。在中世纪，西方天主教会之所以能独断《圣经》的解释权，最终离不开宗教裁判对异端思想的压制。像在中国，由于阐释所依托的哲学理论本身缺乏对阐释限界的规约能力，它所面临的问题更为严峻。简析如下：

关于中国哲学，王国维曾讲："披我中国之哲学史，凡哲学家无不欲兼为政治家者，斯可异已！孔子大政治家也，墨子大政治家也，孟、荀二子皆抱政治上之大志者也。汉之贾、董，宋之张、程、朱、陆，明之罗、王无不然。……故我国无纯粹之哲学，其最完备者，唯道德哲学，与政治哲学耳。"① 这种中国传统哲学的政治化，一方面说明了它缺乏西方意义上的理论自律，另一方面也为其介入现实事务提供了便畅通道。从见于正史的相关论述看，中国哲学在其起源处就与政治具有一体性，像伏羲、黄帝、尧、舜，既是人间圣王，也是哲学王。至西周时期，周公制礼作乐，由此使礼乐文明成为中国此后数千年文明的主导，相应生成了礼乐政治、礼乐制度以及以礼乐教化为目的的"教化的哲学"②。以此为背景，传统史家倾向于认为，后世中国哲学多衍生于西周礼乐制度，如"儒家者流，盖出于司徒之官""道家者流，盖出于史官""阴阳家者流，盖出于羲和之官""法家者

---

① 王国维：《论哲学家与美术家之天职》，见姚淦铭、王燕编《王国维文集》第三卷，中国文史出版社 1997 年版，第 7 页。

② 李景林：《教化的哲学》，黑龙江人民出版社 2006 年版。

流,盖出于理官"①,等等。这种政治、哲学与教化的一体性,被清代学者章学诚称为"治教无二,官师合一"②。

中国传统经学阐释奠基于哲学,中国哲学又密切关联于政治,这意味着阐释学问题也必然是政治问题。一个值得注意的现象是,在先秦,虽然我们今天对诸子争鸣时代赋予了"思想繁荣"等种种定性,但在当时学者的言论中,却充斥着末世论,即人类正处于暗夜时代的共鸣。究其原因,大致可以概括为两点:一是西周礼乐文明的崩解,造成了整个社会的无序和混乱;二是社会的无序直接导致了思想领域的非统一。据此可以看到,在当时,政治层面重建秩序的欲求与解释学意义的谋求共识是具有一体性的。如《庄子·天下》讲:"天下大乱,贤圣不明,道德不一。天下多得一察焉以自好。.. 悲夫! 百家往而不反,必不合矣! 后世之学者,不幸不见天地之纯,古人之大体。道术将为天下裂。"荀子讲:"假今之世,饰邪说,文奸言,以枭乱天下,矞宇嵬琐,使天下混然不知是非治乱之所存者有人矣。"③以此为背景,当时的思想者,如庄、孟、荀等,均对寻求跨学派的共识提出了自己的主张。至战国晚期,这种思想统合趋势更加明显,如《吕氏春秋》"兼儒墨,合名法"④,被后人视为综贯先秦诸子学说的集大成之作。就此而论,在多解不一中寻找共识,为诸种偏至性阐释建立限界,往往会成为价值多元、无限阐释时代思想者的共同欲求和目的,这和国家在政治上追求统一具有一致性。

但从中国历史看,由思想者或士人自动发起的共识努力从未真正实现过。原因大致有三:一是如上所言,在哲学层面,先秦思想者都崇尚道,但道这一本体论范畴从来没有获得过统一定义。道家有道家的道,儒墨有儒墨的道,甚至"盗亦有道",所以它缺乏对不同学派的共同约束。二是在历史方面,儒家推崇尧舜周公,墨家推崇夏禹,道家推崇"有巢氏之民""知生之民"(《庄子·盗跖》),就中国哲

---

① 参见《汉书·艺文志》。

② 章学诚:《文史通义·原道中》,见叶瑛《文史通义校注》,中华书局 1985 年版,第 131 页。

③ 参见《荀子·非十二子》。

④ 参见《汉书·艺文志》。

学讲究以史证道的特性而言，各家也缺乏共同的历史信仰。三是在中国，学派内部的师承关系往往被赋予了拟血缘性质，学生对师门的忠诚具有强大的道德约束力。在尊师与重道之间，前者是优先选项；在恪守师教与明辨是非之间，师教比是非更重要。这和西方亚里士多德式的"吾爱吾师，吾更爱真理"判然有别。据此来看，在中国传统士人阶层，虽然不能说公共阐释所依托的公共理性是缺失的，但起码是薄弱的，不足以成为达成思想共识的关键因素。

那么在中国历史上，真正为阐释建立边界并进而实现共识的力量是什么？可以认为，一是权力，二是围绕权力形成的制度形式。

首先，鉴于中国传统哲学往往以服务于政治为目的，这就无形中将学术的选择和价值评判权交给了政治人物，所谓学术竞争则成了能否被现实政治优先选择的竞争。比如在中国汉代，先有黄老成为国家哲学，后有汉武帝独尊儒术。道家与儒家在当时能成为思想领域的公共或主流话语，均离不开国家权力的提倡和择取。以此为背景，西汉自武帝之后，儒家成为官方哲学，五经成为普遍尊崇的公共文本，但在儒家内部，公共阐释依然无法达成。这是因为，五经文本本身的隐喻特征给解经者提供了多元发挥的义解空间。同时，按照清人皮锡瑞的讲法："汉人最重师法。师之所传，弟之所受，一字毋敢出入；背师说即不用。"[1] 正是因此，在汉代，我们可以看到在儒家内部，存在着一种既有共识又没有共识、既谋求共识又永远无法达成共识的永恒纠结。这个共识就是儒家的五经，但对经义的解释多元歧出。每一家释经者都试图围绕自己的释义形成共识，但结果必然遭到其他诸家的抗拒和反对。在这种背景下，权力的再次出场也就具有了必然性。西汉时期，汉宣帝召开石渠阁会议，东汉章帝召开白虎观会议，均是将学术问题诉诸政治来解决，汉代也因此开了以政治拍板解决学术争议的先例。

其次是制度。有汉一代，被后世儒家称为"经学昌明时代"[2]。这一时代经学之所以繁荣，关键在于有稳定的选官制度提供支撑。如

---

① 皮锡瑞:《经学历史》，周予同注释，中华书局1959年版，第77页。
② 皮锡瑞:《经学历史》，周予同注释，中华书局1959年版，第69页。

《汉书·儒林传》所讲："自武帝立《五经》博士，开弟子员，设科射策，劝以官禄，迄于元始，百有余年，传业者浸盛，支叶蕃滋，一经说至百余万言，大师众至千余人，盖禄利之路然也。"这段话中的"禄利之路"，虽然讲的有点刻薄，但却道出了士人与政治关系的实质，即现实政权需要借重儒家经学建构国家意识形态，经学则需要借助政治弘扬先圣教义，并获得实际利益。正是这种相互需要，在中国两千余年的封建史中，儒家和现实政治结成了最稳固也最紧密的同盟，并使其制度化。在汉代，政府选拔官员实行察举制。这一制度除重视士人的行为表现外，最重要的是"明经"。按《汉书·儒林传》，在五经之中，士人"能通一艺以上，补文学掌故缺；其高第可以为郎中者，太常籍奏。即有秀才异等，辄以名闻。其不事学若下材，及不能通一艺，辄罢之"。① 隋唐以后，科举代替察举成为朝廷选才的新方法，五经之于士人前途命运的重要性更趋强化。据此不难看出，儒家经典之所以在中国古代成为最具公共性的文本，离不开与此相关的"禄利"对士人的永恒诱惑。而相关的考试和选官制度之所以重要，则是因为它为士人"禄利"的达成提供了稳定的保证。

作为选官制度的有机组成部分，隋唐以降，中国儒家经学阐释也趋于规范，主要表现为五经文本和义疏的标准化。初唐时期，李世民命令颜师古"于秘书省考定《五经》"文本，然后"颁其所定之书于天下"②，自此五经被以"钦定"形式固定下来。他同时命令孔颖达等编《五经正义》，使五经有了统一的阐释内容。关于这两个文本的影响力，皮锡瑞曾讲："自《正义》《定本》颁之国胄，用以取士，天下奉为圭臬。唐至宋初数百年，士子皆谨守官书，莫敢异议矣。故论经学，为统一最久时代。"③ 所谓阐释的无限至此首先被五经版本的有限限定，其次被官方给予的标准解释限定。所谓公共阐释，则在此获得了文本和经义的双重保证。当然，自孔颖达《五经正义》成

---

① 参见《汉书·儒林传》。
② 参见《旧唐书·颜师古传》。
③ 皮锡瑞：《经学历史》，第 207 页。

书以降，就争议不断，如唐"博士马嘉运驳正其失，至相讥诋"①，宋欧阳修评其"虽包贯异家为详博，然其中不能无谬冗"②。但是，在唐宋之间，该著的权威性却从来没有动摇过。这意味着，儒家内部靠公共理性无法解决的问题，最终因外在权力的介入得到了解决，所谓公共阐释也是借助权力的强制得以达成。至明清时期，朱熹的《四书章句集注》被官方指定为科举教科书，朱子学成为官方哲学。这种围绕朱子形成的新共识或公共阐释，同样来自权力的决断和科举制度的巩固。

小　结

儒家经学，是中国传统文化的主干。自孔子编订六经并立下"信而好古，述而不作"的古训，它的历史就是以传、注、笺、章句等形式不断对经典做出阐释的历史。后来，连注释也需要解释，于是又有了疏这种注而再注的引申形式。也就是说，中国传统经学阐释学，有远比西方《圣经》阐释更久远的历史、更绵长的传统、更广博的知识面和更广泛的受众。如何把握它的特质并与现代阐释理论对接，是目前亟待解决的问题。下面结合本文的主题，给出几点简要的判断。

首先，关于阐释的有限和无限，中国传统经学阐释有着自身独特的展开方式和运行规律。其中，在中国历史的前半段，由于五经阐释原则和文本的非确定性，士人对经义的理解趋于无限，过度阐释成为主流。隋唐以后，五经文本和释义的官方标准制订出来，加上科举制度的"利诱"，经学阐释被给予了边界，阐释的无限变为有限。同时，就像张江对于"诠释 π"的象征性说明一样，公共阐释在传统中国表现出开放与收敛、无限与有限的辩证性。其中，先秦两汉时期，虽然五经阐释总体趋于开放，但讨论这些经典毕竟仍构成了相对稳定的话语场域，也即典经释义的多元歧出，并没有妨碍有一种相对松弛的公共语境。唐宋以后，官方标准有效遏制了经典释义的非确定性，

---

① 参见《新唐书·孔颖达传》。
② 参见《新唐书·孔颖达传》。

阐释的公共性在加强，但其中内蕴的不同意见却并没有因此削弱，甚至更趋激烈。如皮锡瑞讲宋代的义理之学："宋人尽反先儒，一切武断；改古人之事实，以就我之义理；变三代之典礼，以合今之制度；是皆未敢附和以为必然者也。"① 就此而言，官方标准的规约并不妨碍经学阐释释放内部活力。或者说，在中国经学阐释学史中，可能存在着两种无限：一种是外无限，即中国历史前期经典释义外向延展的无限；一种是内无限，即后期在文本界限内释义的无限。而阐释的公共性，则存在于这两重无限之间。这是一个富有弹性的意义场域。

其次，在中国传统经学阐释场域的形成过程中，存在着士人、权力和制度三种促动因素。按照常规判断，士人应该是其中最具公共理性或思想良知的群体，但是，由于中国社会早期真理概念的非明晰性、真知观念的非统一性，加上这一群体师法森严，往往只问门派，不问是非，所以想依靠其理性自律达至公共阐释，几乎没有希望。在此背景下，权力的介入也就成为必然，并在其中充当了维持各方均势并作出仲裁的关键角色。但同样的问题是，这一权力主体虽然有公共理性所需要的超越性，但却缺乏严格意义上的公正。它往往以为政治服务作为学术目的，同时将当权者的个人好恶植入其中。像东汉时期，光武帝迷信图谶，"宣布图谶于天下"②，直接导致了大量谶纬内容被植入东汉经学传注文本，甚至以纬书形式使其全面神学化。于此，统治阶层的非理性，造就了东汉经学阐释学的公共非理性，由此形成的公共阐释则成为缺乏公共理性支持的非理性阐释。再看制度，与个人权力对经学阐释的直接干预不同，制度具有为学术探索建立游戏规则的性质，它所制订标准的客观性和可持续性，有助于避免权力主体的非理性干预，同时也为士人提供了可以遵循的常态化秩序。从中国历史看，隋唐以降的科举制度虽然有机械和僵化的一面，甚至极大遏制了士人的创造活力，但却有效维系了中国经学阐释的稳定，促进了士人阶层关于经典共识的达成。据此来看，在士人、权力和制度之间，制度对于中国经学阐释学的意义要大于士人和权力主体的意

---

① 皮锡瑞：《经学历史》，第257页。
② 参见《后汉书·光武帝纪》。

义。至于这个制度是好制度还是坏制度，则另当别论。

再次，以公共阐释理论介入中国历史上的阐释实践研究，会面对着前所未有的复杂情景。在当代学术古今中西交错的大背景下，西方阐释学始于独断，终于开放，阐释实践随之从有限走向无限；中国则始于开放，续之于制度独断，阐释相应从无限走向有限。如何在两者之间寻找对人类普遍有效的公度性理论，成为对思想者的巨大考验。在公共阐释的达成方式上，张江寄望于公共理性，但在中国历史上，士人和权力阶层，不能说不具有公共理性或者对于公理的良知，但也同样充斥着非理性以及种种"一曲之士"的谬见。至于最终为公共阐释奠定基础的科举制度，今人对它的评价更是毁誉参半的。它以制度的强制最终实现了公共阐释，这也与建立在公共理性基础上的公共阐释大异其趣。比较言之，如果说后者代表了一种阐释学理想，那么前者则只能被视为公共阐释的异化形式。也就是说，如果真正的阐释学只能以人类公共理性的全面觉醒为前提，那么此前的经典阐释史则只能被视为阐释学的前历史。

最后，张江先生的阐释理论以人类共识的建立或公共阐释的达成作为目标，但从中国历史看，共识的形成一方面预示着阐释理想的达成，另一方面也预示着阐释实践的终结。它对原本充满活力的思想的窒息作用甚至远远大于建设性价值。像在中国汉代经学阐释史上，郑玄是最终的集大成者，但正是他的"集大成"终结了汉代经学。关于这一充满悖论的现象，金春峰曾讲："东汉中后期一个极为引人注目的现象是：官办经学刚刚达到了它的荣华和声誉的巅峰，就急剧地跌落下来，一蹶不振。"① 从历史看，经学在东汉中后期的一蹶不振，郑玄确实难辞其咎。如皮锡瑞讲："郑君兼通今古文，沟合为一，于是经生皆从郑氏，不必更求各家。郑学之盛在此，汉学之衰亦在此。"② 换言之，在思想缺乏共识的时代，人们往往努力谋求共识，但吊诡的是，共识达成之时，也往往是思想终结之日。

那么，在这种充满矛盾的语境中，我们到底是要共识还是要思

① 金春峰：《汉代思想史》，中国社会科学出版社1987年版，第559页。
② 皮锡瑞：《经学历史》，第142页。

想？抑或将不寻求共识作为共识，将思想"思想"的命运作为最高的思想？好在张江以 π 值的比喻为公共阐释提供了一个充满弹性的动态空间，这有助于化解由此导致的思想的停滞和僵化，但就捍卫思想创造的本体价值而言，似乎还远远不够。事实上，没有人能够否认阐释是有限的，因为我们只可能以人的方式思考这个世界，人的经验的边界已经为阐释划定了一个无法超越的边界；也没有人能够否认阐释的公共性，因为以人的方式思考本身已经为相关阐释建立了共识。就此而言，边界和共识问题，并不是事实问题，而是对于人文科学的立场和价值定位问题。在一个已全面被科学理性乃至政治规制限定的社会，为人文科学保留一种面向无限的可能性，可能比什么都重要。

阐释有限与无限关系的形而上追问[*]

傅永军^{**}

    近来年，汉语学界阐释学^①研究最为引人瞩目的现象之一是张江先生对中国阐释学的探索性建构。从强制阐释到公共阐释再到阐释逻辑，张江先生所致力建构的"中国阐释学"，在理论建构的系统性以及理论的自我证成能力等方面确有独到之处。最近，他在《探索与争鸣》发表《论阐释的有限与无限——从 π 到正态分布的说明》（以下简称《论阐释》）一文，讨论阐释的边界约束，提出"阐释 π"概念，思考"诠"的有限与无限关系及其标准正态分布等问题，对涉及中国阐释学建构具有重要基础性意义的理论议题进行了系统探究。毋庸置疑，张江先生的学术新见已经引发众多学者关注，阐释的边界约束（阐释的约束与开放、有限与无限、确定性与非确定性）这个古老的阐释学难题再度成为学术热点。来自不同领域的学者与张江先生对话，从不同角度拓展这个议题的内涵，以求进一步辨理明义，寻幽探胜，以便补苴罅漏。虽然前此的对话已经在多个层面多维度地展开，但在笔者看来，要对阐释学的这个基本问题形成更为清晰、确定和具体的理解，清除观念上的模棱两可，有必要深入到这个基本问题的哲学形而上学奠基处去剖辨。因为，这种辨析不再纠缠阐释活动本身及阐释活动所涉及的诸种阐释行为、要素之间的实际性关系，而是

   * 基金项目：山东大学人文社会科学重大项目（18RWZD01）；国家社会科学基金重大项目（15ZDB026）。本文原刊于《社会科学辑刊》2020 年第 6 期。
   ** 作者单位：山东大学中国诠释学研究中心暨哲学与社会发展学院。
   ① 为使本文的论述在概念使用上融贯一致，笔者在本文中使用"阐释学"，而不使用习惯使用的"诠释学"。

去追问阐释所以可能的根据、基础、条件以及合法性要求。唯有这种形而上的追问才能为一门学问划定基本的逻辑区域，提供合法使用的原则，奠定其存在的哲学根据。有鉴于此，笔者主张，应当返回理解活动的根基处进行批判考辨，从讨论阐释基本问题的认知视域返回它的源发的本体视域，延展张江先生对阐释学基本问题思考的哲学形而上学维度。

一 阐释有限与无限关系的新解说及其内在张力

张江先生明确表示，他在《论阐释》一文中的任务是，"借鉴自然科学方法，由圆周率 π 而上手，达及概率的正态分布"，对阐释的开放与收敛、有限与无限、确定性与非确定性这些事关阐释实践及理论发展的重大问题，给出分析与说明。① 为此，他首先对几组基本概念进行了澄清与解释。显然，张江先生对这几组概念的分析与解释，除了要依据自己的阐释观定义这些概念外，更重要的是要确立解说它们的基本原则，给出理解它们必然要先行隶属的哲学立场，追溯它们的"元"（meta）根基。有鉴于此，如若我们要对《论阐释》一文中所提出的新见作出更为深入的理解，就必须越过对这几组概念所进行的内涵解释与意蕴分析，展开"元"追问，揭示它们背后直接承受的哲学观念，钩沉它们的形而上学根基。当然，这种"元"追问并不是一种纯然的思辨游戏，它必须建立在对阐释有限与无限所涉及到的那些基本观念的内涵及相互关系澄清之上。只有明了问题讨论的共同语境，清除概念使用上的混乱，讨论才能避免偷换概念、背离逻辑以至陷入"鸡同鸭讲"之窘境，取得成效。

张江先生讨论了"文本开放与阐释开放""阐释的边界与阐释的有效边界""意蕴、可能意蕴、意蕴可能""诠与阐"四组概念。这四组概念分别关联于文本（阐释的对象）、阐释者（阐释活动的主体）和意义（阐释的知识论表现）。

---

① 张江：《论阐释的有限与无限——从 π 到正态分布的说明》，《探索与争鸣》2019年第 10 期。

第一组概念中的"文本开放"指的是文本的意义外向敞开，阐释者可以对文本的意义展开无约束的理解与阐释。也就是说，在阐释者的阐释活动中文本绝不会封闭自身，而是有着朝向阐释无限开放自身的诸种可能性，这也就同时揭示出"阐释开放"的意涵，即阐释开放指称着阐释者的主体性活动的自由，阐释自身是开放的，阐释者的阐释行动是不受约束的自由行动。但是，这种阐释的自由是一种主观行为，而不属于作为阐释对象之文本的属性。张江先生强调这组概念之于阐释行动的基础性，为正确理解阐释有限与无限关系的基本前提，同时也强调要在这两个概念之间划清界限，指出："以阐释的开放代替文本的开放，将阐释意义的无限代替为文本意义的无限，违反阐释逻辑。"①

第二组概念"阐释的边界与阐释的有效边界"相关于文本。先行于阐释而存在的文本的意涵（由作者意图形成的文本的自在意义）具有存在论上的优先性，它构成阐释有效性的客观判据。基于此，无关于文本的阐释者的自由阐释是无限且开放的，阐释没有任何边界约束，但这种源自阐释者自由意志的阐释只具有主观的必然性，且由于未经公共理性的批判检视而属于一种无效阐释。有效的阐释是有边界约束的。"作者赋予的意图，文本的确当意义，文本的历史语境，民族的阐释传统，当下的主题倾向，如此等等，决定了阐释是否有效及有效程度的边界。"② 在存在论意义上先行于阐释者意识活动的这些因素约束着阐释者的自由意志。这决定了出自阐释主体自由意志的阐释活动，其揭示文本意义的知识行动，虽然形式上表现为一种在公共理性架构下主体意识反映客体实际的"符合"行动，但由于这种"符合"行动从属于历史，接受当下使阐释成为可能之种种条件的节制，它就不能仅仅是一种机械复制行为，而是一种受制于阐释者主体能动性作用的行为，阐释者的"前见"对文本意义的生成并非不重

---

① 张江：《论阐释的有限与无限——从 π 到正态分布的说明》，《探索与争鸣》2019年第 10 期。

② 张江：《论阐释的有限与无限——从 π 到正态分布的说明》，《探索与争鸣》2019年第 10 期。

要，阐释造就的是"效果历史意识"。

第三组概念讨论"意蕴"问题。《论阐释》一文提出三个概念：意蕴、可能意蕴、意蕴可能，从文本角度对阐释的有限与无限作出进一步解释。"意蕴"指的是包含着作者意图于其内的文本的原需要解释才将自身呈现出来，为阐释者所把握。故而，从文本与阐释关系看，与阐释直接相关联的文本"意蕴"是一种"可能意蕴"，即在阐释中呈现出来且不为作者所知的、处在可能状态的文本意义。这是一种由文本自在意义所规定的意义，但却是一种因应不同的阐释处境而历史地呈现出来的意义。从阐释与文本关系看，与阐释直接关联的文本"意蕴"是一种"意蕴可能"。当阐释者更多关注自身的主体自由时，阐释者就会基于阐释意愿而自由阐发文本的意义，由此带来两种结果：或对文本意义进行强制阐释，阐释因而无限、开放和自由，但却与公共理性的有效使用无关，阐释因此成为一种无效的阐释；或阐释者自由发挥对文本意义的解释，揭示出作者无意识赋予文本的意图，在无意识中实现文本的能指与阐释的所指之间的一致性，阐释遂成为一种为公共理性所接受的有效的阐释，"意蕴可能"与"可能意蕴"合二为一。通过对"意蕴"不同意涵的分毫析厘，可以抽绎出判定阐释有效性的判据，为阐释的自由划定明确边界。

最后讨论的第四组概念是"诠"和"阐"。这两个概念主要是从阐释主体角度规范文本解释活动的不同层面。"诠"确定、追索、言说文本的本义，总体上属于一种"我注六经"式注释活动。"阐"则侧重阐发文本大旨，推衍生成义理式诠释，总体上可归入"六经注我"式阐释范畴。"诠"指向典籍文本，必然受文本的自在意义约束，以解说出文本的"可能意蕴"为目标追求，且由于解释锚定"可能意蕴"而在一定意义上开放基于文本意义之历史解释的无限可能，体现"诠在有限中无限"这样一种辩证面相。与"诠"不同，"阐"因为隶属于阐释者，可纳入阐释者的主体自由范畴，因而本性上是开放的、无限的和自由的，解释锚定文本的"意蕴可能"而将阐释的所指要求充分发挥出来，体现"阐在无限中有限"这样一种辩证面相。

根据以上分析，张江先生给出了对阐释有限与无限关系的基本判断："阐释是开放的，同时也是收敛的。阐释因开放而无限，因有限而收敛。作为一对相互依存的共轭变量，两者之间是相互包含、相互决定的积极关系，而非相互否定、相互排斥的消极关系。开放与收敛平衡，无限与有限相融，无限在有限中展开，有限约束界定无限。"[1]阐释的有效性就在这种有限与无限之间的张力平衡及和平相处中实现。在这个基本判断中，"阐释的无限"指的是"对确定的对象文本，阐释可创造无限意义"；"阐释的有限"指的是"阐释为多种条件所约束，其总体结果是收敛于有限论域之内的"；"阐释的收敛"，意味着"公共理性的承认与接受，约束阐释向有限收敛"；"阐释的有效性"，揭示了"阐释的开放为无限，但是，无限生成的阐释绝非无限有效。阐释的有效性由公共理性的承认和接受所决定"[2]。

这个基本判断对文本、阐释者、阐释之间的关系以及由之体现出来的阐释学原则给出了一种新解说，进而凝练提出"阐释的正态分布"概念，用以表达阐释的开放与约束、有限与无限的关系，展开对诠释现象的定量研究。放下这个基本判断对阐释现象及其关系的实际性描述不论，对这个基本判断所立基的"元"哲学立场进行剖辨，笔者发现，这个基本判断所作出的关于阐释有限与无限关系的新解说，在认知层面和形而上学层面存在着一种内在张力。

从阐释、文本与意义三者关系看，阐释的有限性指示出文本对阐释的边界约束，它的核心要求是，阐释必定是"对一确定文本的阐释，确定于该文本之所能蕴含的意义，而非游离于该文本之外的其他意义，亦即阐释主体的对象是此文本而非他文本"[3]。可见，相对于阐释来说，文本具有存在论上的优先性。阐释的责任就是要找到先于自身而存在的作者及其意图。作者意图作为文本直接承受的自在意义是各种阐释集中的"有效点位"，它将无限可能的阐释约束于文本自在意义所允可的区间之内，"此约束说明，无论何种文本，只能生产

---

① 张江：《论阐释的有限与无限——从 π 到正态分布的说明》，《探索与争鸣》2019年第10期。

② 张江：《论阐释的有限与无限——从 π 到正态分布的说明》，《探索与争鸣》2019年第10期。

③ 张江：《论阐释的有限与无限——从 π 到正态分布的说明》，《探索与争鸣》2019年第10期。

有限意义，对文本的无限阐释约束于文本的有限之中"①。显然，对阐释有限性的说明实际上是一种形而上学分析，它强调文本意义的客观性，强调阐释与文本意义之间的存在论差异。文本先于阐释而独立存在，文本的自在意义是阐释收敛的聚集点。在意义本质问题上，新解说倾向于接受实在论观点。

按照意义本质的这种实在论观点，阐释应是一种反映行为，意义阐释应取"符合论"方式。但如此一来，文本的意义就是一种固定不变的意义实体，阐释就是一种机械的克隆行为，旨在阐释中还原出文本之独一无二的原意。由于固化了的文本意义并不能在不同阐释中自由转换，阐释无限就是一个伪命题。这当然悖谬于张江先生新解说的本意。在新解说中，阐释者的主体性以及文本意义的开放性，是一个在实际性意义上被论断为真的命题。相应地，阐释的无限性就不是一个有无的问题，而是一个如何可能的问题。虽然阐释无限的核心要义是承认多元解释的合法性，但阐释毕竟是对文本的阐释，文本意义若封闭，阐释则不可能多元开放。文本开放是阐释无限的认识论前提。文本开放意味着意义开放，意味着文本的意义可以在阐释中被创造性地解释。在阐释之前，文本的自在意义并不能被实体化，先于阐释而成为被描述和反映的真理。意义生成于阐释，阐释的真理与阐释者对文本的解释密切相关。这就是说，文本意义与阐释活动之间有着一种本质性共属关系。阐释在认知层面抵抗着有关意义本质的实在论要求。

这样，关于阐释有限与无限关系的分析，新解说在存在论层面和认识论层面就出现了裂痕，内部存有一种张力关系。新解说应正视这个问题。

二 "弱的阐释实在论" 与内在张力的消解

在上面的论述中，笔者发现了存在于张江先生关于阐释之有限与无限关系新解说中的内部张力。为什么这种张力关系会在新解说中出

---

① 张江：《论阐释的有限与无限——从 π 到正态分布的说明》，《探索与争鸣》2019年第 10 期。

现？笔者首先要寻求对这个问题的理解。只有对这个问题有所理解，对话才能开始，并逐渐走向对"隐藏于这类问题背后并对这类问题予以规定的更深层的东西，亦即作为众源的那个何所为"① 的揭示，在发现他人思想中合理的可接受内容的同时，也通过对其思想中有争议内容的辨析讨论，敞开理解的新视野。"凡在人们寻求理解之处，就有善良意志。"② 这是阐释学"善意原则"（principle of charity）的基本要求。

众所周知，从古到今，抵御相对主义对阐释学的侵蚀，又同时为阐释的自主性、开放性和创造性留足合法空间，始终是阐释学者致力解决的一个严肃的阐释学难题。阐释学中实在论与非实在论之争，与这个难题的解决有着密切的关系。它们分别提供了回应这个难题的不同思路。

按照阐释实在论，文本的意义来自作者，作者有绝对权威决定文本的意义。因此，文本有独立且先于阐释而存在的"原意"，这是一种由作者意图客观化而形成的独立自存的意义实体。阐释即重述文本的"原意"，重述的确定性和有效性端赖于与文本"原意"的符合程度。由于阐释实在论把阐释解释为对实体化的意义载体（文本）的反映与把握，阐释不过是发现文本意义的知识宣告。在这种知识宣告中，阐释者找到的不是自己意识的创造物，而是被阐释对象在自身意识中的投射物。阐释者需要"自觉地脱离自己的意识（Gesinnung）而进入作者意识"③。可见，阐释实在论的重心是文本意义的客观解释，它只允许依据符合论要求对文本意义作出复原式描述，并且是剔除了一切语境因素的客观性描述。由于阐释实在论将文本意蕴理解为一种意义实体，阐释对应这个不变的对象，因此，阐释实在论是阐释相对主义的"克星"。但"成也萧何，败也萧何"，阐释实在论的困

---

① 高楠：《论有限与无限的共时性——重思"阐释"》，《探索与争鸣》2020 年第 1 期。

② ［德］伽达默尔：《文本与阐释》，孙周兴译，孙周兴、孙善存编译：《德法之争：伽达默尔与德里达的对话》，同济大学出版社 2004 年版，第 20 页。

③ ［德］施莱尔马赫：《诠释学箴言（1805—1810）》，洪汉鼎译，洪汉鼎主编：《理解与解释：诠释学经典文选》，东方出版社 2001 年版，第 23 页。

境也源自于自身的这种意义实体主义立场。阐释实在论在认识论上必然会遭遇到符合论难题，无法回应现代阐释学在文本和意义阐释问题上对其提出的挑战：实体的绝对性不过是一种形而上学神话，阐释的真理性取决于阐释的历史性与阐释的主体间性，阐释学的任务不是对文本进行客观解释，而是给出一种合理解释。在近现代哲学对实体主义所展开的无情攻击下，阐释实在论逐渐式微。

阐释的非实在论不仅否认文本的意义源自作者的意图，而且否认文本负载着经由语言符号可以传递出来的特定意涵，它不承认文本未经阐释就先行于阐释者及阐释行动而存在。依照阐释的非实在论，阐释不是相关于作者意图的特殊解码行为，而是建构文本和阐发意义的创造行动。在阐释之前，并没有文本和意义存在，阐释的真理依赖于阐释者的理解行动，它在阐释的历史处境中生成。换言之，文本是时间意识里的事件，意义在其中发生。相关于合理解释的阐释学行动，基于自身的形而上学立场，为文本阐释的开放性和创造性开辟出广阔的空间。阐释不再以客观还原文本自在意义为圭臬，而是以追求更好的意义论能够满足阐释的开放性和无限性要求，让阐释从机械复制的反映传统中脱身而出，成为一种创造性的自主意识行动，与现代阐释学的旨趣完全切合。但另一方面，阐释的非实在论也遭受到广泛的批评，批评者指责其为阐释相对主义敞开了大门。"相对主义在过去两百年里是哲学的一条支脉，它开始是涓涓细流，近来已经成长为一股奔腾咆哮的洪流。"① 阐释学者对此感受深刻，思考并探寻走出困境的道路，是他们必须承担的义不容辞的学术使命。

可以说，张江先生对阐释有限与无限关系的新探索就是在践履这种学术使命。毋庸置疑，张江先生的阐释理论是一种现代阐释学理论，其阐释理论的重心不是意义和阐释的客观性，而是合理解释的本质及其可能性，其任务主要不是为描述和重构文本的自在意义而去发现正确理解的方法，而是探究创造性阐释的可能性，考察意义阐释真理性的主体间性基础，演证阐释的公共性，证成公共理性作为有效阐

---

① ［美］理查德·J. 伯恩斯坦：《超越客观主义与相对主义》，郭小平等译，光明日报出版社 1992 年版，第 18 页。

释判据的合法性。所以，按照张江先生的阐释学主张，一个完整的阐释学事件包含文本（阐释的对象）、阐释者（阐释的主体）和阐释（在阐释对象和阐释主体之间建立联系的理解行动）三个基本要素。一个完整的阐释活动完成于理解活动发起者（阐释者）对阐释对象（文本）的意义揭示。阐释者在自己的传统脉络中对文本展开理解，文本的意义在阐释者的视域与文本的视域相遇中历史地生成，"这经常表现为，不同时代和语境下，同一文本的不同意义被发现，呈现文本自身所可能的丰富意蕴"①。这就是说，阐释主要不是一种反映论行为，而是一种创造性阐发文本意义的理解行动。张江先生在阐释的两种方式——"诠"与"阐"之间所作的区别，很好地呈现出阐释行动中"反映"与"创造"的差别。"诠"追溯文本之本义，"核心追求是寻找与求证文本的可能意蕴，排除文本以外的任何可能"②；"阐"推论文本大旨，衍生义理，"核心追求是附加与求证文本的意蕴可能，将无限可能赋予文本"③。阐释学之阐释主要是一种"阐"，它在完成文本处境化的同时，生成处境化的意义阐释，是一种朝向"意蕴可能"的无限性展开的解释行动，它使得文本意义处于不断生成中并展示出面向未来之价值。

不可否认的是，阐释行动注重"阐"而不是"诠"，就不能回避阐释相对主义问题。或许正是出于对阐释相对主义的抵御，张江先生在关于阐释有限与无限的新解说中，一再强调文本对"阐"的存在论优先性。文本不仅是"诠"之有效性的聚集点，也是"阐"之有效性的聚集点。文本收敛着阐释者的视域，限制阐释者的视域于文本"意蕴"所实然指向的方向展开理解行动。换言之，"阐"依附文本展开无限的创造性解释，而不允许阐释者主观任意地解说文本，对文本的无限阐释约束于文本自身的有限意义空间之中。如伽达默尔所

① 张江：《论阐释的有限与无限——从 π 到正态分布的说明》，《探索与争鸣》2019年第 10 期。

② 张江：《论阐释的有限与无限——从 π 到正态分布的说明》，《探索与争鸣》2019年第 10 期。

③ 张江：《论阐释的有限与无限——从 π 到正态分布的说明》，《探索与争鸣》2019年第 10 期。

说："阅读和理解就意味着，把消息回溯到它原初的真实性。往往在被记述的东西的意义内容是有争议的，从而需要获得对'消息'的正确理解时，阐释的任务就会被提出来。"① 由此可知，新解说一再强调文本在存在论上优于阐释，主张阐释和意义基于文本而发生，意图十分明显，即不给阐释相对主义以存在的空间。

然而，为了给创造性阐释留足发挥的场域，新解说又不得不拒绝将自在存在的文本直接认作阐释的对象。新解说不把文本当作一种固化的僵死物，文本与阐释之间有着一种共生关系。文本实际上是一种可能的阐释对象，它是在自身所遭遇的阐释学语境下进入理解视域，成为阐释对象的。与之相应，文本的"意蕴"作为必然要通过阐释者的理解活动显现出来的意义，不过是一种"可能意蕴"，并且，只有作为"可能意蕴"，它在存在论意义上才具有先于阐释者的理解行动而存在的品格。但在认识论意义上，文本的"可能意蕴"既在阐释中成为阐释的对象，又在阐释中生成意义，而阐释生成的意义在解释语境中将衍生溢出文本自在意义的新内容。由此可见，尽管新解说承认文本的客观自在性，主张对确定文本的阐释只能指向该文本可能蕴含的意义，反对阐释者游离文本进行自我阐释。但是，文本的这种独立自在的品格，只是在约束文本无节制开放意义上有其存在论上的优先性，而在实际展开的阐释活动中，阐释的创造性总是将文本放在一种不断生成状态中，将文本及其意义阐释解释为处境化的生成物。由此可见，新解说虽然在意义本质问题上无法完全摆脱实在论立场的纠缠，但在意义生成问题上却走向了一种建构论立场。如果我们将阐释的素朴实在论称之为"强的阐释实在论"的话，那么张江先生所坚持的阐释实在论，就可以被称为"弱的阐释实在论"。

"弱的阐释实在论"承认文本对阐释有着边界约束效用，但给予阐释者以较大的自由，允许阐释者对文本意义进行"效果历史"式解读，鼓励阐释者以负责的态度去追求对文本意义更好的阐释，并将其奉为阐释的美德。新解说主张阐释是有限的，阐释者自由意志绝不

---

① ［德］伽达默尔：《文本与阐释》，孙周兴译，孙周兴、孙善存编译：《德法之争：伽达默尔与德里达的对话》，同济大学出版社 2004 年版，第 22 页。

可能无约束地自由发挥，凌驾在文本之上，将阐释行动演绎成在文本身上展开的一种无止境的主体建构游戏，尽情地去享受文本意义自我解释的思维乐趣。但另一方面，阐释有限也不排斥阐释无限，阐释者接受文本的约束，但约束不代表着绝对限制，阐释者在阐释的历史原则指导下，完全可以将文本带入新语境，在阐释中与"他者"相遇，通过主动性的阐释行动将文本意义从遮蔽状态中解放出来，显现一切可显示的东西。

职是之故，笔者一再强调，张江先生对阐释有限与无限问题的讨论采用了复合视角分殊进行。阐释的有限主要从存在论角度加以论证。阐释收敛于文本的有限意义，文本的"可能意蕴"构成阐释的边界，其先于阐释的存在论优先性构筑起防范阐释相对主义的大堤。阐释的无限主要从认识论角度加以论证。阐释以处境化显现的文本为对象，在确定的语境和公共理性规约下展开自由诠释，通过不断地实现文本与阐释者的"视域融合"，成就不同的理解事件，衍生不同的意义解释。在此种分层言说格局下，有限性指引出阐释的边界约束，无限性毕现了理解的自主性，前者是实存着的限制条件，后者是意义阐发的认知根据。

"弱的阐释实在论"就这样消解了新解说内部的逻辑自反现象。但是，这种消解的有效性取决于"弱的阐释实在论"是否可能，又如何可能。这个问题并不是一个自明性的问题，它需要解释，需要一个更本源性的说明。

三 "弱的阐释实在论"如何可能

新解说通过分层言说阐释的存在论要求和认识论要求，解决自身可能遭遇到的逻辑自反现象，严格说来，这只是一种策略性选择。这种策略性选择并没有从根基处解决存在于新解说中的内在张力。对新解说内存张力的根本性解决依赖于对它的实在论立场的重新解释。通过解释，促动其完成一种哲学范式的转换。

新解说以"弱的阐释实在论"对抗阐释的相对主义，在阐释现象的本体层面，文本相对于阐释具有存在论上的优先性，文本所承受的、由作者意图所构成的自在意义，相对于文本源自"可能意蕴"的有限意义具有存在论上的优先性。"弱的阐释实在论"将作者意图视作文本意义的源发根源，"找到作者及其意图，是显现文本自身的重要方向，是阐释必须承担的责任，这是无法摆脱的确定性之一"①。但是，为了摆脱"符合论"纠缠，在认识层面与现代阐释追求合理阐释的阐释学立场保持一致，新解说又不反对阐释者放弃文本的自在意义，认可"文本的自在意义也可以由读者在文本的呈现中自由理解"②，认为在确定的条件、确定的语境和确定的公共理性标准下，阐释可以按照意义生成的历史原则，让文本的能指（可能意蕴）和阐释的所指（意蕴可能）之间达成平衡关系，以"视域融合"方式开放文本不同的意义或者符合时代要求的意义。

然而，阐释的对象究竟是文本的自在意义，还是"在文本呈现中自由理解的意义"？"诠"与"阐"的区分在认知层面对它们进行了分层处理。"诠"追索文本之本义，它以文本的自在意义为阐释对象。"阐"对文本进行创造性解释以衍生文本的新意义，它以"在文本呈现中自由理解的意义"为阐释对象。但是，文本的自在意义与"在文本呈现中自由理解的意义"之间是一种什么样的关系？这显然是一个需要在本体层面讨论的存在论问题。在《论阐释》中，张江先生的重点不是处理这个问题。但这并不意味着这个问题不重要，更不意味着不需要对这个问题进行更本源性的分析。在笔者看来，从存在论角度探究这个问题，恰恰是证成"弱的阐释实在论"如何可能的关键。

在传统存在论视域中，文本的自在意义是独立于阐释者而存在的客观意义，"在文本呈现中自由理解的意义"生成于阐释者的理解活动中，是阐释出来的意义，是文本自在意义在阐释者理解中的创造性呈现。是故，文本的自在意义与"在释成显现之物（是其所是）与

----

① 张江：《论阐释的有限与无限——从 π 到正态分布的说明》，《探索与争鸣》2019年第10期。

② 张江：《论阐释的有限与无限——从 π 到正态分布的说明》，《探索与争鸣》2019年第10期。

显现（是其所现）的关系，即本体（本质）与现象（表象）的关系。相应地，阐释选择意识哲学范式。阐释活动在主客二元结构中展开，表现为意识反映对象的符合论行动。阐释在实在论立场上必然是"强"的。应当承认，"强的阐释实在论"从文本意义客观性立场出发，基于符合论认知立场解释阐释现象，其自身的形而上学立场与认识论立场并无扞格。问题在于，阐释的意识哲学范式以及实在论上"强"的立场，在近现代哲学攻击之下，漏洞百出，已经难以自圆其说。

康德率先指出事物的"是其所是"（文本的原意）区别于它的表象（"是其所现"），而我们的认识只能把握事物向我们表象出来的东西。事物的表象不过是事物表现在人们心中为人们所把握的主观表象。显然，事物的"是其所现"与事物的"是其所是"是完全不同的东西，它们之间有着存在论差异。也就是说，在原初意义上，"是其所现"存在于心灵（意识）中，它是内在的，而"是其所是"是外在于心灵的。当我们的意识有了对事物的表象，只不过意味着我们把握住了内心的表象，意识有了自己的内容，并不意味着我们把握了外在的事物。人们无法通过事物的"是其所现"实现对事物"是其所是"的把握，更不能将自身的主观感觉等同于事物本身。外在而独立存在的东西与在我们心中存在的东西之间的存在论差异，是无法通过认知活动消除的。

海德格尔则直接解构了事物先行存在的实体性。存在只是一种可能性，并且是一种在世界中存在的可能性，它不是先行上手的实体存在物，而是由在世存在根据其世界性而开显出来的。符合论所依存的存在论哲学并不理解实存概念的存在论意义，所以在意义阐释问题上要求阐释符合文本的原意。虽然海德格尔不同意康德在"是其所现"和"是其所是"之间划定的存在论差异，但他也不否认这种差异的存在，不过在现象学意义上重新对其作出解释而已。按照海德格尔的观点，人是在世的存在，他不是前往到内心的表象中，而是前往到达世界中的物那里去。世界中的物在人的理解中呈现自身。因此断言一个命题是真的，不过意味着命题所指称的事实正好以它所指示的那个样子呈现自身。也就是说，从存在论次序上说，一个断言为真的命题，奠基在人的发现上，让人看见。它在人的看见中将自身揭示为真，展示自身。海德格尔由此断定："命题的'真在'（真理）必须被理解为揭示着的存在。所以，如果符合的意义是一个存在者（主体）对另一个存在者（客体）的肖似，那么，真理就根本没有认识和对象之间相符合那样一种结构。"①

意识哲学范式在英美现代哲学那里也遭遇到激烈批判，普特南认为，寻求一种与人无关且对应着外部现实世界的客观真理是完全不可能的，因为，"思想（从而心灵）便具有与物理对象根本不同的本质。思想具有意向性的特征——它们能指称别物，物理的东西都没有'意向性'，尽管那种意向性要通过心灵对于那种物理东西的运用而得到"②。这就是说，思想或者心灵只有借助某种神秘的力量——即诉诸"上帝视角"——才能完成对物理东西的运用。但问题恰恰在于，并不存在这样一种"上帝视角"。设想一种形而上学实在论，设定一种心灵的神秘力量，不过是思想无能与懒惰的一种表现。人只有人类视角，只能带着人类的立场和偏见去理解自身经验。人必须承认自身的局限性，容忍认识产生错误，将对真理的追求转换为追求一种合理的可接受性。

阐释理论抛弃意识哲学范式，意味着抛弃主客二元结构。实体与属性、本体与表现、本质与现象等一系列对立的关系范畴，被当作形而上学虚构的未经证实的观念被放弃。阐释重心也将从自在意义与客观解释转移至合理解释。文本作为被阐释的对象并非在阐释之前就先行于阐释者和阐释行动而存在，阐释活动不仅建构作为阐释对象的文本，也同时建构意义。如此一来，现代阐释学的任务就不是去理解文本的自在意义，而是去理解文本的合理的可接受性内容。在现代阐释学视域中，文本的这种合理的可接受性内容就是文本的"事情本身"，也就是文本的真理性内容。作为阐释的对象，文本的真理性内

---

① ［德］海德格尔：《存在与时间》（修订译本）陈嘉映、王庆节译，生活·读书·新知三联书店2014年版，第251页。

② ［美］普特南：《理性、真理与历史》，童世骏、李光程译，上海译文出版社2005年版，第7页。

容存在于理解中，在历史地展开的理解活动中开显自身。"也就是说，意义不栖身在呆滞的客观实体（文本）中，而是存在于充满活力的阅读经验中。"① 就此而言，"在文本呈现中自由理解的意义"比文本自在的意义在阐释学上更具有存在论上的本真性。换言之，从文本意义的真理性呈现来说，阐释比文本更重要，阐释出来的意义比作者意图更重要。

需要注意的是，这种阐释观并不否认作者意图的存在，也承认作者意图先行于阐释而进入文本，并构成文本的自在意义。这种阐释观只是指出，无论是作者意图，还是文本的自在意义，都不能直接成为阐释对象。阐释以作者意图和文本自在意义所包含着的合理的可接受性内容为对象，文本中所包含着的这些真理性内容才是文本的"事情本身"，是阐释所直接面对的东西。这样，阐释的意识哲学范式就被阐释的现象学范式所取代，阐释的实在论立场也就相应地转向现象学存在论。

以现象学存在论观点解释阐释对象（文本及其意义），就不会将其作亚里士多德式实体主义理解，归属为必须进入心灵或认识的机能作用范围而被把握的现成之物。文本的"事情本身"，不是文本的自在意义，而是存在于时间中，在时间中延续、变化，将自己的本真性"如其所是"地展露出来的文本的"事情本身"。阐释必须承认这种在"去存在"过程中将自身现实化的"事情本身"的先行具有，否则阐释就是从无中生成有。但这种"事情本身"又不能是现成之物，因为如果将作为阐释对象的"事情本身"当作现成物，阐释就是复原，就是机械克隆，意义就是实体化的意识构成物，一种形而上学怪兽。只有将文本的自在意义解释为现象学的"事情本身"，才能够保证阐释一方面接受文本的限制——阐释不是阐释主体的意志纯粹的、无边界约束的自由发挥，另一方面又能够使得文本的"事情本身"在阐释中"存在"，并生成与阐释所对应的"真理"，让自身的"所现"成为"所是"，在理解中达成"是其所现"与"是其所是"的统

---

① Kevin J. Vanhoozer, *Is There a Meaning in This Text?* Grand Rapids: Zondervan Publishing Hpuse, 1998, p. 56.

一，实现意义诠释与真理解释之间合法的理性关联，从而使得"旧的东西与新的东西在这里总是不断地结合成某种更富有生气的有效的东西"①。就此而言，对文本的阐释，既不完全受外在于阐释者且自在存在的文本意义（作者意图）的支配，也完全不受阐释者的前理解结构的控制，它必然是理解视域与被理解者视域的视域融合过程以及经由这种融合造就的"效果历史意识"。如同文本只能在阐释中才能成为阐释的对象那样，阐释只有相关于文本的可理解的合理性内容，才能生成真理性的意义诠释。这意味着，只有承认文本的"事情本身"先行于阐释者及阐释行动存在，具有存在论上的优先性，阐释直接面对的是文本的可接受的合理内容，阐释作为一种有界而无限的活动，作为一种不断发生着的历史事件和祛除遮蔽、开显真理的行动才是可能的。职是之故，张江先生关于阐释有限与无限的新解说须立基于现象学存在论之上，方能在逻辑上达致融贯。

---

① Hans-Georg Gadamer, *Truth and Method*, trsanslation revised by Joel Weinsheimer and Donald G. Marshall, London/ New York：Continuum，1975，p. 317.

阐释的双重界限：
意蕴预设与有效性判定

——兼论"阐释的有限与无限"问题的理论空间 *

程乐松 **

文本与存在之间的公共性枢纽

经典诠释学与哲学诠释学标示了两种理解形态，经典诠释学以文本意涵或作者意图的预设为前提，展开以文本为中心的意义探究。与此相对，哲学诠释学则将理解视为主体的存在方式，并建构了具有奠基性意义的本体论式生存论。主体性与文本性之间横亘着"有效性"的鸿沟，而作为有效性载体的公共性又从主体间的理解性共识的动态变化进一步勾连了主体与文本。相互嵌套的问题层次，彰显了阐释理论的建构与公共生活中展开的阐释实践之间的张力。

从诠释学史的角度入手理解文本的独特价值很大程度上可以将经典诠释学与哲学诠释学联结起来，凸显文本的意涵预设并不是诠释实践追求的客观目标，也不是判断诠释有效性的客观标准。其基本原因乃是文本意涵只能在实践中以诠释者与作者、文本的互动展开，而诠释必须直面公共生活达成共识的机制和动态过程。这样一来，文本的意涵预设是诠释展开的前提并标示了诠释者的态度，而诠释的有效性则必须倚赖公共性语境中的共识机制，保持动态的弹性。更为重要的

* 本文原刊于《探索与争鸣》2020 年第 8 期。
** 作者单位：北京大学哲学系、宗教系。

是，这种弹性并不是随意的和难以控制的，而是在每一个特定的当下保持某种收敛性，即文本理解的核心共识与周边意见形成动态机制，核心共识是保持了相对稳定性的。只有在一个长时间的动态变化中才可能逐步实现周边与核心的转换。我们必须承认的另一个关键预设是，文本内涵的预设与文本理解的收敛性很大程度上建基于公共理性能力的客观性，以及生活世界的共在性。因此，诠释的有效性很大程度是公共性机制的一个结果，而不是诠释的目标。正如文本意蕴的预设并不是文本理解的目标，而是其出发点一样。

从历史缘起上看，经典诠释学理论以文本的内涵与意蕴的探究为最终目标。在文本意蕴和文本自主性（autonomy of text）的预设基础上，指摄作者意图及其社会历史语境的重构。当代诠释学家贝蒂（Emilio Betti）和赫斯（E. D. Hirsch Jr.）都坚持从经典诠释学的立场出发捍卫作为诠释艺术基础的文本自主性，始终坚持以文本为中心的诠释学理论发展和建构。同时，在围绕文本的诠释迂回（detour）①中避开了存在论意义上的主体哲学话语。

与此相对，施莱尔马赫、德罗伊森及狄尔泰开启了诠释学的理论转向。以作者与读者在心灵过程和生命体验上的共通性为基础强调诠释的“超文本性”。突破文本限制而展开的对理解本身的探究成为这一转变的内在动力。在此基础上，海德格尔进一步拓展了理解的内涵，将一种“认识”意义上的理解拓展为作为“存在方式”的本体论主题，从而完成了诠释学的本体论转向。

伽达默尔十分准确地指出了这种分野：在诠释学的本体论转换之后，方法不再是通向真理的道路。然而，伽达默尔在他自己的理论体系中并没有舍弃文本，而是将文本的意蕴与理解的本体论价值结合起来，让文本保持了面向存在的敞开性，同时也通过创造性误解在文本意涵与主体存在之间架起桥梁。

如果理解作为一种主体在世界中存在并不断完成自我建构的内在

---

① 这里借用保罗·利科（Paul Ricoeur）的概念，是想说明经典诠释学与文本之间的关系。诠释总是以文本与作者的决定性分离以及文本意蕴的预设为出发点，诠释的技术展开与实践既是向文本意蕴回归的揭示，也是从文本意蕴出发的建构。

机制，那么文本的理解或生活世界的理解就必然带有强烈的主体性的色彩，主体间的可公度性以及基于社会性公共空间的共识就成为需要面对的问题。哈贝马斯及罗蒂等当代哲学家都介入了这一问题的讨论，即基于主体建构和理解实践的社会性公共认识的内在机制是什么？如何建立主体间的可公度性？进而言之，是否需要或者应该存在一个对诠释和理解的可公度的标准，是否存在包括文本诠释在内的诠释的有效性标准？

从这个意义上讲，从文本向主体的转向，又通过有效性或公共性的问题回向了作为诠释基础和诠释实践载体的文本。由于诠释和理解本身就是在公共性的环境中展开，并且以公共性表达为基本形态，内在的公共性特征使得文本的意蕴及作者意图作为诠释的目标无法真正被主体话语覆盖。任何从文本出发的诠释行动，最终都必须在超越文本的同时回向作为主体间交流基础的文本，要不然就成为诠释者的"私人经验"或"个体体验"，不是不重要，而是无法进入公共表达的空间。

中国文化对于经典及书写的形式有独特认识。经典不只是作者创作的文本，还是天地之间恒常之道或"真理"的体现。经典文本的意蕴从一开始就具有超越性，其原意假设并不仅仅基于作者的意图或文字的意涵，而是其展开的天地之道。作为先在性预设的天地之道又是需要每一个诠释者通过文本解读的个体体悟及生活经验不断积累逐步感受并表达的。这样的过程既是温习圣人之意的要求，又是体会天地之道的进路，而"人同此心、心同此理"的信念又为经典解读提供了公共性乃至"有效性"的保障。

从这个角度看，公共性为枢纽的文本解读与主体建构可以被当作当代中国诠释学理论开展的一个重要视角。从引介和发展西方诠释学理论，直至回溯中国古典的经典阐诠传统，都可以从这个视角入手展开进一步讨论。从中国文化与思想的语境出发，在主体性哲学建构与文本阐释的意义探究之间，文本作为归约和出发点的意义探究及理解模式重构显然更能够接续传统并开辟新知。然而，文本阐释并不仅仅是技术，更是一种面向公共认知的建构，由此，以文本为轴心，面向公共认知的建构及公共对话空间的形成展开文本意蕴与作者意图的探究和思考,讨论阐释的敞开与收束、阐释的有限与无限,是其来有自、其申有展的重要理论主题。

有限与无限之间的平衡点:有效性的成立

在学界引介的西方经典诠释学及哲学诠释学理论的基础上,张江教授结合在汉语环境下对"阐""诠""释"等核心概念的再界定,通过对以文本为中心的阐释实践的探究,用公共性的设定来勾连文本意蕴与主体建构这两个层次。① 这样的理论取径是值得重视的。其强调了"有限"与"无限"的张力造成的对清晰性和确定性的挑战——阐释的空间及文本的意蕴既是有限的,也是无限的,凸显了进一步澄清和分析的必要性。有限与无限内涵的层次分梳是张江教授的入手点,从文本的开放到阐释的开放、从阐释的边界到有限性的边界,直到可能意蕴与意蕴可能的几组概念,指出了在不同层次与视角中重新刻画有限与无限关系的潜力。②

不断展开的阐释在作为行动实践的意义上的绵延和持续并不必然导致意蕴的无边界扩张。(文本)阐释结果越多,其收敛性越强,即阐释向有效点集中。不妨说,阐释的有效点成为持续展开的阐释实践内蕴的收束性的前提和基础。

阐释的有效性是这一整体框架中十分关键的概念。阐释的有效性建基于两个支点:作为出发点和归依点的文本意蕴与作者意图,以及作为标准和规范的公共理性。诠释的展开既是技术性的,也是社会性的。因此,有限与无限就成为阐释实践中缺一不可的两个面相。从作为出发点的文本出发,诠释方法是在开放与收束的关系中

---

① 张江教授与关注阐释问题的当代著名学者展开学术对谈,其学术指向始终围绕着文本性基础与阐释的规范展开:一方面力图避免从文本预设的独断论或技术性考据;另一方面避免从主体存在与生命经验为指向的一种存在论哲学建构。特别值得注意的是,从字源学的角度重新界定阐释学核心概念的内涵,并凸显其在汉语语义体系中的独特性,这一独特意识体现了一种理论上的潜力,即从汉语及中国思想语境入手,就阐释技术与理解可能等问题,展开中西方之间互有启发的对话。

② 张江:《论阐释的有限与无限——从 π 到正态分布的说明》,《探索与争鸣》2019年第10期。

展开的；从作为结果的理解或阐释来看，意蕴的呈现则是在无限与有限的对举中凸显的。有限指向文本的自主性及诠释的有效性，而无限是指主体共在的前提下文本意蕴语境化的无限绵延。阐释的实践是绵延的，甚至是不稳定的，但其结果必须是稳定和有清晰边界的，因为持续的阐释实践始终都是在"公共理性"的有效性规范与文本意蕴的规约之中的。

作为诠释有效性基础的"公共理性"的动态性中既包含历史的连贯性，也涵括了当下的即时性。"公共理性"是一个基于时间轴和社会实践不断转移的常数，让我们联想到威廉·詹姆士（William James）在讨论意识流过程中强调的意识中心与边缘的转换机制。公共理性的内涵及其标准是持续变化的，公共理性的弹性保证了阐释延伸的可能，而每一个当下的公共理性又成为约束阐释的内在机制。动态性必然预示着"公共理性"的"断裂性"，在一个大跨度的历史视角中，知识结构与认知形态的革命性变化必然导致"公共理性"中有效性标准的断裂，恰如托马斯·库恩（Thomas Kuhn）在《科学革命的结构》中强调的那种科学范式之间的断裂性。文本意蕴及作者意图在锚定了诠释实践出发点的同时，也成为公共认知中有效性的预设基础。

围绕文本意蕴及公共理性展开的对阐释有限与无限的刻画，其直接的理论后果是完成了经典诠释学与哲学诠释学之间的联结。经典诠释学以文本为中心，强调理解与诠释技术对文本意蕴的揭示与阐发始终要以文本的自主性和作者的意图为归依，与之相对，哲学诠释学以作为生命经验的主体共在及历史理性中的主体特殊性为出发点，将理解作为主体在世界中存在的方式及根本进路，文本的概念被最大限度地泛化之后，诠释学就远离作为起点的文本，进入了主体哲学的建构之中。

这个理论联结仍有进一步探讨的空间。意蕴预设与有效性指向成为持续展开的阐释的边界或规约，这两个界限性支点推动我们重新审视诠释学的发展历史和理论关切，分别考察文本意蕴的预设与有效性判定的内涵。在笔者看来，文本意蕴与作者意图是指向诠释态度的预设，而不是一种先在的客观对象，换言之，文本意蕴与作者意图是一个悬置的假设。它不断提示诠释者的态度及其诠释方向，它不是一个绝对客观的标准，因此不能以文本意蕴和作者意图的客观性为标准对诠释进行非此即彼、对错分明的判定。与此同时，基于公共理性的有效性判定是非约束性的希望，而非客观标准。简单而言，公共理性是一个交流及对话的空间，这一空间并不是以刚性边界为基础的，而是在对话中持续变化且保持开放的，由此，我们需要审慎地使用"有效性"这一概念。

从诠释学的理论发展来看，文本的意蕴和作者的意图共同构成的"文本的自主性"逐步被诠释者的生命体验与诠释过程取代了，而诠释的有效性本身也从向文本负责的规范性要求转向诠释者的视角，即诠释的价值在于与世界相处并持续建构自我的过程。诠释者的主体性及其存在样态取代了文本的意蕴，主体共在的生命经验的历史性则取代了文本的自主性，与之相应，诠释实践的公共性也转向了心灵过程的共通性。由此，我们在什么意义上可以在诠释学理论发展脉络中重新确立文本的自主性呢？换言之，意蕴预设这种阐释边界性机制的成立，需要我们重新定义文本的自主性，回到诠释学的历史发展中去寻找线索。从另一个角度看，作为阐释有效性的内在保障，公共理性是一个预设还是一个目标？是一种先在的规范，还是一种可以不断接近的"希望"？是一种标准，还是一种动态的共识？"理性"在什么意义上可以成为公共认识的基础或标准？我们需要与哈贝马斯及罗蒂展开对话。

回向与疏离：为理解奠基的文本性

回到诠释学的理论发展及其转型的过程，将看到从经典诠释学的文本解释技术及文本意蕴的客观性出发的四次理论跨越，推动诠释和理解的理论关切逐步远离文本并转向作为主体的诠释者。第一次也是最具有决定性的分离是作者与文本的分离。在作者与文本的决定性分离之后，诠释就一直在独断与相对主义的张力构成的囿限之内徘徊。独断来自一种文本原意与作者意图的客观性与独一性假设。与之相对，诠释主体经验、历史文化语境等构成了多元和开放的基础。从作者完成作品的那一刻起，"文本的意义就超越了它的作者，这并不只是暂时的，而是永远如此"①，作为一个言语事件主导者的作者隐去了，被言语和书写事件固定下来的文本被显现出来，文本成为作者意图的藏身之地，也拥有了自身的"意蕴"。作者与文本的分离还意味着一次语言事件的终结。作者作为一个隐身的在场者持续与文本共存，但却永不显明地出场，文本永远无法摆脱作者意图及其背后精神世界的纠缠和背书。

当然，文本意蕴并不能等同于构成文本的符号，它是这些在语句结构中的符号呈现出来的"意义"。第二次的断裂就在构成文本的语词、语句与意义之间显现了。利科认为，在语义学的层次上，解释就是一种思想的工作，它于明显的意义里解读隐蔽的意义，展开暗含于文字中的意义层次。利科认为文字本身是多义的，文本深藏隐晦内涵的机制就是象征。象征是任何指向意蕴的结构，其中直接和最初的文字意义额外地指示另一种间接、引申的，乃至隐喻性的意蕴，后者只有通过前者才能呈现出来。② 围绕符号、指称、句法与叙事的不同层次被从文本中提取出来，而意蕴则在这个意义上被淹没于隐喻与象征的迷雾之中。诠释者首先是一个解谜者，然后才是一个理解者和共情者。

对于施莱尔马赫而言，理解是一门艺术，是对文本作者心灵过程的重新体验。由于它始于固定和已完成的表达，并回溯它从中产生的精神生活，因此它是与创作逆向而行的。狄尔泰则是从理解本身的研究转向了精神科学和历史理性的关注。主体的特殊性在历史理性中呈现出来，主体既是诠释者，又是亲历者、体验者、创造者，这种高度内在化的结构使得对文本的诠释转变为对文本背后的心灵过程的理解。问题又转向了对理解本身的理解。理解何以可能？文本的内涵不再仅仅是言语事件或作者意图，而是作者作为主体所经历的精神经验与生命体验。诠释就成了作者与诠释者基于文本的生命经验共享与共

① Hans-Georg Gadamar, *Truth and Method*, Joel We inshe imer, Donald G. Marshall trans, New York：Continuum, 2004, p. 279.

② Paul Ricoeur, "Existence and Hermenuetics", in Josef Bleicher, *Contemporary Herme-neutics：Hermeneut icsas Method*, *Philosophy and Critique*, London：Routledge & Kegan Paul, 1980, pp. 241 – 243.

情，文本成为两个具有理解能力的主体之间的桥梁，诠释者可以在这个过程中完成自我建构。可以说，从历史意识与历史理性批判开始，作为方法的诠释学就不可逆转地成了作为一种哲学的诠释学。

对于海德格尔而言，理解不是一种避免误解的技艺，也不是一种面向文本意蕴的探究，而是主体的存在方式。文本似乎已经从关于主体存在的现象学描述中退场了。海德格尔通过对语言的引入重新确立了一种泛化的文本概念。与文本的疏离使得诠释学逐步变成了一种主体和历史话语框架下的存在哲学。

贝蒂和赫斯等学者始终坚守的经典诠释学进路就是从理论上始终捍卫文本的核心地位。赫斯坚持："对于诠释而言，作者的意图必须始终规范和标准，意义必须是不变且可再现的。"① 文本与诠释对象的自主性和自足性作为一个焦点凸显了科学人文主义与本体论转向之间的本质区别。贝蒂则认为，诠释客体的自主性以及历史"客观性"的可能，使得诠释必须具有有效性的标准。我们必须区分解释与意义赋予的差异。简言之，解释是向文本出发，而意义赋予则是从文本出发。

贝蒂十分准确地指出，意义赋予是由于诠释者的主体性介入而导致的疏离文本的意义建构，只有向文本出发、回向文本意蕴及作者意图的诠释实践才可以被视为解释。在诠释者的介入意义上，文本需要建立关于自主性的界限。自我建构与意义赋予是在文本引发的，在文本之外的心灵效应。这一心灵效应被诠释者再表述出来，进而成为一种主体间理解的资源。我们当然不能认为这一由文本引发的后果与文本及其意蕴没有任何关系，但不得不审慎反思的是，文本在多大程度上可以为这些被主体赋予的意义提供支撑？如果我们将诠释者的意义赋予乃至自我建构也视为文本的一部分，那么文本的内涵就发生了根本变化。

文本的自主性是建基于文本或书写形式的客观存在，它并不能直接指向文本意蕴的呈现，也不能揭示在文本中蕴藏的作者意图。作为诠释枢纽的文本意蕴并不是自足的，而是有待被激活和揭示的。诠释者的主体性介入是文本意蕴被激活的必由之路，向文本出发、指向文

---

① E. D. Hirsch Jr. , *Validity in Inter Pretation*, New Haven: Yale University Press, 1964.

本意蕴和作者意图的解释与从文本出发、指向意义赋予的自我建构的阐发是同一个诠释实践的一体两面。从这个角度上说，文本意蕴和作者意图只能被视为一种预设，这种预设保证了诠释者的态度，以及在此基础上对意义赋予的边界性和合法性的高度自觉。

　　需要进一步考量的是，文本意蕴和作者意图的客观性可以被证成吗？它在多大程度上可以成为一个判定标准，规约诠释性实践呢？在我们看来，文本意蕴和作者意图是悬置的理论预设，无法作为一种刚性的客观标准，无论从经典诠释学还是哲学诠释学的视角看，我们都应该承认这一点。换言之，包括作者在内的任何人都不具备不容辩驳的权威性来定义文本的意蕴，也不能宣称任何不符合被设定了的"文本意蕴"的诠释和理解都是错误的。如果我们这样理解文本意蕴与作者意图在诠释实践中的功能，那么诠释的有效性基石是什么呢？

从有效性到公共性：绵延的阐释实践

　　如果说诠释的有效性不仅来自作为诠释目标的文本意蕴及作者意图预设，更依赖公共理性的判定，那么，我们就可以认为诠释的"有效性"是建基于公共理性的。这就牵涉了两个与公共理性有关系的问题：其一，何谓公共理性；其二，公共理性在什么意义上可以先在于诠释的实践成为一个评判其有效性的外在标准。

　　公共理性是一个十分复杂的概念。除了前文述及的公共理性内涵的动态性之外，从公共理性的形成及运作机制出发，它还指涉了以下三个层次的问题：其一，公共性的内涵是什么，如何区分公共性与社会性？其二，理性能力在何种程度上是一种超越主体间性的共同特征？以及理性能力在什么意义上可以是收束性的，将主体间的差异限制在一个共同的意义空间之内？其三，公共理性的判定是如何达成的，从性质上说，如果作为诠释有效性判定基础和内在机制的公共理性是一种建基于公共性的理性标准，那么这种标准是划一的吗？

　　显然，张江教授不会同意预设一种独立于个体，甚至凌驾于个体之上的理性"巨兽"，来守护有效性的边界。如果这样一个"巨兽"

的确存在的话，那么主体间性和个体的差异就需要重新被证明了。张江教授的确十分细致地描述了"公共理性"的动态性，然而，动态性与作为判定标准的刚性如何共存呢？显然，我们需要进一步探查公共理性的内涵。普遍的理性能力设定总是需要在作为主体的个体中呈现和运作的，我们很难想象一种超越个体的理性能力，但我们可以想象普遍理性能力在不同个体之间达成某种理性判断的共识。这样一来，公共理性的基础就是基于普遍理性能力与主体间的有限共识，这种共识由社会性的公共生活经验塑造。

哈贝马斯提供的一个可能解决方案是社会交往的主题或社会性意义的论域。哈贝马斯强调日常交往中的主体间性，原则上既受到约束，又不受到约束。不受约束是因为它能够被随意延伸，受约束是因为它绝不能被彻底建立起来。① 换言之，与主体之间的共识一样，主体的差异总是在扩展与收束之间动态变化的。从这个意义上说，公共理性是一种社会性共识，或者更直接一些描述为，大多数人认可的常识。其边界是模糊的，诠释的不断延伸和意义赋予的持续进行就使得特定的诠释远离了这种共识，这里并不必然涉及有效性的问题，而是诠释本身的公共性空间和潜力。不妨说，并不需要存在一种可以被共度或得到确定性判断的标准作为诠释的先在基础。

这也符合罗蒂对于诠释学的基本态度，他认为诠释学展示了一种独特的冀望，即在认识论留下的文化空间中，我们不再需要感觉到限制与对照的要求。在罗蒂的理解中，认识论是认为某一话语的一切参与性实践都是可公度的，诠释学就是为反对这一假设而进行的斗争。可公度性预设了共同依据的基础，是收敛性的；诠释则是不以统一说话者的约束性模式为前提的，而达成一致是一种可能性。在认识论的预设中，逻各斯、真理和客观性的预设是基础，与之相对，诠释不是一种认知方式，而是一种与世界相处或处理世界的方式。② 在可公度

---

① Jurgen Habermas, "The Hermeneutic Claimto Universality", in Josef Bleicher, *Contemporary Hermeneutics: Hermeneutics as Method*, *Philosophy and Critique*, London: Routledge & Kegan Paul, 1980, pp. 188 – 190.

② Richard Rorty, *Philosophy and the Mirror of Nature*, Princeton: Princeton University Press, 1980. 在第 7 章及第 8 章中，罗蒂全面阐述了诠释学与认识论之间的关系。

的前提下的收敛性与拒绝约束的可能性，成为互补的两个方面。不难发现，诠释学的功能是填补认识论边界上的文化空间，其基础是存在与生命经验。在一个先于数学化精确构造的、先于认知的客观性存在的意义领域之前，就有给定的生活经验，存在者在其中存在并达成自我理解的存在场域本身的复杂性要求我们在客观化和可公度的刚性与不受约束的可能弹性之间进行平衡。

显然，以上对哈贝马斯和罗蒂理论的征引不可避免地存在着"断章取义"之嫌。然而，其基本目标是为"公共理性"概念的内涵及其在诠释实践中的功能提供新的视角。"公共理性"概念更多是在公共认知的场域中呈现的诠释的公共化空间，以及得到公共理解的潜力，而不具备判定性的功能。与此同时，没有判定性功能的可公度标准的存在，也不会从根本上影响诠释本身的价值，它构成了与刚性的客观意义领域互补的开放性。有了公共化空间及公共理解的潜力，开放性的边界就是可预期的。

由此，我们可以进一步申说意蕴预设及有效性判定这两个阐释的"收束性界限"在"有限与无限"对举中的功能。意蕴预设是一种诠释态度的呈现，也是文本作为诠释枢纽的肯认，从诠释的意义上捍卫文本让阐释避免成为一种彻底的主体哲学话语，如果文本意蕴及作者意图可以被当作诠释的目标，那么这个目标也并不是客观存在的，而是揭示了诠释实践的性质和方向。与此相对，诠释的有效性需要进一步被定义为公共认知基础上的公共化空间和公共理解的潜力，而不是收束性的可公度性。从这个认识出发，"阐释的有限与无限"之间的张力就从文本意蕴的两个极点转向了公共性论域建构的两个视角。

文本意蕴的弹性与公共认识的活力共同构成了阐释不断绵延的必要性。公共生活的延续性及其内在机制决定了人们需要在每一个当下保持在相对稳定的共识之中，而这一稳定共识的建构恰恰需要阐释性实践的持续展开。以文本意蕴的预设为出发点的文本性让阐释实践不仅可以面向文本，更可以面向具有文本性或可理解性的生活世界，阐释实践的绵延由此以独特的方式保障生活世界的动态延续。当然，我们并不尝试以此消弭经典诠释学与哲学诠释学之间的差异，而是在公共性的视角中避免文本意义客观性与主体体验无限性之间不可调和的矛盾，将阐释的价值放在意蕴的呈现与生存的样式之间，保持其独特的价值和活力。从这个意义上讲，有效性指向的并非是判定，文本意蕴凸显的也不是独立性，而是阐释实践展开的双重界限。

有限与无限之间的阐释艺术

——对"阐释学"的现象学分析[*]

王　俊^{**}

张江教授近年对"阐释学"用力甚著，力主以"阐释学"翻译 Hermeneutik/Hermeneutics，取代"诠释学"和"解释学"等传统译法。"阐释"这一概念不仅是一个新的译法，而且在内涵上也更为丰富，强化了这一活动的动态发生性质以及有限性与无限性之间的张力，这是个很具有现象学意味的概念。按照德文术语，"阐释"更接近于 Auslegung，而非 Interpretation，因此笔者认为，实际上不必纠结于"阐释学"应作为 Hermeneutik 的更优汉译，从某种意义上说，"阐释学"的内涵经张江教授的发挥，已经超越了从施莱尔马赫到伽达默尔的"诠释学/解释学"传统，而成为一个相对独立的原创性概念。①

张江教授对于"阐释"的推崇有着完整的汉字考据和义理上的分析。在 2019 年《论阐释的有限与无限》一文中，他再度将"阐释"与"诠释"对置，辨析二者的内涵差别。"诠释"的目的乃是"以确证经籍之本义，尤其是以书写者原意为基本追索，无歧义、可印证、学术共同体普遍认可"，而"阐释"的目的在于"以文本为附体，推

---

　*　本文系国家社会科学基金项目（项目编号：17BZX083）的阶段性成果。本文原刊于《社会科学辑刊》2020 年第 6 期。

　**　作者单位：浙江大学哲学系。

　①　在本文中为了方便论述，Auslegung 译成"阐释"，Hermeneutik 在施莱尔马赫－伽达默尔的传统中译成"诠释学"，其余皆译为"阐释学"。笔者认为，"阐释学"和"诠释学"尽管来自同一个西文词，但是经过中文语境里张江教授的阐发，"阐释学"这一概念在内涵丰富性上超越了"诠释学"。

阐大旨，衍生义理，尚时重用，且'道常无名'，'寄言出意'，乃达释之目的"。因此"诠释"乃是"寻求与求证文本的可能意蕴，排除文本以外的任何可能"，而"阐释"是"追求附加与求证文本的意蕴可能，将无限可能赋予文本"。经此分析，"尚时重用"的阐释较之更执着于文本和客观意义的"诠释"而言，具有更大的灵活性和开放性。张江教授继而论述了"阐释"活动的基本面向，即有限性与无限性的辩证关系，并以圆周率和正态分布的方式对之加以描述。有限与无限的阐释，其决定因素就是阐释对象、阐释者和阐释境域。笔者认为，三者的关系也可以从现象学的角度加以说明，并可以进一步拓展为一种关于阐释的生活艺术，这是传统诠释学所不具备的。

一　阐释的无限性

胡塞尔现象学的要旨在于，将一切客观构建之物还原为主观被给予之物，他通过意向性构建研究把主体性进一步回溯到主体与世界、主体与客体的关系研究，一切客观性在主体层面皆有其可阐释性。由此，诸如感知这样的原初认识，也具有"阐释"的基本结构。在感知活动的意向性构建中，对于感觉质料（Hyle）的思义（Besinnung），即把某物看作什么，把某人看作什么，这样简单的直观感知行为就是一种"具有阐释作用的"行为。胡塞尔有个概念叫"侧显"（Abschattung），指的是对象总是以局部显现的方式被给予我们，而且显现的变化取决于感知对象和感知者在世界中的相对位置——随着对象和感知者相对位置的变化，比如对象的运动或者主体的动感，侧显的角度也在变化。因此对象的百分之百的完全显现是不可能的，我们要通过想象去充实构建我们的感知对象，所有意识对象均为主体意向性结构中的建构之物。在感知活动中，对象预先被给予我们的部分总是局部性的、在场的部分，意向性构建就是要基于被给出的部分构建出一个完整的对象，即从局部构建出整体，从在场部分构建出缺席部分。在这个意向性充实的过程中，意向相关项的构建就充满了多样的可能性，换句话说，从行为主体朝向对象极的方向而言，"思义"是完全开放的，阐释是无限的。在这个构建过程里，一个依据于主体的阐释空间就被开拓出来，相比于预先被给予的那个部分，在此之上的建构空间是开放的、无限的，在不同的境域内、由不同的主体可以建构出不同的对象和意义，这就是阐释的无限性——一种理论框架上的无限性。

如果说在胡塞尔的感知分析中，感知（wahrnehmen）过程还是有内在的明见性、有对象极，所以还是要求真（wahr），那么到了海德格尔的此在分析中，wahr 不是首要的，他用 vernehmen（知觉）[1] 一语，就更偏重主体侧的存在经验，处身性的经验，这是主客分离之前的境界。在这个意义上，如果阐释活动以客观文本和客观原意为目标，就是一个无法完全完成的任务。根本没有一个可以完全脱离主体视野、主体经验的客观的阐释真理，而是只有此在经验之中的阐释经验。作为"在世之在"，我们总是在"阐释"，而不是在"说明"，就如尼采所言："世界阐释（Auslegung），而非世界说明（Erklärung）。"[2] ——说明是有标准的、有限的，阐释是无限的。

另一方面，从发生现象学的角度看，所有的意向性构建都是在视域（Horizont）中进行的，思义和构建是以积淀在视域中的知识和习性为基础的，梵高能把墙角一双破旧的农鞋描绘为艺术品，这跟他天才的艺术直觉和感受力以及与这双切身的农鞋缠绕的生活经验所构成的视域密不可分。视域结构也是伽达默尔诠释学的基本出发点。在日常意义上，视域就是一个人目力所及的范围，这当然是有限的，但是胡塞尔认为，作为意向性建构发生的场所，视域不是静态的，而是不断以发生的方式自我构建的场域，是无限开放的。这种开放性可以从如下三个意义上得到说明：其一，我们都是在世界中存在的，随着我们在世界中目光的转移和身体的运动，视域可以随意地延伸。随着时间的推进，视域的积淀部分也在不断变化，因此对于主体来说，视域总是可以被进一步规定的，其边界是永远无法达到的；其二，阐释的视域可以是个体视域，也可以是共同体的视域，后者类似于张江教授谈到阐释的有效边界时所指的

---

① Vernehmen 在陈嘉映和王庆节翻译的《存在与时间》中被译作"知觉"，这个词原意有"听说、获悉"的意思，不是第一手的觉察。

② ［德］弗里德里希·尼采：《1885—1887年遗稿》，孙周兴译，《尼采著作全集》第12卷，商务印书馆2014年版，第39页。

"公共理性"，与个体视域的延展一样，共同体的视域也是在时间之流中不断转移扩展；其三，视域始终是一个无法课题化、对象化的背景，它始终在那里，但是无法被对象化地构建，因此无法划定其固定的边界。

胡塞尔进一步说，所有视域的大全就是我们的"生活世界"，这也是所有可能性的汇聚，是从个体视域到交互主体视域的延展，任何意向性建构和"阐释"行为都是在其中发生的。因此以现象学的方式描述，阐释的无限性就是视域扩展和意向构建的无限可能性，由个体视域到他者视域再到人类共同体的视域（生活世界），就如伽达默尔所言，胡塞尔的"这个无所不包的世界视域是通过意向性而被构造出来的"①。在这个意义上视域就不是一个静态的界限，而是可以随着意向性构建无限扩展的。

众所周知，海德格尔进一步将把胡塞尔的现象学阐释学化了。具体而言，他把对于意识的意向性构建分析运用到关于人之存在的此在分析上，意向性构建被转化成此在的生存筹划。在海德格尔看来，此在是建立在领会的基础之上的，人之生存就意味着阐释生存、领会生存，因此"此在分析"就是阐释学。"领会"就意味着生存的预先之在（ein Sich-vorweg-sein der Existenz），生存总是作为某种样式生存，因此在一切生存中总有某种意义预先被持有，在此基础上此在生存着。这种预先持有意义上的生存，海德格尔就称之为"领会"，他说道："作为理解的此在向着可能性筹划它的存在。由于可能性作为展开的可能性反冲到此在之中，这种领会着的、向着可能性的存在本身就是一种能在。"② 这也就是张江教授所言"意蕴可能"的无限性。

"对生存的领会"总是与一种先行的"世界领会"联系在一起，因为此在所筹划的可能性（能在）总是在世界的可能性中得到阐释。此在处身境域中的一切环视的相遇之物都是"上手之物"，因为它通往一种阐释的可能性。此在所筹划的阐释可能性在这里成了一个极点，此

---

① ［德］伽达默尔：《真理与方法》第 1 卷，洪汉鼎译，商务印书馆 2010 年版，第 352 页。

② ［德］马丁·海德格尔：《存在与时间》，陈嘉映、王庆节译，生活·读书·新知三联书店 2006 年版，第 173 页。

在筹划着，与世界相互之间进行结构化的互动。在这个阐释过程中，上手之物有了其"因缘"（Bewandtnis），因缘最终在境域之"意蕴"中被固定下来。在海德格尔看来，一切存在者总是在其"因缘"中才能显现，总是"作为"一个被筹划的意蕴显现出来，比如一把锤子可以作为工具显现，也可以作为武器显现，也可以作为一个政治符号显现。这种"阐释学式的作为"乃是一种筹划或建构行为，它与主体和客体所身处的世界关联密切，与对世界的领会相关。海德格尔说："对世界的领会展开意蕴，操劳着寓于上手事物的存在从意蕴方面使自己领会到它同照面的东西一向能够有何种因缘。寻视发现了，这话意味着：已经被领会的'世界'现在得到了阐释。"① 一切存在者都是在"世界"之中被阐释学化，被阐释为一种"作为"，在阐释中成为"上手之物"。在这里，作为意蕴的存在者整体就是"世界"，这是无限的世界，这就是意蕴可能的无限性，它保证了阐释的无限性。

伽达默尔将海德格尔存在论阐释学进一步规定为人文科学的普遍方法，在艺术经验、文本语言等领域论证了阐释学的普遍性及其存在论基础，从而确立了一种"阐释学的普遍要求"。他尤为强调阐释的"开放性"（Offenheit），整个奠基于一种"视域经验"的阐释学—存在论的结构必然要具备开放性，这是"视域融合"的前提，伽达默尔相信，"理解"其实就是视域融合的过程。因此，无限开放的视域和世界成为视域融合和效果历史之演进的前提，"视域融合不仅是历时性的，而且也是共时性的，在视域融合中，历史和现在、客体和主体、自我和他者构成了一个无限的统一整体"②。

二　阐释的有限性

阐释的有限性同样可以用现象学的话语来描述。从意向性构建的

---

① ［德］马丁·海德格尔：《存在与时间》，陈嘉映、王庆节译，生活·读书·新知三联书店 2006 年版，第 174 页。

② ［德］伽达默尔：《真理与方法》第 1 卷，洪汉鼎译，商务印书馆 2010 年版，第 9 页。

角度看，每一个具体的感知过程总是在特定视域中展开并趋向一个特定的对象极，这就决定了每一个具体的意向性构建是有其限度的。一方面，每个个体的视域，即预先被给予之物或者先行把握总是有限的，在每一次具体的意向性建构活动中，其所处的视域总是有限的，作为出发点的身体也是有限的；另一方面，意向性构建的对象极也为构建活动规定了边界。从这个意义上说，如果把对象的意向性构建视为最基础的阐释活动，那么这种阐释活动在实际性层面上总是有限的。对实际性的此在而言，阐释活动总是有限的，它是历史境域中的个别行为，被预先给予的具体视域所限定，被意向性构建的对象极所牵引，因此它终究是有限的。

对于阐释的有限性面向，在海因里希·罗姆巴赫那里多有涉及，他甚至为之专门启用了一个原本较为边缘的哲学术语即 Hermetik，用于对抗传统的 Hermeneutik，我们将之译为"密释学"①。与 Hermeneutik 一样，Hermetik 一词同样来源于赫尔墨斯（Hermes）神，一方面他是传告之神，他向人们传递神的话语和旨意，这就是 Hermeneutik 的面向，而另一方面赫尔墨斯又是秘密之神，他是封闭的，这就是 Hermetik 的来源。因此阐释的无限与有限，在赫尔墨斯神的基本形象中就已经被隐含了。

罗姆巴赫的"密释学"，是针对伽达默尔的作为人文科学一般方法的诠释学提出的。海德格尔的"阐释"（Auslegung）基于在世之在的实际性经验，这也是阐释之有限性的根源。而与此相反，伽达默尔更强调阐释主体面对他者的开放性（Offenheit），并且将与此在关联的实际性"阐释"活动降低为关注文本和文本关联的诠释学，去处理"关于"（über）某对象的文本或艺术品，从而令对象（文本和艺术品）所身处于其中的总体世界退居其次，这是对海德格尔生存论阐释学内涵的贫瘠化，也正是密释学要批判的。

---

① 张祥龙教授建议将 Hermetik 翻译成"密释学"对此他说道：'密释'，既意味着独一、绝对不可，"〔对原初世界〕的密封，在任何意义上被对象化，因为'几事不密则害成'〔《易·系辞上》7 章〕，但又不是封闭和绝缘，因为它找不到现成界限来封闭住自己。"见张祥龙：《导言一》，〔德〕罗姆巴赫：《作为生活结构的世界——结构存在论的问题和解答》，王俊译，上海书店出版社 2009 年版，第 2 页。

　　与基于开放世界和主体视域经验中对象显现的 Hermeneutik 相反，密释学在根源上是追求尚未视域化的、前显现的那个"封闭"领域。与海德格尔的此在中心论或伽达默尔的主体视域中心论的倾向不同，密释学观视的则是蕴含在具体事物中的圆融无碍、先于主客之分的本有境界，意味着"进入这个意义世界，参与它的意义流，仿佛令自身在其中随波逐流"①。这样一个意义世界的边界并不是开放的、无限的，而是封闭的、有限的。

　　"密释学"意味着阐释的有限性，这种有限性针对的是伽达默尔诠释学模式中无限开放的视域，这种开放性是可思忖性（Denkbarkeit）、可言谈性，而密释学则要强调那个原初境域的不可思忖性（Undenkbarkeit）和不可言谈性。如果说诠释学的基本方式是"领会"，那么密释学的基本方式就是"顿悟"。这个密释的原初境域是超越语言的，超越世界领会和文本解释，它是本有之境，是封闭的、有限的。伽达默尔诠释学的开放性在于总是主体面对对象和文本进行阐释，随着主体的视域不断延展，赋予对象的意义也有着无穷的可能。而密释学则坚持，在阐释或领会行为之前，有一个主体和作品、作者和读者、文本和行为共同构造的原初境域，这是一个共创性（Konkreativität）的本有之境。而伽达默尔的诠释学正是在以对象化的方式分割了这个共创结构之后才产生的。

　　因此，如果从密释学的角度来看，我们解释得越多，越是投入开放性，就离这个原初本有的境域越远，越是无法体知这个密释的境界。开放视域和无限世界之前提是回溯到主体经验这个统一基点上，在普遍化的高度上描述现象之显现，但是密释学则主张，在某个特定向度上对世界众多可能性的同一化回溯尝试是无法成功的，反而会导致丧失原初世界。这个共创的封闭世界，无法回溯到某个视域领会，也无法以主体筹划的方式进行拆解，其边界是密封的，只能投入其中方能融贯体认。共创的世界一方面以"一即一切"的方式指引着一切存在，另一方面在密释学层次上，则只能以独特的直观洞察的方式

①　[德] 罗姆巴赫：《作为生活结构的世界——结构存在论的问题和解答》，王俊译，上海书店出版社 2009 年版，第 35 页。

加以把握，而不是通过语言、概念或者范畴的分析来把握。当代现象学美学中关于"氛围"（Atmosphäre）的讨论是一个贴切的密释学例子，氛围总是局部的、有限的，不可充分言传，只能置身其中才能体验。罗姆巴赫将宗教经验视为密释学的一个经典情形，他因此批评伽达默尔在《真理与方法》中讨论"对那些超越科学方法论控制领域的真理之经验"或者"那些外于科学的经验方式"时，基于其自身的知识趣味处理了"哲学的经验""艺术的经验""历史本身的经验"等通过科学的方法无法验证的经验领域，却唯独将宗教这种最古老、最普遍的真理经验方式忽略了。①

如果说伽达默尔那种执着于开放性的诠释学处理的是"关于"（über）文本或对象的理解问题，那么封闭的、有限的密释学则要表达人、物与世界的关系。一件艺术品首要表达的是它所从出的世界，这是先于一切语言并且使一切表述成为可能生活结构。艺术品的真理乃是其世界的一部分，或者说，它展示了其所属的世界，甚至可以说，就是其世界。雅典卫城遗址首先不是一个孤立的石制建筑艺术品，而是在天空下、大海边、岩石上的那个世界的组成部分，它所属的那个世界是封闭的、有限的、唯一的，同时构成遗址的每一块石头也折射出它所从出的这个世界和漫长的历史和自然变迁。这种共创的相互映射的关系在逻辑上和时间上都先于我们对于这一建筑艺术品的各种方式的对象化研究和思义。因此，密释学是对本己所处世界的把握，是境遇化的体验，而不是通过一个对象把握背后的真理。其尺度不是作者想要说什么，而是物本身想要说什么。密释学寻找着思想本身的动力，寻找决定作者的思想，而不是作者所决定的思想。在作为普遍方法的诠释学之前，密释学更关注的是那个具体的、有限的起源点，寻找那个喷薄而出的原点，一切阐释的意义都由此涌现出来。

对于所处身其中的有限世界的密释学式的感知，是更深层次的感官性知觉，而不是理性化的诠释或者对象化的思义活动。这种顿悟式的感官性直觉贯通、渗透在我们对有限世界的体认之中。人们无法通过物或者特征来定义密释学现象，它先行于这一切，它遵循一种独特

---

① Heinrich Rombach, *Der kommende Gott*, Freiburg: Rombach Verlag, 1991, S. 78 – 79.

的存在论，这种存在论不是服务于物之范畴或者概念的。比如"温暖"这个现象，在开放意义上，它可以有着无限多的意义和理解、无限多的个别呈现，但是在密释学的意义上，对于每个具体的人而言，"温暖"就是在具体情境的关联中才能被感知到的，这具体的情境下的温暖就是密释学的现象，对于婴儿而言"温暖"就是母亲的怀抱，这是有限的、封闭的密释学质性。如果以张江教授的话语来表达，密释学论述的就是阐释对确定性的追求，某种"自在意义"。密释学实际上是一种深层阐释学。

三 阐释的艺术：有限性与无限性之间的均衡

如果我们把阐释学上升为一种海德格尔意义上的"总体阐释学"[①]，其意义就远远超出了伽达默尔所言的首先作为一种人文科学方法论的诠释学方法，同时也涵盖了密释学（Hermetik）的维度。从更宽泛的意义上说，阐释学是追求有限性与无限性之间均衡的生活技艺。阐释学的无限性面向乃是以从主体及其视域出发的意义阐发为中心，而有限性面向是以阐释者、阐释对象及其所处的世界为中心，后者就是罗姆巴赫所言密释学的含义。在作为生活结构的世界之中，阐释学不仅是理解的技艺，更是安置意义、使主体融入共创的世界共同体的技艺，因此理想的总体阐释学乃是追求均衡的活动，体现出有限和无限的辩证平衡。

一方面，科学主义的绝对客观性和精确性，以及由此引发的生活的单向度和意义的缺乏，主体感受力和思义能力不断萎缩，人在技术世界不断被矮化和异化。作为对此趋势的克服，现象学重新发现人的意识行为和存在经验中视域结构的开放性、意义的丰富性、主体的能动性，将人类观念导向破除唯一科学真理、破除唯科学主义的向度，为科学及其方法划定限度，这是阐释学之无限性面向的积极意义。比如伽达默尔的《真理与方法》开篇就宣告该书乃是要"探寻那种超

---

① 关于"总体阐释学"，可参看孙周兴《试论一种总体阐释学的任务》，《哲学研究》2020年第4期。

出科学方法论控制范围的对真理的经验", 也就是"那些外于科学之外的种种经验方式", 即"哲学的经验""艺术的经验""历史本身的经验", 等等, "所有这一切都是真理得到昭告的经验方式, 而这种真理通过科学方法的工具是无法验证的"①。从这个意义上说, 阐释学的目标乃是以一种面向生活的非科学方式来描述真理, 这是一种"阐释的艺术"(Kunst der Auslegung)②。

而另一方面, 与现象学方法有着千丝万缕联系的后现代主义哲学和极端诠释学经历了主体方面的过度高扬之后, 导致了对固有生活体系的绝对破坏、无穷多的破碎意义意味着没有一个完整的意义, 没有一个有建设性的意义, 因此阐释的有限性面向就要对过度张扬的无限性进行均衡。阐释的无限性是以有限性为根基的, 无限开放的视域是以封闭的原初世界为根基的。罗姆巴赫用"密释学"表达了这个思想意图, 他通过对宗教和神话的关注弥补了《真理与方法》缺失的那个维度, 他相信神话和宗教经验相比于文本、艺术和哲学更加直观地向我们展示了封闭的原初世界的纯粹性。宗教徒在那一刹那的信仰体验, 是通过包括文本在内的任何手段都无法通达的, 这种令人保持敬畏的封闭的原初世界是一切"理解"的基础。

更进一步看, 阐释的有限性和无限性两个面向实际上反映的是宗教和哲学视野中的世界差异, 是 mythos 和 logos③ 的差异, 前者是有限的、原初封闭的, 后者无限的、开放的。mythos 指以故事、神话、诗歌的形式口传, logos 指以层层延展的视域理解进行书写, 进一步具体化为概念、符号、体系。叶秀山先生曾明言二者的差别: "Mythos 和 Logos 同样为说, 但 Mythos'说'的乃是'活生生的世界', 是一种艺术的直接的生命的'体验'; 而 Logos'说'的则是'概念'的'体系','符号'的'体系'。Mythos 是'参与'性的, logos 则

① 见 [德] 伽达默尔:《真理与方法》第 1 卷, 洪汉鼎译, 商务印书馆 2010 年版, 第 4 页。部分译文略有改动。

② "阐释的艺术"之说法来自尼采, 他曾说: "虚构一个世界, 一个合乎我们愿望的世界……本质上是阐释的艺术。"参看 [德] 尼采:《1885—1887 年遗稿》,《尼采著作全集》第 12 卷, 商务印书馆 2014 年版, 第 415 页。

③ 当然这里的 logos 不是科学主义中"理性之滥用"的理性, 而是哲学的理性。

是'省察'（θεωρια，speculative）性的。Mythos 侧重于'我在'的度，而 Logos 则侧重于'我思'的度。"① 当然这两个世界并非截然分开或彼此排斥，而是体现出差异连绵和互补，阐释的有限性和无限性在生活世界的历史性进程中不断流变转化。Mythos 象征的有限性为 logos 象征的无限性奠基，同时，无限性又为众多有限性的共同存在呵护一个开放的整体框架。张江教授描述的正态分布的连绵曲线，正是对于生活意义之流涨伏的描述。阐释学的世界既有其兴起（Aufgang），也有其没落（Untergang），现有视域达到边界之处，恰好是新的原初境域生成之开端。

世界是复数的，而且是处于运动中的，各种文化作为多重层次交织缠绕在一起，众多基层的封闭世界共同勾连表达更高层的世界整体。一方面我们要捍卫单数的个别世界的原初经验，另一方面也要呵护多元的世界整体框架，阐释学的有限性与无限性，恰好要承担起这两方面均衡的任务。在作为生活结构的世界之中，阐释学不仅是达成理解的艺术，更是安置意义、使主体融入共创的世界共同体的艺术，是均衡个别世界的原初经验和多元世界之整体框架的艺术。从这个意义上看，兼具无限性和有限性的"阐释学"就不仅是施莱尔马赫—伽达默尔所构想的首先作为理解文本之技艺、偏重于"解释"的诠释学方法，也涵盖了关注原始境域、强调境域之原初封闭性的"反解释"的"密释学"涵义，体现出有限与无限两种面向之间的均衡，成为一种存在论意义上的"生活艺术"。

_____

① 叶秀山：《从 Mythos 到 Logos》，《中国社会科学院研究生院学报》1995 年第 2 期。

论有限与无限的共时性

——重思"阐释"*

高　楠**

　　西方缘起于古希腊的哲学传统自尼采而陷入萎顿。尼采"上帝死了"的宣言也是对形而上学的宣言。后来的战争灾难使得对于理性大感失望的西方人进一步把这种失望转入对形而上学的批判。尽管如此，经由德国古典哲学的形而上学的光彩使那些试图反叛者没有勇气投身光照之外的茫茫黑夜。不过之后，由柏格森、弗洛伊德、胡塞尔、海德格尔、阿德诺，乃至后来被称为后现代主义哲学群体的相继发力，终使形而上学碎片化的工程现出规模。这种情况被布鲁姆经典地表述为"如今学界是万物碎片，中心消解，仅有杂乱无章在持续蔓延"。① 哈贝马斯则是无奈地提出，西方黑格尔之后所有思想流派立足的根本，即对待形而上学的态度，至今"已经变得暧昧难懂"②。西方理论的这种哲学碎片化的解构倾向，在 20 世纪末以后现代思潮涌入中国，并以西律中地引起中国理论研究包括阐释论研究的理论碎片化。在这样的背景下，张江教授在《论阐释的有限与无限》论文中对阐释学有限与无限关系的探索，就有了整饬碎片进行哲学阐释学总体性建构的重要学术意义。其中尤为突出的问题呈示，即对于阐释这一概念本身的反思。

---

　　* 本文原刊于《探索与争鸣》2020 年第 1 期。

　　** 作者单位：辽宁大学文学院。

　　① ［美］哈罗德·布鲁姆：《西方正典》，江宁康译，译林出版社 2011 年版，第 1 页。

　　② ［德］哈贝马斯：《哈贝马斯精粹》，曹卫东选译，南京大学出版社 2004 年版，第 319 页。

哲学阐释学的理论关注

对张江《论阐释的有限与无限》论文进行读解，并对其阐释论意义进行阐释，文中体现的哲学普遍性视角，及对理论碎片化现实所表现出的批判意识，是需予强调的。哈贝马斯曾提出哲学解释学的概念，强调它的批判性、反思性及语言的交往性。① 基于此，本文认为《论阐释的有限与无限》体现了哈贝马斯对解释学所作的哲学特征的建构性强调，因此也可以将之称作哲学阐释学建构。哲学阐释学，并非对哲学的阐释，而是从哲学普遍性角度，对阐释的阐释。阐释的有限与无限问题，是哲学阐释学的基本问题，这是对阐释的时间与空间属性的具有反思意识的探索。就阐释学问题域而言，它关系阐释的规定性、构成性、合法性、有效性、公共理性等一系列重要问题。并且，它由阐释的具体层面进入哲学层面，使得阐释的现实性与可能性、必然性与应然性、个性与公共性及融通性与共识性这类更为抽象的问题域，在现实具体的阐释中凸显出来。因此可以说，这是西方哲学经过几十年乃至上百年的形而上学解构，在观念与实在的抗争中，在理论碎片化已然成势的情况下，中国阐释学做的向更高层次的阐释普遍性收敛与复归的努力。

阐释论需要在更高的哲学层面求解阐释问题，也唯有在更高的层面求解这类问题，规定着阐释的更高层次的普遍性才能获得真理性求解。当然，这里从西方形而上学碎片化的背景反思性地提出问题，《论阐释的有限与无限》所要复归的并不是西方那套传统的形而上学态度及形而上学方法。西方那套理论的片面与僵化，尤其是多个世纪沉积下来的形而上学观念化，确实已难以为继，一个多世纪以来，西方逐渐演进的批判形而上学的趋向，具有充分的历史合理性。但这并不意味着西方碎片化的阐释论研究就是具有合理性的研究。近些年来，西方阐释论研究流派纷呈，各执一端，彼此攻讦。它们常常为证

---

① ［德］哈贝马斯：《哈贝马斯精粹》，曹卫东选译，南京大学出版社2004年版，第133—134页。

明各执一端的合理性，而使自己这一端封闭起来，以求城墙的不可逾越。形式主义、接受美学、结构主义、新历史主义、新批评、解释理论、解构主义等，这些辉煌一时的理论陆续走向暗淡，走向消沉，与它们各执一端的理论封闭脱不开干系。这也是理论碎片化的后果。西方阐释学因此进入理论杂陈的时代。美国加利福尼亚大学特雷萨·德劳瑞蒂斯应美国著名的跨学科理论杂志《批评探索》之约，就"理论的危机"阐述己见时说："20世纪60年代以后，在批评话语的流动中，自然对文化、理论对实践、本质论对社会构成主义的争论以及相关的'二元对立'争论，那些看似关键的时刻，都只是暂时的停顿，很快都被一种新的关注和另一种争论所超越。"① 德劳瑞蒂斯的这种对于理论因碎片化而流动不已、难以伫足状况的描述，总体上合于几十年来西方理论及阐释论的实际情况。对这种情况带来的理论研究的茫然不知所措，德劳瑞蒂斯表述为"最终我也无法讲清最初是什么使树枝和树叶纠缠在一起"。②

19世纪80年代后，在西方思潮的大力冲击下，中国文学理论与阐释论，在接力式的迅奔中，快速地传递了西方百余年的理论接力棒，那一个个里程碑式的西哲名字，在逐一传递中，建构着中国的理论之体，理论碎片化的倾向也随之传递开来。这种倾向以走马灯式的问题流转方式展示开来。固然，问题式研究是理论研究的重要方法，问题式研究的理论目的是在问题求解中进行理论建构。然而，这几十年来问题研究所存在的问题在于，不少问题研究并没有进入理论建构层面便不了了之。其中的原因离不开对于西论的非语境转用③，以及

---

① ［美］特雷萨·德劳瑞蒂斯：《理论立足于现实》，王丽萍译，王晓群主编：《理论的帝国》，中国社会科学出版社2004年版，第35页。

② ［美］特雷萨·德劳瑞蒂斯：《理论立足于现实》，王丽萍译，王晓群主编：《理论的帝国》，中国社会科学出版社2004年版，第35页。

③ 理论必然是具有历史延续性的，但同时，理论的历史延续性及理论创新必然要伫足现实。现实是以语境方式发挥作用，任何理论都具有彼时彼地的语境性。瑞恰慈曾从文章的上下文，话语环境及某段时期一切相关事情的综合影响论及语境（瑞恰慈：《论述的目的和语境的冲突》，张福德译，赵毅衡编选：《新批评文集》，百花文艺出版社2001年版，第333页）。西方理论对于中国的传入，难以把西方当时的语境带入进来，因此是非语境的，需要进行中国现实语境的转换，否则，便难免以西律中。

中国自身理论研究没有或在一段时间里尚没有能力坚持在更高理论层面的普遍性提升。这便助长了中国理论研究的两个倾向：一是理论碎片化倾向；二是理论研究的实用主义倾向。

当理论研究缺乏哲学层面时，理论碎片化与短视的实用主义会在所难免。在中外阐释论均已理论地对哲学阐释论形成吁求的情况下，张江凭借中国阐释论建构的经验，对于理论研究走势的把握，以及必要的理论积累，推出《论阐释的有限与无限》这篇论文，由此便获有了对于阐释本身予以关注的重要理由。这一理由正如他在论文开篇所概述："一些重大成果影响巨大，一些努力和探索渐为共识，但从总体看，依然未有定论，概念混淆不清，证词流于空泛，倚重权威言论，少有确立论断，问题讨论仍停留于无休止的混沌之中。"① 这是当下阐释研究有待进一步向更高的阐释普遍性提领与提升的理由。

有限阐释的无限性及无限阐释的有限性

从有限与无限这个哲学层面进行阐释思考是在进行哲学阐释论的建构。它论及了两个具有更高普遍性层位的哲学范畴，更重要的是，体现了更高层次的阐释学视野、阐释学态度及阐释学方法。立足这个层位进行阐释问题的发问与追问，被召唤而至的东西，便是阐释理论基础性的东西。这一召唤关注的，不只是阐释如何、阐释怎样及阐释何为何用这类可以具体阐发、描述及求证的问题，而是更关注隐藏于这类问题背后并对这类问题予以规定的更深层的东西，亦即作为众源的那个何所为。何所为亦即为什么要如此的那个原因。通常说，阐释即对于文本未明确说出的意义的阐释，这是阐释要如何。当进一步追问为什么阐释就是对文本意义的阐释，也就是阐释为什么要如此阐释时，阐释本身便退居为追问背景，而阐释背后规定着意义阐释的那个生成着阐释、展开着阐释的东西，即阐释何所为，就被推至追问的正面。这就是对更深或更高层次的普遍性的哲学追问。亚里士多德曾专门谈到这种追问，他称此为目的追问："还有个何所为，就是目的，

---

① 张江：《论阐释的有限与无限》，《探索与争鸣》2019 年第 10 期。

它不为任何其他东西，而其他东西却都为着它。如果事物有了这样一个终点，它就不是无限制的，如果没有这种东西，也就没有何所为了。"这里便涉及有限与无限。就事物不断发展说，一个目的接着一个目的，这是无限的，但每一个目的又是一个终点，在终点处，一个实现目的的阶段结束了，这便是有限。无限在运动中，有限在实现中，亚里士多德进而说："必须把质料理解为运动着的东西，没有任何东西作为无限存在。若是这样，那么作为无限而是或存在的东西，便不是无限的。"① 即是说，如果不能从运动角度理解质料，则没有任何东西是无限的，无限存身于无休止的运动中。

把文本质料理解为语言，则阐释的开放是语言向阐释的开放，亦即语言的无限运动。而作为质料的语言又是有限的，因此，阐释便在这种有限中收敛。对于阐释的有限与无限这种转换关系，张江教授指出："作为一对相互依存的共轭变量，两者之间是相互包含、相互决定的积极关系，而非相互否定、相互排斥的消极关系。开放与收敛平衡，无限与有限相融，无限在有限中展开，有限约束界定无限。"② 为此，在哲学视域中，阐释获得了更高普遍性的理解，在这种理解中，多有争论的文本本意问题，成为在文本有限与阐释无限的关系中具有关系属性的问题。本义是有的，是在阐释中无限生成的本义，阐释把文本本义投入无限，文本本义又把阐释收敛为有限。面对文本本义因阐释而生成的无限，任何有限的封闭或自我封闭都是不合阐释的封闭，因此任何确定的以及既定的阐释，都是不合理的阐释；而面对阐释因文本本义而收敛的有限，任何不确定的，无端或无理由的阐释，也都是无意义的或强制性的阐释。这里的关键是张江提出的"共轭变量"，它所表达的有限与无限并不是通常理解的在时间与空间的无限延续中实现的历时性的有限与无限，而是一种共时性的有限与无限，即有限中共时共在地存有着无限，而无限也共时共在地存身于有限。这种有限与无限关系的共时性理解，可以在古希腊阿那克萨哥拉

---

① ［古希腊］亚里士多德：《形而上学》，苗力田译，中国人民大学出版社 2003 年版，第 35 页。

② 张江：《论阐释的有限与无限》，《探索与争鸣》2019 年第 10 期。

那里找到哲学史根据。阿那克萨哥拉提到万物相聚的混沌状态——这也是精神把握的世界初始状态，他认为在这个状态中"万物聚在一起，数目无限多，体积无限小；因为小也是无限。万物聚在一起时，由于微小，是不清晰的"。① 万物相聚，既是有限物的无限多与无限小，又是无限多与无限小的有限物。有限与无限共时存在，存在于万物相聚的"整体中"②。这种思维方式在西方不断强化的形而上学思维中逐渐失去了活力。但有机整体性的思维方式在中国传统思维中却一直活跃，由此形成的对于世界有限与无限的整体性把握也一直被传承。

这是一个极性关系体的理论带入。这一带入不仅展现了有限与无限这个关系体共时而在的两极，而且，这两极的共时互构同时又是历时延续的。对阐释的有限与无限的相互关系，《论阐释的有限与无限》分别从无限、有限、无限经由收敛而进入有限及阐释由无限进入有限的有效性方面进行哲学阐释学层面的概述。这类概述均建立在感性实体存在的基础上。这些感性实体存在均发挥着亚里士多德所说的质料流动的作用，所以在其无止境的发展与变化中，它才是无限的。它无限地通过释者的切生体验、理解及反思，形成着阐释。对阐释的有限性，《论阐释的有限与无限》讲了三个要点，即确定对象的阐释、对象文本的确定意蕴的阐释、释者用于阐释的确定意图的阐释。这三种确定性在具体阐释中虽然都是相对的，但它们确定地存在着，又确定地发挥着作用，就像每天早晨的特征是相对的，但每天早晨又都是确定的一样。

导向两极共体的范畴辨析

在阐释的有限与无限这一两极共体关系中，具体与普遍、或然与确然及敞开与收敛，成为阐释的过程性运作的现象学特征。由此，对于两极运作的逻辑范畴的辨析，便成为随之而来的阐释论要题。

---

① 杨适：《古希腊哲学探本》，商务印书馆 2003 年版，第 257 页。
② 杨适：《古希腊哲学探本》，商务印书馆 2003 年版，第 257 页。

　　如前所述，古希腊的有机整体性思维方式，使他们发现了有限与无限相依相在的共时特征。至亚里士多德，虽然形而上学思维方式日益走出有机整体性，但作为思维延续，仍使他成为有限无限共时互在关系的关注者。亚里士多德把无限置于有限，认为无限总是有限的无限，而有限又是无限的有限。他认为"无限绝不是一种分离的自身存在"，"无限显然不以现实方式而存在，如若这样，不论取来它的任何部分也都是有限"。① 即是说，无限存在着，但不是自身地存在着，而是依附地存在着。它本身不可感，但却依附于可感物因而可感，而这可感物必是有限的，"既然地点不可能是无限的，物体也不可能，在地点上总有个某处，或是在上，或是在下，或是在其他某个地方，这些东西每一个都是某种界限"。② 亚里士多德对有限与无限关系属性的这种互依互在的解释，由于他的形而上学奠基者的身份，因此也便为后来西方形而上学地理解有限与无限关系奠定了基础。不过，随着形而上学二元对立倾向的展开，主体与客体、此时与彼时、此在与彼在，乃至形式与内容、现象与本质等也便被置于分立甚至对立之中。由此，有限与无限的共时互在关系也便难以维系了。有限在后来的形而上学中便逐渐被理解为直观、感性现实或感性实在；无限则被理解为普遍、一般或超验。在这样的范畴转化中，有限中的无限被推升为抽象的历史无限，从而观念地抽身于有限，成为无限的观念；而有限失去了共时互在的无限，它也便自我封闭起来，成为观念化的感性实在。从张江《论阐释的有限与无限》，可以看出他在哲学阐释论建构中对于古希腊哲学的汲取，及对于后来的西方形而上学的否定。

　　《论阐释的有限与无限》重点辨析的阐释论范畴被分为四组。这四组辨析均围绕有限与无限的共时互在关系展开。第一组，文本开放与阐释开放。这是此前阐释研究中经常被模糊运用的一对范畴。文本开放，是文本向接受的开放。阐释开放，则是接受向文本的开放。前

---

　　① ［古希腊］亚里士多德：《形而上学》，苗力田译，中国人民大学出版社2003年版，第233—244页。
　　② ［古希腊］亚里士多德：《形而上学》，苗力田译，中国人民大学出版社2003年版，第236页。

者因接受获有无限，接受可以无限地运用可能的接受机会，接受方式及接受资源，但这都是文本有限规定中的接受无限；后者使文本获有无限，文本赢得了来自接受的无限机遇，因此有了被无限阐释的可能性，但这又是在接受有限中的文本无限。第二组，阐释的边界与阐释的有效边界。边界与有效边界的区分，是张江继《公共阐释论纲》之后对于"阐释如何才是正当"这一问题的进一步思考。在阐释的有限与无限的哲学层面上，他开掘了赫施（又译赫什）的阐释有效理论。阐释的边界是阐释对于阐释无限的边界，因此是阐释对于阐释的边界，亦即阐释在怎样的阐释中方为合理的边界。由此也可以看到，哲学阐释论中有限与无限关系范畴的导入对于阐释学的普遍性意义，以及对于阐释与正当阐释标准进行求解的意义。第三组，蕴含、可能蕴含、蕴含可能。蕴含即文本显现的本来意义，这是作者的意图赋予；可能蕴含，也是文本自身的，是在文本中可以揭示的；蕴含可能，是文本被释者接受过程中，文本与释者所可能共生的。前面提到的赫施所捍卫的，当属蕴含与蕴含可能，哲学阐释论的有限与无限关系则综合地见于蕴含、可能蕴含及蕴含可能三个方面，它们都是蕴含无限与有限，又是见有限于无限。第四组，诠与阐。诠与阐这两个范畴，是承前三组而来的，对差异鲜明的两种阐释方法的区分。这种区分此前被阐释研究者普遍忽略。张江所以特别强调这种区分，是因为从有限与无限的哲学层面而言，它们具有不同的极向意义。诠，张江借助古汉语语义训诂，指出这是对于文本确证本义的方法；阐，则是开门纳客，围绕文本引经据典、广为交流的方法。诠的极向意义是有限中无限，阐则是无限中有限。这一辨析可以做这样的理解，即诠是使文本中既有的东西自己站出来的阐释方法，站出来即从文本中澄明出来，它原来就在文本中。而在阐中站出的则不是文本本义，而是释者与文本共生并与之共同站出，这便是蕴含可能。在这一共生共站中，双方也都有无限的可阐释性。

搭建于阐释 π 的两极通路

《论阐释的有限与无限》大胆地并且非常重要地引入了 π 这个来

自数学的关键词。π，即圆周率，是任意一个圆的周长与直径之比。这个比用数学语言来表述，即介于 3.1415 与 3.1416 之间。然而，如此微小的数字差之间，却横亘着一个无可逾越的无限。张江引入这一关键词时介绍，π 的位数已达 30 万亿以上，其结果仍为除不尽的、非循环的无理数。

π 的引入，其效果不仅是一个来自异域的数学概念所唤起的新鲜感，其中更为深刻的意义是，π 带入了一种重要的思维方式。

就哲学的思维设定而言，最容易谈论的是无限，因为它可以是个无指代而又自我完善的概念，并最终在观念化中终结；同时，最难谈论的也是无限，因为它唯有获得现实实在的论证，才有理论意义与实践意义。这一难题，在黑格尔对于康德"物自体"的自然概念批判中便已提出。黑格尔说：思维本身是具体的，而这种判断并不是从知觉中创造出来的，"康德指出，具有先天综合判断，这里面所包含的思想是伟大的；但是，另一方面，他对于这个思想的发挥却停留在十分普遍的、粗糙的、经验的观点之内，不能说是有什么科学性。"①从自然概念，黑格尔对康德进行了三点指责，其第二点指责便是就其中的无限而来，即由于康德确认的那个无限与善没有关系，因此便只能"又把我们带回到那个不知道的神"②，"它要求内容为完满的理念所充实，亦即要求内容本身为概念和实在的统一"③。黑格尔对康德批判的深刻性，在于他看到了康德从自然的科学名义出发，却转入经验的思辨并最终落入先验的主观规定之中。要走出康德经验的、思辨的无限论怪圈，使哲学阐释论的无限论不至于落入文本有限与阐释有限的外设的观念之中，而是提供其客观的历史实践根据，张江必须拿出一个既是观念且又是感性现实，既经验且又具有科学性的关于无限的证据。π 的引入，使这一难题迎刃而解。

---

① ［德］黑格尔：《哲学史讲演录》第 4 卷，贺麟、王太庆译，商务印书馆 2011 年版，第 290 页。

② ［德］黑格尔：《哲学史讲演录》第 4 卷，贺麟、王太庆译，商务印书馆 2011 年版，第 339 页。

③ ［德］黑格尔：《哲学史讲演录》第 4 卷，贺麟、王太庆译，商务印书馆 2011 年版，第 283 页。

π就在眼前，那样的现实具体，像眼前的一棵树、一棵草，但同时它又是在现实具体中展开的无限。π会向更深入的方向探索，以求证更精准的π值。这是一个无限的过程。π的方法论意义，在于为阐释设立了一个客观的维度，无论是文本，是接受，是释者，还是在此三者中延续的历史，都具有各自的客观性，它就像π那样的客观，而且就在π那样的客观中，客观地存在着它们各自的无限展开。

在导入π的同时，在区分诠与阐这两个范畴的同时，阐释的开放与约束如何对待，有限与无限如何表达，阐释的有效性及所体现的理性的公共性程度如何验定的问题便突出出来。因为显然，具体阐释只能通过释者的个人阐释完成，个人性或个体性是具体阐释不言而喻的形态特征。而且，每一个具体阐释，只要释者在认真做这件事，这件事就一定体现着他的智力水平，包括选择阐释对象的水平、展开思维的水平、运用与组织证据材料的水平以及运用语言进行表述的水平，等等。因此，释者对自己的阐释自然会有一个面对自己的自我认可的态度，这种态度不会因为他对阐释的交流性、敞开性乃至无限性持肯定的态度而有所改变。于是，有多少具体阐释，就有多少释者的自我认可。为此，赫施提出了有效性如何验定的阐释学的普遍性问题，但他对这一问题的解答却令人无奈。他说"在此前所涉及的一些数量范畴，如'更多''更少''很多''很少一点'，都是含糊的概念"，但他随即申明，即便在这种判断中缺乏数量上的精确性，也"不会以任何一种方式影响到判断的正确性"。他以面对两堆沙子来说明这种"正确性"："人们无需严格地确定两堆沙子中所拥有的具体沙子总数，而只需去定两堆沙子间相对的比例，就可以轻而易举地而且正确地去断言，这堆沙子比另一堆沙子更大一点。"[①] 这样，赫施便把阐释是否有效这一事关阐释命运的大事，交付给了估堆式的经验直觉。这对于哲学阐释论，也同样是一个严肃的问题，因为在有限与无限这种极性追问中如果没有客观的、科学的根据，黑格尔对康德哲学的观念性批判就仍然有效。为此，《论阐释的有限与无限》给出了一个阐

_____

① ［美］E. D. 赫施：《解释的有效性》，王才勇译，生活·读书·新知三联书店1991年版，第198页。

释有效性验证的新的概念——阐释的正态分布。

正态分布，如该论文所概述，是随机变量概率分布的规律性表达。就阐释的总体性与历史性而言，它是众多具体阐释的聚合，这是交织的束状聚合，因此这必然是体现为数字的。而且，不同的阐释意见，是可以进行意蕴分类，并且在阐释中也自行进行意蕴聚合，这里有追随、有争论、有对立，也有不同程度的融合。当对意蕴进行类分时，众多具体阐释所形成的数字聚合，便也随着类分而形成数字分布，这便是概率分布。于是，概率分布的规律性便发挥作用，并且量化为数。对正态分布，《论阐释的有限与无限》将之描述为钟形对称曲线，"依曲线最高点向下横轴作垂直线，以此线为中心，钟形曲线两边呈对称状态，平滑均匀下降，开口逐渐扩大，无限趋近于横轴"。① 从阐释学说，那横轴便是"现象或文本呈现"，也就是赫施所说有待阐释的可以从中提取意义的文本范型。这范型不是意义，却原本地据有并可以不断地生成意义，这种据有的原本追问及生成追问，其求值是无限的。表述阐释意蕴的钟型对称曲线，像 π 一样，可以不断接近那终值，却永远不会抵达终值，这是一个无限接近的过程，却又具体地体现为每一次有效的具体阐释。不同具体阐释的有效性是相对的，又是存在差异的。阐释的正态分布的正态程度即有效程度，以钟型的中轴线为凭，阐释的意蕴分类的统计数字以多少为标准，数字越大则越近中轴。就钟型图示对于数字多少的明暗度而言，明则疏、暗则密，最密集亦即最暗的部分，就是最切近于中轴的部分。一个不同阐释有效程度的统计图式便因此获得。该论文醒目地提供了这一钟型图示，并对此进行了精要的 6 点阐发：概率密度函数的正态分布标准；有效阐释的中轴呈现；差异阐释意蕴向正反两个方向展开的趋向中轴的差异性；向中轴汇聚的阐释的有效边界；向中轴汇聚的意蕴阐释的有效面积随公共理性变化而变化；无论是底线横轴，还是垂直中心轴都置于 π 的具体且又无限之中。

这一钟型阐释有效统计图式的提供，对于阐释学建构而言，是具有首创意义的。它置身于有限与无限的两极关系中，它也不可能抵达

---

① 张江：《论阐释的有限与无限》，《探索与争鸣》2019 年第 10 期。

那个象征着唯一正确性的 π 的终值，但这是接近终值的过程，尽管阐释意蕴的两极分布可能尚显简单，因为可能还会有第 3 级、第 4 级的分布，尽管对称的钟型曲线太过完美，因为还可能有不规则曲线，但就数据统计的科学性而言，它为阐释有效性的验定，赢得了一个重要突破，即它可以使阐释评价在即时即地的阐释中走出沙子估堆似的无奈，从而获得一个接近准确的标准，尤其是当下这个已进入大数据技术应用的时代。所以，张江在该论文中对于所提交的钟型图示的表述，正是见无限于有限的哲学阐释论的表述："与对自然现象的正态分布描述不同，阐释作为精神现象，其公共期望与方差很难定量，只能定性地予以分析与认知。这种定性与分析，对于精神现象的描述而言，已经具有足够意义。"① 这也正是黑格尔所说的，这已经是可以像合理的酿酒，可以像合理的烧砖瓦一样运作的"具体思维"了。

---

① ［德］黑格尔：《哲学史讲演录》第 4 卷，贺麟、王太庆译，商务印书馆 2011 年版，第 341—342 页。

冲突与共在：阐释学视域中的
有限与无限[*]

——对高楠教授一文"接着说"

段吉方^{**}

近期，张江教授《论阐释的有限与无限——从 π 到正态分布的说明》^① 一文引发关注，学者们从不同层面探索阐释的有限与无限及其与"π"和"正态分布"的关系。高楠教授的文章《论有限与无限的共时性——重思"阐释"》，从古希腊以来的哲学史根据和阐释学研究的基本理念出发，深入阐释了他的观点。高楠从有限与无限的理论"共时性"角度提出阐释的有限与无限是一种"两极共体关系"^②，认为张江提出的"共轭变量"概念介入阐释的有限与无限问题，"所表达的有限与无限并不是通常理解的在时间与空间的无限延续中实现的历时性的有限与无限，而是一种共时性的有限与无限，即有限中共时共在地存有着无限，而无限也共时共在地存身于有限"^③。顺着阐释学中有限与无限的理解思路，从两极共体的角度探析阐释的有限与无限是符合阐释学基本要义的，但还可以进一步强调，阐释的有限与无限不仅是两极共体式的"共在"，更多是两极共体的"冲突"，冲突

* 基金项目：国家社科基金重大招标项目"马克思主义经典文艺思想中国化当代化研究"（17ZDA269）。本文原刊于《探索与争鸣》2020 年第 4 期。
** 作者单位：华南师范大学文学院。

① 张江：《论阐释的有限与无限——从 π 到正态分布的说明》，《探索与争鸣》2019年第 10 期。
② 高楠：《论有限与无限的共时性——重思"阐释"》，《探索与争鸣》2020 年第 1 期。
③ 高楠：《论有限与无限的共时性——重思"阐释"》，《探索与争鸣》2020 年第 1 期。

大于共在，有限与无限的冲突在根本上指向阐释的无限。阐释的无限不是说阐释没有客观标准，或让阐释走向过度和过界，而是指阐释的循环导致阐释无限接近真理的特征。"阐释""理解""前见"与"阐释的循环"等重要的理论观念都涉及阐释学中有限与无限的冲突问题，这一"阐释的冲突"最后在"阐释距离""效果历史"的层面上获得理解的平衡。

有限与冲突：阐释的界限与矛盾

在阐释过程中，有限与无限是一对无解的矛盾。可以说，有阐释就存在有限和无限的矛盾，这种矛盾来自阐释的界限与标准的复杂及其厘定的困难。法国学者保罗·利科就曾用"解释的冲突"来说明阐释中的这种复杂性。他指出，在阐释学理论的发展中，从最早作为解经学的解释学，到作为普遍理解的艺术的一般解释学以及哲学解释学，解释学理论始终面临解释的界限问题，利科提出将解释学与结构主义、现象学、心理分析等其他学科进行嫁接，强调从现象学理论基础等其他理解模式来回答解释的界限与标准的难题。在他看来，解释学不能只是专家的技术，"如果不借用一个既定时代里可自由使用的种种理解模式，如神话、寓言、类比等，那么，任何引人注目的解释都不能被构成"[1]。利科提出了一种"反思解释学"的思路，即认为解释学不是静止的，不是平面地面对文本、原意及真理的阐释问题，而是强调解释学与其他学科视野的对话交流，实现阐释目标的多种可能性。这种解释学的观念不是从利科才开始的，至少在解释学的海德格尔阶段，解释学的理论发展已经包含这种对话性，但利科的"反思解释学"理论仍然突出了解释学研究中值得思考的问题，比如，他强调解释学的对话就是从解释的"冲突"中产生的，"解释的冲突恰恰说明了解释具有不可化约的多元性，这是询问方式的多元性，是阅读文本方式的多元性，因此，

---

① ［法］保罗·利科：《解释的冲突》，莫伟民译，商务印书馆2017年版，第2页。

在利科那里，解释的冲突是一种生产性的冲突"①。

解释学的这种生产性冲突蕴含着理解与阐释的多种语义转换的矛盾，阐释的有限与无限的矛盾是这种冲突的一种表征，体现在以下三方面：首先，阐释的有限与无限的矛盾包含阐释学理论的一个大前提，即什么是阐释的界限，阐释是否有界限。阐释学号称为人类打开了一个新的认识领域，发展到哲学阐释学之后，阐释学几乎无所不包，"它不只是一种语文学的有效逻辑，也不只是当代神学内一场重大的新运动，它是一个广泛的——亦即其所有分支都聚焦于文本理解事件的——领域"②。如此复杂的阐释学领域自然面临这样的问题：谁在阐释？谁的阐释是有效的？阐释的有限边界和标准在哪里？无论是早期的《圣经》阐释学，还是法学阐释学以及后来的文本阐释学，赫尔墨斯阐释《圣经》的文本、法官阐释法律文本、批评阐释文学文本，都面临阐释的界限问题。施莱尔马赫曾把这个界限限定在"文本原意"，但很快就被伽达默尔等后来的阐释学理论所颠覆，文本阐释原意的阐释学被颠覆，让阐释的有限与无限问题陷入一种巨大的冲突，海德格尔的"前理解"、伽达默尔的"视域融合"等概念所触及的阐释学问题无不处于这种冲突的理论旋涡之中。颠覆了作者原意这个阐释的界限，其实就瓦解了阐释的有限性，有限和无限的矛盾又回到了最初的理论纠缠之中：赫尔墨斯既是上帝的使者，但最初人们认为他也是骗子；他传达上帝的指令，但也经常越界而自我言说。其次，阐释的有限与无限的矛盾也揭示了阐释行为本身的复杂性。在阐释学理论中，阐释的起点最初是有限的，施莱尔马赫的"作者原意"说强调的是有限阐释，中国阐释学理论中的《诗经》阐释、儒家的阐释学理论都是在既定框架规约中的阐释，都是有限阐释。但阐释本身的冲突在于，如果阐释仅限于有限阐释，那么最终阐释学就消亡了，就好比阐释的界限一旦厘定，就不存在阐释了，就变成"权威"和"标准"了，而阐释学的"真理"性恰恰是朝向无限的。因此，

---

① 莫伟民：《一个"受伤的我思"：一种反思解释学》，参见［法］保罗·利科《解释的冲突》译者前言，商务印书馆 2017 年版，第 3 页。

② ［美］理查德·E. 帕尔默：《诠释学》，潘德荣译，商务印书馆 2014 年版，第 98 页。

尽管阐释的起点是有限，但阐释的方向是无限，起点与方向的冲突是构成阐释学冲突的原因所在。最后，阐释的有限与无限的矛盾还构成了阐释学研究的基本问题。从施莱尔马赫到狄尔泰再到伽达默尔，西方阐释学理论并没有明确阐释的有限与无限问题，这一问题内化于"阐释""理解""前见"与"阐释的循环"等诸种理论观念之中。在伽达默尔看来，哲学阐释学是一种研究理解和解释的学科，这种学科与神学阐释学、一般阐释学的区别在于深入涉及精神科学的理解问题。阐释是"真理"问题扩大到精神科学之后的一种"理解"，它最初在艺术经验中呈现，经由人文主义的准备，最后过渡到精神科学，在这个过程中，阐释学理论经过了施莱尔马赫的普遍阐释学的设想，经历了狄尔泰阐释学研究中的历史主义困境，最终通过现象学来克服认识论上的历史主义。在这个理论演变中，阐释的有限与无限问题一直作为一个基本问题存在，尽管存在不可化解或曰不能化解的矛盾，但狄尔泰起到的作用是巨大的，因为狄尔泰通过引入历史主义认识论解决了一般阐释学中阐释的方法论固化问题，正像伽达默尔说的那样，"狄尔泰的重要性在于：他真正认识到历史世界观相对于唯心主义所包含的认识论问题"①。就阐释的有限与无限的矛盾来说，正因为狄尔泰引入了历史主义世界观，才让阐释学中的"理解"与精神科学的联系具有了认识论的哲学基础，不但"超越了施莱尔马赫的解释学，并对伽达默尔的思想具有根本的重要性"②。

因此，如果说阐释的有限和无限是两极共体"共时"存在的话，那么接下来要论述的是，这个两极共体的"共时"存在是经过阐释的"冲突"之后历史地恢复的。在阐释的有限和无限问题上，"共在"是一种冲突中的"共在"，正是因为阐释的有效和无限的"冲突"，阐释活动才获得了意义的丰富性以及阐释的多样性，没有阐释的有限和无限的冲突，就取消了阐释行为本身所具有的科学性。但

---

① ［德］伽达默尔：《真理与方法》（上卷），洪汉鼎译，上海译文出版社 2009 年版，第 283 页。

② ［美］帕特里夏·奥坦伯德·约翰逊：《伽达默尔》，何卫平译，中华书局 2003 年版，第 16 页。

是，我们强调阐释的冲突，并非在一般的意义表现层面上的"冲突"，在《真理与方法》中，伽达默尔说："从哲学上看，诠释学的任务就在于探究，这样一种本身是被历史变化推着向前发展的理解活动究竟是怎样一门科学。"① 在他看来，阐释行为是有传统和历史的，之所以存在阐释的有限和无限的冲突，除了意义本身（包括作者原意及其接受的过程）的复杂性之外，还在于阐释行为受传统和历史的限制，以及不断走向新的阐释语境和阐释历程的努力，在阐释学理论的层面上，"阐释的循环""前见""阐释距离""效果历史"等都具有从阐释的有限和无限的"冲突"中生发意义属性的特征。为了说明这一点，伽达默尔不断回到传统和历史，但又不断超越传统和历史，在这一理论前行中，阐释的界限、阐释的标准、阐释的有限和无限的冲突及其解决方式就构成了阐释学的一个根本要素，正是由于阐释的有限和无限的冲突，阐释学中的理解问题才获得了一个历史性延展的空间。在这方面，我的看法是，阐释的有限与无限的问题不仅是"两极共体""共时"存在的，也是历史地延展的，或用利科的话说是"生产性的"。这一点也可以从狄尔泰的理论中得到答案，狄尔泰在分析他的阐释学的历史性时提出了"说明"与"阐释"的区分问题：说明是一种客观的阐述，阐释则是在说明的基础上的延展，说明不需要历史，但阐释需要历史。可以说，说明是有限的，阐释则是有限与无限兼备，这就是为什么后来阐释学的发展要引入隐喻、神话等因素的原因，是为了加强阐释的语言的"意指功能"，语言的意指功能是将意义从有限引向无限的主要阐释方式。因此，阐释的有限与无限的冲突是阐释学的基本定理之一，在阐释的冲突中，"阐释距离""效果历史"等阐释学的核心问题才能在理论的层面上浮现出来。

阐释的无限：开放的文本与过度阐释

强调阐释的有限与无限的冲突，并非否认阐释的价值。有限与无

---

① ［德］伽达默尔：《真理与方法》（上卷），洪汉鼎译，上海译文出版社 2009 年版，第 401 页。

限的冲突决定了阐释活动收敛与开放的特征，在阐释活动中，阐释的无限大于阐释的有限，而且阐释越向纵深发展，有限与无限的张力形式越大，阐释的视域就越开放，阐释活动也就越走向多元对话，这是阐释活动的另一常态价值。在谈到阐释的视域时，伽达默尔说："问题的本质就是敞开和开放的可能性。"① 视域不开放，阐释活动就无法深入进行，为此，伽达默尔提出"视域融合"和"阐释距离"，通过这两个概念又深入论证了阐释学的"效果历史"，这使得阐释的收敛与开放的张力关系更加明显。

就阐释学的一般问题而言，虽然有限与无限的冲突是常态，但在阐释的过程中，阐释之必要、阐释之有效性，基本上还是倾向于阐释的无限。所以说，在阐释的冲突中，阐释的无限是冲突的主要方面。这样说是否取消了阐释的冲突，特别是如何面对阐释学研究中过度阐释的问题，更是需要加以辨析的。

阐释的无限与过度阐释是什么关系？众所周知，过度阐释是意大利学者安贝托·艾柯提出的理论观点。1990 年艾柯在剑桥大学丹纳讲座的演讲题目就是《诠释与过度诠释》，后来以同名著作出版。英国剑桥大学学者斯托尼·柯里尼为该著写的导论是《诠释：有限与无限》。理解艾柯的过度阐释观念需要和他的另一本著作联系起来，那就是艾柯 1962 年出版的《开放的文本》（也译作《开放的作品》），这部著作在艾柯的阐释学理论中发挥了重要作用。在《开放的文本》中，艾柯强调，开放的文本是一种语法、句法和文字的组合意义上具有可变动性和开放性的作品，就像马拉美的作品《书》一样，开放的文本是"运动中的作品"，"探讨的是艺术作品的'确定性'和'开放性'"。② 正因为文本是开放的，所以阐释的无限也成为可能，甚至"世界是为了一本书而存在"③。但在《诠释与过度诠释》中，艾柯提出：

---

① ［德］伽达默尔：《真理与方法》（上卷），洪汉鼎译，上海译文出版社 2009 年版，第 387 页。
② ［意］安伯托·艾柯：《开放的作品》，刘儒庭译，中信出版社 2015 年版，第 3 页。
③ ［意］安伯托·艾柯：《开放的作品》，刘儒庭译，中信出版社 2015 年版，第 14 页。

1962 年，我写了《开放的文本》（*Opera aperta*）一书。在书中，我肯定了诠释者在解读文学文本时所起的积极作用。我发现读者们在阅读这本书时，注意力主要集中在作品所具有的开放性这一方面，而忽视了下面这个事实：我所提倡的开放性阅读必须从作品文本出发（其目的是对作品进行诠释），因此它会受到文本的制约。换言之，我所研究的实际上是文本的权利与诠释者的权利之间的辩证关系。我有个印象是，在最近几十年文学研究的发展进程中，诠释者的权利被强调得有点儿过了火。①

"开放的文本"与"过度阐释"之间是否有矛盾？我们可以看到这里面传达出艾柯关于阐释的几点看法：第一，开放的文本不一定意味阐释的无限扩大；第二，阐释者的作用强调得太多了；第三，阐释的界限还是存在的；第四，所谓过度阐释，探讨的是文本的权利与诠释者的权利之间的辩证关系。接下来，艾柯在阐释与历史、文本与阐释者的关系、阐释者与阅读者等多个层面探讨了诠释与过度阐释的关系问题。他提出，文本的过度阐释是文本意图与读者意图在阐释标准上出现了过度，从而导致在读者意图和文本意图辩证关系中，理想读者或标准读者被强调过头了，"经验读者的意图被完全忽视了"②。文本意图和诠释之间存在或明或暗的"相似性"，这种"相似性"的摇摆是文本过度阐释的基本界限。"相似性"源于天人之间、宏观宇宙与微观宇宙之间的"感应"，"宇宙感应的观念在形而上与形而下两个层面都依赖于感应的双方之间所存在的那种或明或暗的'相似性'"③。在具体的阐释活动中，文本意图和读者意图之间博弈的正是为了确定这种"相似性"为何物的阐释。阐释活动中"相似性"标准灵活宽泛，"相似性下面所隐含着的意象、概念与真理反过来又会

---

① ［意］安伯托·艾柯：《诠释与过度诠释》，王宇根译，生活·读书·新知三联书店 1997 年版，第 24 页。

② ［意］安伯托·艾柯：《诠释与过度诠释》，王宇根译，生活·读书·新知三联书店 1997 年版，第 69 页。

③ ［意］安伯托·艾柯：《诠释与过度诠释》，王宇根译，生活·读书·新知三联书店 1997 年版，第 47 页。

作为其他意义的相似性符号。每次当你认为发现了某种相似性时，它都会继续指向另一种相似性"①。艾柯举了很多事例来说明文本意图和诠释之间这种"相似性"的复杂程度，如罗塞蒂论但丁的诗、哈特曼论华兹华斯的诗《昏睡曾蒙住我的心灵》，甚至他自己的小说《玫瑰之门》，他要说明的是文本的过度阐释是如何起到"一个作者必须向读者甘拜下风"② 作用的。在艾柯看来，之所以会出现这种情况，是因为在长期的阐释中形成了一种"神秘主义符指论"的阐释标准，这种"神秘主义符指论"以某种相似性为阐释目标，从而使阐释活动陷入一种无休止的怀疑论，导致各种各样的过度阐释发生。

艾柯的过度阐释观念曾引发很多争论，但越是在争论中，这一观念越是引人注目。在某种程度上，艾柯的过度阐释观念成了西方阐释学破除阐释的有限与无限冲突的一个理论症结。依托文本意图的有限阐释已被后来的阐释学理论所打破，但阐释的无限又如何面对过度阐释的指摘？有限与无限的张力在过度阐释面前面临张力点崩塌的极限。但是，在阐释学理论发展中，对这一极限并非没有破解之法，可以说是伽达默尔的"阐释距离"与"效果历史"这两个概念推动了这一难题的解决。

在《真理与方法》中，伽达默尔为了平衡阐释的各种偏见，提出了"阐释的处境"的概念。在他看来，由于受到历史意识和传统的影响，每个人都在自己的经验中阐释，因而不可避免会带有"前见"，这种"前见"有生产性前见，但也包括让误解得以发生的问题性前见，为此，需要将阐释置入时间距离的形式之中：

> 占据解释者意识的前见（Vorurteile）和前见解（Vormeinun-gen），并不是解释者自身可以自由支配的。解释者不可能事先就把那些使理解得以可能的生产性的前见（die produktiven voru-

---

① ［意］安伯托·艾柯：《诠释与过度诠释》，王宇根译，生活·读书·新知三联书店1997年版，第47页。

② ［意］安伯托·艾柯：《诠释与过度诠释》，王宇根译，生活·读书·新知三联书店1997年版，第78页。

rteile) 与那些阻碍理解并导致误解的前见区分开来。

这种区分必须在理解过程本身中产生，因此诠释学必须追问这种区分是怎样发生的。但这就意味着，诠释学必须把那种在以往的诠释学中完全处于边缘地带的东西置于突出的地位上，这种东西就是时间距离（Zeitenabstand）及其对于理解的重要性。①

伽达默尔进一步吸收海德格尔赋予理解的"生存论"的本体论视野，并与浪漫主义阐释学及施莱尔马赫的阐释学加以区别，强调时间距离的阐释学意义，认为"时间不再主要是一种由于其分开和远离而必须被沟通的鸿沟，时间其实是现在根植在其中的事件的根本基础"②。通过时间距离的阐释学分析，伽达默尔引领阐释学理论进入"效果历史"（Wirkungsgeschichte），强调一种真正的阐释学应建立它的历史思维，这种历史思维在理解本身中显示历史理解的实在意义，以这种方式，"作品和解释的历史合二为一，规定着显著的作品理解"③。通过阐释距离和效果历史的分析，伽达默尔其实是在扭转"前见"特别是问题性前见对阐释的客观性影响，规避阐释的误解，这潜在地为破解阐释的无限与过度阐释的争执提供了理论上的依托，经由"阐释距离"，延伸在"效果历史"中的阐释既指向无限，同时又避免了误读，扫清过度阐释得以发生的"前见"障碍，这不得不说是解决阐释的冲突一种理论上的有限说明。

阐释的冲突与过度阐释：来自阐释的公共理性的说明

作为阐释学的基本理论问题，阐释的有限与无限问题面对的不仅

---

① ［德］伽达默尔：《真理与方法》（上卷），洪汉鼎译，上海译文出版社 2009 年版，第 382 页。

② ［德］伽达默尔：《真理与方法》（上卷），洪汉鼎译，上海译文出版社 2009 年版，第 384 页。

③ ［日］丸山高司：《伽达默尔：视野融合》，刘文柱等译，河北教育出版社 2002 年版，第 107 页。

仅是阐释活动展开时的冲突，更主要的是这种冲突内化于阐释、理解的基本过程之中，影响阐释的确立和理解的合法性。阐释的有限与无限的冲突不是在阐释活动内部单线进行的，而是多元的，伽达默尔、利科等已通过阐释学的"阐释距离""效果历史"及阐释学的现象学考察，让阐释的有限和无限的冲突问题在阐释行动中得以化解，但这种化解不是消除，阐释的有限与无限问题不仅作为阐释学基本问题而存在，而且作为一个阐释的基本价值而存在。

阐释的有限与无限的冲突可以让阐释活动更具多元性，阐释活动在走向更加复杂的理论面向中更能展现阐释的价值。正是因为阐释的有限与无限的冲突，阐释活动中的"文本意图""作者意图""读者意图"等问题获得了更加辩证的体现，阐释学中"前见""阐释的循环""视域融合""效果历史""理解""应用"等理论观念也才更深入地内化到阐释学理论批评与实践中，这是对文本阐释活动的多重促进，利科称之为"重建文本工作"，"重建文本的内在动力；在对我可以居住的世界的表象中，恢复作品向外投射的能力"①。可以说，这方面的意义与价值是可以期待的。张江教授强调阐释的有限与无限的冲突是在一种"共轭变量"层面上的转换运动，指出了阐释的有限与无限的冲突在"变"与"不变"的不确定关系中产生的多元阐释价值。阐释的有限与无限的"共轭变量"特征恰恰指出阐释的有限与无限的冲突不是封闭的而是敞开的，在有限与无限的收敛与敞开中，引入语言的语义功能、符号能指、隐喻功能以及人的社会存在视野，阐释活动才能更有意义。

阐释的有限与无限的冲突会让阐释活动更具本体性。阐释的有限与无限的冲突存在着既抛弃文本又回归文本的努力，冲突既是实践的又是本体的。正是有了有限与无限的冲突，阐释才更具本体意义，海德格尔强调理解的"此在"价值，伽达默尔强调文学阐释是阐释与文学的"相遇"，体现的正是阐释活动的公共性与本体性。对此，张江曾提出关于公共阐释论的想法，"我之所以研究公共阐释问题并撰

---

① ［法］保罗·利科：《从文本到行动》，夏小燕译，华东师范大学出版社 2015 年版，第 31 页。

写这篇文章,就是因为我深刻认识到阐释不仅仅是一个哲学问题或理解问题,而是应该延展和深入到现实生活之中。按照海德格尔的说法,它是一种社会存在,是一种此在的表现方式"①。阐释的有限与无限的冲突不仅仅是文本的冲突,不仅仅是文本意图与读者意图的冲突,或过去视域与现在视域的冲突,更主要的是人与世界的理解的冲突。在这种冲突中,各种阐释的对话呼之欲出,阐释学的多学科融合蓬勃发展并非都是阐释的有限与无限的冲突带来的,但至少是在走出阐释的有限而走向无限的过程中所抵达的阐释实践效果,就像利科说的那样,"有限性这一概念就自身来说一直是平庸的,甚至是无关紧要的"②。阐释的有限仅限于强调主体自身的阐释理想的不可通达,而阐释的无限才是阐释理想的永恒追求。

阐释的有限与无限的冲突是阐释活动的恒常命题,这一命题使阐释的公共性与共识性价值更加突出,也让解决或避免过度阐释有了一定的理论期许。阐释的有限与无限的冲突涉及阐释学理论的基本问题,即阐释学研究对阐释的基本内涵如何定位与定性,如何恰当衡量与规约阐释的标准与界限,如何判断阐释的合法性与有限性,如何厘定阐释的个体性与公共性。阐释的有限与无限的冲突再次证明阐释不仅仅是一种个体行为与个体目标,更是作为人类理解和生存的基本方式,因此,从中也可以见出阐释以及阐释行为所具有的公共性研究视角和度量空间。从施莱尔马赫、狄尔泰、海德格尔,一直到伽达默尔的阐释学研究,文本、个体、阐释、理性与公共性的问题密切交错,在如何有效理解文本原意及真理呈现的问题上,既有有限阐释也有无限阐释,既有个体差异又存在公共视阈,阐释之所以可能与必要,是因为阐释的冲突打开了阐释视域与实践空间,"在阐释的有限与无限这一两极共体关系中,具体与普遍、或然与确然及敞开与收敛,成为阐释的过程性运作的现象学特征。由此,对于两极运作的逻辑范畴的

① 张江、约翰·汤普森:《公共阐释还是社会阐释——张江与约翰·汤普森的对话》,《学术研究》2017 年第 3 期。
② [法] 保罗·利科:《从文本到行动》,夏小燕译,华东师范大学出版社 2015 年版,第 27 页。

辨析，便成为随之而来的阐释论要题"①。但同时，阐释的有限与无限的冲突也内在地蕴含着理论悖谬之处的解决之道，这其中就包含过度阐释。众所周知，过度阐释的问题几乎是阐释中一个无解的问题，何种阐释是合理的？何种阐释是过度的？如何评判阐释是过度还是不过度？可以说，提出过度阐释的艾柯都没有给出一个明确的答案。在《诠释与过度诠释》中，艾柯曾提出对意义的"相似性"符号进行分析来"发现并克服许多'过度诠释'过程所具有的局限"②。关于意义的"相似性"，他举了两个例子。一个例子是，英国邮票上画上了伊丽莎白女王的画像，由于画家们的努力，这个画像与伊丽莎白女王这个实际上的人非常相像，这个画像由于指称了女王这个人而成了大不列颠的象征。这个时候，在女王的画像与大不列颠之间建立了一种"相似性"。另一个例子是，"猪"这个词与猪这个动物不同，也与诺列加（Noriega）或齐奥塞斯库（Ceausescu）这两个人毫无相似之处，然而，有时候我们也可以根据我们的文化体系在猪的生活习性与独裁者的道德习性之间确立某种类比关系，可以用"猪"这个词去指称上面提到的两个人中的任何一个，这也是一种"相似性"，这说明人类思维是按照相似性的原则来进行的。过度阐释的发生会受到这种相似性思维的影响，那么如何在这种相似性原则下避免过度阐释，即"清醒合理的诠释与妄想狂式的阐释"之间的区别在哪里？就在于对这种相似性确定的阐释的"度"，这种相似性是可以做出多种阐释的，还是认为这种相似的关系其实是微不足道的，这是把握阐释的度的关键。艾柯其实在这里就指向了阐释的有限与无限的冲突问题，在对这种相似性的把握中，可以说冲突是多种形式存在的，在个体与个体之间、个体与传统之间，个体与历史之间、个体与公共之间，只要对意义相似性的判断不一而足，就随时有可能发生阐释的过度，但是如果把阐释的有限与无限的冲突定位于人类理解和生存的基本方式，特别是引入阐释及阐释行为所具有公共性研究视

---

① 高楠：《论有限与无限的共时性——重思"阐释"》，《探索与争鸣》2020年第1期。
② ［意］安伯托·艾柯：《诠释与过度诠释》，王宇根译，生活·读书·新知三联书店1997年版，第50页。

角和度量空间，像艾柯说的那样，保持"对世界与文本进行'质疑式的解读'"①，就有可能避免过分强调意义的相似性，从而起到避免或弱化过度阐释的作用，这或许是阐释的有限与无限冲突另一种理论上的收获。

① ［意］安伯托·艾柯：《诠释与过度诠释》，王宇根译，生活·读书·新知三联书店1997年版，第51页。

从语境看阐释的有限与无限 *

陈开举 **

  2019 年 10 月张江教授的《论阐释的有限与无限——从 π 到正态分布的说明》一文发表以来，引起了诸多相关研究。本文从语境的角度讨论阐释的有限与无限问题。构成本讨论的基础有：洪汉鼎从译介学角度对 Hermeneutik 之诠释学、解释学及阐释学译名的辨析①，孙周兴关于总体阐释学任务的论述②，周宪关于公共理性的剖析③，等等。关于阐释学的一些基础性问题，如以文本为归宿、阐释者要"说出作者没有说出的"、阐释与阐发的关系、理解与说明等的辨析，本文基本赞同陈嘉映的相关综合性阐述，相关概念的辨析本文从略。④

  我们讨论的重点是语境在阐释过程中的作用。语词或文本的意义（直显意义）或含意（暗含意义）需要通过其在使用过程中的相关关系要素即在语境中得到确定，即是说，语境确证话语或文本的意义。从文化哲学的角度看，活在符号帝国的人之本质极大程度上在于阐释清楚符号表征体之间、符号与非符号体（如石头等自然实存物）之间的关联以明确自身之确在；从语用学的角度看，对于话语或文本意

---

  * 基金项目：中国社会科学院大学 2019 年重点项目。本文原刊于《社会科学辑刊》2020 年第 6 期。

  ** 作者单位：广东外语外贸大学阐释学研究院。

  ① 洪汉鼎：《关于 Hermeneutik 的三个译名：诠释学、解释学与阐释学》，《哲学研究》2020 年第 4 期。

  ② 孙周兴：《试论一种总体阐释学的任务》，《哲学研究》2020 年第 4 期。

  ③ 周宪：《公共理性使有效阐释得以可能——回应傅其林教授》，《探索与争鸣》2020 年第 5 期。

  ④ 陈嘉映：《谈谈阐释学中的几个常用概念》，《哲学研究》2020 年第 4 期。

义和含意的确当理解就是听话人或读者成功激活与发话人或作者在其话语中预设的最佳关联语境的过程。这两种关系确定过程的结合，也就回答了阐释之属人的本质活动属性，对于话语和文本最佳关联语境的寻找表明，有效阐释必须是在无限的阐释可能中向着最佳阐释或公共阐释做出最大程度的努力。

一 文本意义的构成

文本阐释的任务在于析出文本的意义。文本就是由语言使用形成的就一定话题之连贯一致的内容，通过口头表达形式形成的通常称为话语（discourse），由书面形式形成的则称为文本，所以在讨论意义尤其是含意时，话语和文本是可以通约使用的。文本的意义是什么？包含哪些内容？诸多既有的阐释学研究均预设了此类问题的自明性。然而，与"语境"一样，笼统地谈论意义，涉及到的类型和影响意义的要素复杂难辨，容易引起诸多争议；只有经过细查细分，有针对性地剖析，具有可操作性，方能清晰地解决意义阐释过程中的复杂问题。

意义指"语言文字或其他信号所表示的内容"[1]，赫施主张将文本意义"区分两种可能的意味：一种是构成文本涵义的意味，另一种是并不构成文本涵义的意味"[2]。即文本直接的所指对象或内容，加上由文本引申的能指或含意。

契合到具体文本，有所谓"满纸荒唐言，一把辛酸泪。都云作者痴，谁解其中味"，堪称经典的《红楼梦》的这开篇词点明了读者看到的内容或表面意义是一回事，作者没有明说但蕴藏在文本的"其中味"又是另一回事，而且后者的重要性更大，因为读者阅读到的内容被作者定性为不真的"荒唐言"，作者提醒读者和阐释者，真实的含义需要揣摩、推理，文本中实际上是"甄士隐（真事隐）"而"贾雨

---

① 李鹏程：《文化研究新词典》，吉林人民出版社2003年版，第356页。
② ［美］赫施：《解释的有效性》，王才勇译，生活·读书·新知三联书店1991年版，第74页。

村（假语存）"。高明的作者往往工于在文本中隐匿其真实的意图和心境，从而为阐释者留下了多种多样的阐释可能……几乎所有与文本意义相关的研究都会论及文本是否具有"隐匿含意"这一特点。

显然，对文本意义的上述分类过于笼统，这也是造成文本阐释的标准或曰有限与无限性问题的重要原因。从语言学、语用学的角度看，还有一些不同的细分。

胡壮麟总结了语言学家利奇（G. Leech）从功能的角度对话语或文本意义的七种分类：概念意义（conceptual meaning）、内涵意义（connotative meaning）、社会意义（social meaning）、情感意义（affective meaning）、反映意义（reflected meaning）、搭配意义（collocative meaning）和主位意义（the. matic meaning）。① 其中概念意义属于逻辑性的、认知性的或外延意义；内涵意义指语言的指称对象。这两种意义和搭配意义一起，属于语言学上的语义，也叫作字面意义或直接意义（literal meaning）。一般认为，通过词义考证、语法分析即可得出准确的语义。当然，由于语言本身的发展变化，词汇意义、语法规则、搭配方式各个方面均可能发生历时性变化，造成对字面意义的理解可能出现的歧义。② 但总体说来，对文本语义的理解和解释可以通过语言分析得到确定的诠释结果，阐释者因为语言水平的差异导致的阐释歧义可以通过对语言知识的学习来弥补。因此，我们认为，语义在不同的阐释者之间不会造成难以弥合的分歧。

社会意义指由语言使用者对社会环境，尤其是其对历史文化元素的理解而赋予在文本中的意义。由于个人知识结构、关注重心和理解效果存在差异，他们包含在其文本中的社会意义也会不同。然而，通过追踪作者的教育背景及其在不同文本中相关的历史观、社会观、价值观等要素，阐释者能够获得对这种意义较为确定的解释。这也是消解不同阐释者在该方面差异的可行办法。

---

① 胡壮麟：《语言学教程》，北京大学出版社 1989 年版，第 143—144 页。

② 如社会对某些阶层和职业的偏见导致了很多词语意义的贬义化，如与农业相关的名词就出现了普遍的贬义化……如 peasant 一词源于法语，指"乡下人"，有"社会地位低下"之意，尤指贫穷而缺少教育的小农。详见张韵斐《现代英语词汇学概论》，北京师范大学出版社 1987 年版，第 277—278 页。

情感意义、反映或映射意义、主位意义无疑是说话人或体现作者个人意图最明确的意义成分，是阐释过程中最容易产生歧义之处。除非作者自己参与阐释自己的文本或者在文本中明确说明自己的主要意图，如鲁迅可以自己解释他的作品《药》中夏瑜坟上的花环的含意、莫言近年来对其作品中各种象征意义提供的解释等等。但是，更多情况下，作者往往选择只在文本中蕴含而不直言其意图且不提供自己的阐释意见，以追求"草蛇灰线，伏延千里"的叙事艺术。而且，大多数情况下，作者因为早已过世或不愿意提供帮助，对于其文本所蕴含的意图就难以获得一致的阐释。更有人认为，作者不一定是其作品的最佳阐释者，即别的阐释者可能阐释出文本蕴含了但作者本来无意透露的意义。

对作者意图可能的多元阐释问题必然使阐释的标准成为阐释学核心性、基础性课题，实际上，该问题也正是当下阐释学研究的焦点。作者意图也构成了文学、语言学、文化学等与意义研究相关学科的一项跨学科课题：它既关乎赫施所主张的"另一种并不构成文本涵义的意味"，也关涉到语用学关于作者/说话人意图的研究焦点，并与具体文化语境中的信念系统相关。

语用学里将意义分为字面意义或直接意义（literal meaning）即语义含义以及间接意义或暗含意义即语用含意（implied meaning）。①"语用含意"指发话人通过话语引申间接表达的意图。说话人或作者因各种原因不能直接表达自己的话语意图，一般都会从探索性的话题开始，逐步推进，时机成熟才会直接表达其真实的话语意图；又如"东边日出西边雨，道是无晴却有晴"中巧用"晴"与"情"同音而达到隐含含意的修辞效果。因此，在听话人或读者那一端，理解说话人或作者的话语或文本含意就必须依靠推理，就是要以激活话语或文本中作者或说话人可能蕴含的语境要素作为前提，建构对方话语所处的可能的视域，才能推导出结果，达到理解其话语含意的目的。正是因为阐释

① 关于"含义"与"含意"之分，我们采用何自然的观点，用"含意"表示暗含而没有明说的话语意义（implied meaning 或 im. plicature），尤其是说话人或作者在话语中暗含的意图。详见何自然《语用学概论》，湖南教育出版社1988年版。

过程中的这种语境和视域的建构性，不同的阐释者建构的效果必然具有差异性，即不同的受话人或读者建构出的话语语境可能是不同的，从而会导致不同的阐释结果。对于以话语含意推理理解的研究为核心的语用学，可以说，语境研究的进展构成了语用学发展的坐标。

当代语用学中对话语含意研究影响最大的关联理论认为，说话人（作者）在话语中包含了两种意图：（1）信息意图：使听话人明白或更加明白一组假设。（2）交际意图：使交际双方互明交际者具有此信息的意图。① 信息意图即向受众提供话语或文本所包含的信息，这是不言而喻的，因为话语的基本信息构成了它存在的物质基础；该理论的重要贡献在于突显了交际意图，即发话人向受众提供信息是有意图或目的的，它往往是没有直说但要求受众推理以解"其中味"的，最简单的例子如说话人发出"时间到了"一语，其中的交际意图在于要求听话人采取相应的行动，可能是"开始上课了""开始上班了""交卷了"，等等；文学作品中如"本是同根生，相煎何太急"也暗含了作者无法直接表达的含意，只能由受话人或读者构建起话语或文本裹涉的各种语境要素，推理理解出言者试图表达的交际意图。

这样，文本意义比较繁琐的七种分类，到了语用学这里就归结为基本意义，即在语言学层面上的概念意义、内涵意义、搭配意义和社会意义，常常也被称作话语或文本的语义意义，它们体现了话语或文本中说话人或作者提供信息的意图；情感意义、反映（映射）意义和主位意义多为蕴含于话语或文本之中而不是直接表达的，是真正体现发话人或作者真实意图的话语含意，这种意图正式言者的交际意图，需要受话人或读者挖掘文本中的相关线索，恢复言者的视域，得出恰当的阐释结果。

二　语境与含意阐释

语境在推理理解话语/文本意义上具有决定性的意义，不同语境

---

① Sperber, D. & D. Wilson, *Relevance：Communication and Cognition*, Oxford：Blackwell, 1986/1995, p. 61.

下作者/说话人的交际意图可能大相径庭。1949 年，Shannon 和 Weaver 提出了后来被广为引用的通信模式，用来解释交际过程。书面交际亦然，如报纸从记者将信息写入稿件，通过报纸的发行到读者手中，从中得到信息。文学研究上也出现了与语言学相近的理论，1958 年雅各布森借鉴语言学中的相关理论，提出了其著名的语言交际模式①：

语境（指涉功能）

信息（诗性功能）

发话者（表情功能）……………………受话者（意动功能）

接触（交际功能）

代码（元语言功能/解释功能）

雅各布森的这个理论图式因为过于简略了语境在交际中的重要作用，实际上跟语言学中的语码模式基本雷同。这种模式的弊端在于假定了文本信息是平面直观的表达。在自然科学中，由于将研究项之外各种影响因子当作干扰项而主动排除，聚焦所研究的观察项，所得出的结果在表述时显得干脆直白，这既是学科特征，也是该类文本表述的基本要求。然而，精神科学中的文本富含多种间接意义，需要结合相关语境要素进行推理方能得出恰当的阐释结果，于是上述交际模式就缺乏解释力了。

格莱斯于 1957 年发表《意义》一文，揭示了话语含意需要推理才能被理解，开启了现代语用学新的发展阶段。根据会话双方在交际过程中合作完成言说—听解的特点，格莱斯提出合作原则（Cooperative Principle），下辖真实、充分、关联、清楚四个准则。言听双方依照遵守或者蓄意违反此原则进行会话含意传递与推解，实现言语交际。格莱斯学说的贡献在于突出了话语或文本没有直说但是暗含着的话语含意（conversational implica. ture），进而论述了话语含意需要推理方能理解，把言语交际提升为动态的、认知的智力过程。此后又有利奇（G. Leech）提出来极有影响的礼貌原则，解释话语中大量存在

① 江久文：《雅各布森传播思想探微》，《当代传播》2009 年第 6 期。

着的出于礼貌而运用委婉语等非直接意义表达的现象。相当长时间内，这两个原则指导人们解释话语含意如何推导求解，但二者均没有充分解释在含意理解/阐释过程中语境是如何起作用的。

1986 年，Sperber 和 Wilson 的关联理论横空出世，以认知语言学为底蕴，旨在彻底厘清话语含意理解过程中所遵循的普遍规律：关联性—以语境为最关键的要素，认为在获得字面意义的基础上，话语含意的理解就是受众构建相关语境要素集合从而获得恰当释义的过程；"关联"指的是受话人依照话语产生的情景语境寻求与发话人给出的话语最佳关联性的一套语境假设。如上一节提到的"时间到了"在与具体情景语境要素和发话人身份相结合的前提下，即可推导各种具体指向的含意了；同样地，当且仅当读者将"东边日出西边雨，道是无晴却有晴"诗词所关联的语境要素如"杨柳青青"的季节、在岸上踏歌的"郎"、民间歌谣多以情为主题、该诗词预期的传播对象和最佳传播场合等诸多关联性语境要素进行还原式重构，就能部分地回复作者创作作品时的视域，进而得出文本妙趣横生的含意，实现自洽的阐释结果。

关联理论抓住格莱斯理论中的"关联性"，围绕话语含意由相关联的语境要素为推理的前提，即可实现对含意的理解，而其它准则都可以被关联性的相应性质所涵涉。对于语境的处理方式是关联理论的核心：在会话过程中，言者给出的话语信息是提示性信息，是含意推导的前提，它建立在"互明"（mutual manifestation）的语境要素基础上。所谓互明，指的是听话人知道说话人的最佳关联语境信息，并据此推理出说话人的话语含意，完成确当的理解，进而做出可能的后续回应。如"今天还真有点温度呢"，如果说话人说话的时间在冬春季节，面带惬意，理解和回应最可能就是"可不是吗，好天气"。而如果是在夏天，且说话人伴有解衣扣、扇风等附着行为（这也属于语境要素的构成部分），听话人的理解和相关联的回应最可能就是类似于"要不要开空调"抑或递上一把蒲扇，等等。对于各种藏头诗，读者如果觉得文本的语义意义与作者的意图不够相关，就可能进一步寻找文本内藏着的其它相关提示性信息，求得作者特殊的含意，如"汉皇重色思倾国"，结合后文中的相关信息，读者会发现"汉"乃是明显的指称"错误",进而追加考证相关的避讳要求和策略,恢复作者故意不能直接说出的本意。这就说明,准确地理解话语或文本信息,前提是在理解文本字面意义的基础上,确知发话人或作者的话语语境要素,并在诸多可能的要素中寻找最佳关联的要素,实现对话语或文本含意的确当理解或阐释。

语境决定含意。实际上,以往的许多研究也都以不同的方式和程度提到了这一点。问题在于,语境被传统地看作一个无所不包的概念,既包括物质世界如话语或文本发生的时间、地点、所在环境中的物件等,也包括精神世界中的知识、信念、价值取向等,还包括情景语境中的作者或说话人正在谈论的主题、会话目的等等,无所不包则容易陷入不可知论。

关联理论的重要贡献在于将语境看成动态的、认知性的、可及的,即各类语境要素要进入交际双方的认知视域,才能在交际过程中起作用,也才能算是交际中的有效语境要素。即便是客观的物理语境要素,也只有进入交际者的认知视域才能被带入交际过程,从而成为影响话语含意的关联性语境元素,而那些未能进入交际者认知视域的语境要素与话语含意无关。面对多位听众,故意选取只有部分听众知道的语境要素,就属于非正常的言语交际,即意欲实现特殊话语意图,故意使用部分听众不明的语境要素乃是为实现特殊话语意图而采用的特殊话语策略。如"指鹿为马",言者意图并非鹿马之辨,而是测查听者中对自己的支持率:对于已经明知存在着派系之争的听众,因为能够推理理解到言者的话语意图而做出回应;对于根本不知道该话语中含有派系之争这个话语意图的听众来说,纠缠于"真鹿真马"的误解性的理解和回应应当不会产生有效的交际效果,也不会造成实质性的交际效果。

可及性是话语含意理解的关键。物理语境要素中的相关部分变为双方互明的成分进入到双方的认知范畴内,才能构成有效的推理前提中的语境成分。在会话过程中,由于交际时间和空间的互明,即交际中的时空语境要素对于交际的双方都是可及的,所以在推理理解中不太会形成困难;但是就文本而言,尤其是经历了长时间流传下来的文本,要理解作者的含意即"解其中味",阐释者就必须付出较多的理解成本，考查作者创作该文本时所囊括的相关语境要素。处在作者/言者和读者/阐释者两端之间可及的语境要素具有不对称性，从而造成不同的阐释者会不同程度地恢复和构建文本语境要素，形成与作者视域不同程度的契合，导致不同的阐释结果。所以不同时代里认真的阐释者都要通过知识考古的方法，不断发掘和修正与文本相关的语境要素，也不断修正对文本的阐释乃至生发新的阐释。

更复杂的是百科知识语境，包括作者在文本中涉及到的相关社会历史文化知识要素，这一点在现代阐释学伊始就被明确提出，即阐释者要力图构建起与作者相当的社会历史文化视域，其难度和复杂程度都要比恢复作者可及的物理语境要素更高，因为社会文化观念、教育与人生阅历在作者身上所产生的影响即所形成的他的思想、意识视域不是直显的，需要阐释者依据文本所给出的种种提示进行推理。这里，从关联理论的视角，我们强调，并非作者所有的社会历史文化知识都构成了其文本的语境要素，而只是可及的即作者相信通过他在文本中给出的各种提示要素提供阐释必要的推理理解前提，而读者或阐释者只有抓取到那部分真正关联的提示性要素才能构成对该文本阐释中的有效语境成分。如谍战片中的情报，只有在找到真正相关的编码语法的基础上，阐释者结合与作者互明而且可及的那部分语境要素才能透彻地阐释出情报发出者的真实指令，否则，阐释失败，当然这样也就实现了作者另一种话语意图，即对于不相关的读者，本来就是不能让他们确当理解自己在文本中设置的本来含意。

话语主题、话语目的等情景语境要素具有最强的个人色彩，也最难把握。即使在一般的会话中，往往也可能出现一方被另一方牵着鼻子转被动地实现善辩者本来难以实现的话语目的的情况，如"白马非马之辩""橘生淮南淮北之辩"等，听众由于不能早早识别机辩者的话语目的，被动地陷入言者所提供的各种话语语境要素，以此为推理理解的前提，结果只能被言者"说服"。对于文学经典作品，由于时代间隔久远，在不明确作者真实话语目的前，怎么阐释都有落入"荒唐言"的风险。这就只能回归到文本中寻找各种可能的证据，力求得到合理的阐释，避免得出"荒唐"或强制性的阐释。

这里将语境与意义尤其是含意对应分析，突出说明了话语含意需要推理，推理过程就是对言者或作者的认知语境要素恢复的过程。其中最难的是，发话人或作者的意图与话语或文本产生的情景语境密切相关，具有因人、因时、因地、因事而异的多变性特点，是最需要着力之处，也是最能引起多样化阐释的主要诱因。

三 语境与阐释的有限与无限

现代阐释学认为，阐释的过程是阐释者与作者视域融合的过程，即尽量趋近作者"从某个立足点出发所能看到的一切"①。然而，人与人之间的差异性决定了阐释者不可能完全恢复到作者本人的视域，这就造成了无限阐释的可能。

作者的视域由一系列影响其嵌入文本中的语境要素提供线索。随着对语境研究的深入，原来无所不包的语境由笼统含混变清晰了。认知语境理论的发展更使得对文本含意的阐释研究得以聚焦在具有最佳关联性的语境要素上，这就充分彰显了在无限可能的阐释中，存在着最佳阐释即公共阐释，其它众多的阐释之合理性在于其指向公共阐释以及向着作者最佳关联语境契合的程度，此即阐释的有限性。反之，从自己的立场出发，按图索骥地到文本中断章取义地寻找证据，证明的只是自己的立场和意图，全然弃作者的意图于不顾，就陷入强制阐释的谬误，这也是张江教授在《作者能不能死——当代西方文论考辨》中批判的要点。

公共阐释是理想的阐释，自然难得。那么对阐释最起码的要求或标准是什么？阐释的有限与无限特征共存，要求阐释者在无限可能的阐释中寻找与作者认知语境最佳关联的那些要素展开阐释。也就是在文本意义尤其是含意分析的过程中，坚持作者是文本含意的赋予者，是作品意义的来源。

对于文本含意的阐释要结合文本产生时楔入的作者为表述其意图而给出的认知语境要素，即是说对其含意的阐释需要在具体文本中做

---

① ［德］伽达默尔：《诠释学Ⅰ：真理与方法》，洪汉鼎译，商务印书馆2019年版，第xii页。

出具体分析，厘清哪些语境要素在起作用。以此为据的阐释，坚持了张江教授所说的"无论何种文本，只能生产有限意义，而对文本的无限阐释则约束于文本的有限之中"。同时，以文本为阐释的边界，但并不封闭文本和阐释活动，一切能够在文本中找到依据的阐释都是有效的。这些语境要素就是阐释过程中要坚持的基本依据，循此也就能较好地把握阐释之有限与无限的关系。

最后，阐释的边界问题还涉及具体的阐释行为有无完成的标准。依照本文上述的讨论，标准是有的。在阐释者那里就是在文本中找到他认为与作者意图最佳关联的语境要素，循此进行推理理解，就能得到自己满意的阐释。当然，由于视角不同，不同的阐释者可能找到的"最佳"语境要素不一定相同，获得的阐释结果也因而可能会呈现差异化的结果。但是，对于具体阐释者的具体阐释行为而言，找到最佳关联获得自认为最佳的阐释结果之时，此次阐释也就结束了。也正是因为如此，不同的阐释者常常会固执己见地认为自己的阐释是最佳的，是公共阐释；一如摸象的盲人们不会轻易地被说服，除非你把他的手移到大象身上别的地方，也即使他的认知语境扩大，其"视域"才会相应地扩大，阐释结果才能改变——须知，让自以为已经找到最佳关联语境要素的阐释者虚怀若谷地随时准备接受他人的视角何其难也。而且，不同时代、不同阐释基础上的公共阐释也有发展变化的可能，随着新的语境要素的发掘，新的最佳关联语境要素可能被带入阐释中，从而形成新的最佳阐释结果。此乃阐释无限性的又一个方面。

依此，在从最佳关联的认知语境的探寻出发求得最佳阐释或公共阐释的过程中，张江教授的 π 及真值阐释的正态分布就具有了特殊的指导意义。